CONTENTS

※

Frill

“フリルちゃん”
人形服作り初心者のうさぎさん

Puff

“パフちゃん”
洋裁マスターのねこ先生

この本の使い方

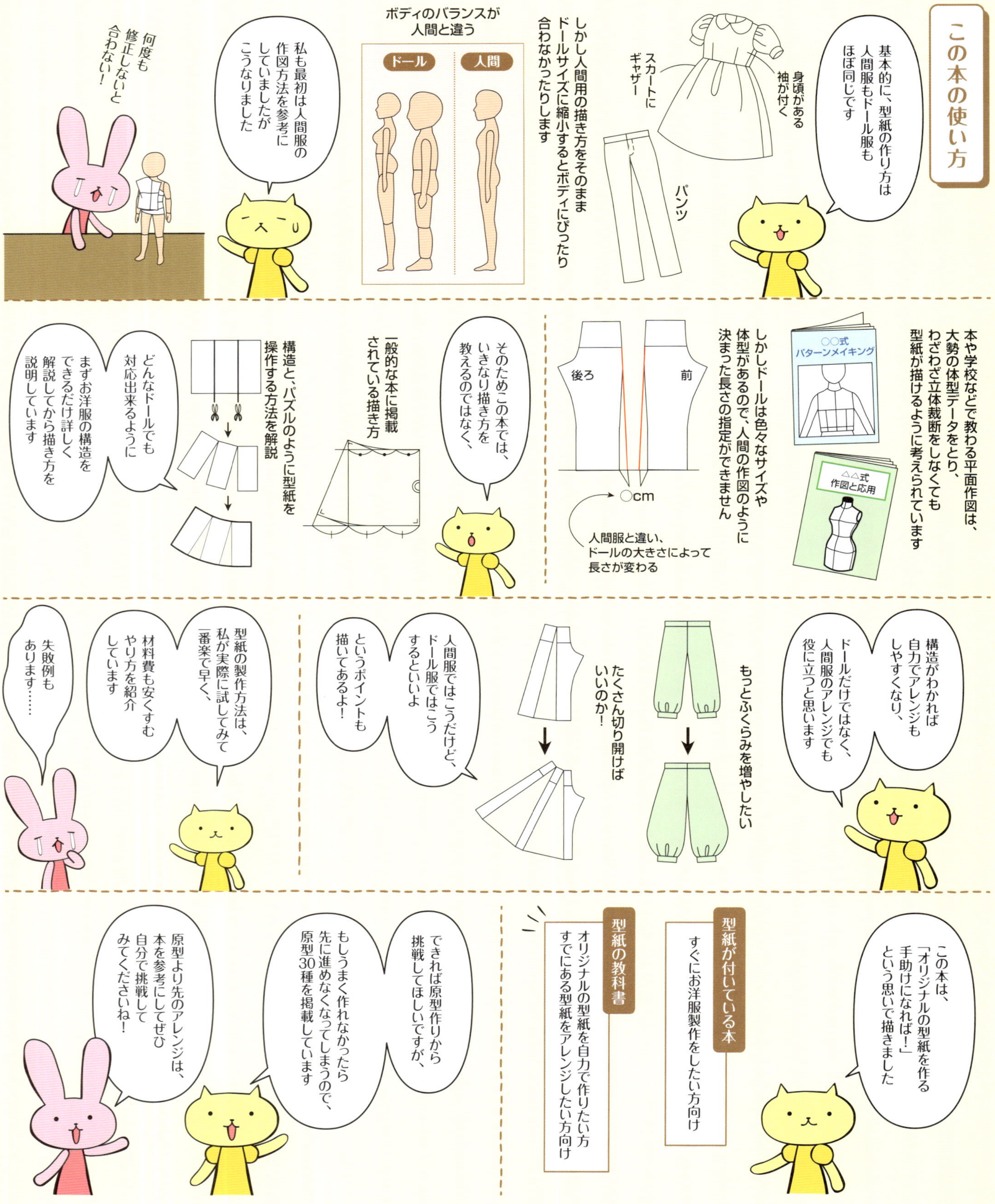

基本的に、型紙の作り方は人間服もドール服もほぼ同じです
身頃がある袖が付く
スカートにギャザー
パンツ
しかし人間用の描き方をそのままドールサイズに縮小するとボディにぴったり合わなかったりします
ボディのバランスが人間と違う
ドール
人間
私も最初は人間服の作図方法を参考にしていましたがこうなりました
何度も修正しないと合わない！
本や学校などで教わる平面作図は、大勢の体型データをとり、わざわざ立体裁断をしなくても型紙が描けるように考えられています
○○式 パターンメイキング
△△式 作図と応用
しかしドールは色々なサイズや体型があるので、人間の作図のように決まった長さの指定ができません
前
後ろ
○cm
人間服と違い、ドールの大きさによって長さが変わる
そのためこの本では、いきなり描き方を教えるのではなく、
一般的な本に掲載されている描き方
構造と、パズルのように型紙を操作する方法を解説
どんなドールでも対応出来るようにまずお洋服の構造をできるだけ詳しく解説してから描き方を説明しています
構造がわかれば自力でアレンジもしやすくなり、ドールだけではなく、人間服のアレンジでも役に立つと思います
もっとふくらみを増やしたい
たくさん切り開けばいいのか！
人間服ではこうだけど、ドール服ではこうするといいよ
というポイントも描いてあるよ！
型紙の製作方法は、私が実際に試してみて一番楽で早く、
材料費も安くすむやり方を紹介しています
失敗例もあります……
この本は、「オリジナルの型紙を作る手助けになれば！」という思いで描きました
型紙が付いている本
すぐにお洋服製作をしたい方向け
型紙の教科書
オリジナルの型紙を自力で作りたい方すでにある型紙をアレンジしたい方向け
できれば原型作りから挑戦してほしいですが、
もしうまく作れなかったら先に進めなくなってしまうので、原型30種を掲載しています
原型より先のアレンジは、本を参考にしてぜひ自分で挑戦してみてくださいね！

デザインを決める

スカートの型紙の丈を何センチにしたらいいのかわからない！
こんなものを作っておくと便利だよ！

ドールを正面から撮影して等身大にプリントアウトする

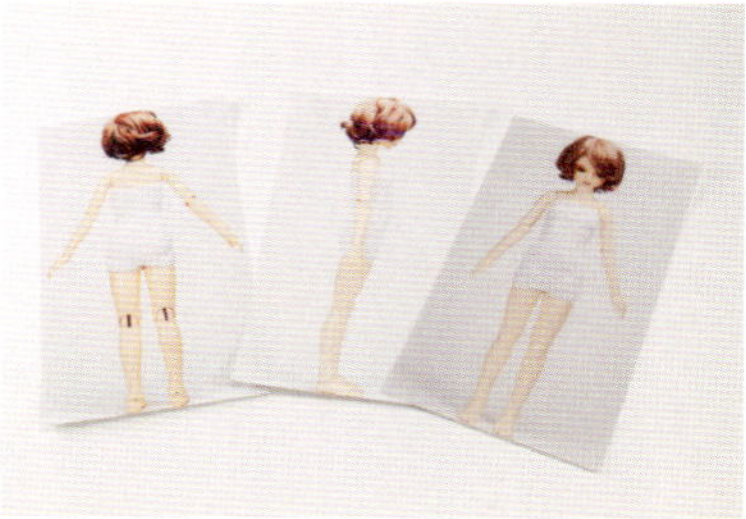

前だけでなく、横・後ろも撮影しておくと良い

↓こうならないように注意!↓

フカン

アオリ

考えたデザイン画をもとに、トレーシングペーパーなどを重ね、好きなデザインを描く

作りたい肩幅やスカートの丈の長さなど、ほぼ実寸大ではかる事が出来る

完成服に近いお洋服が描けるので、作りたかったデザインと全く違ってしまう失敗も防げます
なるほど！

離れた位置から撮影して拡大するとパースが付きにくく、より正確にプリントアウトできます

離れた位置から撮影する

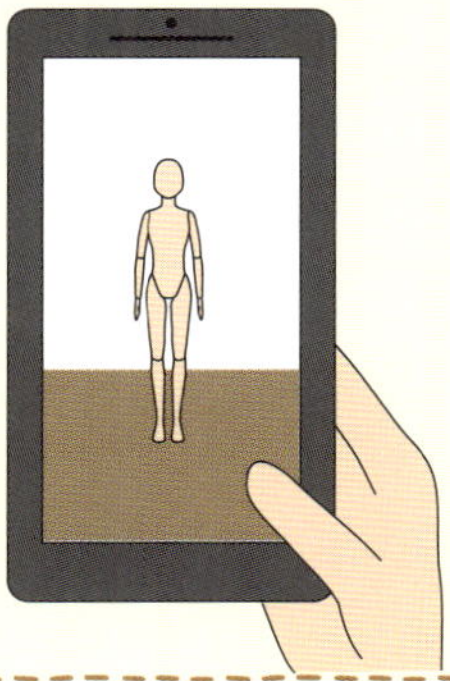

画像編集ソフトでドールの身長と同じ大きさのファイル(枠)を作り、その大きさギリギリに画像を拡大する

新規でこの大きさのキャンバスを作る

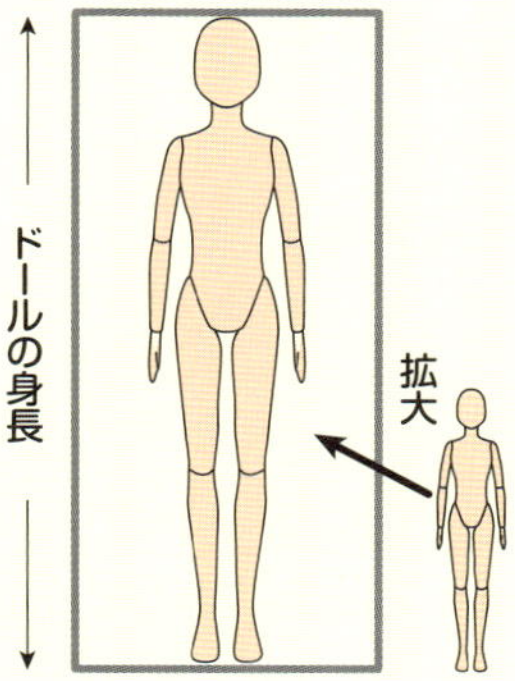
拡大
ドールの身長

至近距離から撮影すると、なんとなくバランスが悪く撮れる事があるから注意してね

頭が大きく写る

とても大きいドールは半分の大きさにプリントアウトしてもOK!

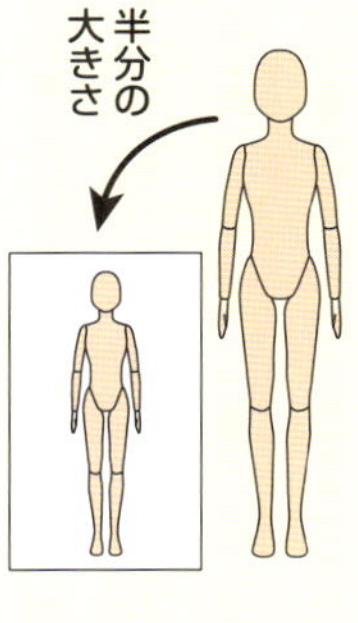
半分の大きさ

または分割プリントして張り合わせる

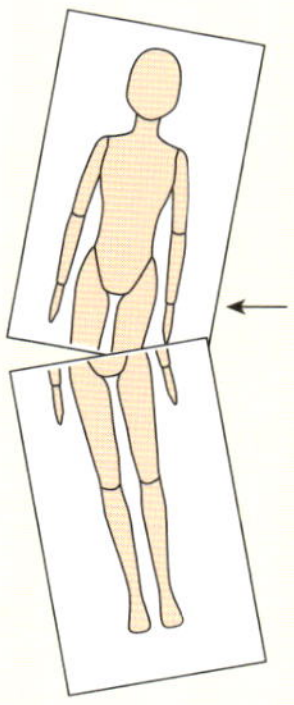

ロングスカートなど、型紙を作るとき長さを予想しにくいドレス製作に大変便利です

同時にあきの位置なども確認しておきましょう
ちゃんと着せられる服か事前にチェックしておくのも大事だよ！

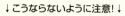

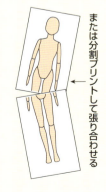

Chapter *1.*

四角い布で作るスカート

— SKIRT I —

長方形パターンのスカート

初心者さんはまずこのスカートを作ってみよう

でも過去に作ってみたらこんなのが…
う～ん布幅をどれくらいにしたらいいかちょっとわかりにくいかもね
もっと広がったのを作りたかった

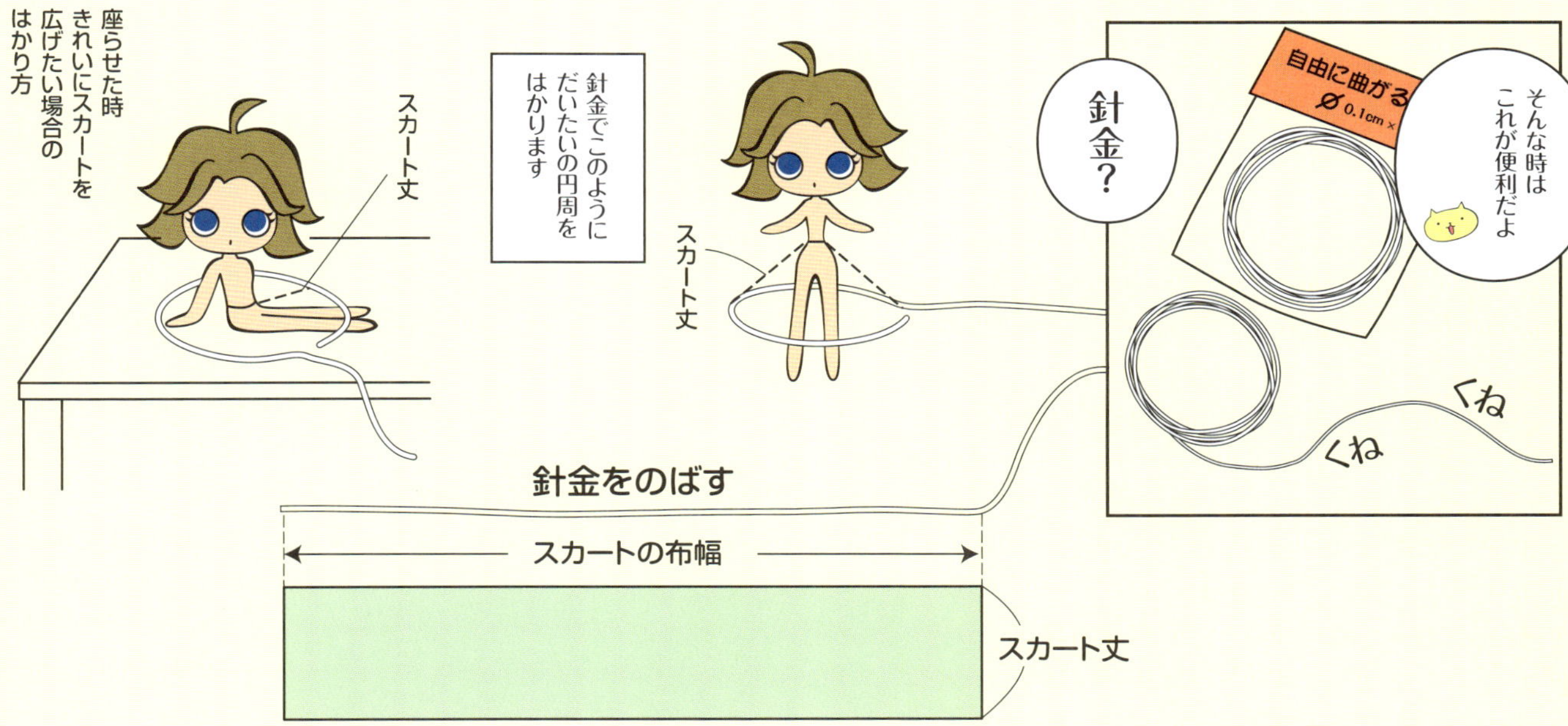

座らせた時きれいにスカートを広げたい場合のはかり方
スカート丈
針金でこのようにだいたいの円周をはかります
スカート丈
そんな時はこれが便利だよ
針金？
自由に曲がる
ø0.1cm ×
くね
くね
針金をのばす
スカートの布幅
スカート丈

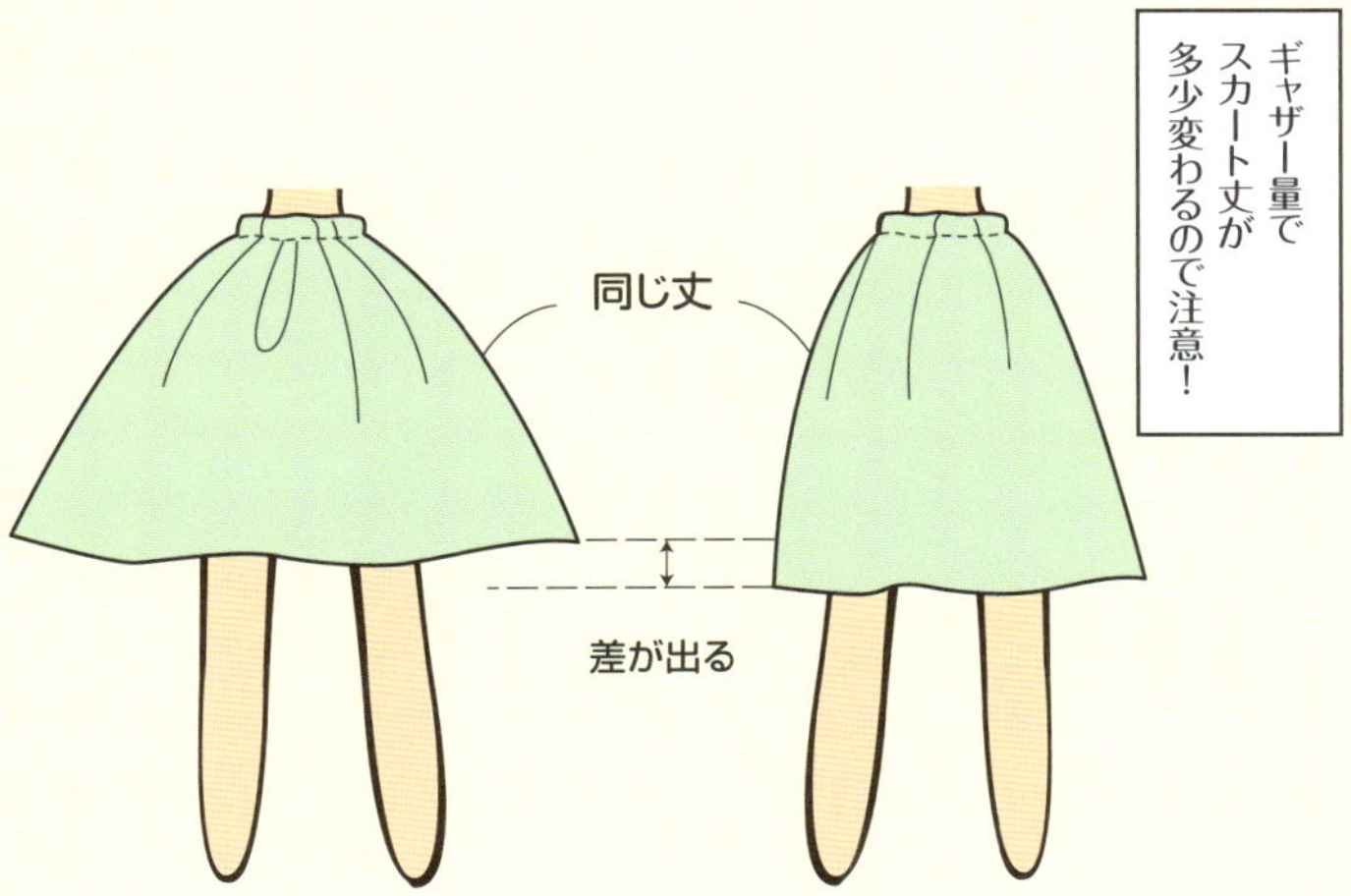

ギャザー量でスカート丈が多少変わるので注意！
同じ丈
差が出る

縫い代の付け方

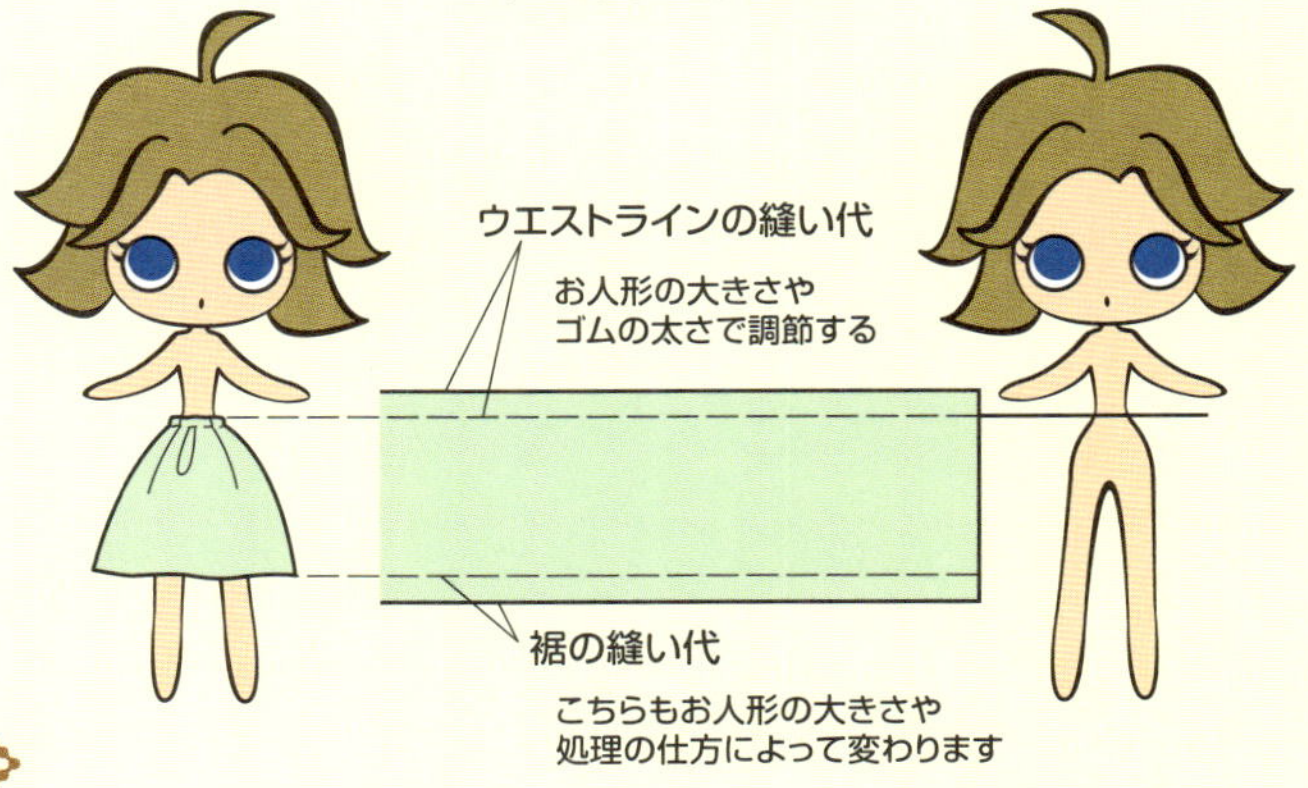

ウエストラインの縫い代
お人形の大きさやゴムの太さで調節する
裾の縫い代
こちらもお人形の大きさや処理の仕方によって変わります

裾にレースを付けたり
ピンタックを入れても
可愛いです
レース
ピンタック

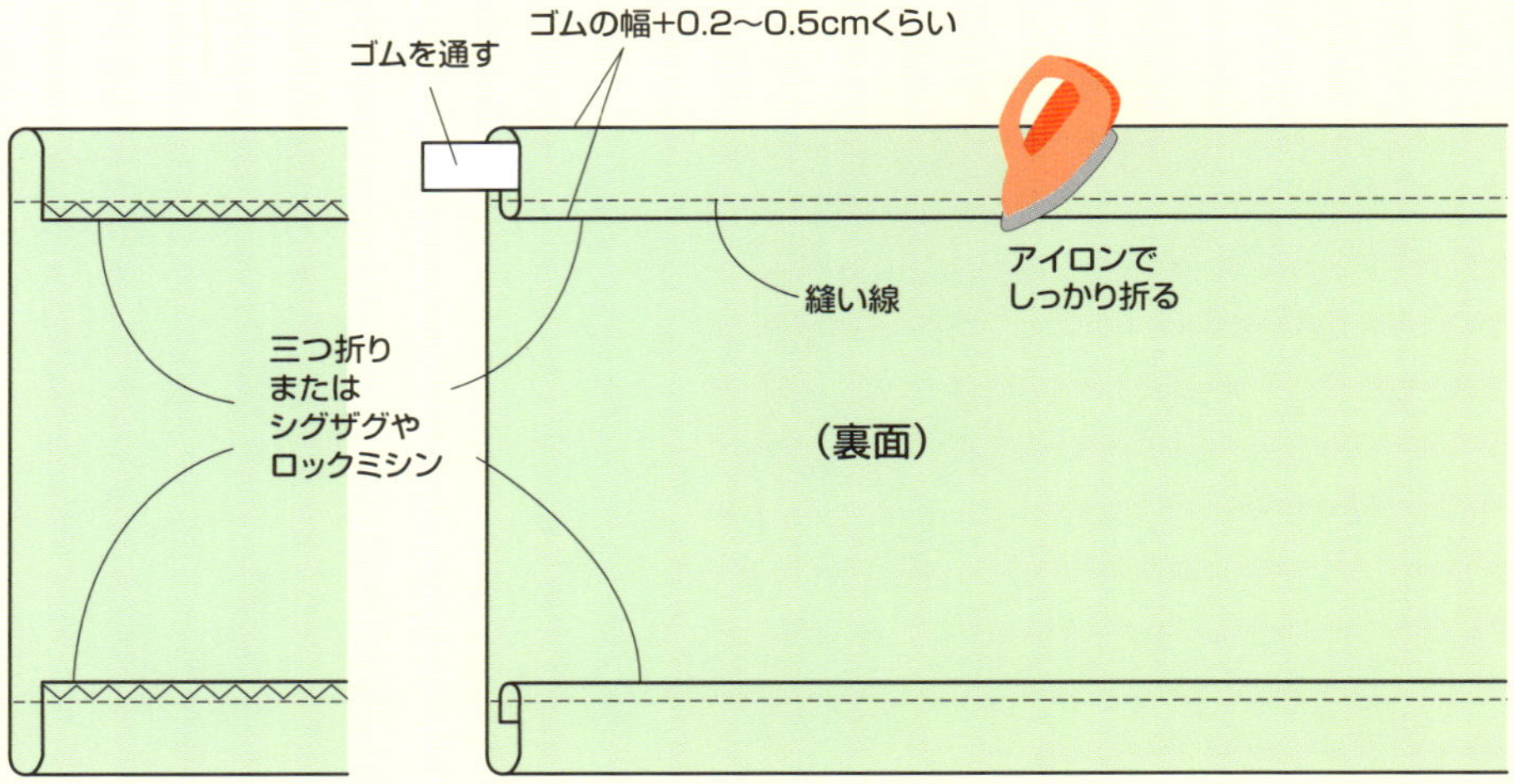

ゴムを通す
ゴムの幅+0.2〜0.5cmくらい
アイロンで
しっかり折る
縫い線
三つ折り
または
シグザグや
ロックミシン
(裏面)

すごい
簡単に
出来ちゃった!
たくさん
作っちゃおう!
右の作り方は
小さな
お人形用です
大きなお人形には
下の作り方が
お勧めだよ

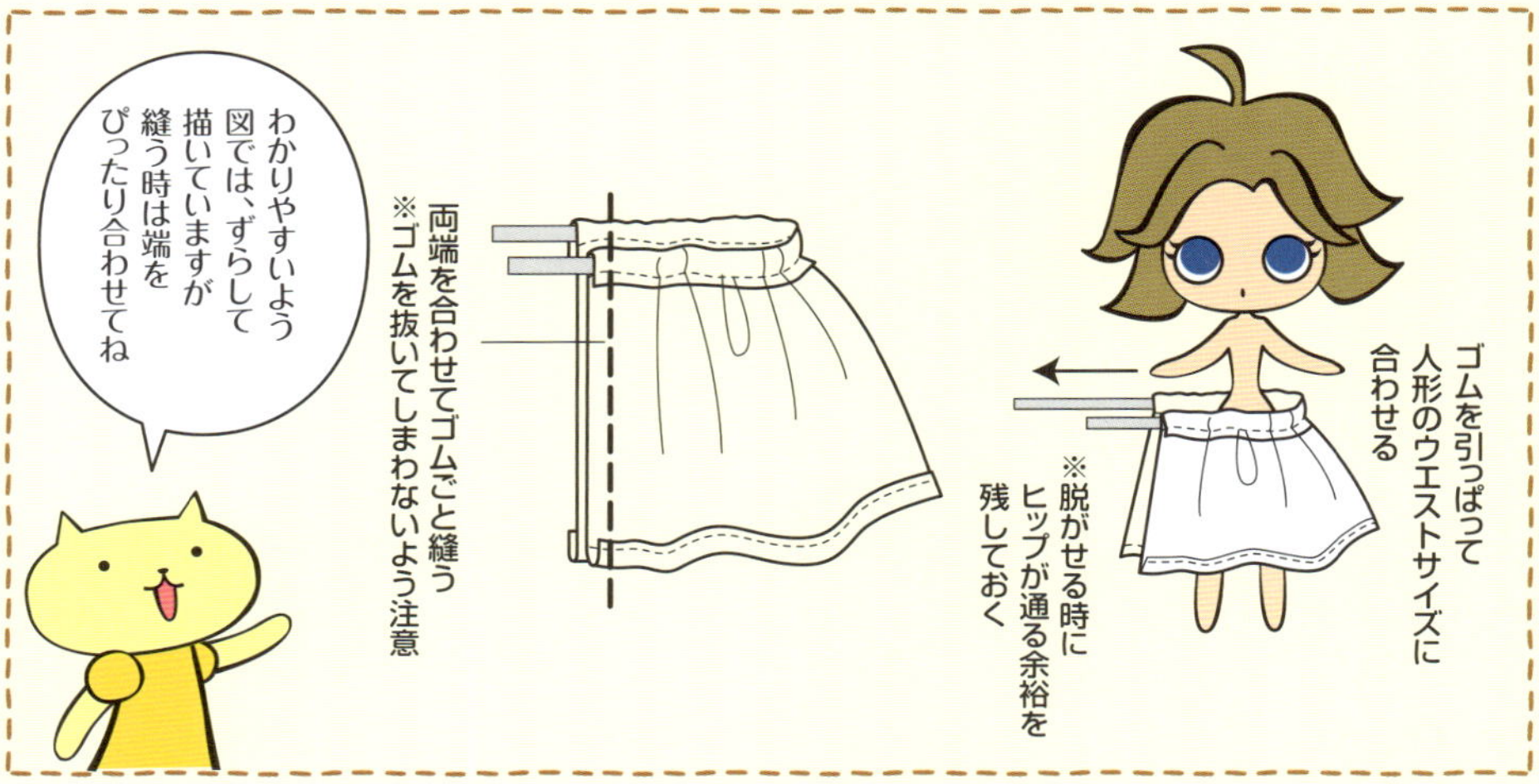

わかりやすいよう
図では、ずらして
描いていますが
縫う時は端を
ぴったり合わせてね
両端を合わせてゴムごと縫う
※ゴムを抜いてしまわないよう注意
ゴムを引っぱって
人形のウエストサイズに
合わせる
※脱がせる時に
ヒップが通る余裕を
残しておく

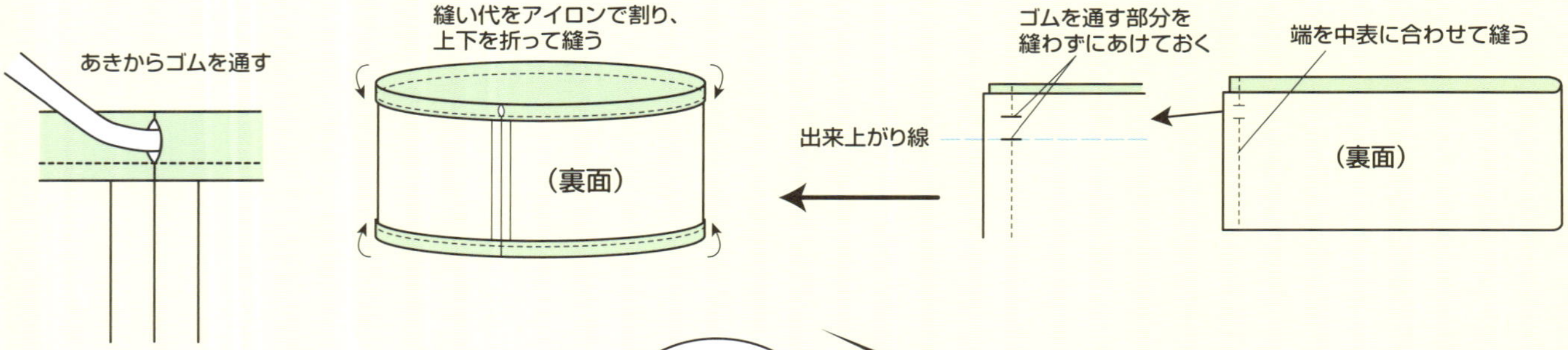

端を中表に合わせて縫う
(裏面)
ゴムを通す部分を
縫わずにあけておく
出来上がり線
縫い代をアイロンで割り、
上下を折って縫う
(裏面)
あきからゴムを通す

ウエストラインを
一回折るか
三つ折りにするかで
あけておく位置が
変わります
このように作ると
裏がスッキリして
見た目も綺麗ですよ

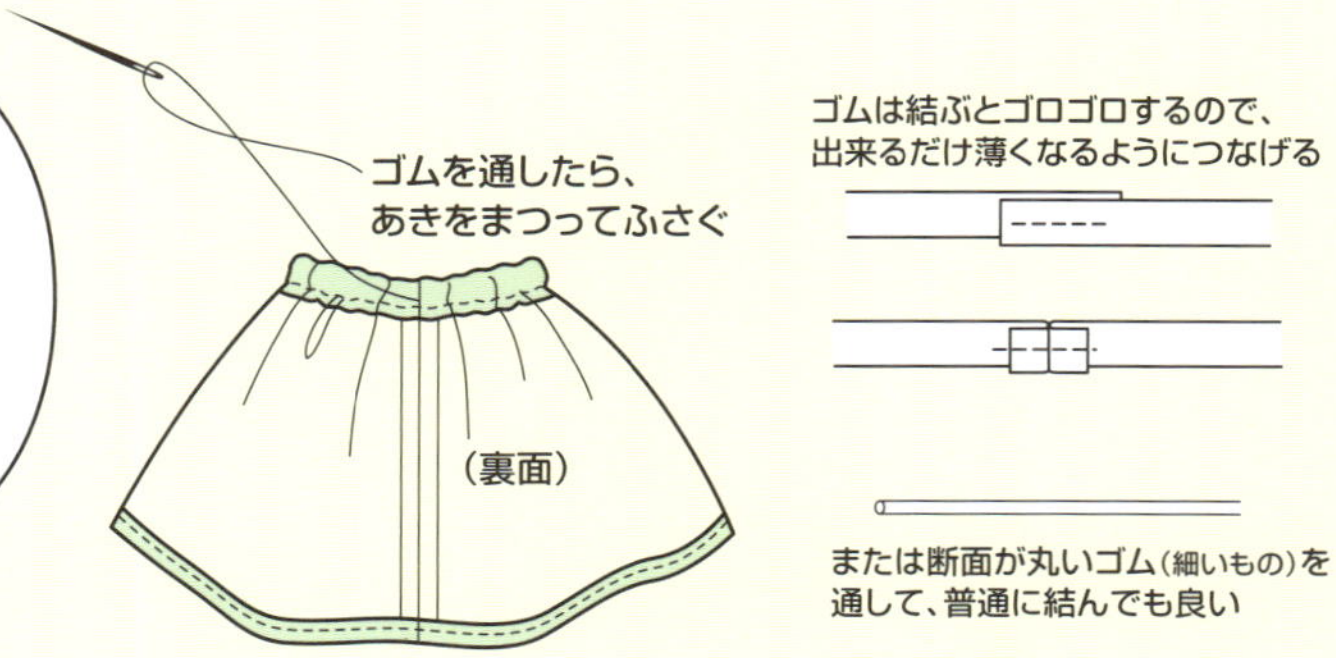

ゴムを通したら、
あきをまつってふさぐ
(裏面)
ゴムは結ぶとゴロゴロするので、
出来るだけ薄くなるようにつなげる
または断面が丸いゴム(細いもの)を
通して、普通に結んでも良い

長方形ギャザースケールの作り方

綿ローン、シーチング、ブロードなど、自分がよく使う素材を用意する

無地の布を使うと良い

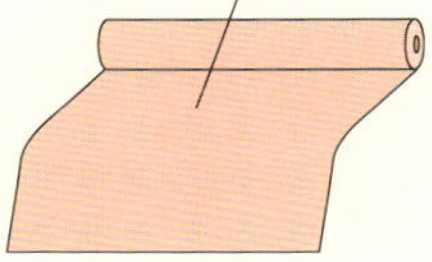

布をそれぞれ図の大きさにカットして、ペンなどで長さを描き込む

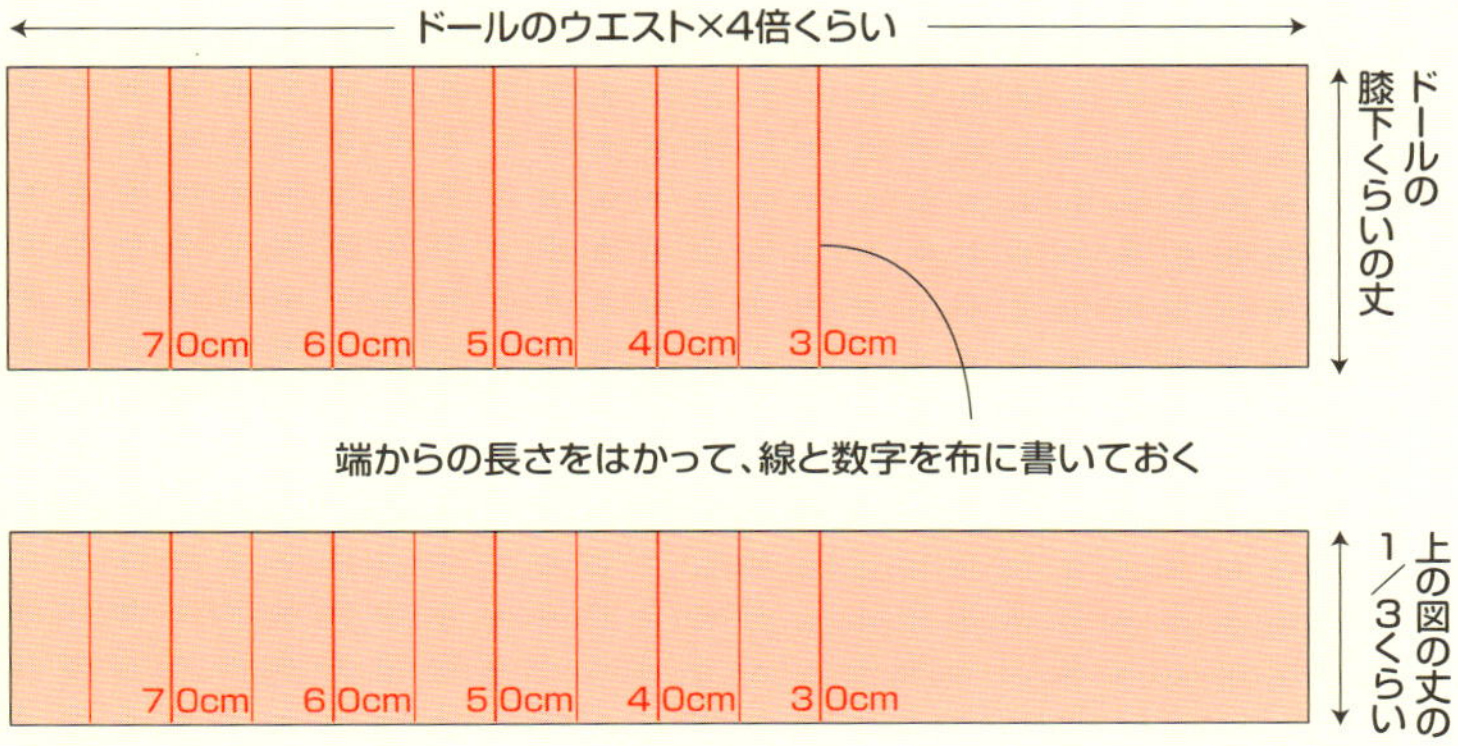

上部に手縫いでギャザーをよせる

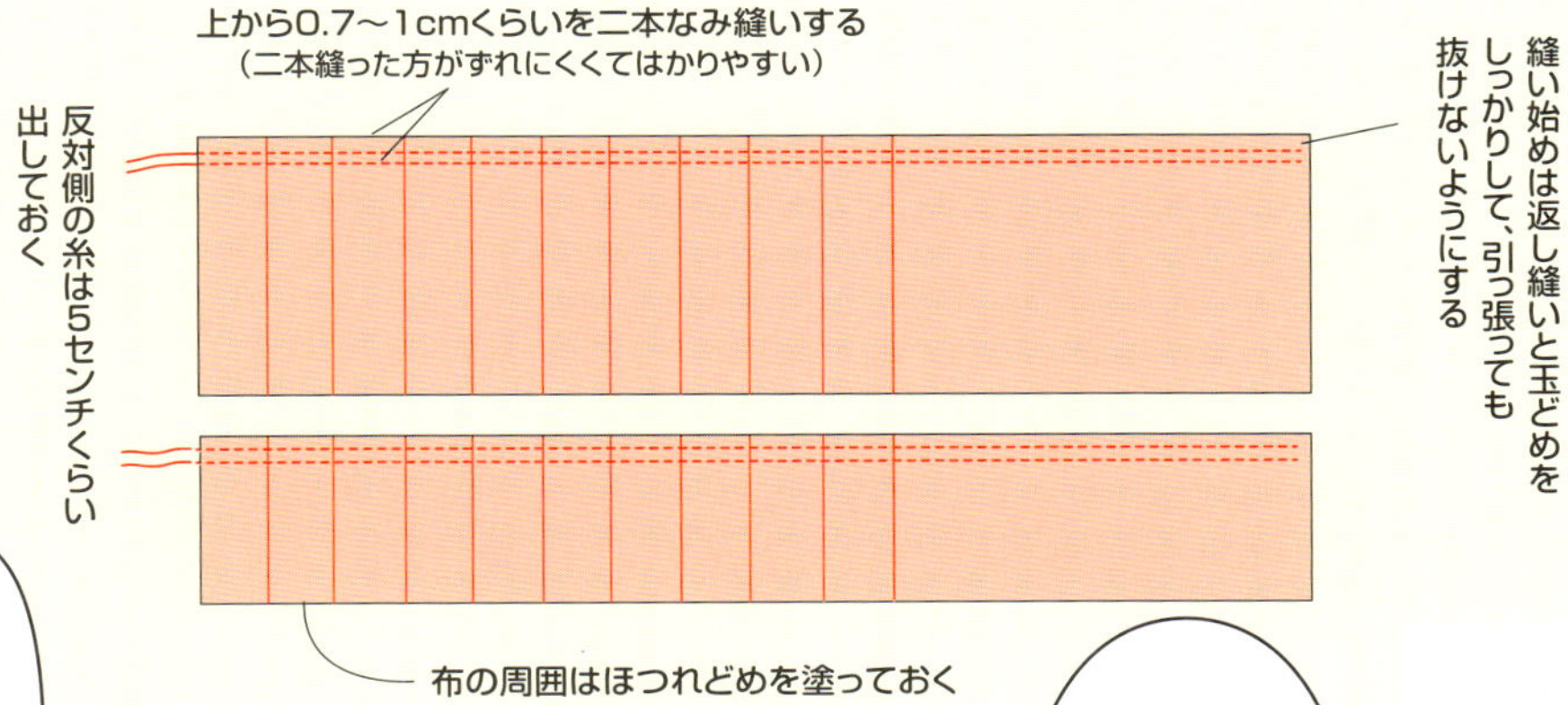

ミシン糸でも良いが、できれば太めの丈夫な糸を使うと良い

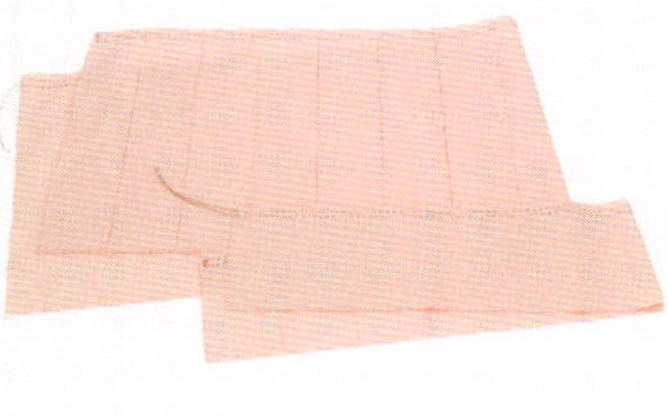

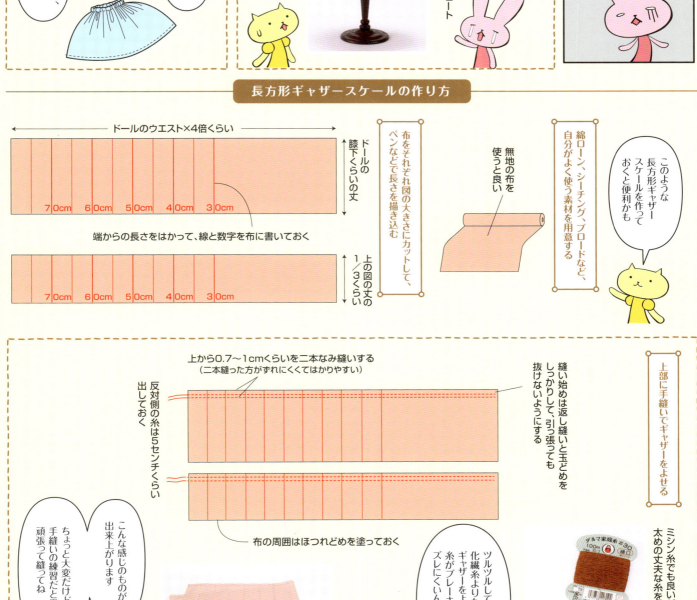

糸を引っ張ってギャザーをよせ、
実際にボディにあてて、
好みのギャザー分量をはかってみる

短くしたい時は、軽く折って
だいたいの丈をチェックする

もう一枚の方で二段スカートや、
裾フリルなどの分量をはかる

素材によってギャザーの
厚みも変わるから、
余裕があれば念のため
ツイル、コーデュロイ、
ウールなど厚手の布でも
作っておくと便利です

冬物のお洋服を
作る時に役に立つね

サイズ・素材別 パラシュートみたいにならない広がったスカート

薄手の布（綿ローン）使用

1/6 ドール
（ブライスなど）

30cm

40cm ドール
（MSDなど）

60cm

60cm ドール
（SD女の子など）

80cm

中厚の布（コットンツイル）使用

1/6 ドール
（ブライスなど）

30cm

40cm ドール
（MSDなど）

60cm

60cm ドール
（SD女の子など）

80cm

ギャザーたっぷりでも
パラシュートみたいに
ならない分量の目安です

スカート丈や
ウエストサイズによって
多少分量が変わるので
だいたいの目安にしてね！

長方形パターン　ギャザー密度・広がり比較表

コットンツイル

ウエスト×1.5倍

1/6ドール
(ブライスなど)

60cmドール
(SD女の子など)

ウエスト×1.7倍

1/6ドール
(ブライスなど)

60cmドール
(SD女の子など)

ウエスト×2倍

1/6ドール
(ブライスなど)

60cmドール
(SD女の子など)

綿ローン

ウエスト×1.5倍

1/6ドール
(ブライスなど)

60cmドール
(SD女の子など)

ウエスト×1.7倍

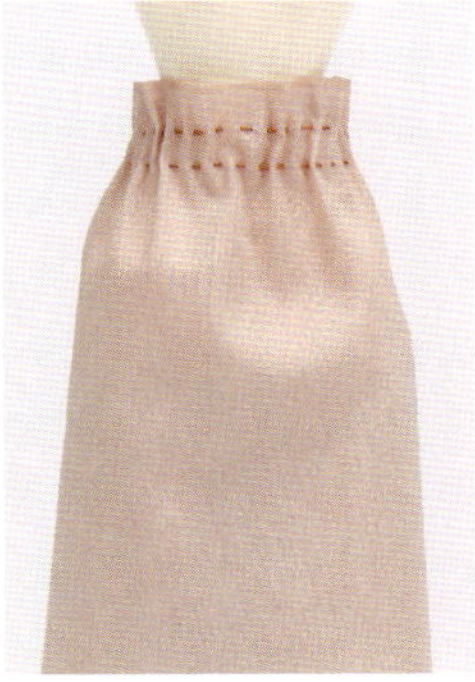

1/6ドール
(ブライスなど)

60cmドール
(SD女の子など)

ウエスト×2倍

1/6ドール
(ブライスなど)

60cmドール
(SD女の子など)

素材別　ギャザー比較表　※ほぼ原寸大

コットンツイル使用

1.5倍ギャザー

1.8倍ギャザー

2倍ギャザー

綿ローン使用

1.5倍ギャザー

1.8倍ギャザー

2倍ギャザー

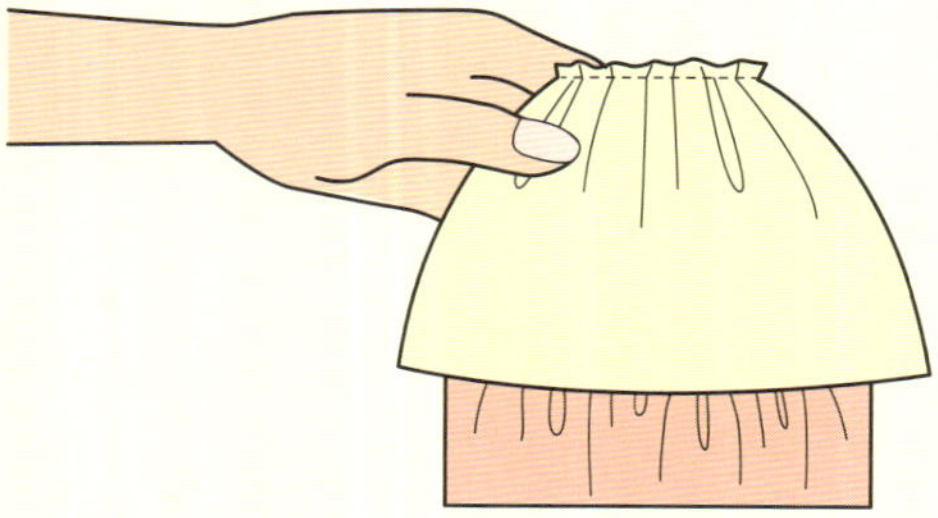

画像にパーツをあててみると
ギャザー分量の目安になる

裾フリルをどれくらいにしようか迷った時に参考にしてね

ティアードスカート

長方形パターンのスカートはマスターしたけど、

もっと丈が長くてフリフリしたドレスを作ってみたいな～

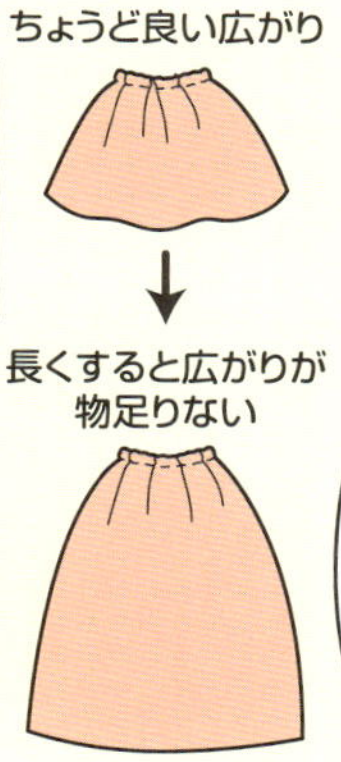

長方形の幅を増やすと、ウエスト部分に大量のギャザーをよせなければならない

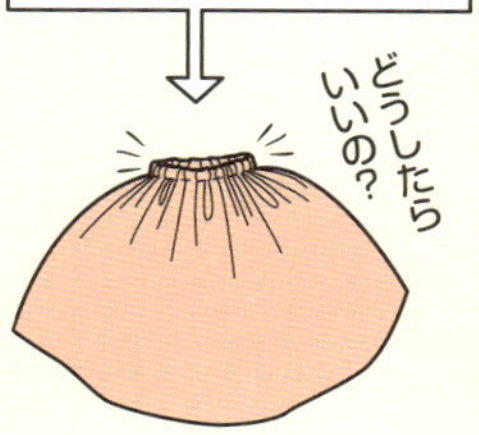

そういう場合いくつか方法があるけど

まずはティアードスカートがお勧めかな

ティアードとは「段々になった」と言う意味です

裾を広げたいけどウエストをモッサリさせたくない場合、下段を追加すると悩み解消！

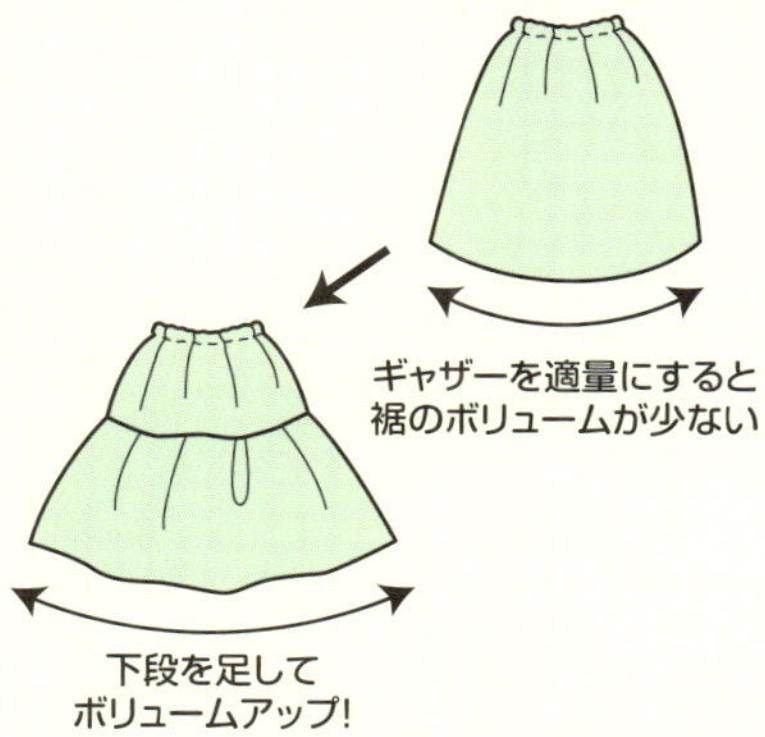

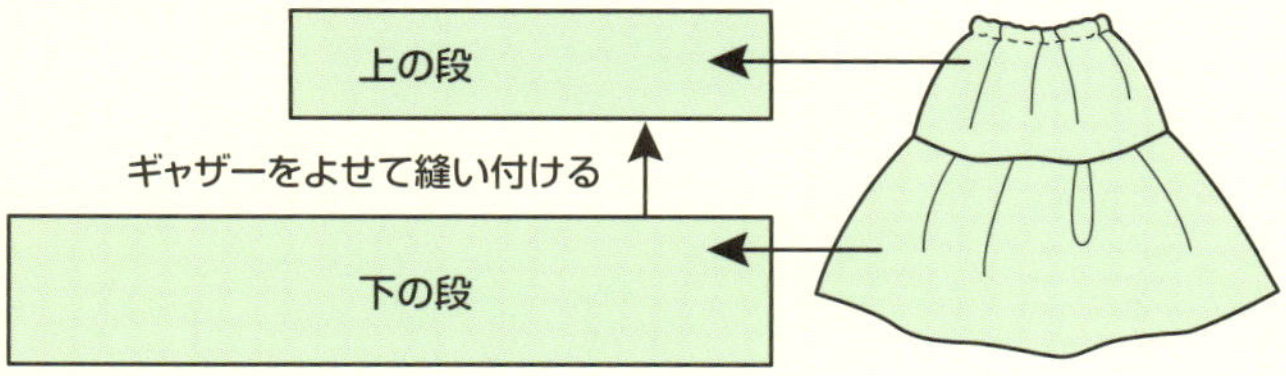

構造はこんな感じ

長方形の組み合わせなので難しくないよ！

段を増やしても可愛いです

一般的に二～三段のものが多いかな

ちなみに人間用のティアードスカート（三段の場合）の作図はこんな感じ

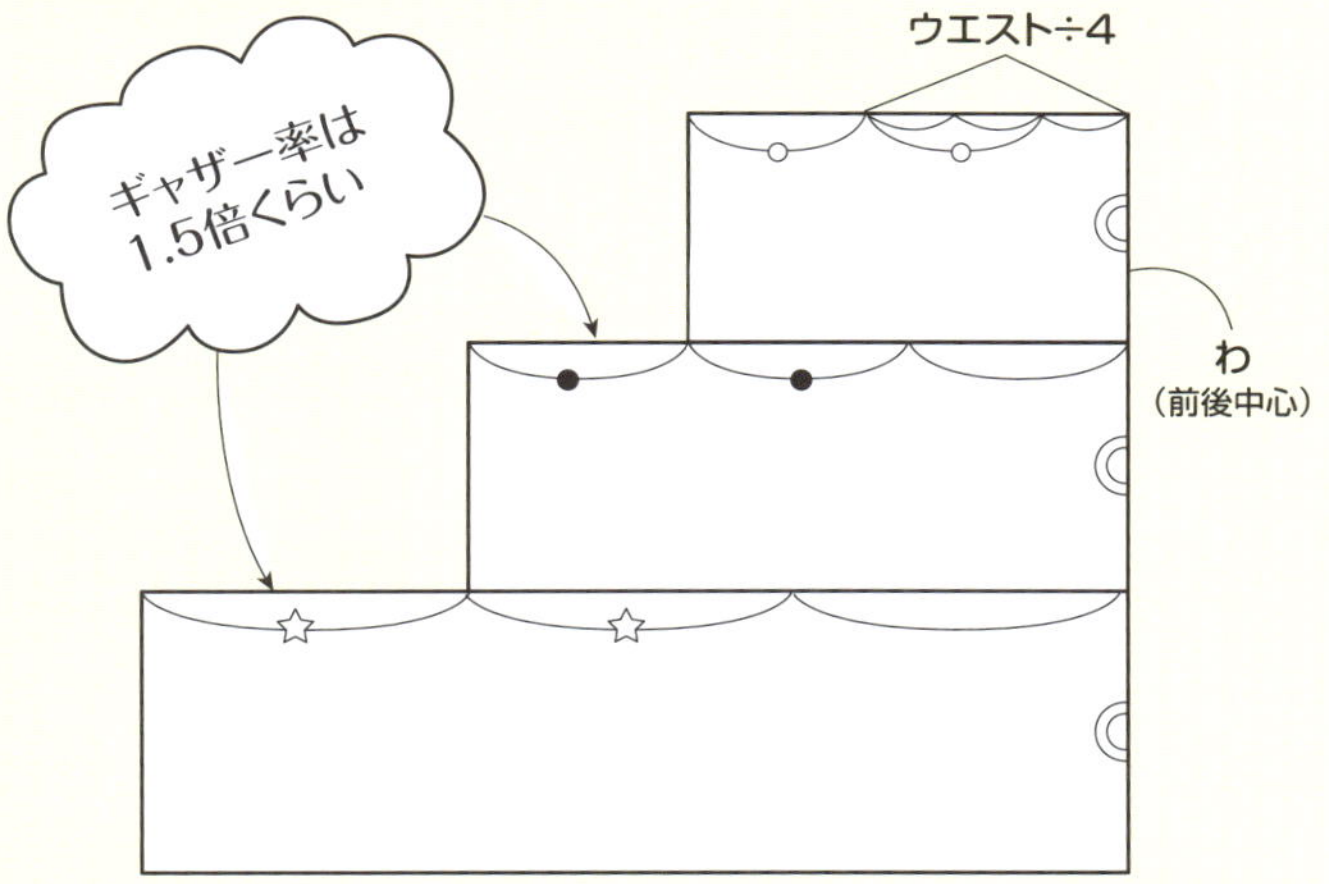

ティアードスカートは型紙作りが簡単なので、人間用の型紙は色々な所で紹介されています

だけど、人間用の比率だと、お人形ではちょっとボリュームが少ないと感じるかも……

ヒラヒラ系
裾の広がったスカート

人間用スカートの比率
（リアルクローズ向け）

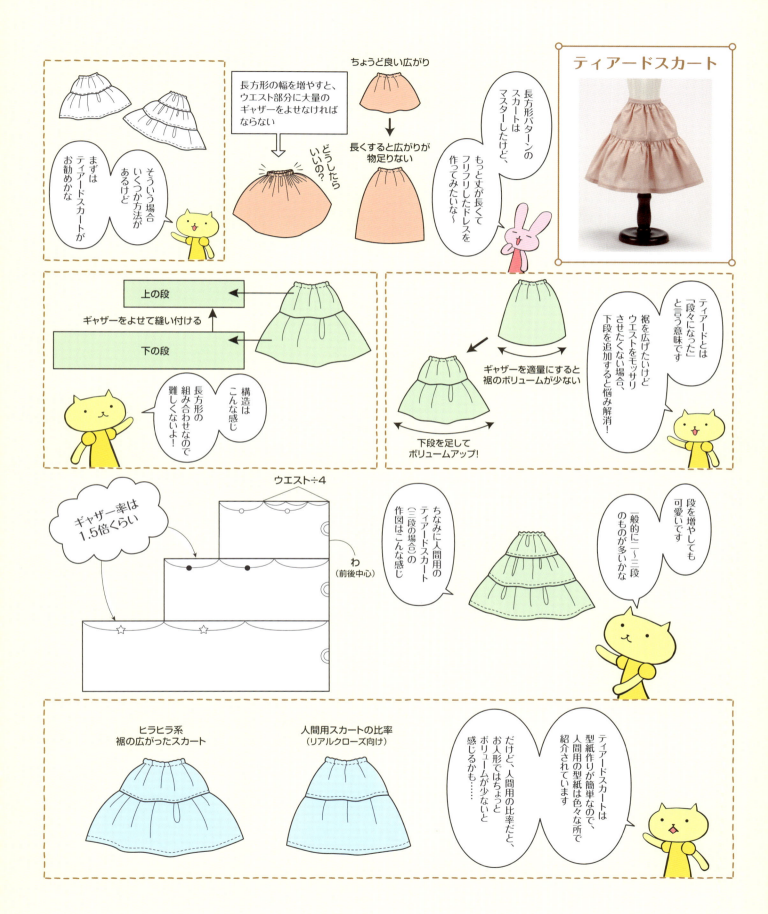

広がったティアードスカートの型紙の作り方

リアルクローズではなく、広がったシルエットの作り方を紹介するね

まず、実物大にプリントアウトしたボディに作りたいスカートを描いて、全体の丈や上下の長さを決めます

作りたい丈とスカートの広がり具合を描いてみる

長方形スカートで作ったギャザースケールで実際に作りたい分量のギャザーをはかる

ギャザースケールがあると便利!

段を等間隔にしたい時は、上下同じ高さではなく少し差をつけるのがポイントです

ティアードスカートのパターン制作のポイント

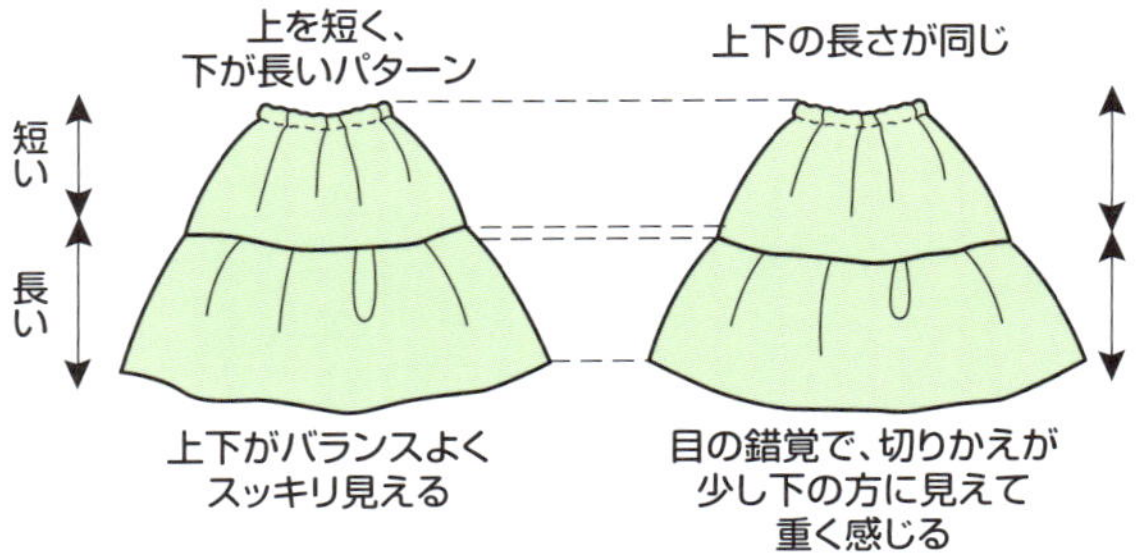

手描きでいいので、このようにはかった寸法を後でメモしておくとよい

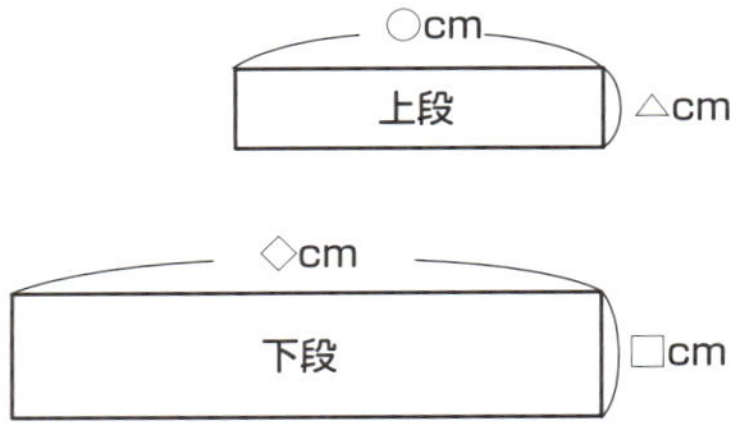

ティアードスカートの注意点

ものすごくフリフリにしたい時は、上下のギャザーをたくさん増やせばいいんだね!

う〜ん、確かにそうなんだけど増やしすぎるとドール服ならではの問題点が……

実際にやってしまった失敗です

人間服と違い、布の厚みで広がりすぎてしまう

ボリュームをおさえようとすると目立つ折り目が出来る

重要なのは、一段目のこの長さ!

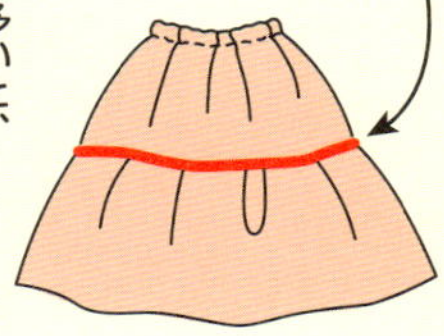

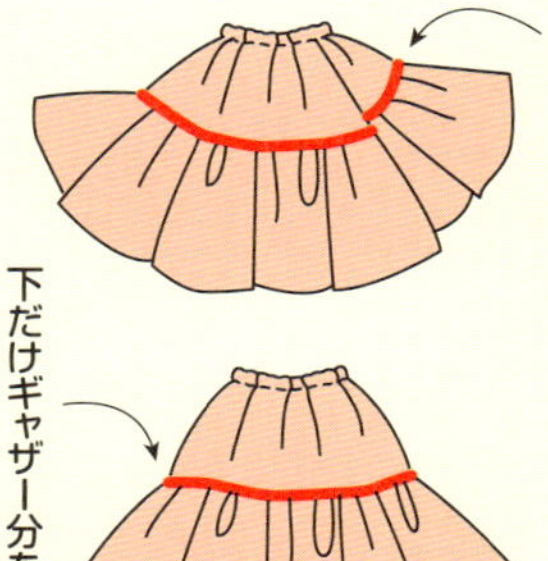

この分量が多いと、全体的に広がりすぎる

下だけギャザー分を増やせばフリフリだけど広がりすぎない

なるほど〜気がつかなかった

ギャザー比較ページを参考にして、一段目を決めれば失敗が少ないと思います

または実際に一段目の切り替え位置をワイヤーで囲ってはかってみるとか

作りたいデザインをイメージして、だいたいの位置ではかってみる

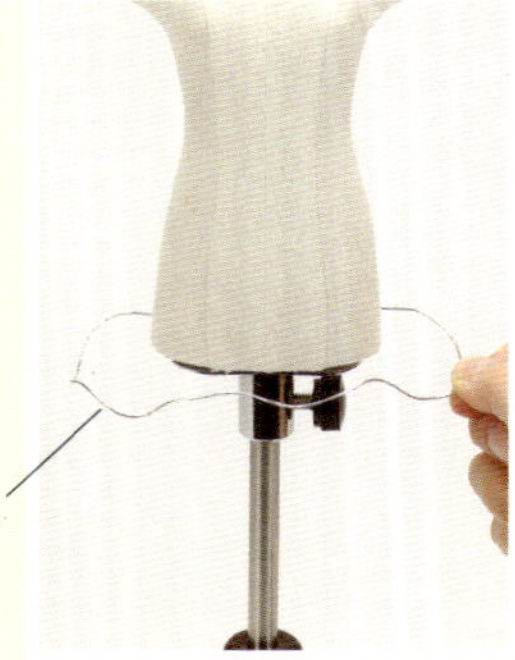

少しクネクネさせる

ワイヤー技は、リアルクローズなティアードのギャザー率をはかる時も便利かも

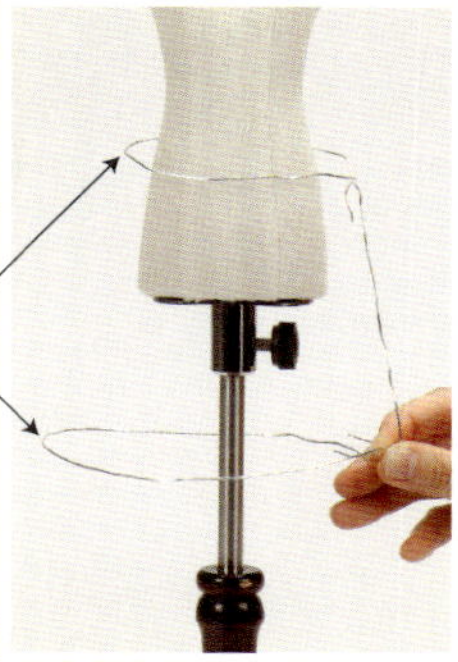

もちろん過度のフリフリをデザインとして生かす場合は問題ありません

ただしアンダーとして使いたい場合は注意しましょう

アンダーがチラ見えするデザインは、バランスよくフリフリが見えるように！

参考作品「Dollybird 19」掲載

あともうひとつ注意する事が！

三段以上の場合、一番下の段が布幅よりも長くなる事が……

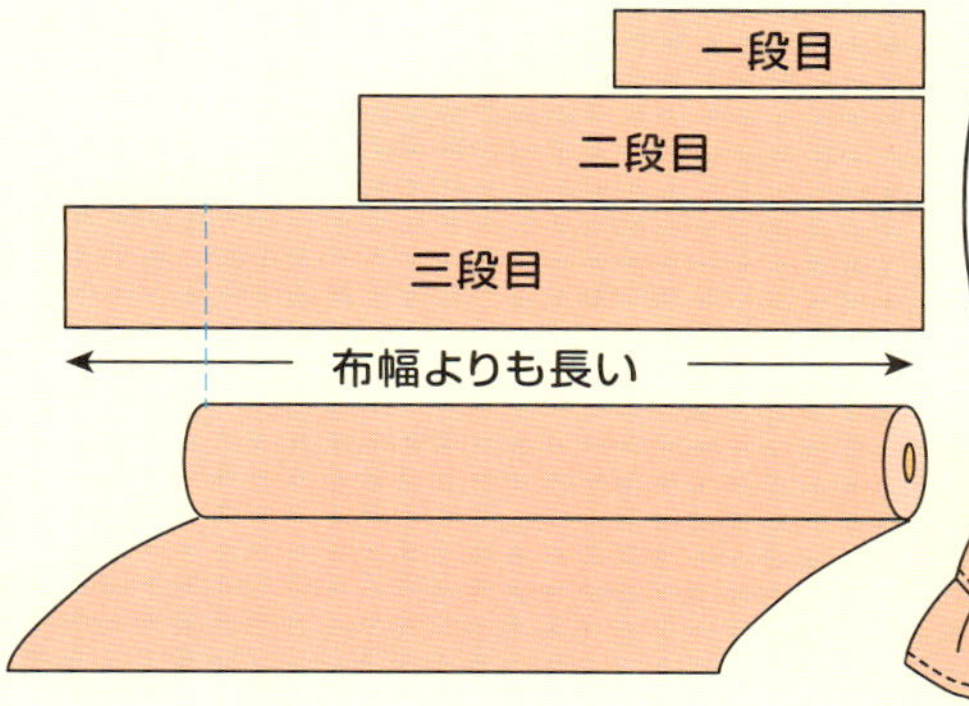

はぎ合わせる位置を考えないと、変な所に縫い目ができちゃうの

中心ではぎ合わせた場合

そうならないために、三段目の長さを先に決めちゃってもいいかも

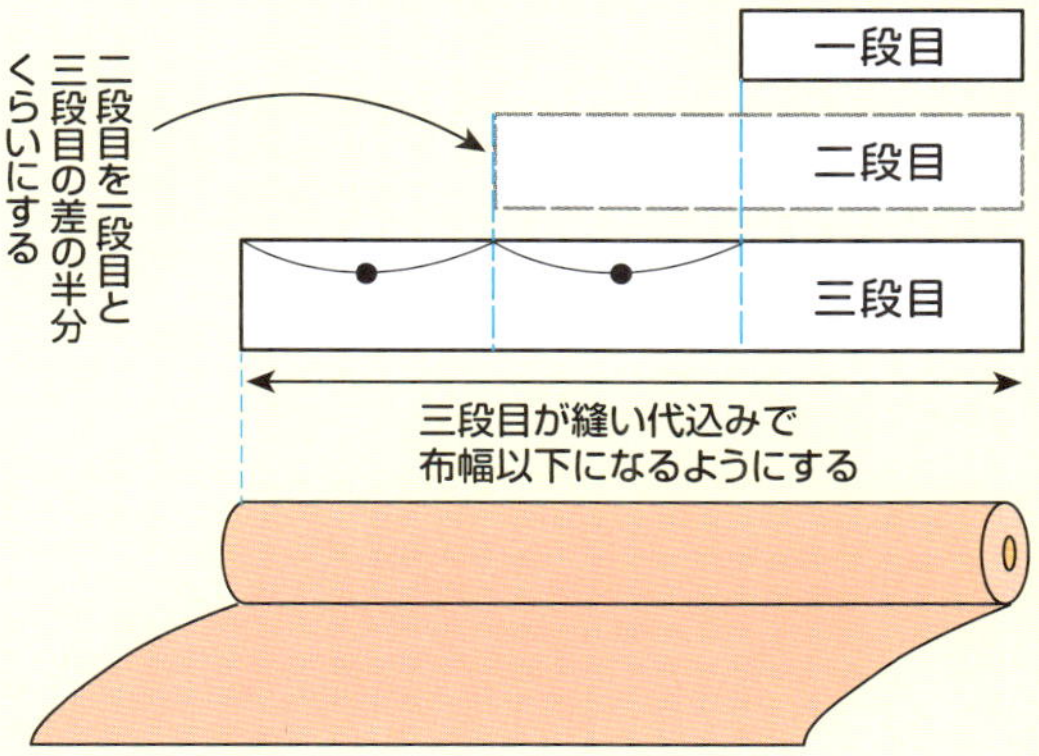

長方形パターンやティアードスカート用の布を購入するときは、布幅もチェックしておきましょう

三段目の長さが足りず、はぎ合わせる場合

あと、これはこだわる人向けなのですが、はぎ目は脇で統一すると見た目が綺麗です

後ろにあきのあるデザインの服

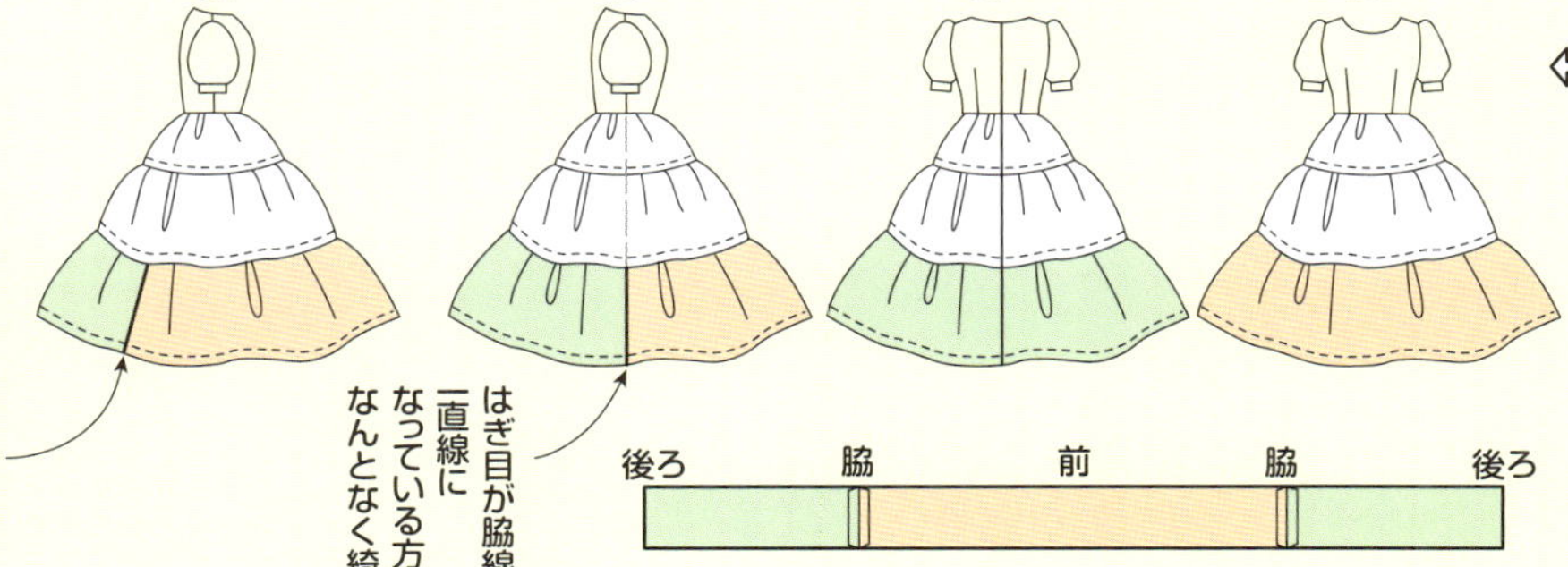

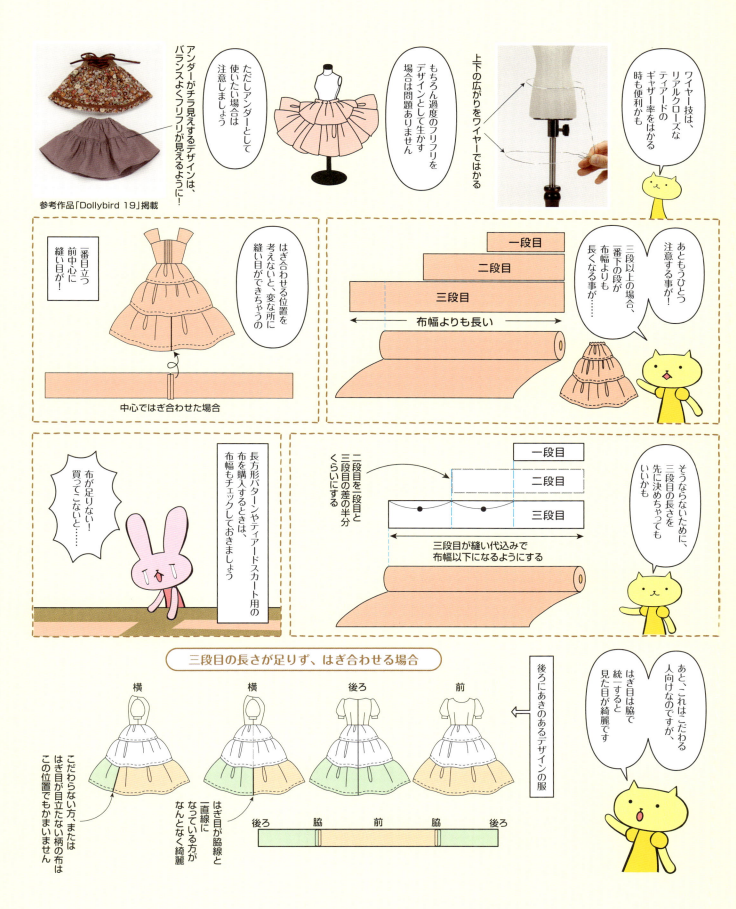

1/6ドールサイズ(ブライス/リカちゃんなど)ギャザー比較　素材:綿ローン

上段:ウエスト×2倍
下段:上段×2倍

上段:ウエスト×1.7倍
下段:上段×1.7倍

上段:ウエスト×1.5倍
下段:上段×1.5倍

60cmドールサイズ(SD/DD)ギャザー比較　素材:綿ローン

上段:ウエスト×2倍
下段:上段×2倍

上段:ウエスト×1.7倍
下段:上段×1.7倍

上段:ウエスト×1.5倍
下段:上段×1.5倍

広がったシルエットのギャザー率

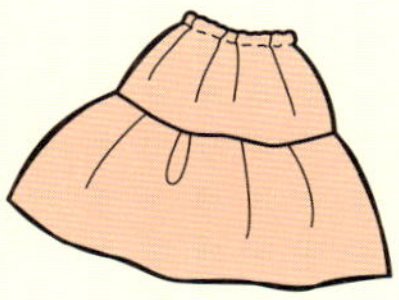

布別でお勧めのギャザー率を割り出してみました

☆薄手～普通の布（綿ローン・綿ブロードなど）

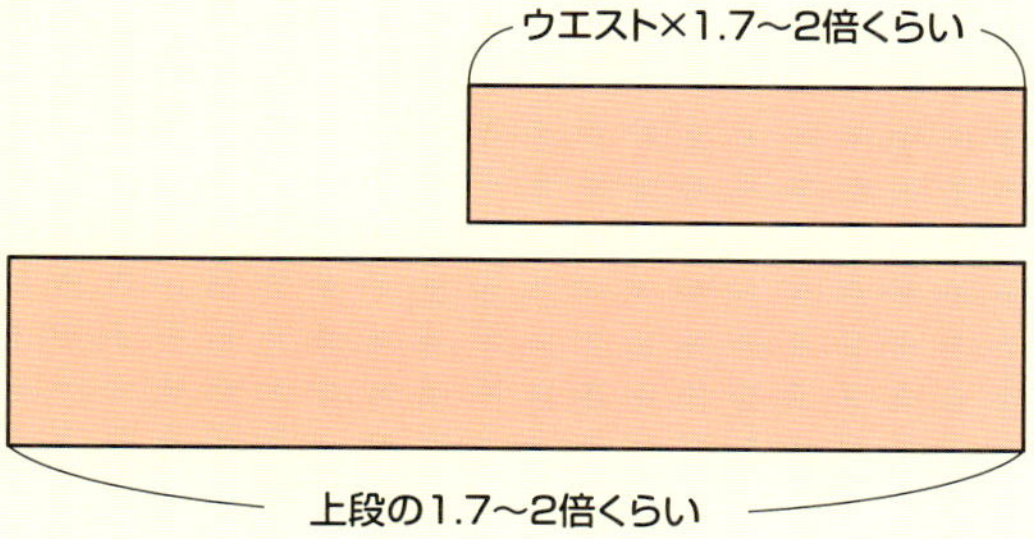
ウエスト×1.7～2倍くらい
上段の1.7～2倍くらい

☆すごく薄くてやわらかい布（シフォン・ネットチュールなど）

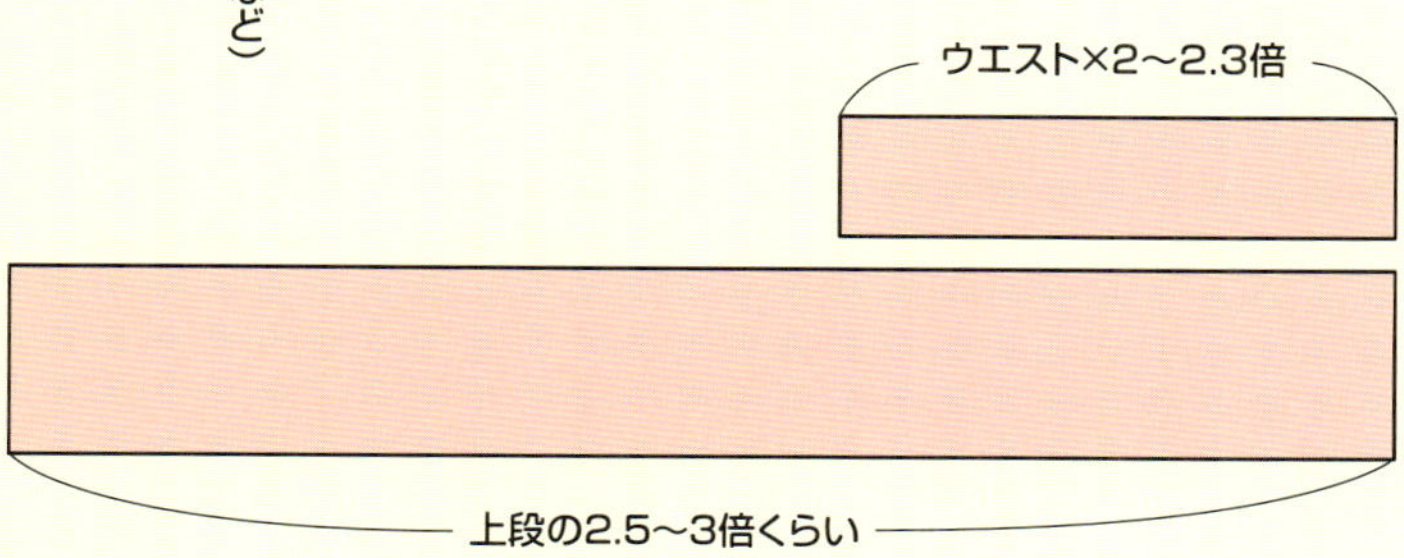
ウエスト×2～2.3倍
上段の2.5～3倍くらい

☆ちょっと厚手の布（ツイル・ベロア・ウール・コーデュロイなど）

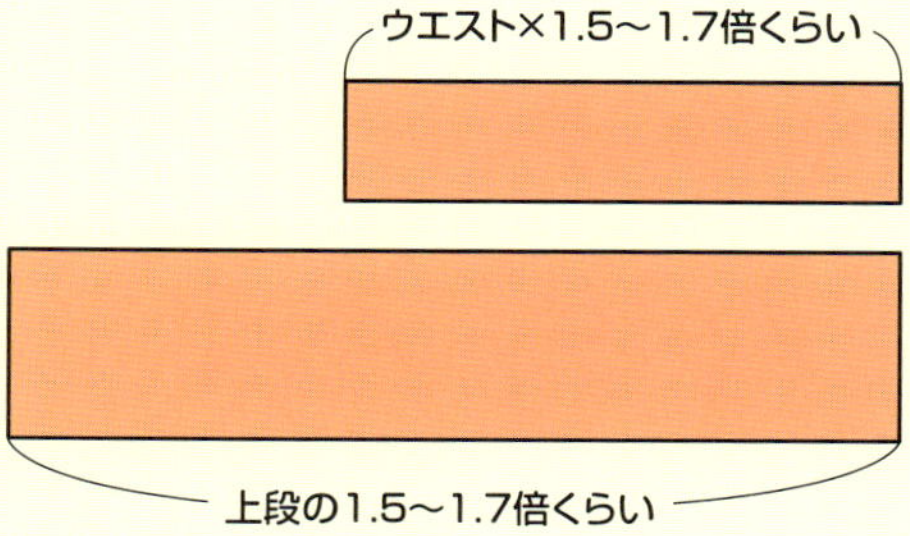
ウエスト×1.5～1.7倍くらい
上段の1.5～1.7倍くらい

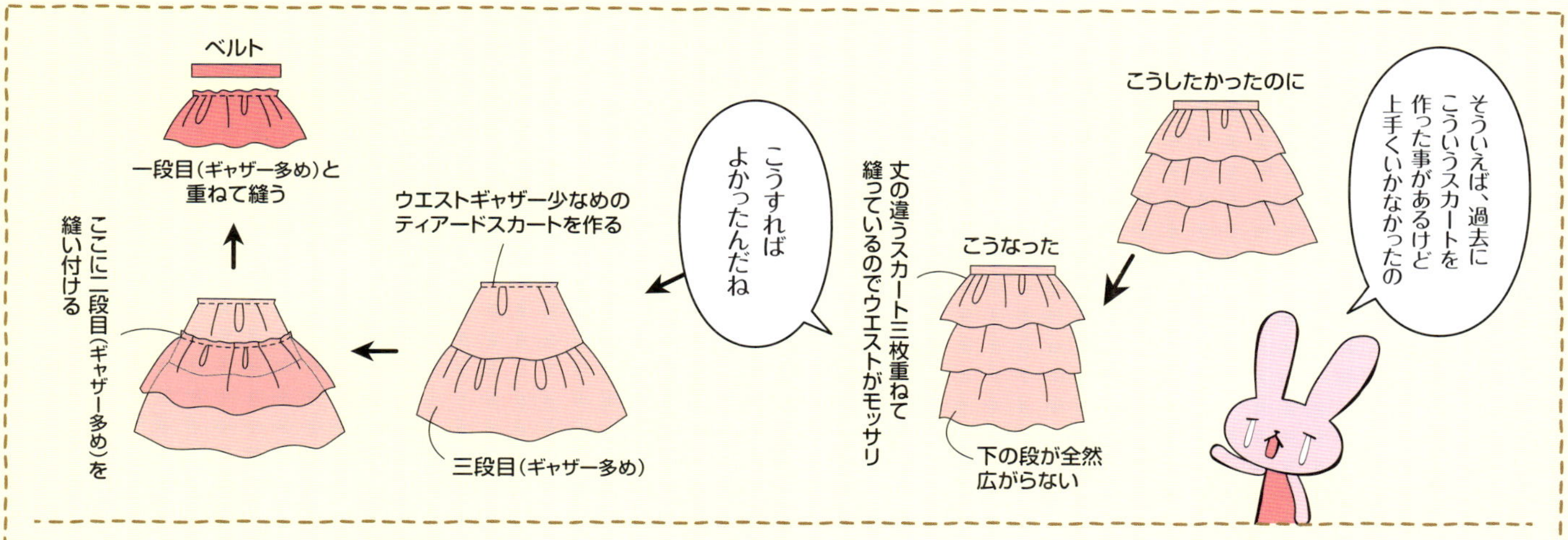
そういえば、過去にこういうスカートを作った事があるけど上手くいかなかったの
こうしたかったのに
こうなった
下の段が全然広がらない
丈の違うスカート三枚重ねて縫っているのでウエストがモッサリ
こうすればよかったんだね
ウエストギャザー少なめのティアードスカートを作る
三段目（ギャザー多め）
ここに二段目（ギャザー多め）を縫い付ける
一段目（ギャザー多め）と重ねて縫う
ベルト

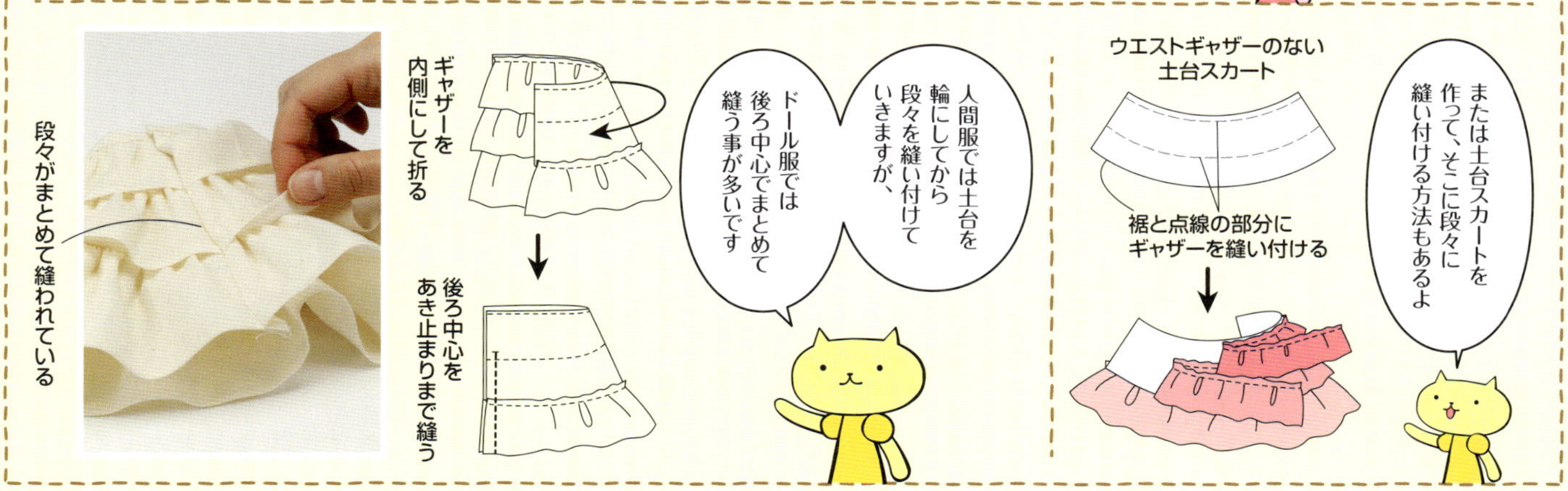
または土台スカートを作って、そこに段々に縫い付ける方法もあるよ
ウエストギャザーのない土台スカート
裾と点線の部分にギャザーを縫い付ける
人間服では土台を輪にしてから段々を縫い付けていきますが、
ドール服では後ろ中心でまとめて縫う事が多いです
ギャザーを内側にして折る
後ろ中心をあき止まりまで縫う
段々がまとめて縫われている

Chapter 2.

裾が広がるスカート

― SKIRT Ⅱ ―

パターンの切り開きとフレアースカート

フリルちゃんこんなパターンを見たことある?

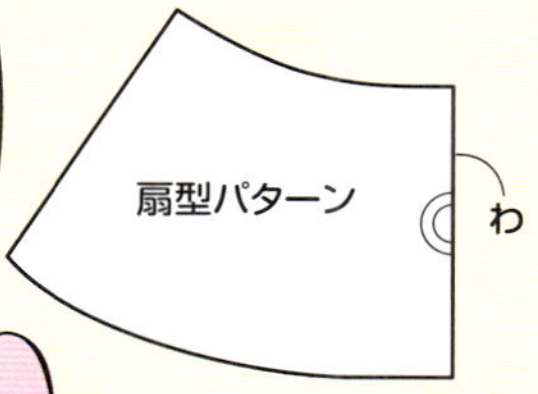

あ、この形よく見るね

このパターンのスカートはこんな感じ

ウエストのギャザーがそれほど多くないのに裾が広がってる!

どうして?

扇形パターンの構造

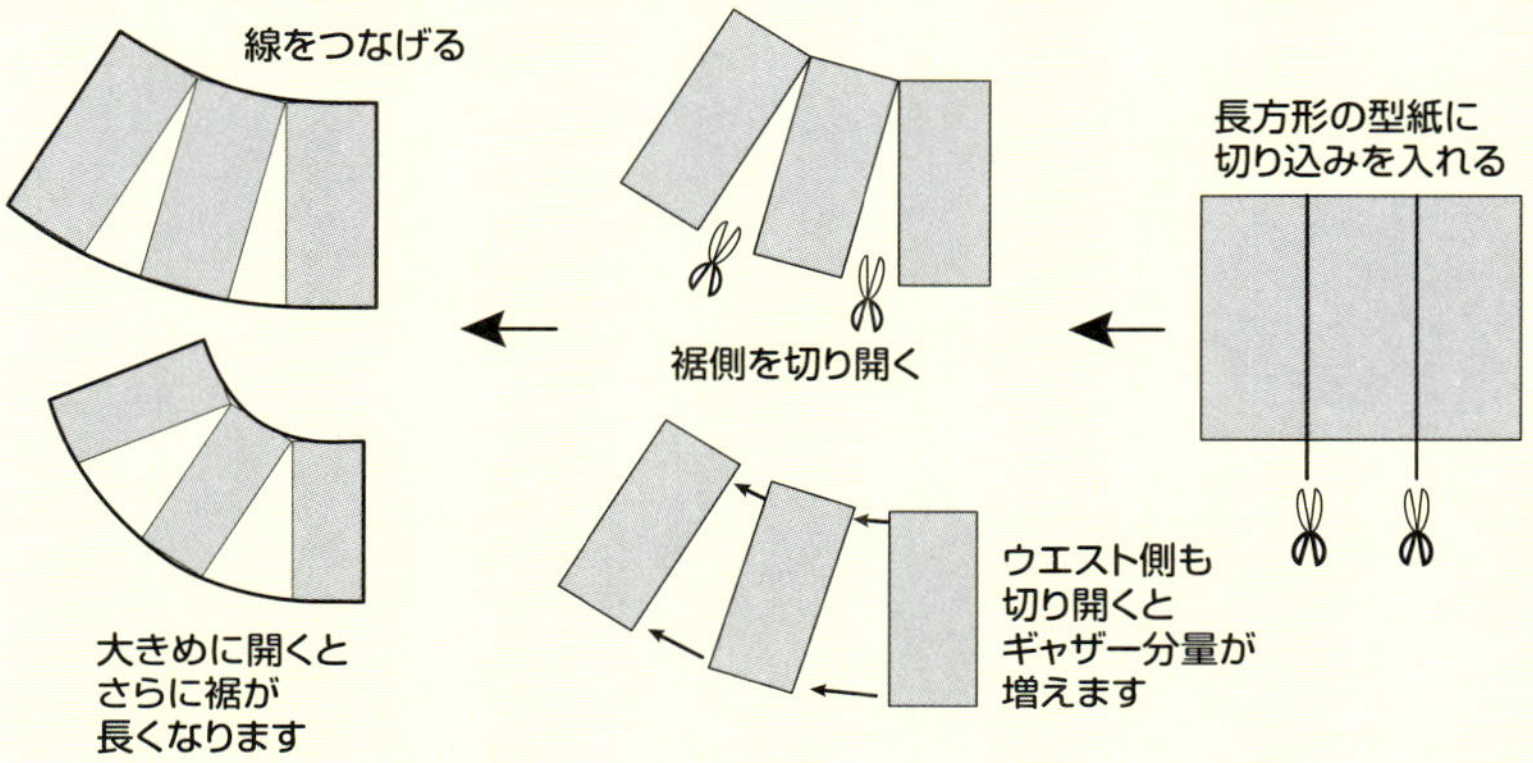

なるほど!

このような扇型のパターンのスカートをフレアースカートと呼びます

さらに扇型を開いていくと…

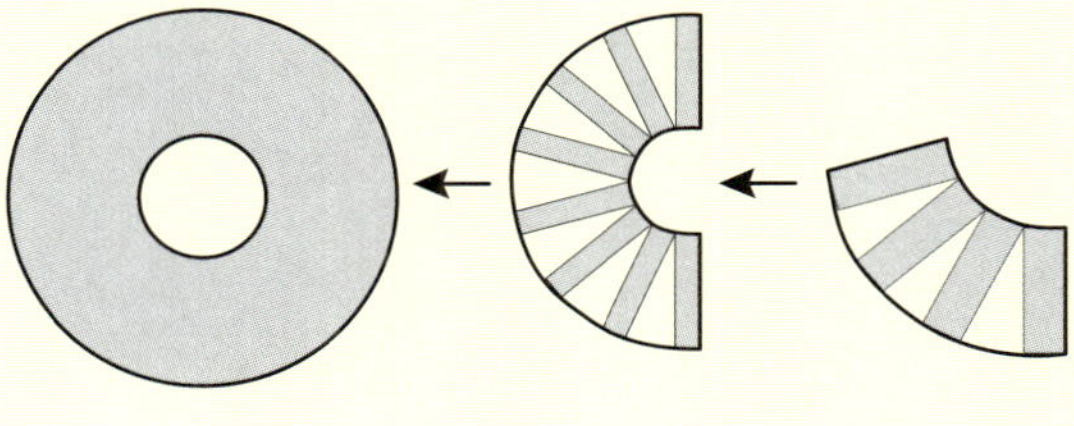

円になった!

円形パターンのスカートはサーキュラースカートと呼ぶよ

※サーキュラースカートについては、あとで詳しく解説します

あれ?ちょっと待って

裾を追加するんだったら、わざわざ切り開かなくてもいいんじゃないの?

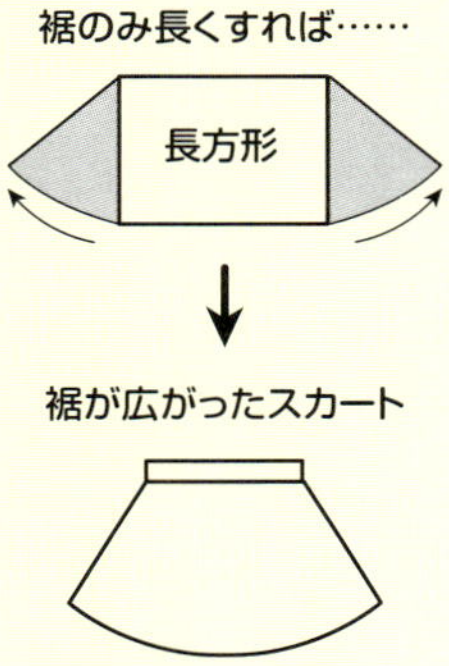

そのやり方で作るとイカスカートになるよ

ペラペラ!

これは初心者さんが間違えやすい失敗の一つなの

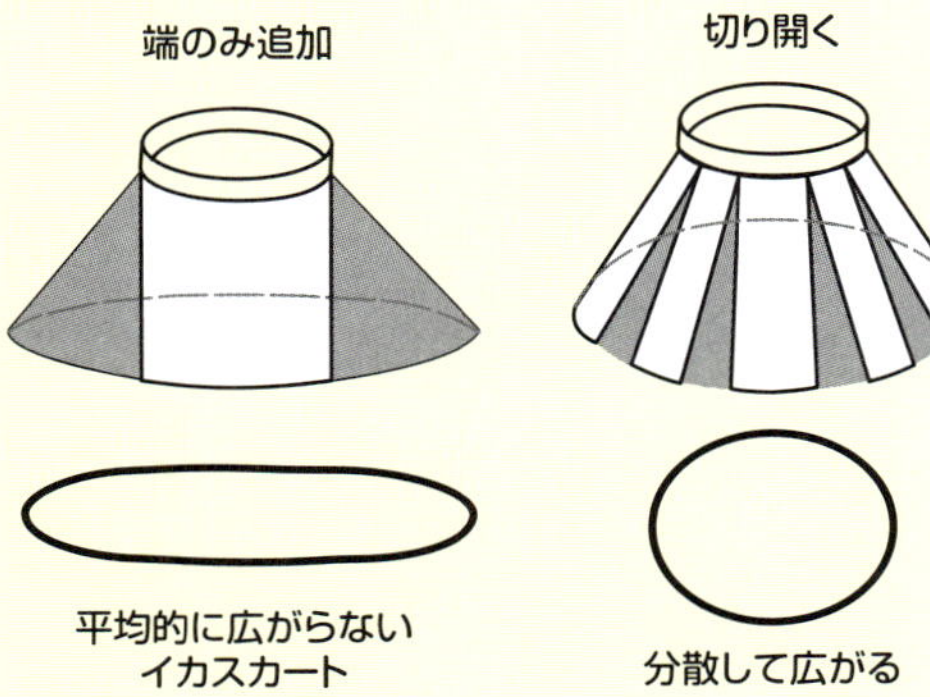

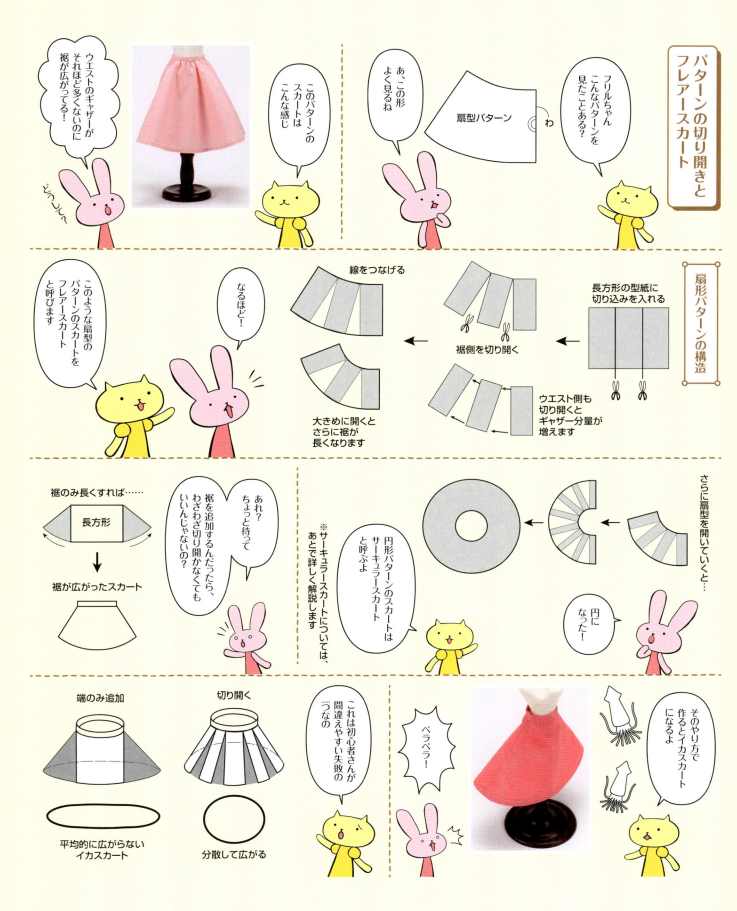

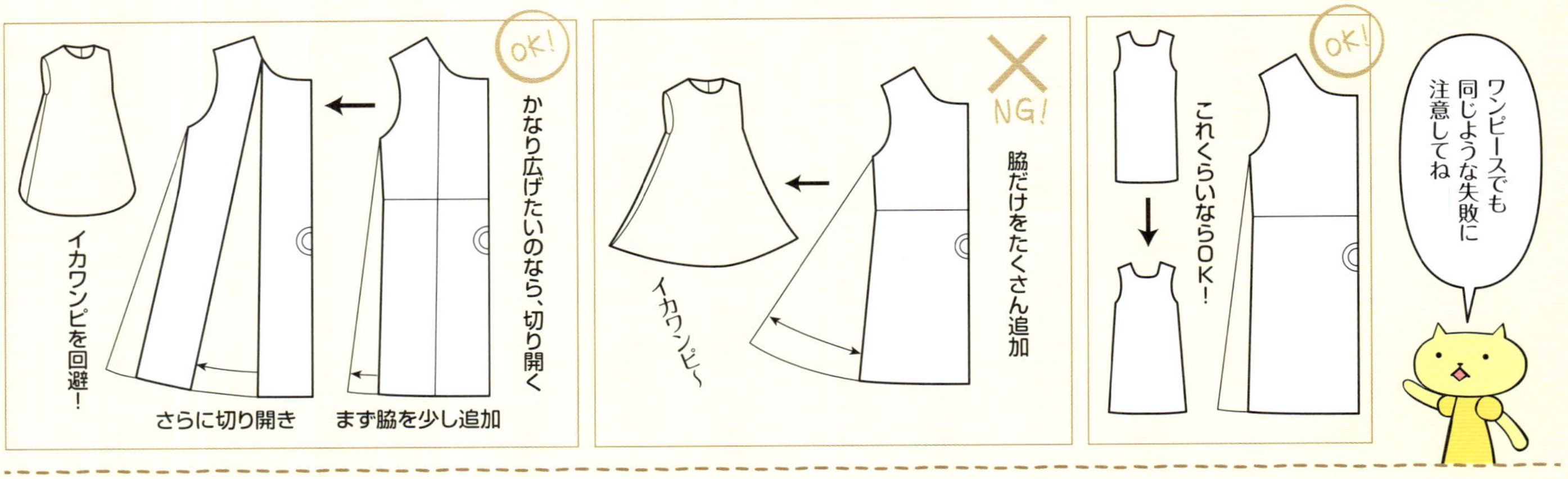
OK!
かなり広げたいのなら、切り開く
まず脇を少し追加
さらに切り開き
イカワンピを回避!
NG!
脇だけをたくさん追加
イカワンピ～
OK!
これくらいならOK!
ワンピースでも同じような失敗に注意してね

パターンによるシルエットの違い

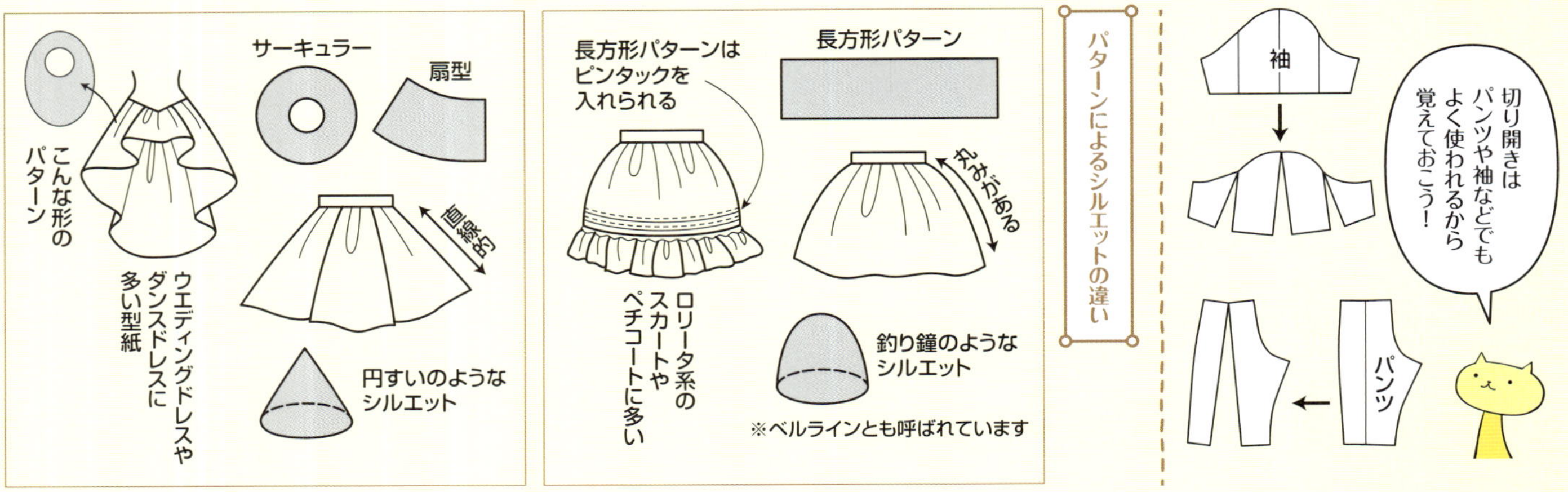
こんな形のパターン
ウエディングドレスやダンスドレスに多い型紙
サーキュラー
扇型
直線的
円すいのようなシルエット
長方形パターンはピンタックを入れられる
長方形パターン
丸みがある
ロリータ系のスカートやペチコートに多い
釣り鐘のようなシルエット
※ベルラインとも呼ばれています
袖
パンツ
切り開きはパンツや袖などでもよく使われるから覚えておこう!

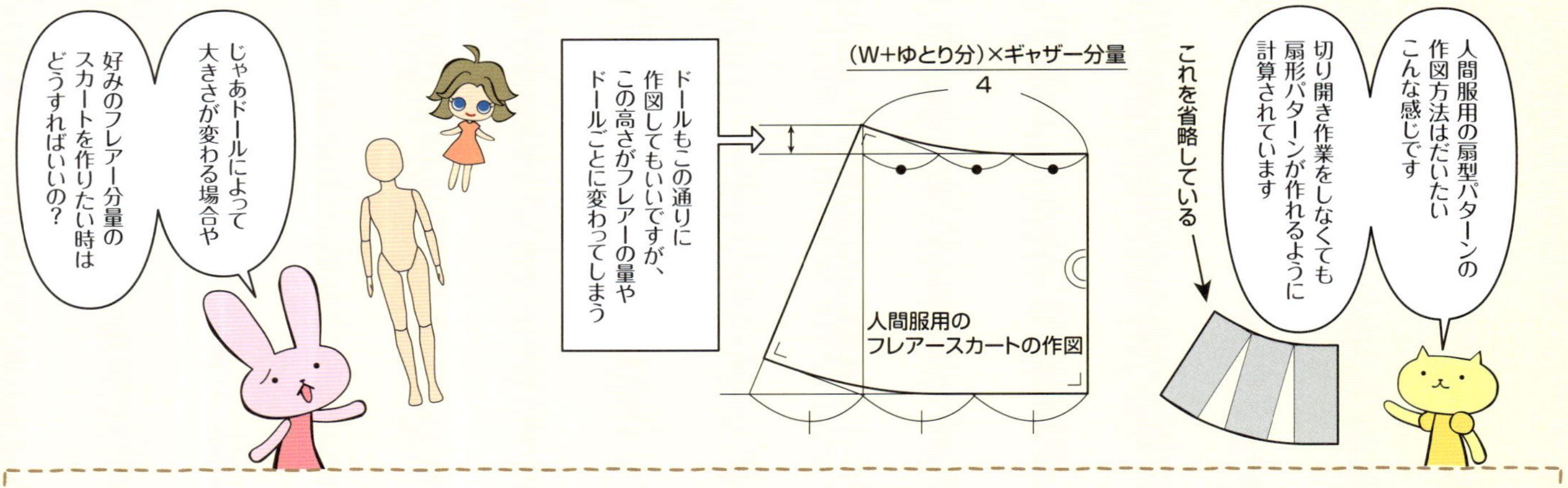
じゃあドールによって大きさが変わる場合や好みのフレアー分量のスカートを作りたい時はどうすればいいの?
ドールもこの通りに作図してもいいですが、この高さがフレアーの量やドールごとに変わってしまう
(W+ゆとり分)×ギャザー分量
4
人間服用のフレアースカートの作図
これを省略している
人間服用の扇型パターンの作図方法はだいたいこんな感じです
切り開き作業をしなくても扇形パターンが作れるように計算されています

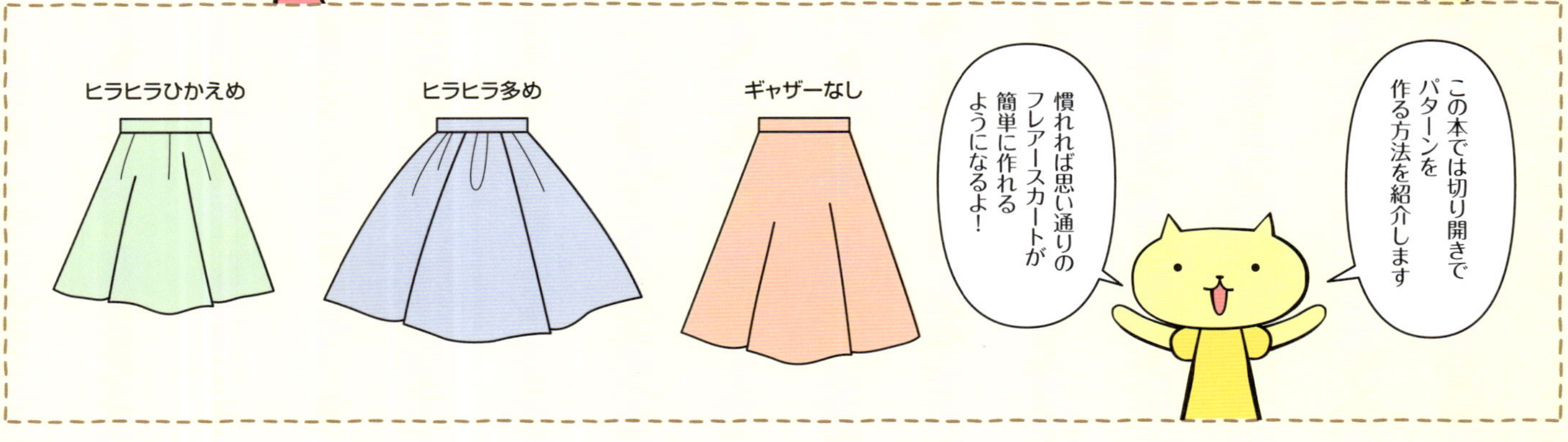
ヒラヒラひかえめ
ヒラヒラ多め
ギャザーなし
慣れれば思い通りのフレアースカートが簡単に作れるようになるよ!
この本では切り開きでパターンを作る方法を紹介します

フレアースカートの型紙の作り方

1.作りたいフレアースカートのデザイン(丈など)を決める

決める時のポイント

・スカート丈
・ウエストギャザーの有無
・だいたいのフレアー分量

原寸大に描いてみるとイメージしやすい

2.スカートをどれくらい広げたいか、長方形ギャザースケールで実際にはかってみる

広げたい裾幅になるようにギャザーをよせる
裾の周囲の $\frac{1}{4}$

だいたいでいいので、作りたい丈付近にメジャーやワイヤーをあて、裾の周囲の四分の一の長さをはかる

フレアー多め

フレアー少なめ

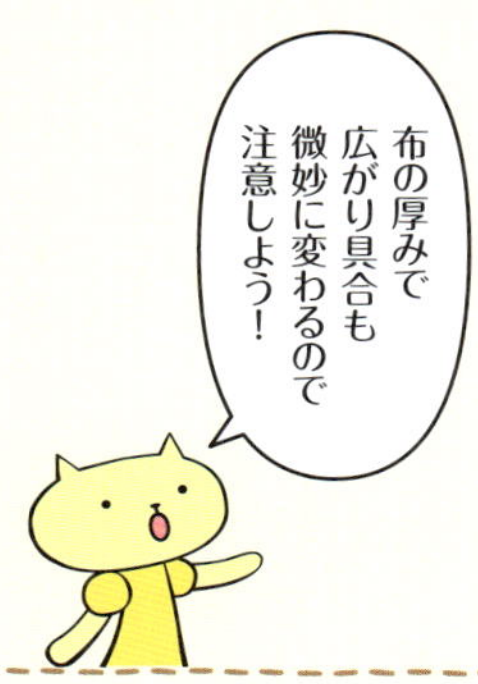

布の厚みで広がり具合も微妙に変わるので注意しよう!

円形ギャザースケールではかってもよい

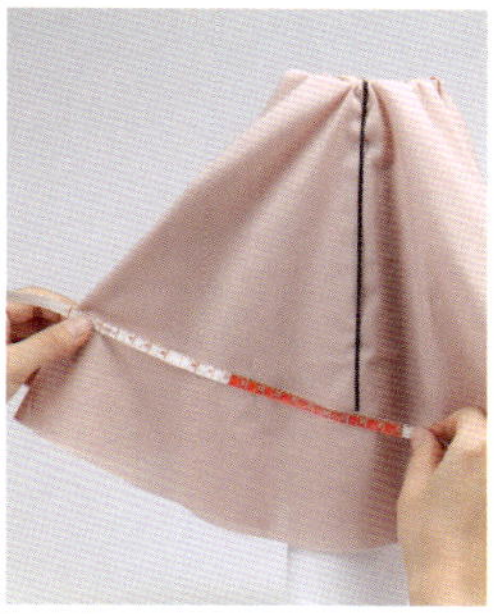

円形ギャザースケールの作り方は、後で紹介するサーキュラースカートのページに掲載されています

3.ウエストのギャザー分を決める(ギャザーがある場合)

少なめ
多め

ギャザー分量は、長方形スカートページのギャザー表を参考にして決めてね
もちろんギャザーなしのデザインでもOK!

4.切り開き用の長方形を方眼用紙などに描く

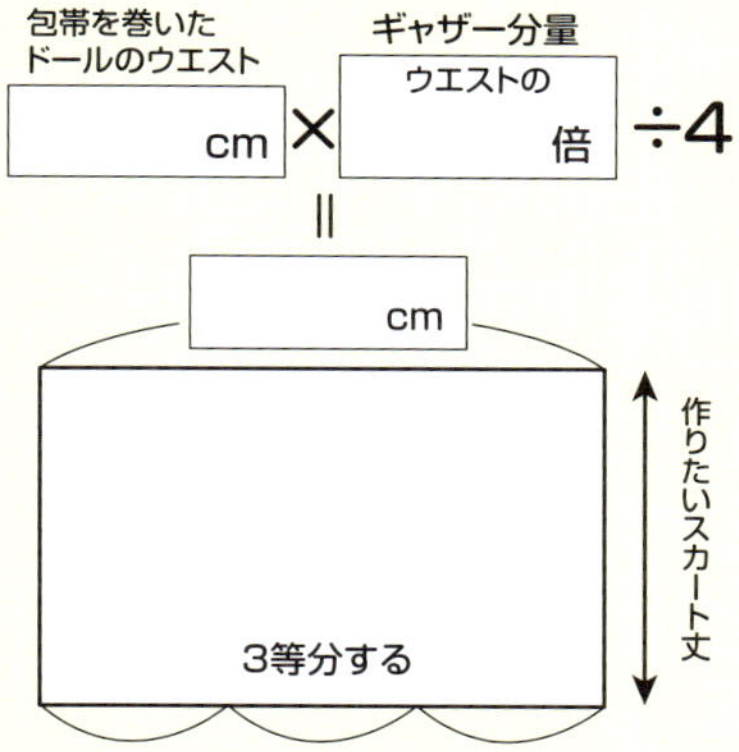

包帯を巻いたドールのウエスト
cm
×
ギャザー分量
ウエストの
倍
÷4
=
cm
作りたいスカート丈
3等分する

5.はさみで紙を三等分にカットする

これ以上細かく等分しなくても大丈夫!

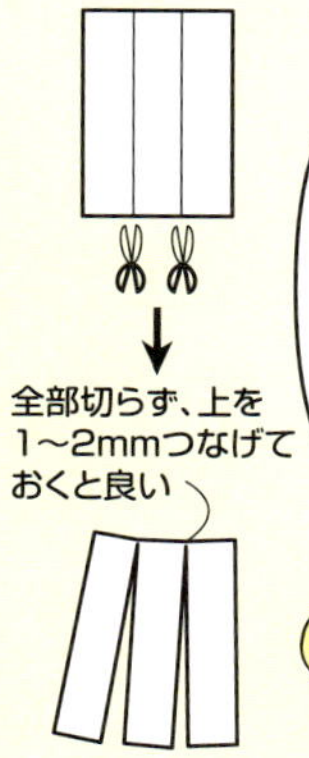

全部切らず、上を1〜2mmつなげておくと良い

6.切った紙を等間隔に広げる

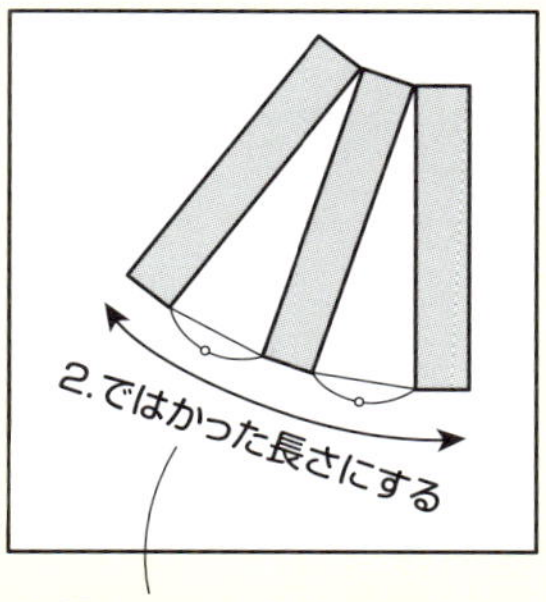

2.ではかった長さにする

この長さはだいたいでかまいません ミリ単位で合わせなくても大丈夫です

紙にマスキングテープで貼付けながら開くと作業しやすい

2.ではかった長さをワイヤーに描き込み、軽く曲げてガイドにするとよい

7.ウエストと裾を自然な曲線でつなげ、縫い代を付けて完成

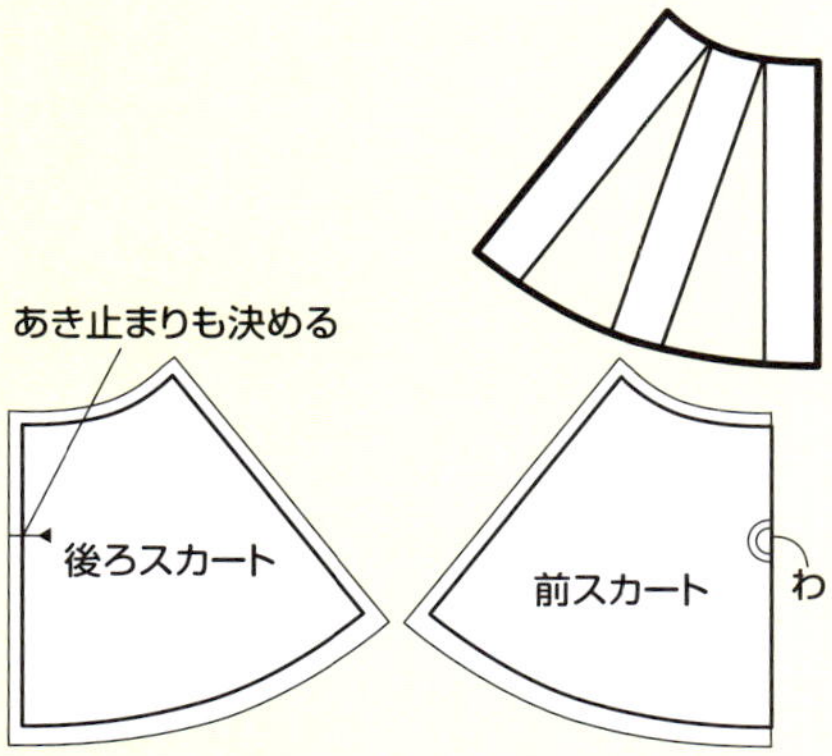

あき止まりも決める
後ろスカート
前スカート
わ

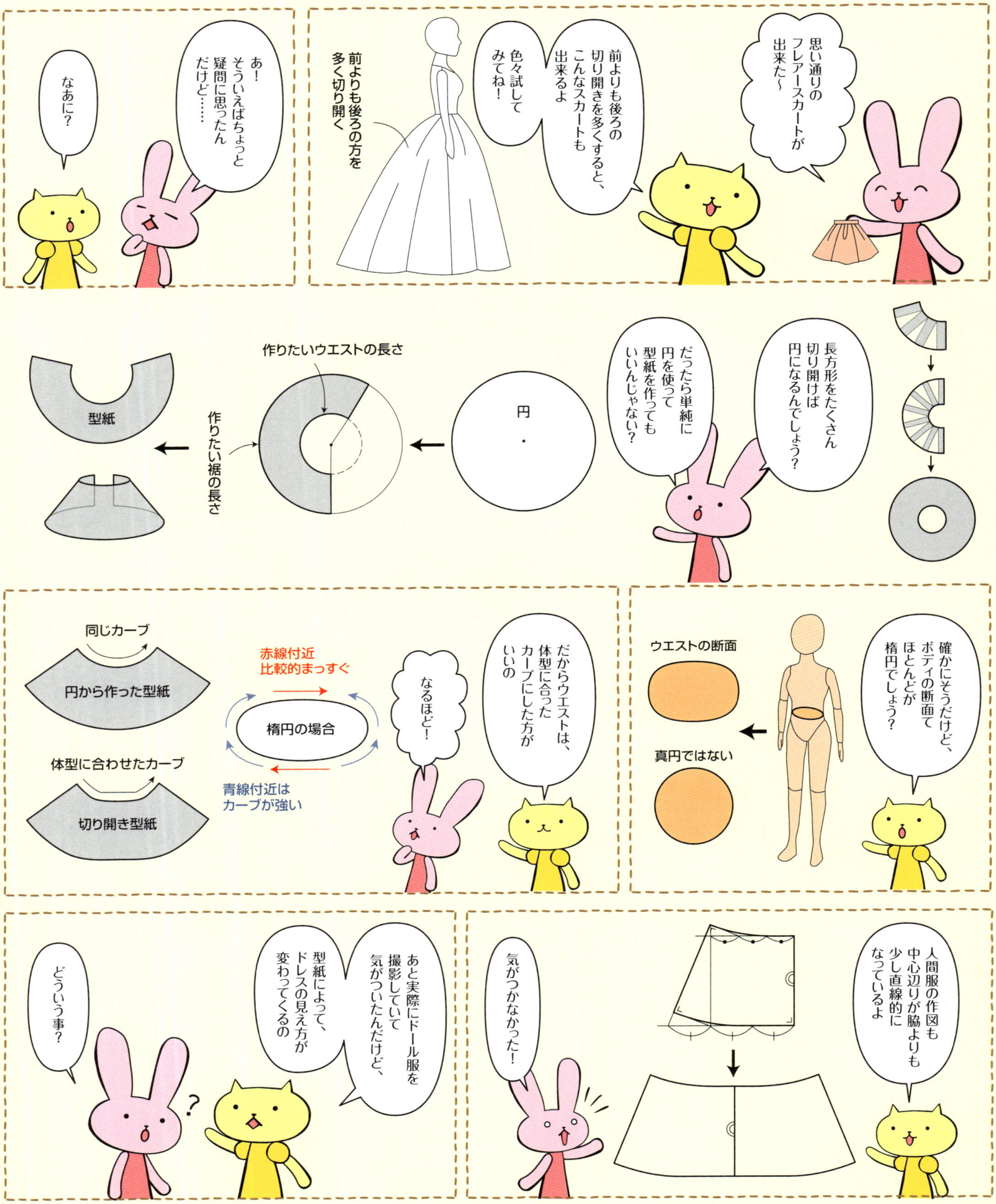
思い通りのフレアースカートが出来た〜
前よりも後ろの切り開きを多くすると、こんなスカートも出来るよ
色々試してみてね！
前よりも後ろの方を多く切り開く
あ！そういえばちょっと疑問に思ったんだけど……
なあに？
長方形をたくさん切り開けば円になるんでしょう？
だったら単純に円を使って型紙を作ってもいいんじゃない？
円
作りたいウエストの長さ
作りたい裾の長さ
型紙
確かにそうだけど、ボディの断面てほとんどが楕円でしょう？
ウエストの断面
真円ではない
だからウエストは、体型に合ったカーブにした方がいいの
なるほど！
赤線付近
比較的まっすぐ
楕円の場合
青線付近は
カーブが強い
同じカーブ
円から作った型紙
体型に合わせたカーブ
切り開き型紙
人間服の作図も中心辺りが脇よりも少し直線的になっているよ
気がつかなかった！
あと実際にドール服を撮影していて気がついたんだけど、
型紙によって、ドレスの見え方が変わってくるの
どういう事？
?

ギャザーとフレアーをたくさん入れた
スカートなのに、撮影画像では
なぜかボリュームが少なく見える
このようなお悩みを持っている方は、これが原因かも

切り開きで作った楕円スカート
円から作ったスカート
切り開き型紙
円から作った型紙
上から見た時楕円
上から見た時真円
フレアー分が同じでも、正面側から撮影すると、楕円の方が少しスカートが広がって見えない？
微妙な差だけど、楕円の方がボリュームのあるスカートに見えるね

フィギュアスケートを見ていて外国人とのこのような体型の違いに気がつきました
ボディの微妙な形状も型紙作りに影響するので奥が深いです

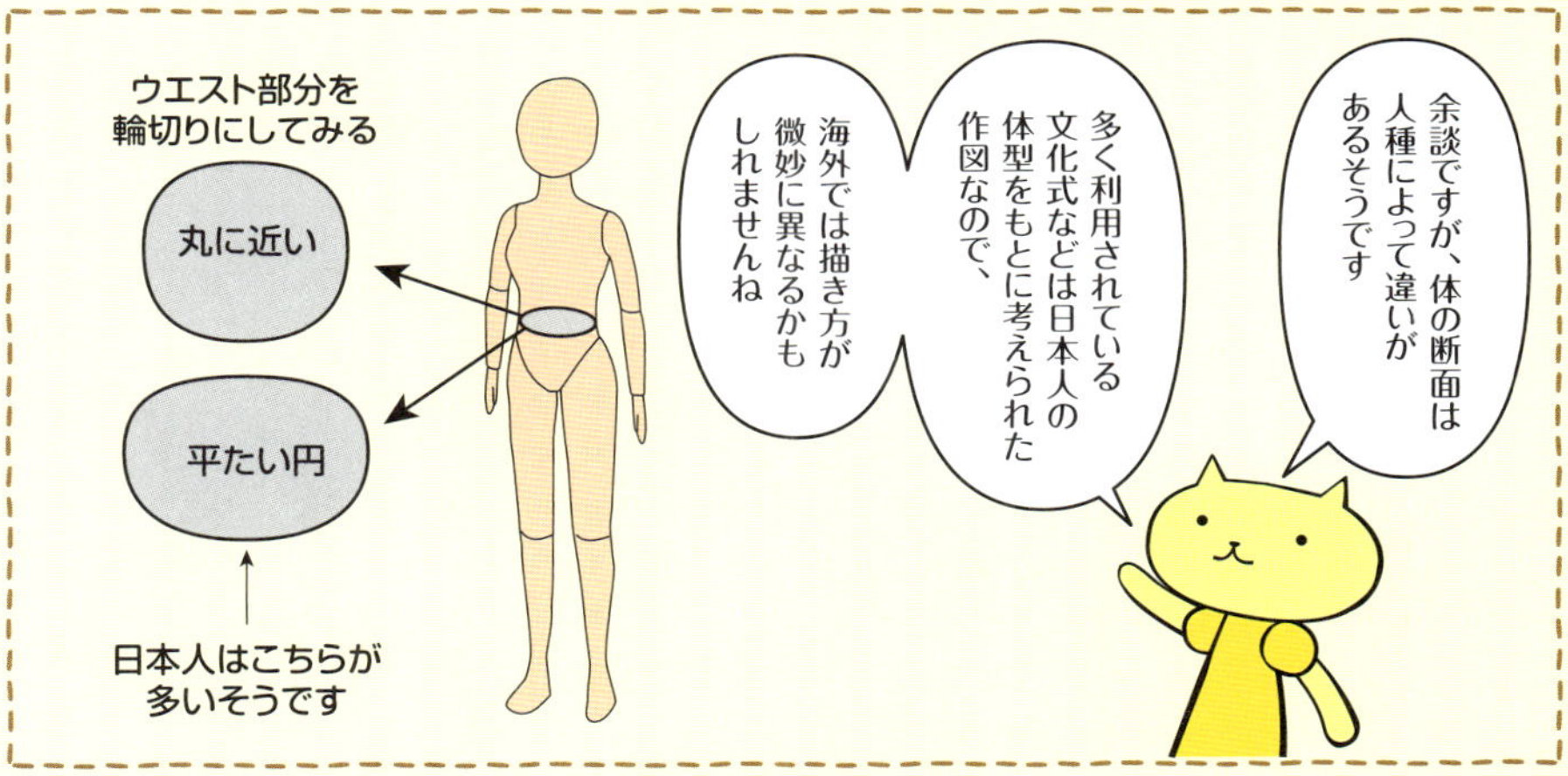

余談ですが、体の断面は人種によって違いがあるそうです
多く利用されている文化式などは日本人の体型をもとに考えられた作図なので、
海外では描き方が微妙に異なるかもしれませんね
ウエスト部分を
輪切りにしてみる
丸に近い
平たい円
日本人はこちらが
多いそうです

うん、確かにそうだけど……
ここまでたくさん切り開くんだったらサーキュラーのパターンでいいんじゃないかな？
ああ！そのとおりかも！

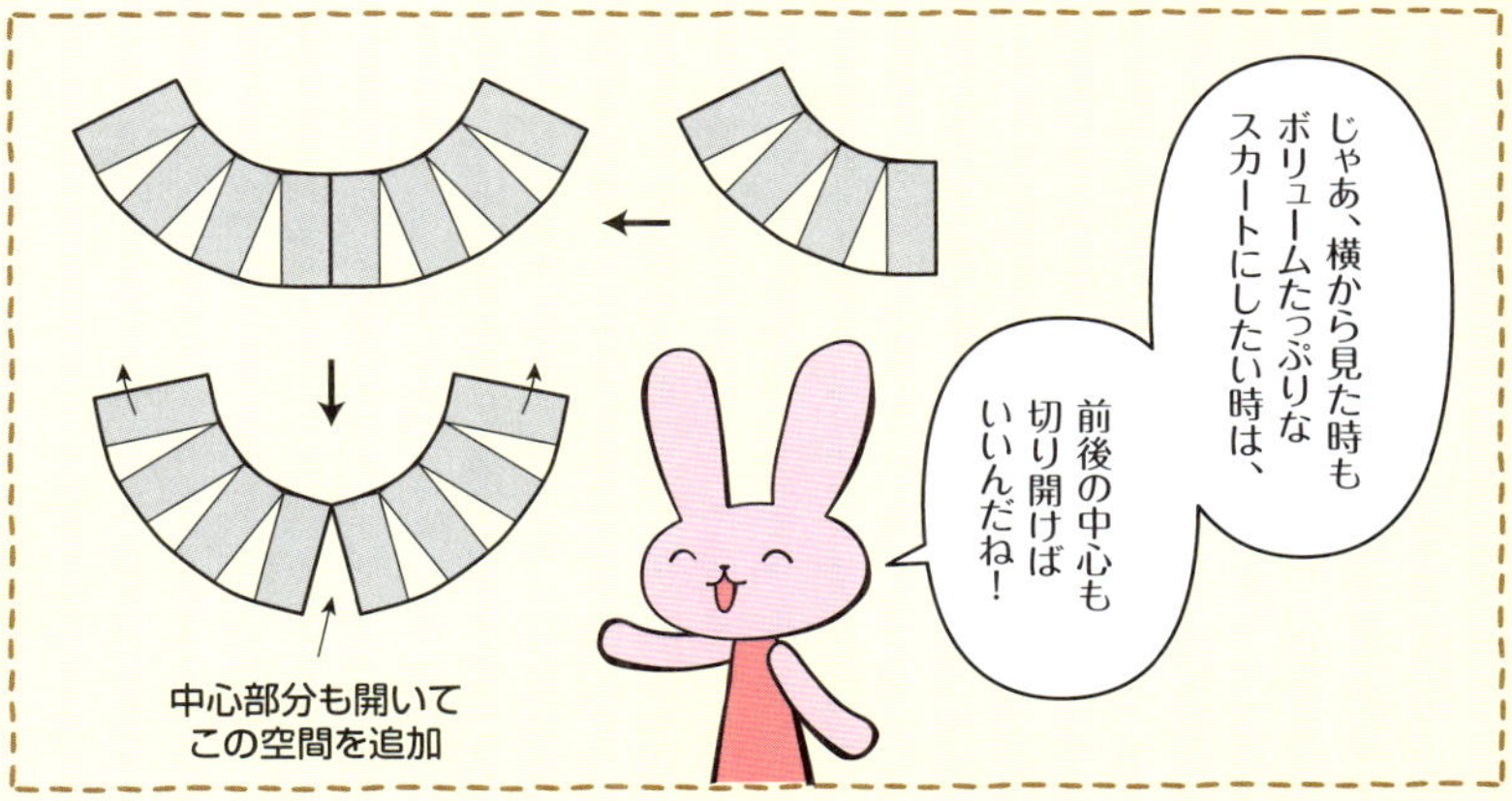

じゃあ、横から見た時もボリュームたっぷりなスカートにしたい時は、
前後の中心も切り開けばいいんだね！
中心部分も開いて
この空間を追加

フレアースカート比較

素材は綿シーチングを使用しています

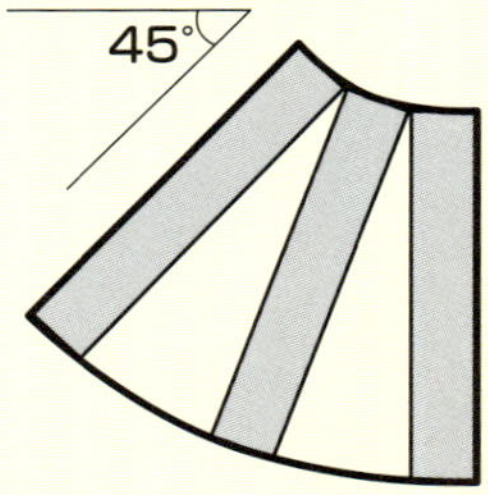

45°

どれも脇の傾斜が45度になるように切り開いています
ギャザーの量によるボリュームの違いを参考にしてください

ウエストギャザー無し

1/6ドールサイズ
（ブライスなど）

60cmドールサイズ
（スーパードルフィーなど）

ウエスト×1.5倍ギャザー

1/6ドールサイズ
（ブライスなど）

60cmドールサイズ
（スーパードルフィーなど）

ウエスト×2倍ギャザー

1/6ドールサイズ
（ブライスなど）

60cmドールサイズ
（スーパードルフィーなど）

サーキュラースカート

このような円の
パターンの
スカートを
サーキュラースカート
と呼ぶよ
子供の頃、このスカートをはいてくるっと回って遊んだな～

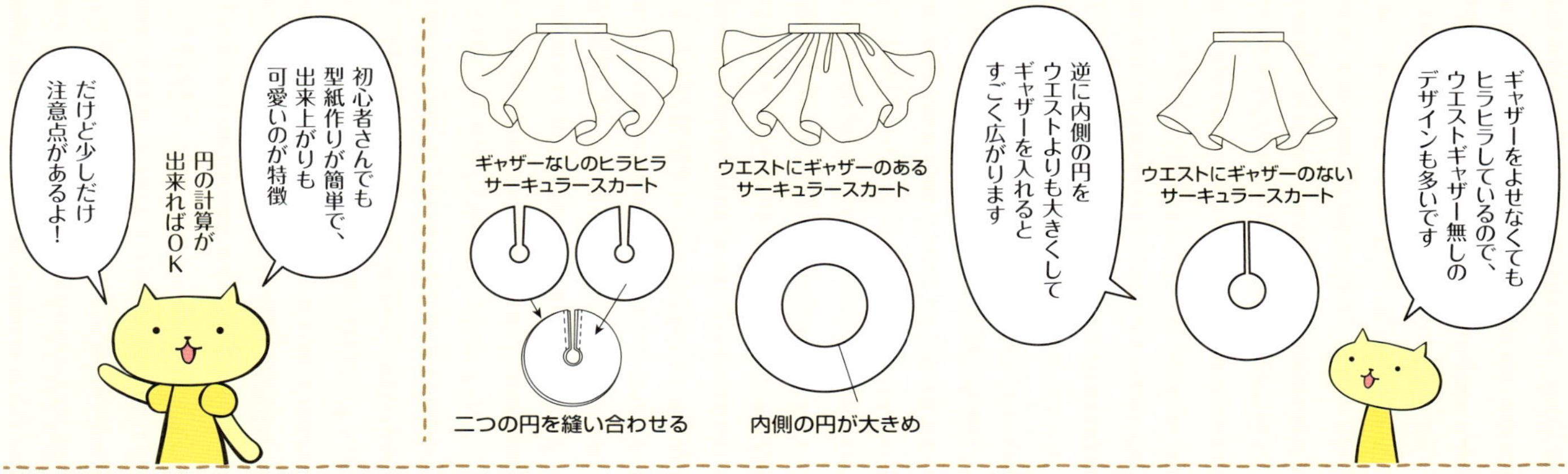
ギャザーをよせなくてもヒラヒラしているので、ウエストギャザー無しのデザインも多いです
ウエストにギャザーのない
サーキュラースカート
逆に内側の円をウエストよりも大きくしてギャザーを入れるとすごく広がります
ウエストにギャザーのある
サーキュラースカート
内側の円が大きめ
ギャザーなしのヒラヒラ
サーキュラースカート
二つの円を縫い合わせる
初心者さんでも型紙作りが簡単で、出来上がりも可愛いのが特徴
円の計算が出来ればOK
だけど少しだけ注意点があるよ!

このようにストライプやボーダーの布でサーキュラースカートを作ると、前と脇で縞の向きが変わってしまいます
縞の方向
中心と脇で縞の向きが違う
デザインとして取り入れるならOK!
中心部分は縦
脇は横
もし全体の向きを同じようにしたい時は、
長方形パターンやフレアーの少ないデザインをお勧めします
長方形パターンスカート
扇形パターンスカート

また、前中心を決めずに適当に作ると
こんな柄になってしまうので注意してください
中心
中心
逆にこの柄のズレをデザインとして生かす手もアリ!
あ!なんかオシャレ

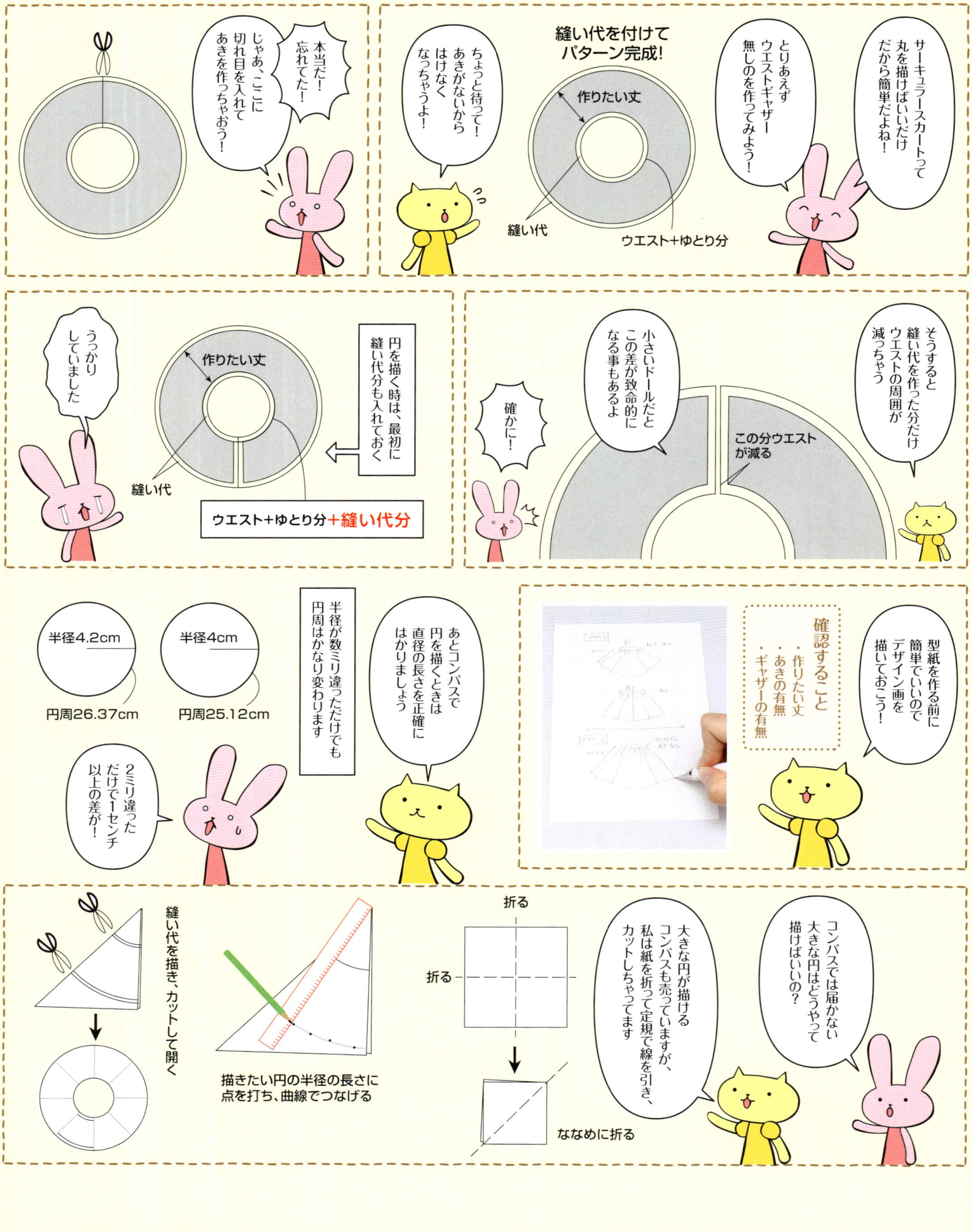

サーキュラースカートって丸を描けばいいだけだから簡単だよね！
とりあえずウエストギャザー無しのを作ってみよう！
縫い代を付けてパターン完成！
作りたい丈
縫い代
ウエスト＋ゆとり分
ちょっと待って！あきがないからはけなくなっちゃうよ！
本当だ！忘れてた！
じゃあ、ここに切れ目を入れてあきを作っちゃおう！
そうすると縫い代を作った分だけウエストの周囲が減っちゃう
この分ウエストが減る
小さいドールだとこの差が致命的になる事もあるよ
確かに！
円を描く時は、最初に縫い代分も入れておく
作りたい丈
縫い代
ウエスト＋ゆとり分＋縫い代分
うっかりしていました
型紙を作る前に簡単でいいのでデザイン画を描いておこう！
確認すること
・作りたい丈
・あきの有無
・ギャザーの有無
あとコンパスで円を描くときは直径の長さを正確にはかりましょう
半径が数ミリ違っただけでも円周はかなり変わります
半径4cm
円周25.12cm
半径4.2cm
円周26.37cm
2ミリ違っただけで1センチ以上の差が！
コンパスでは届かない大きな円はどうやって描けばいいの？
大きな円が描けるコンパスも売っていますが、私は紙を折って定規で線を引き、カットしちゃってます
折る
折る
ななめに折る
描きたい円の半径の長さに点を打ち、曲線でつなげる
縫い代を描き、カットして開く

サーキュラースカートの裁断

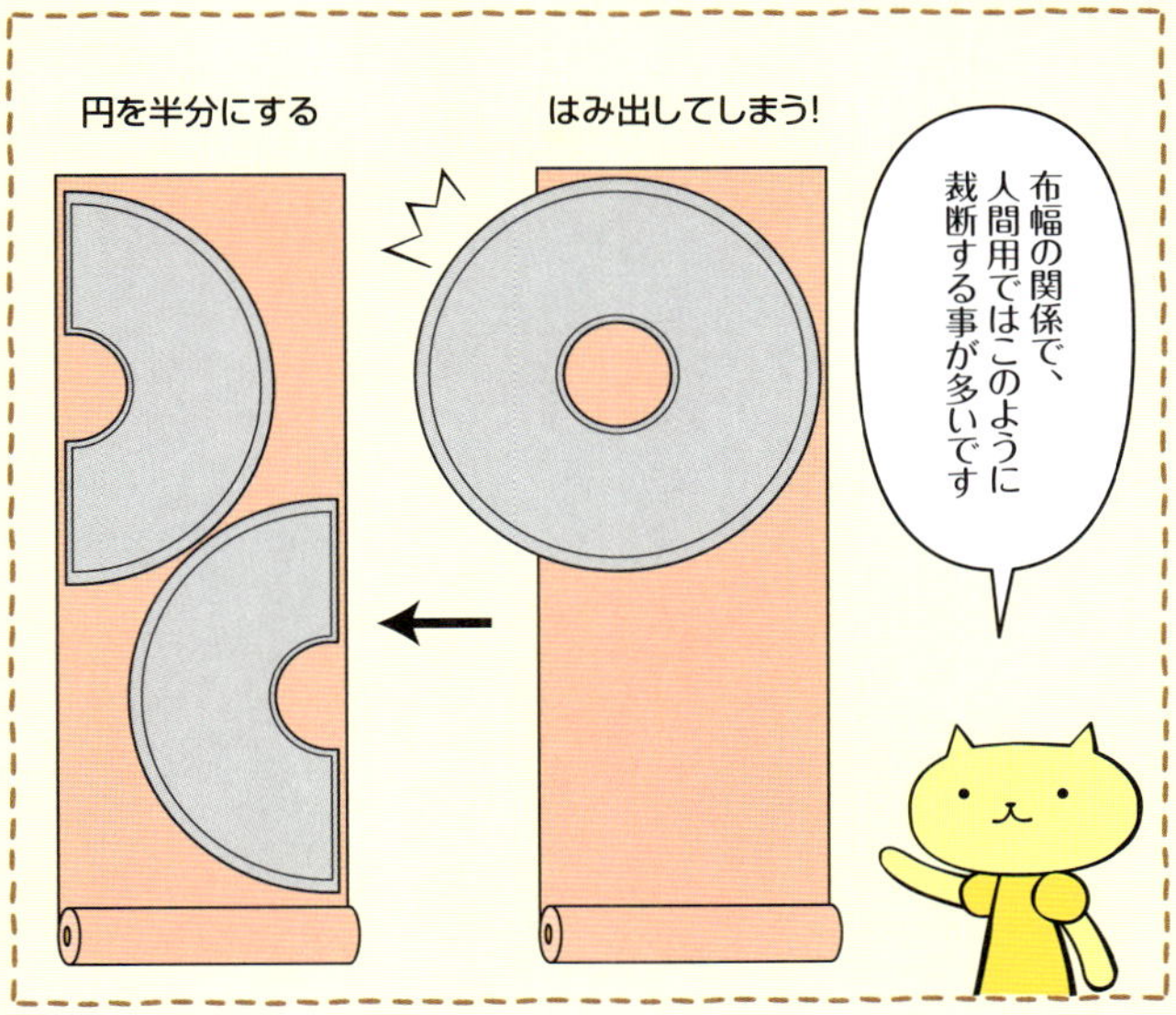

円を半分にする
はみ出してしまう!
布幅の関係で、人間用ではこのように裁断する事が多いです

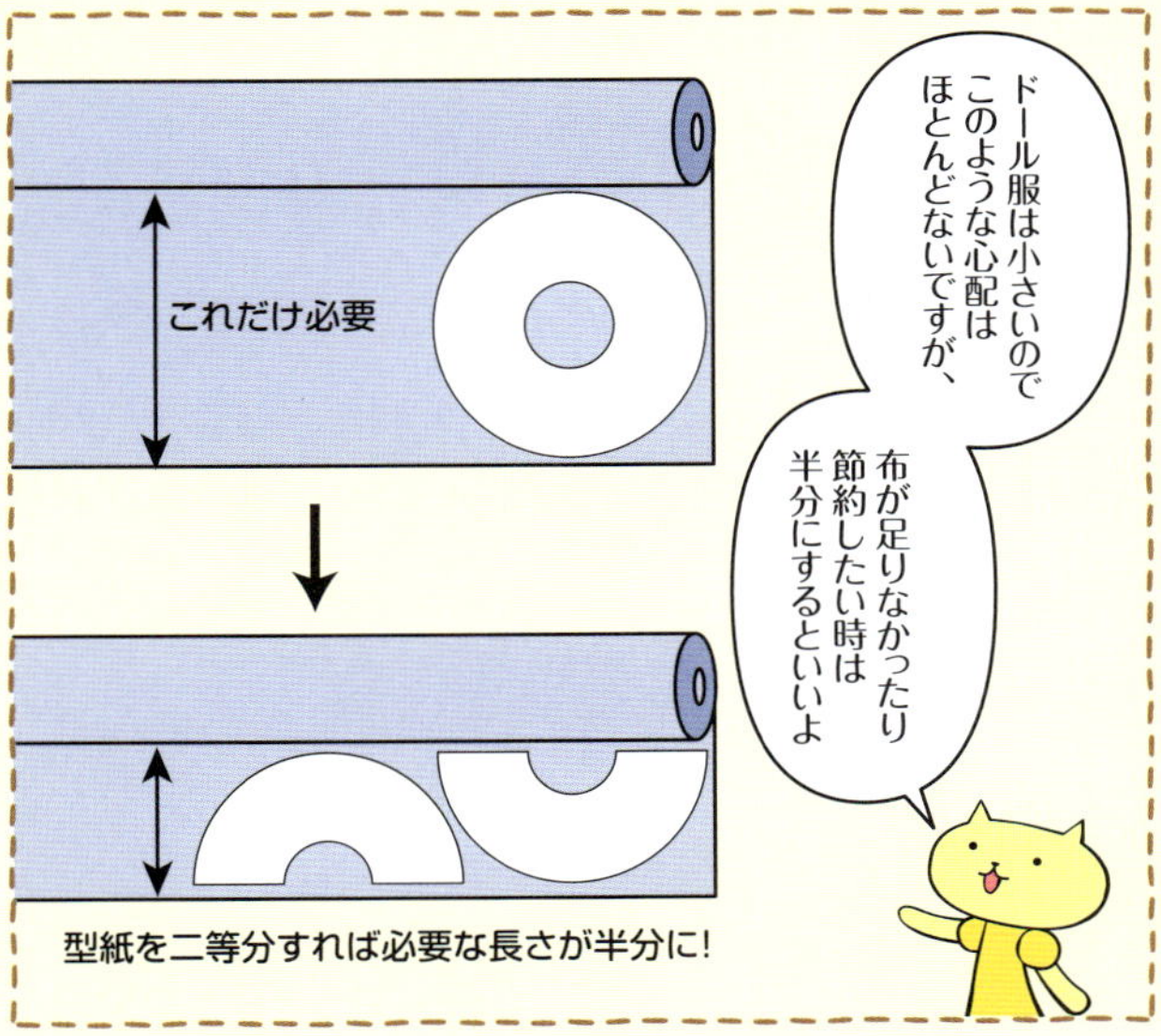

これだけ必要
型紙を二等分すれば必要な長さが半分に!
ドール服は小さいのでこのような心配はほとんどないですが、
布が足りなかったり節約したい時は半分にするといいよ

後ろにあきのある サーキュラースカートの型紙

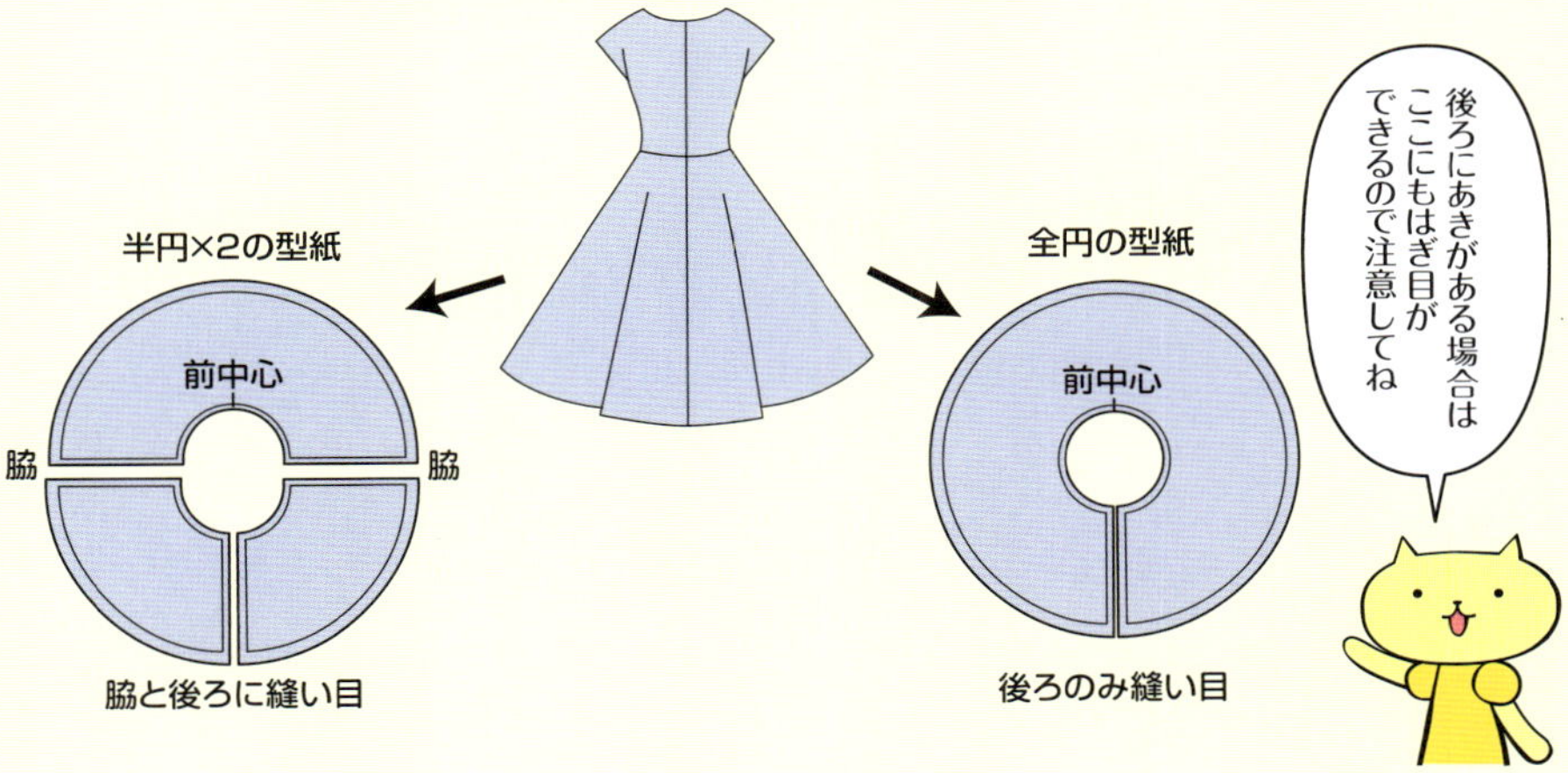

半円×2の型紙
前中心
脇
脇
脇と後ろに縫い目
全円の型紙
前中心
後ろのみ縫い目
後ろにあきがある場合はここにもはぎ目ができるので注意してね

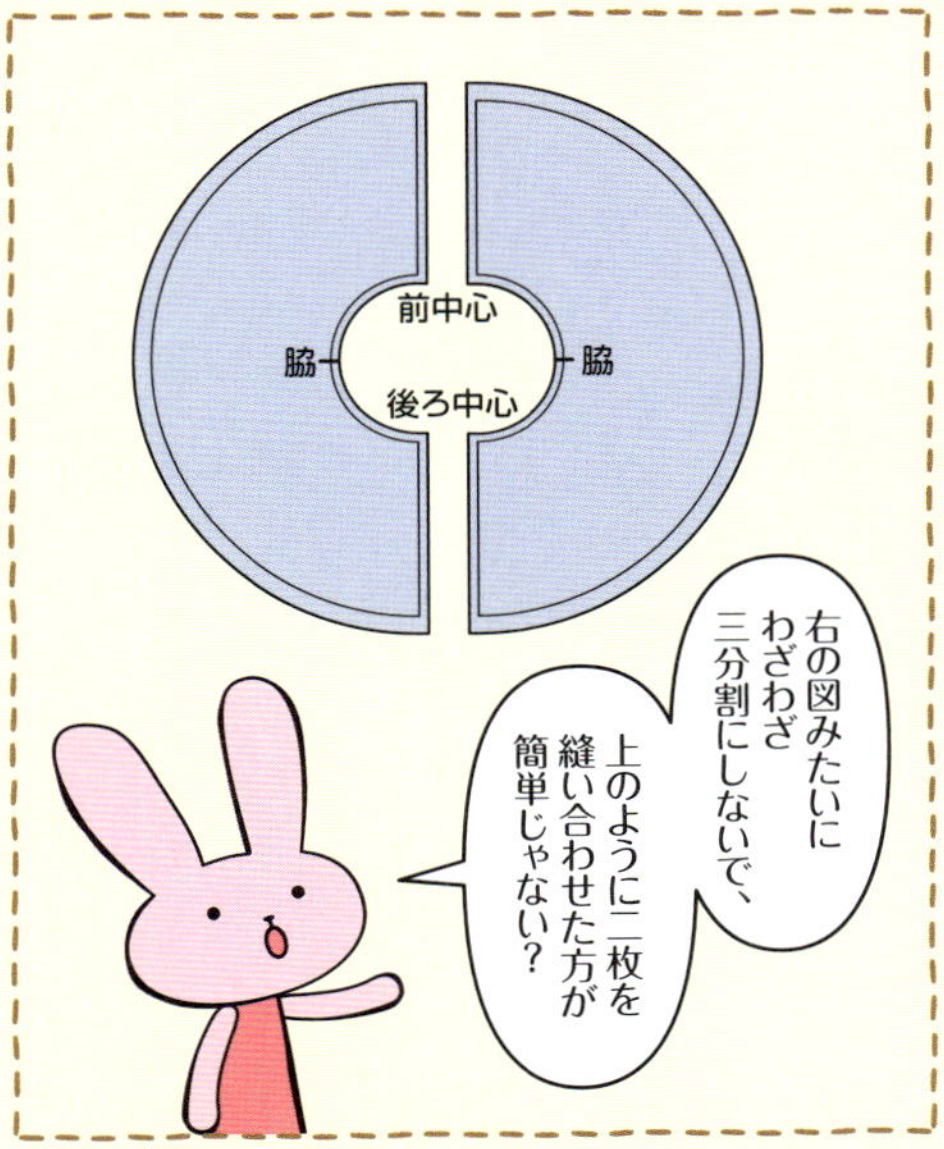

前中心
脇
脇
後ろ中心
右の図みたいにわざわざ三分割にしないで、上のように二枚を縫い合わせた方が簡単じゃない?

まめ知識
人間服では布の重みでバイアス部分が伸びて丈が変わる事があるので裁断後、一晩つるしたりします
ドール服は小さいので多少伸びてもほとんど変わらないですが
もしニット地など伸びが気になる素材は念のためつるしてもいいと思います

そうすると前中心に縫い目が出来るのでお勧めはしないかな
デザインでわざと縫い目を作る意外、前中心に縫い目があるのは、実はあまり好まれないです
前中心に縫い目
例外
切り替えを生かしたデザイン
前開きの服

サーキュラースカートの型紙の作り方

1.作りたいサーキュラースカートのデザイン（丈など）を決める

決める時のポイント
・スカート丈
・ウエストギャザーの有無
・縫い代の有無と位置

原寸大に描いてみるとイメージしやすい

2.ウエストの長さをはかって決める

ギャザーなし

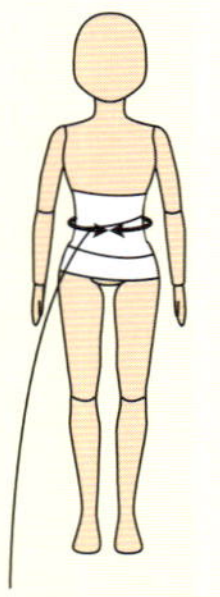

ボディに包帯を巻いたウエスト寸法

［　　　　］cm

ギャザーあり

ボディに包帯を巻いたウエスト寸法
×
ギャザーの倍率

［　　　　］cm

※長方形パターンのギャザー率ページを参考にしてください

3.計算をして半径の長さを出す

どちらか
- ボディに包帯を巻いたウエスト寸法（ギャザーなし）
- ウエスト×ギャザー倍率（ギャザーあり）

［　　　　］cm ＋ 縫い代（ある場合）［　　　　］cm ÷3.14（円周率）÷2

＝

ウエスト部分の円の半径［　　　　］cm

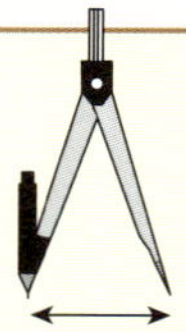

コンパスで描くとき広げる長さ

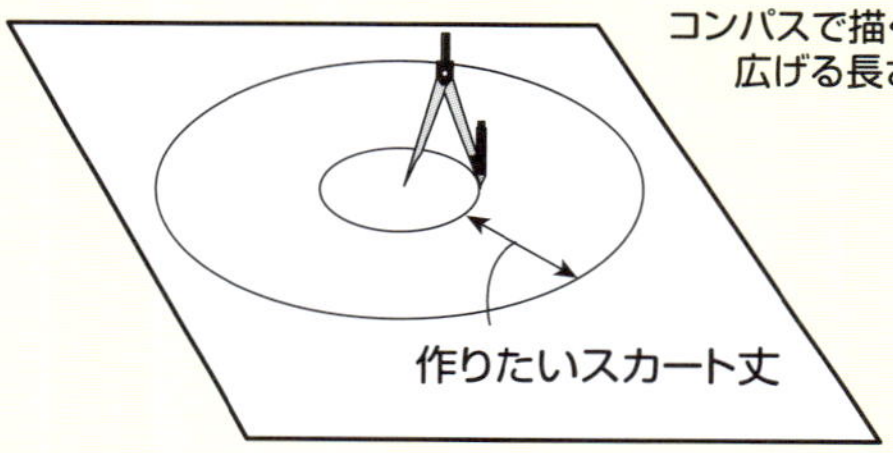

縫い代がある場合は、縫い代分を忘れずに足す

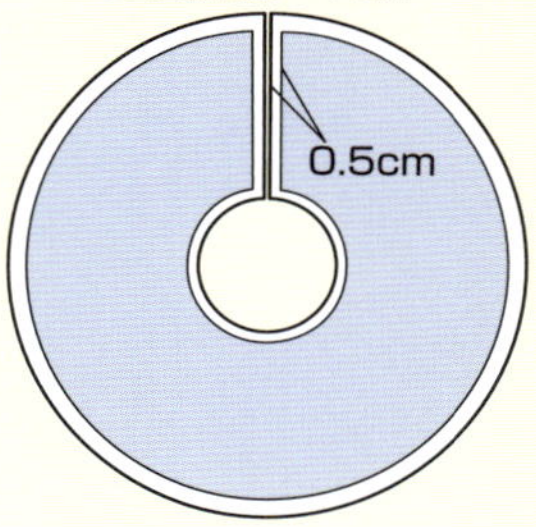

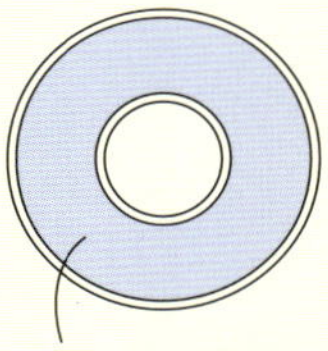

このような型紙は足しません

このように、脇で三分割するパターンはウエストに縫い代分を追加する必要はありません

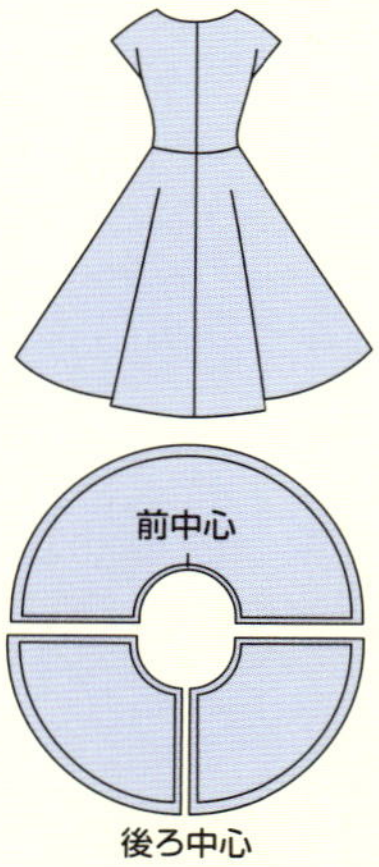

まず縫い代を追加していない型紙を作る

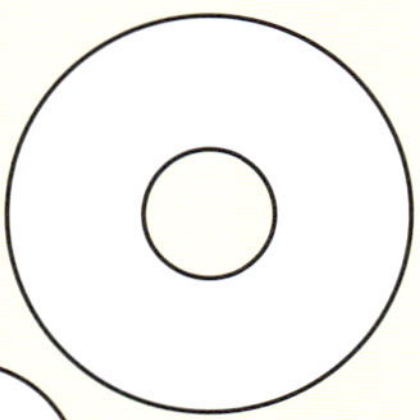

分割してから

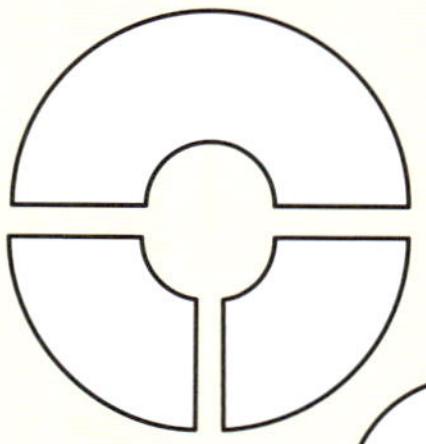

縫い代を付ける

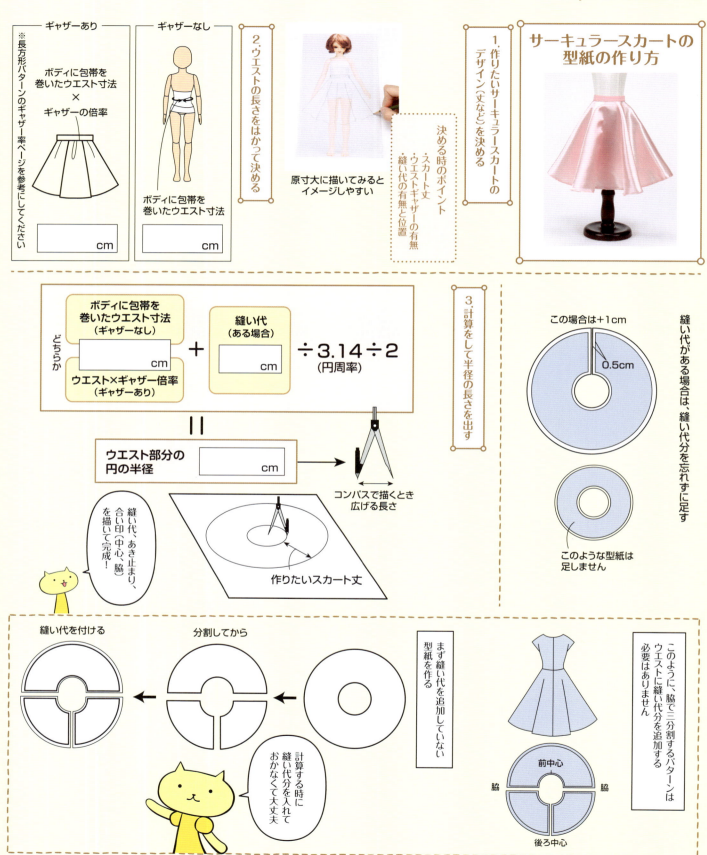

円形ギャザースケール

サーキュラーは失敗した時の布のロスも大きいので円形ギャザースケールを作っておくといいんじゃないかな?
円形ギャザースケール?

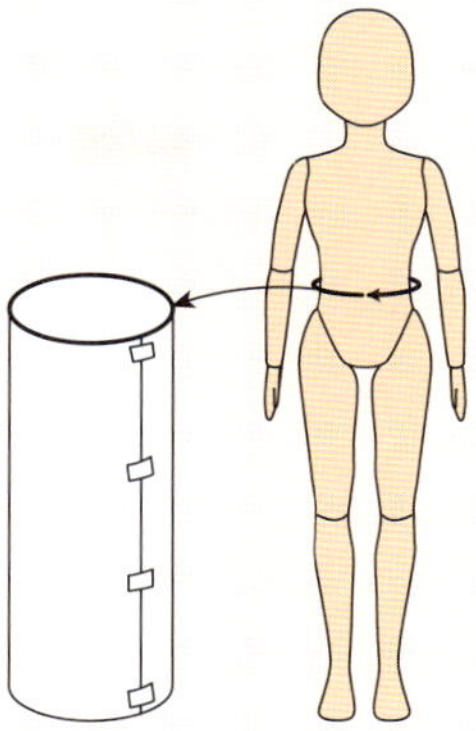

作りたいドール服のウエストサイズの筒を厚紙で作る

布を円形に切る

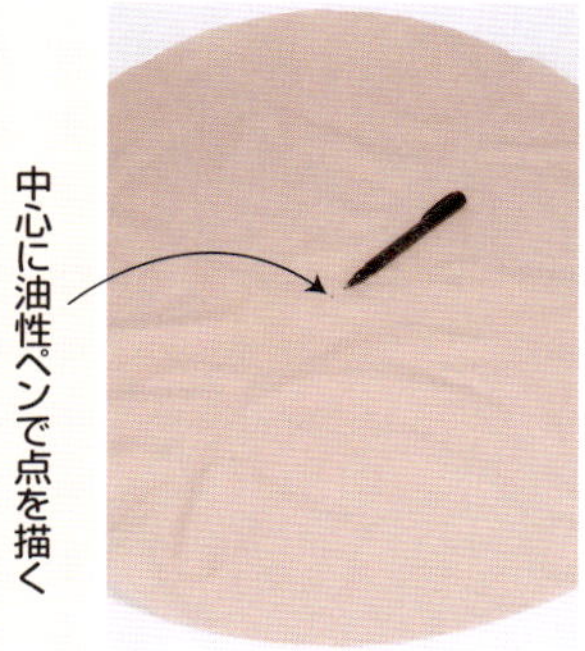

中心に油性ペンで点を描く

円の半径の長さの決め方

円の半径

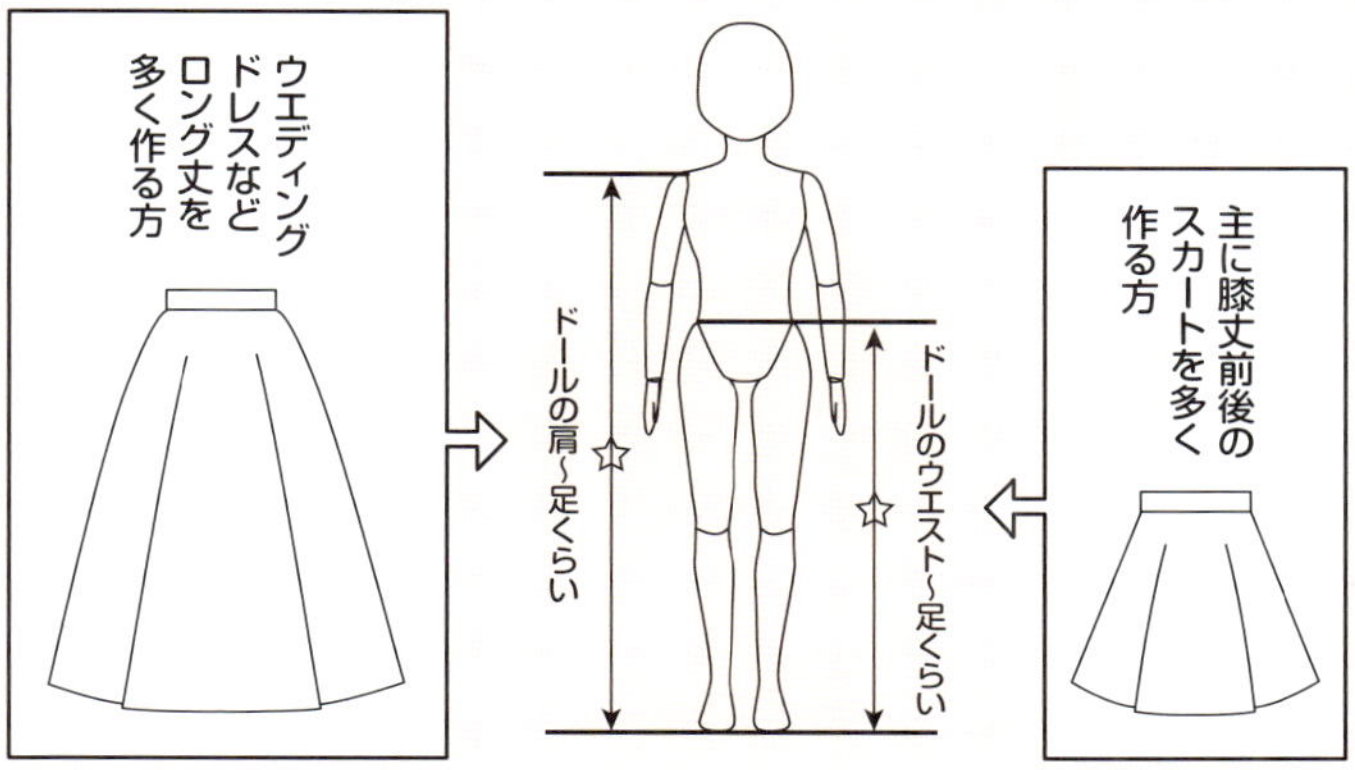

主に膝丈前後のスカートを多く作る方
ドールのウエスト～足くらい
ドールの肩～足くらい
ウエディングドレスなどロング丈を多く作る方

チャコペン、または熱で消えるフリクションペンで作りたいギャザー率の円を描く

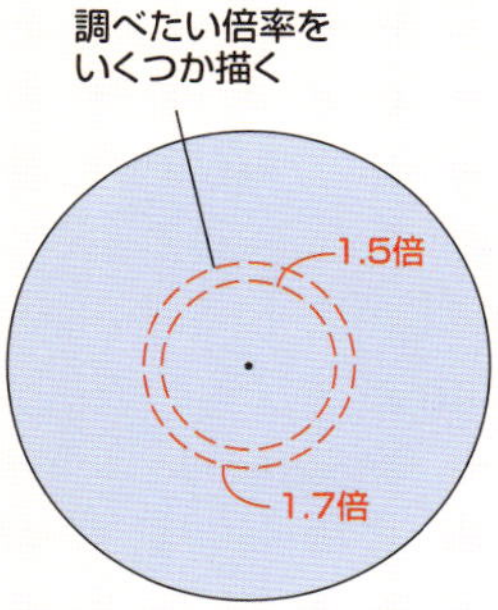

調べたい倍率をいくつか描く
1.5倍
1.7倍

描いた線をなみ縫いしてギャザーをよせ、筒にかぶせてチェックする

ラインテープやフリクションペンで作りたい丈に線を引く

具体的にわかりやすい!
色々な倍率のギャザーの写真を撮っておくとあとで参考になるよ

フリクションペンはアイロンをかけると消えるので何度も描き直しが出来る

逆に冷やすと消した線が見えるようになります

余裕があれば、ローンやシーチングなど厚さが違う布でも作っておくと便利です

布の厚みで広がり方も変わる

綿ローン

綿ブロード

※60センチドールサイズで作っています

人間サイズだとこのようなものを作るのは大変だけどドールサイズは小さいから少し布を余分に購入して作っておくと便利だね!

あれれ!控えめな広がり具合だったのに、
裾を縫ったら傘みたいに広がっちゃった!
ドール服ならではの悩みだよね……

対処法

☆できるだけ薄くて張りの無い布や、ドレープが綺麗に出る生地を使う
☆ニットやレース地など、切りっぱなしでもほつれにくい素材を使う
☆ほつれ止め液を塗る
☆ヒートペン(ヒートカッター)で切る
※化繊の場合
☆巻きロックを使う

ヒートペン

ほつれにくい素材で切りっぱなし

化繊レース地

化繊のレース地はほつれにくい物が多いが多少張りがある

1/6ドールサイズ

ネット

・チュールネット
・パワーネット(薄手の物)
※厚い物もあるので注意

1/6ドールサイズ

ニット地

小さいドールで裾を広げたくない場合は、市販のタイツで作るのもお勧めです
※ただし色移りに注意

オビツ11

裾の処理の比較画像

サテンを使用しています

切りっぱなし(ヒートペン)

60cmドールサイズ

裾を折ってステッチ

60cmドールサイズ

巻きロック

60cmドールサイズ

ヒートペンは切りっぱなしと同じ状態になりますが、
化繊じゃないとうまくほつれ止めができないことが……
それが難点
巻きロックはロックミシンが必要だけど、
機能を使えばこんな可愛いヒラヒラが出来るんだって!

サーキュラーを使った色々なスカート

ハンカチスカート

円ではなく四角に穴を開けたパターン

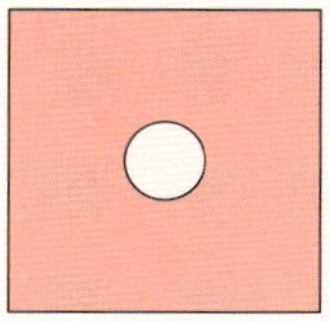

円二枚を重ねて縫い合わせたもの

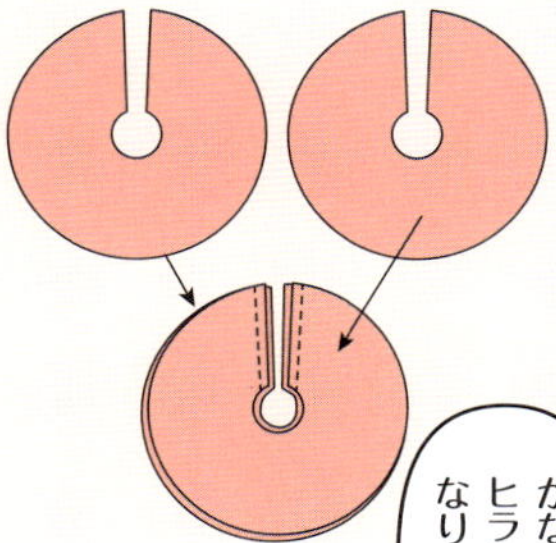

裾にサーキュラーとハンカチスカートを縫い付けたもの

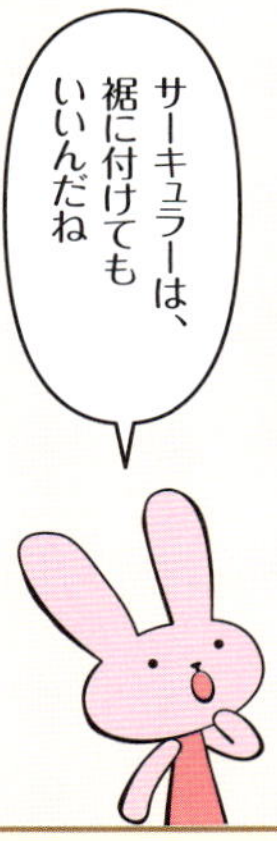

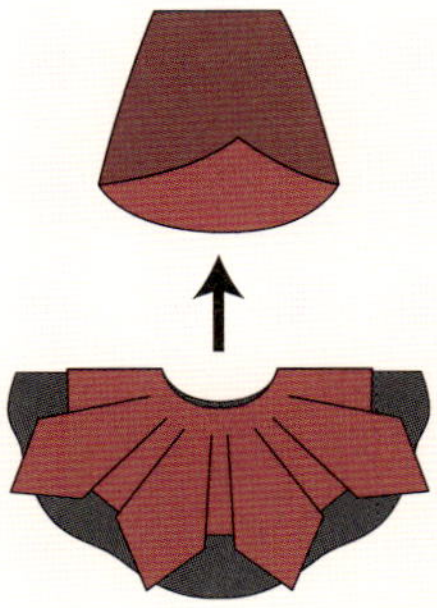

上のように円を二枚縫い合わせた物を上スカートに付ける

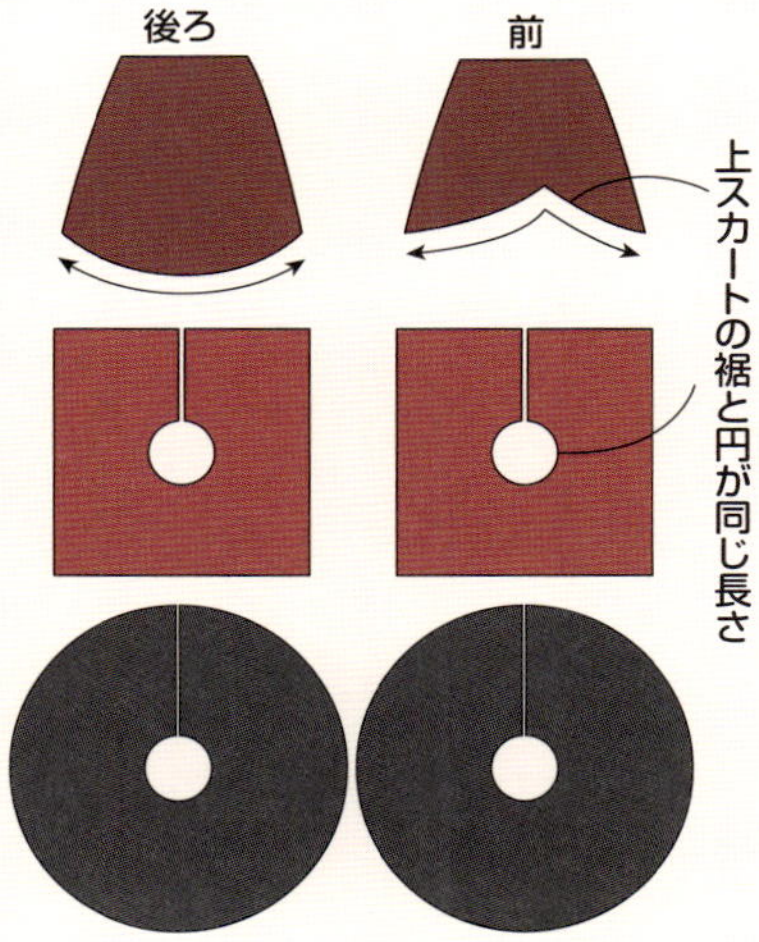

楕円パターン

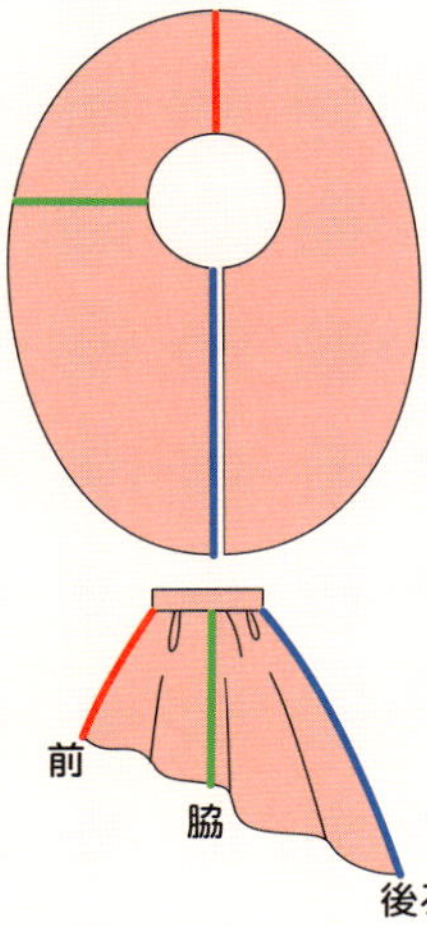

サーキュラーをたくさん使ったパニエ

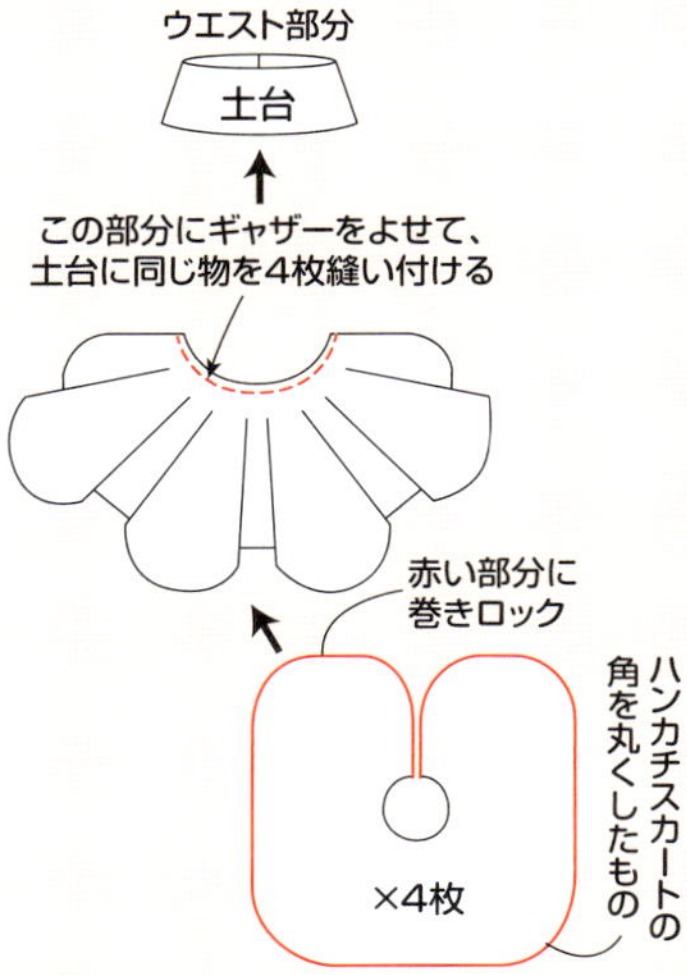

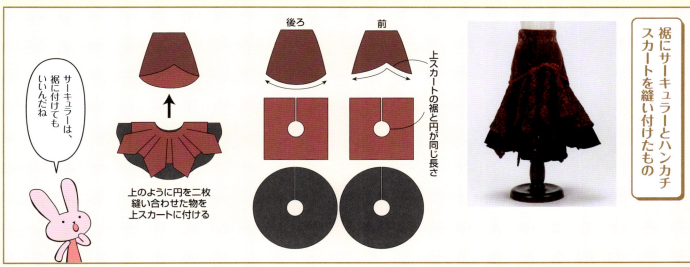

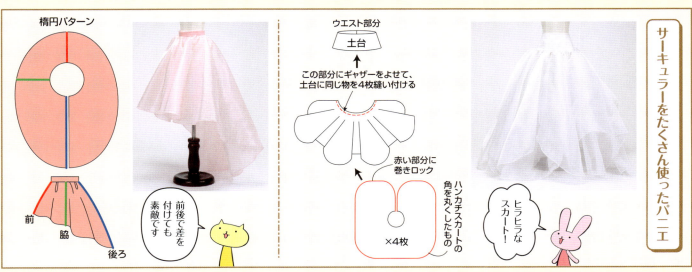

Chapter 3.

ボディラインに沿うスカート

— SKIRT Ⅲ —

タイトスカートの作図

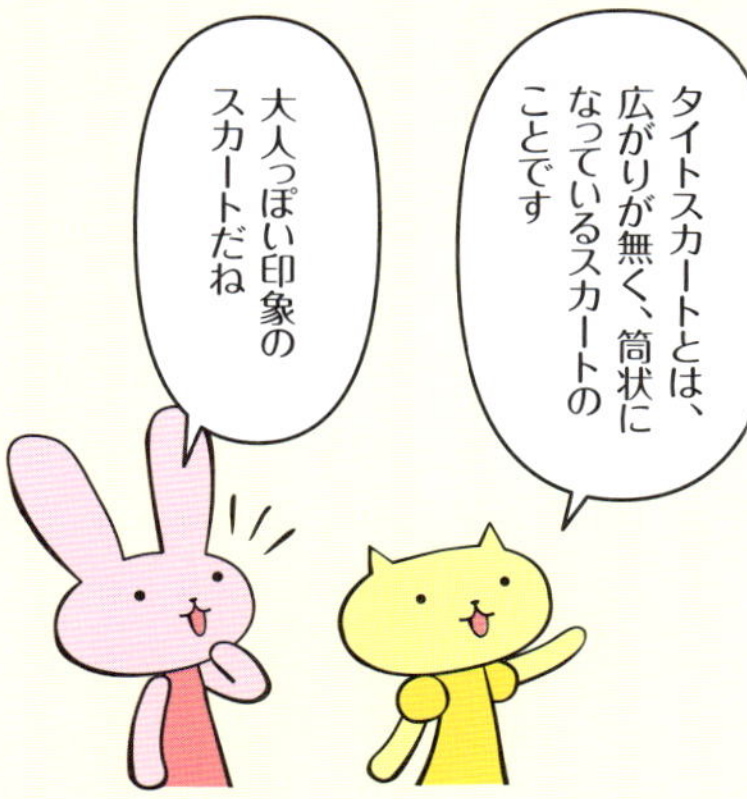

タイトスカートとは、広がりが無く、筒状になっているスカートのことです
大人っぽい印象のスカートだね

1. 作りたいデザインを決める

決める時のポイント
・スカート丈
・裾の幅

原寸大に描いてみるとイメージしやすい

2. ドールのヒップ部分に伸縮性の包帯を巻き、ゆとり分を作る

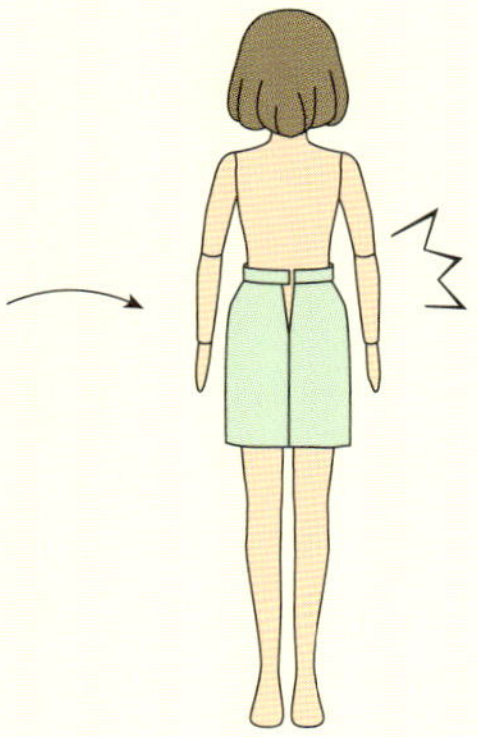
ボディピッタリに型紙を作ると縫い代や持ち出しなどの厚みで閉まらなくなる

3. 前後の中心、脇、ヒップラインにラインテープを巻く

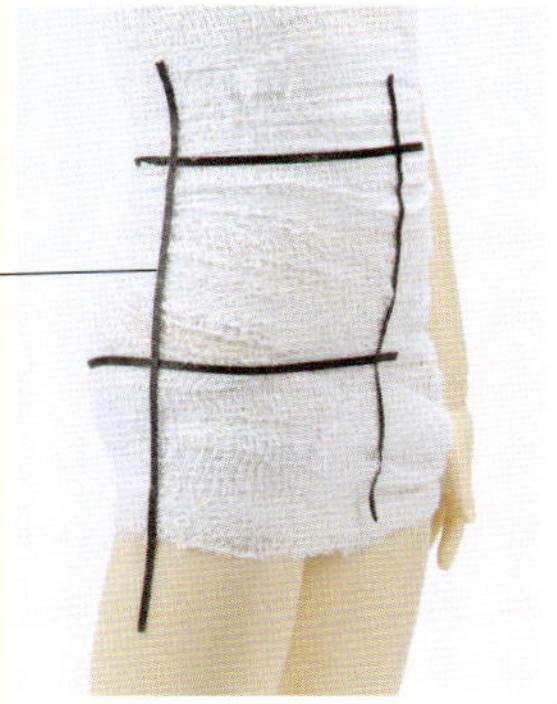
脇は前後の1／2の所に貼り、前すぎたり後ろすぎたりしたら丁度いい位置にずらすとよい

4. 各所の寸法をはかり、長方形を描く

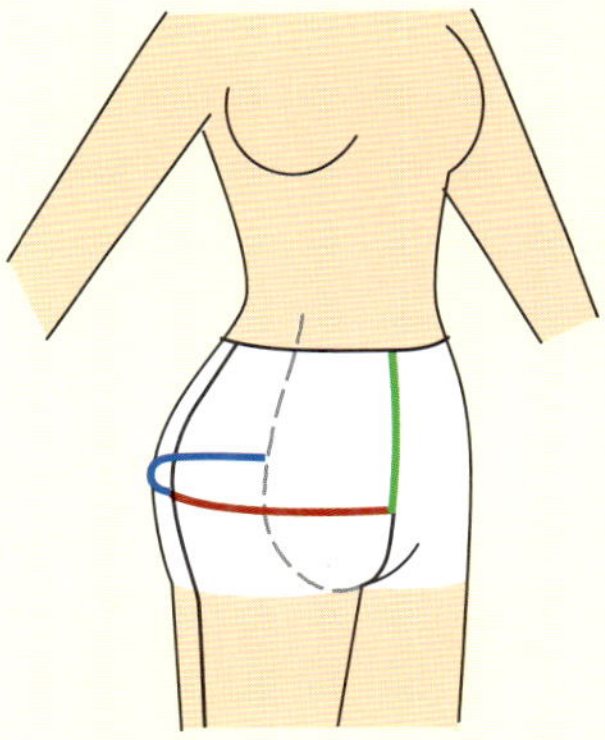

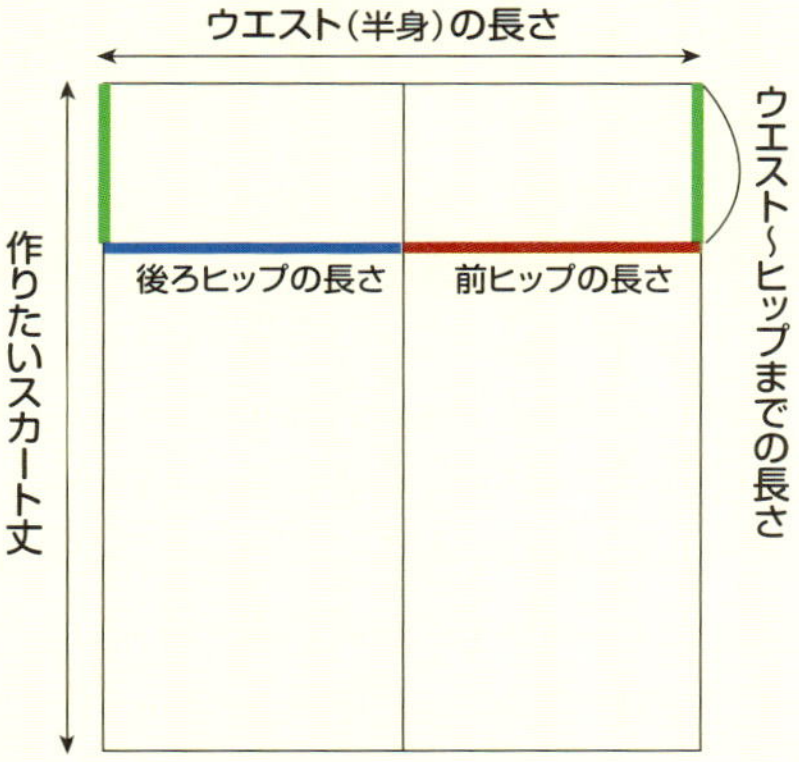

ウエスト（半身）の長さ
ウエスト～ヒップまでの長さ
後ろヒップの長さ
前ヒップの長さ
作りたいスカート丈

5. キッチンペーパーに描き写す

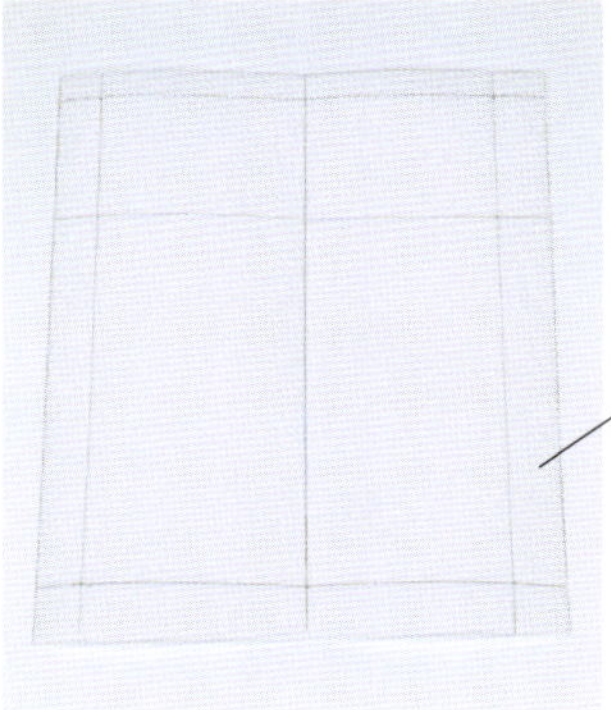
周囲に余白を作って切る

6. 脇、ダーツ（ある場合）をつまんでボディにピッタリさせる

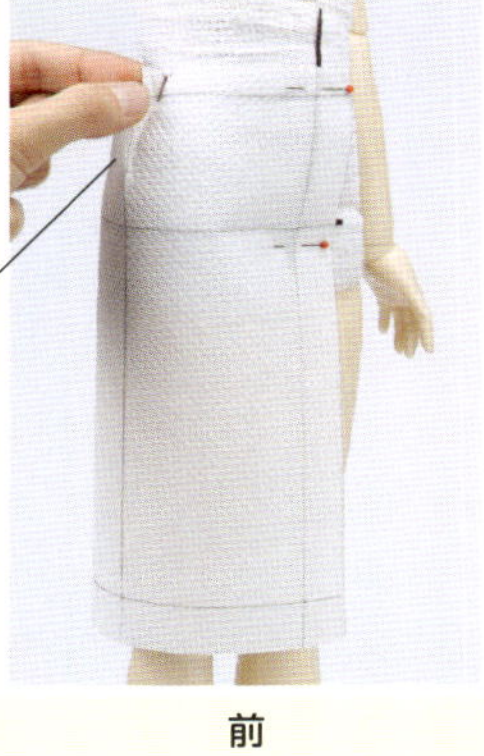
前

脇をつまむ

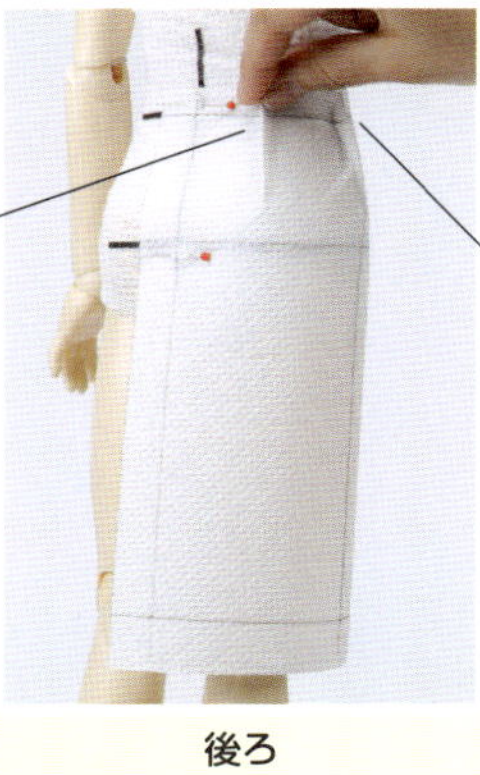
後ろ

ダーツをつまむ

※ドールの場合、前または前後両方のダーツが無い事も多い

ダーツがあると、その分ウエストに布の厚みが増えてしまうので、
グラマラスなドール以外はできるだけダーツ無しにしておくと良いです

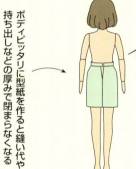

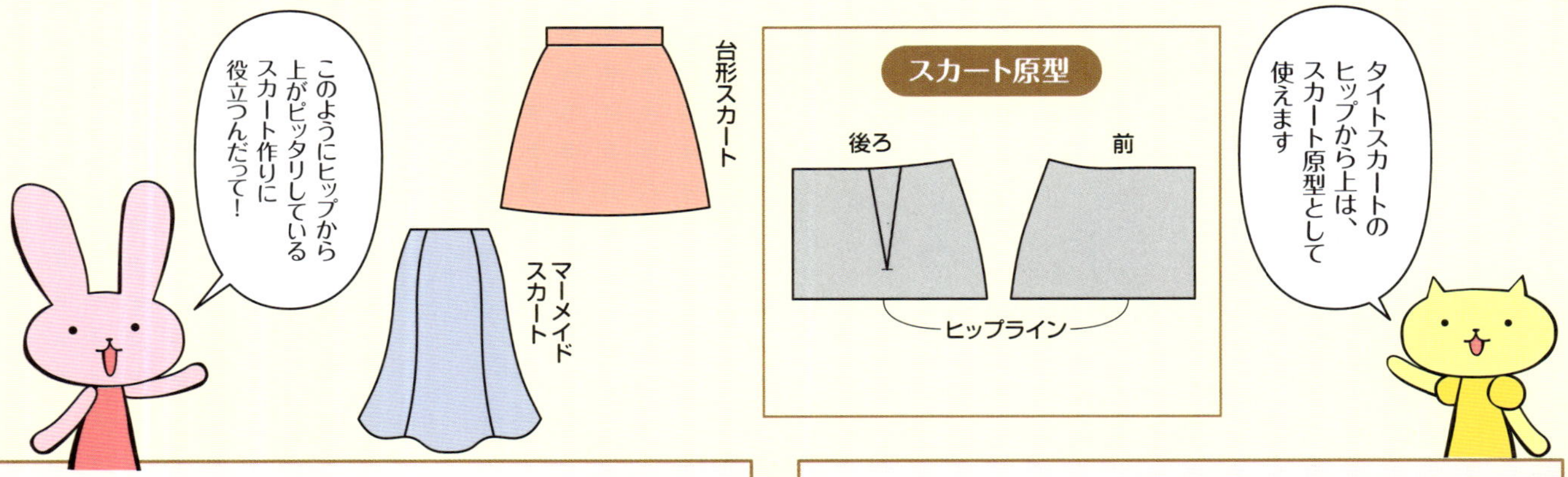
このようにヒップから上がピッタリしているスカート作りに役立つんだって！
台形スカート
マーメイドスカート
スカート原型
後ろ
前
ヒップライン
タイトスカートのヒップから上は、スカート原型として使えます

長方形タイトスカート（前のページのスカート）

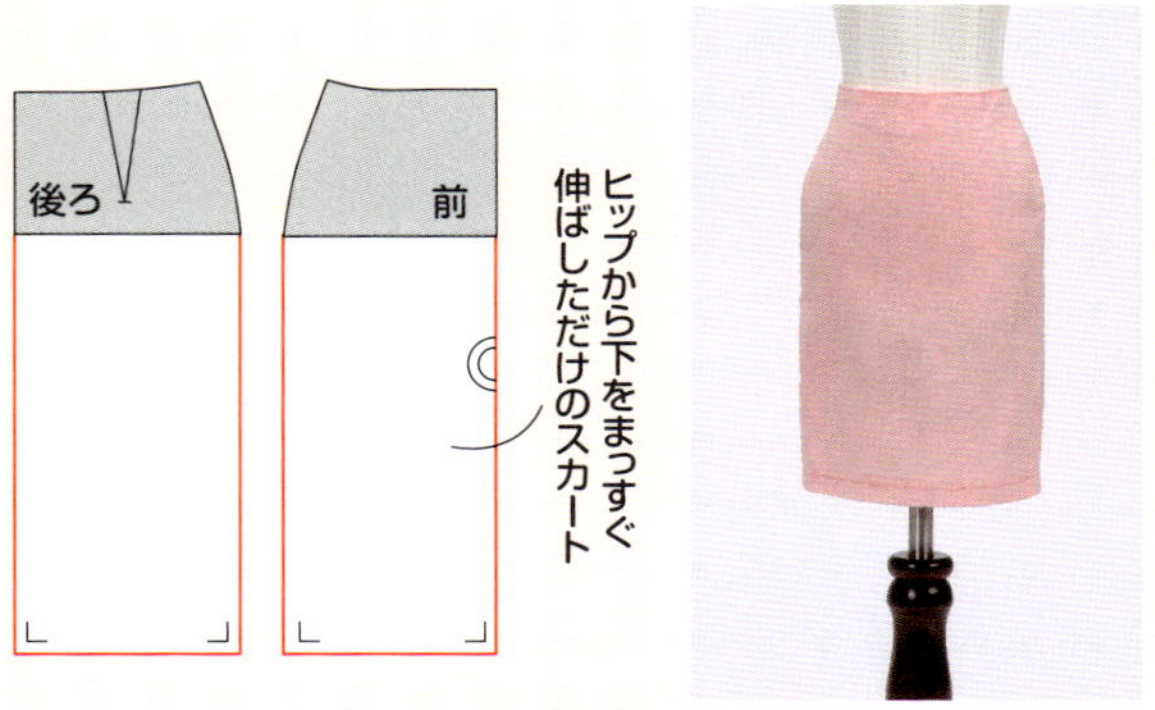
後ろ
前
ヒップから下をまっすぐ伸ばしただけのスカート

裾が細くなったタイトスカート

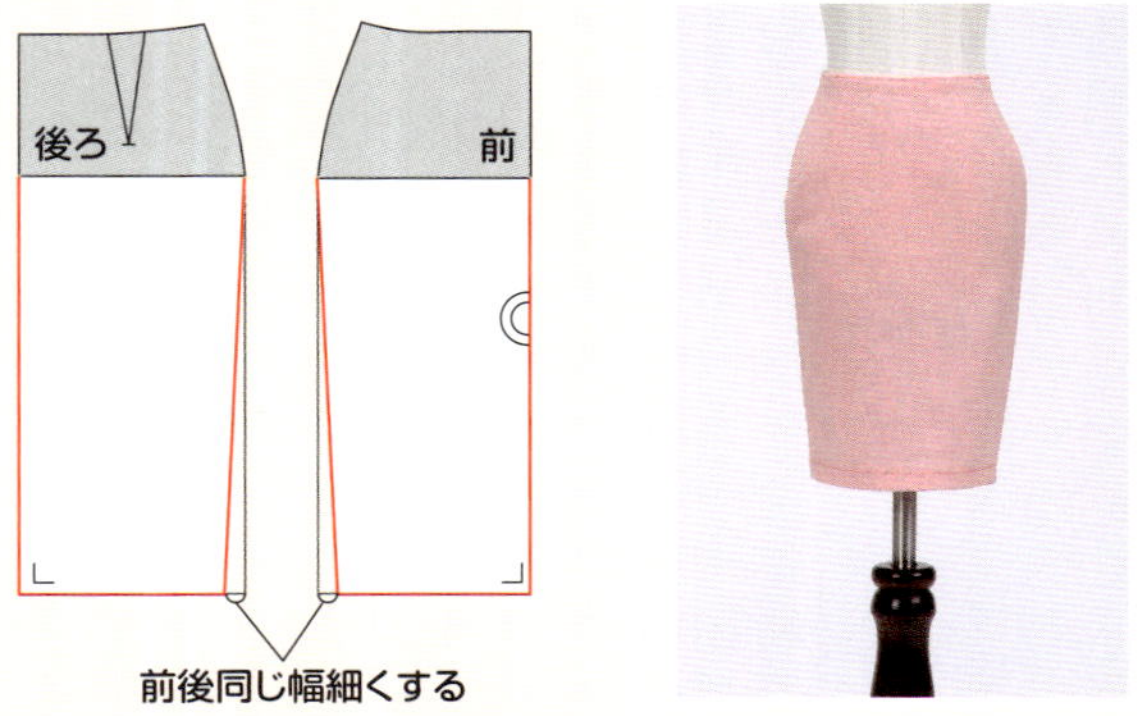
後ろ
前
前後同じ幅細くする

セミタイトスカート・台形スカート

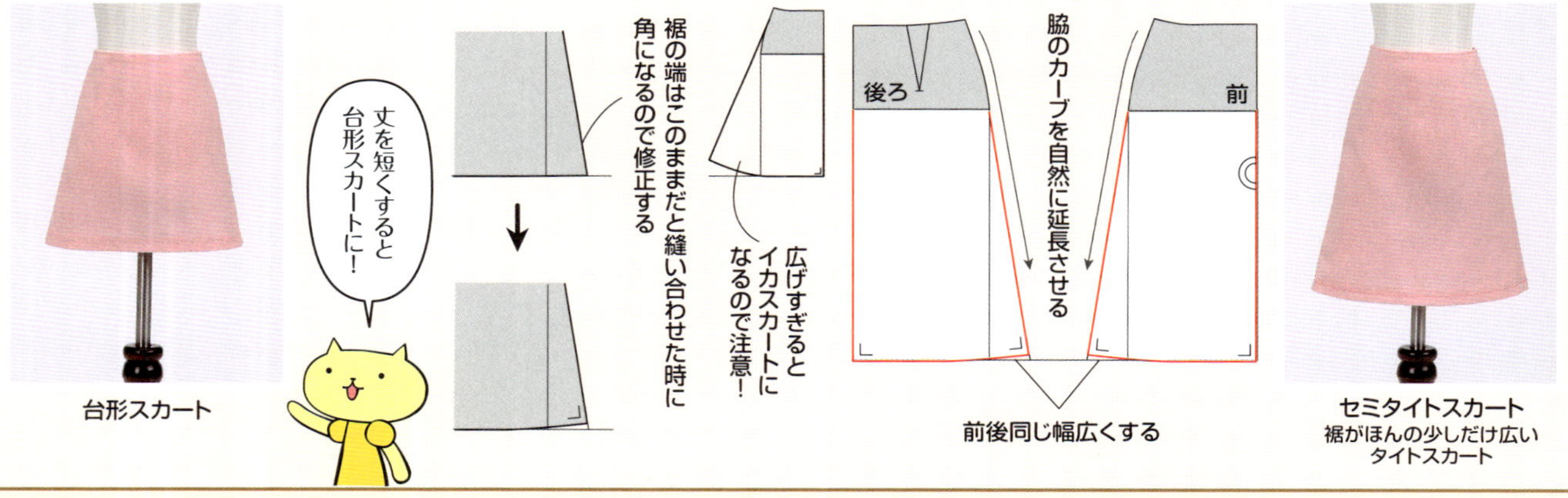
セミタイトスカート
裾がほんの少しだけ広いタイトスカート
後ろ
前
脇のカーブを自然に延長させる
前後同じ幅広くする
広げすぎるとイカスカートになるので注意！
裾の端はこのままだと縫い合わせた時に角になるので修正する
丈を短くすると台形スカートに！
台形スカート

後ろダーツを消して作るセミフレアートスカート

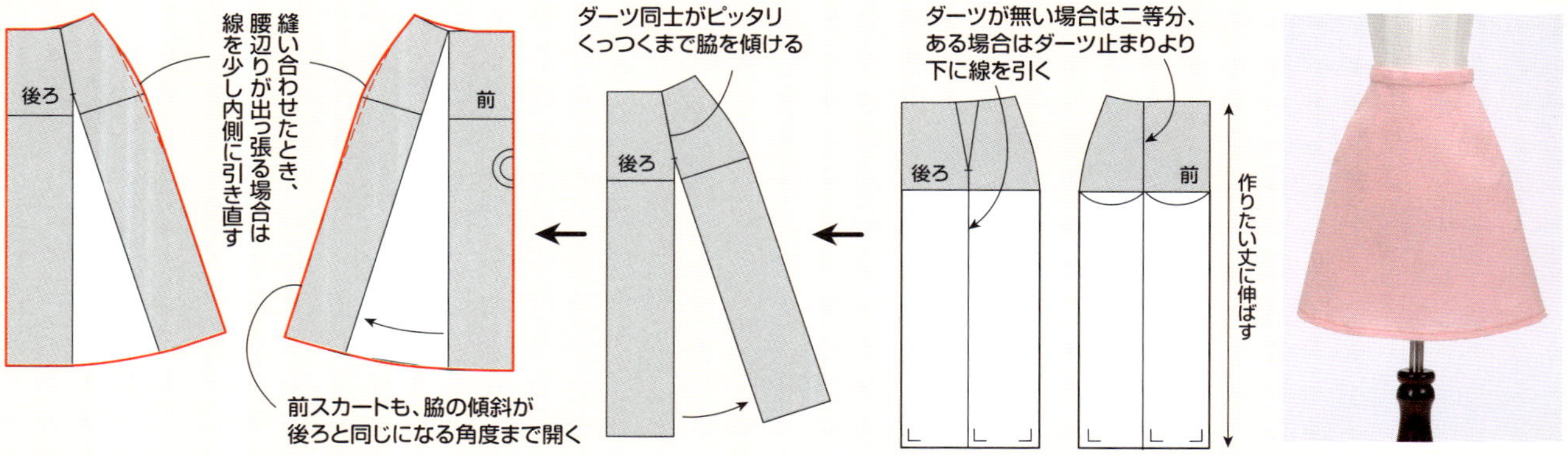
作りたい丈に伸ばす
ダーツが無い場合は二等分、ある場合はダーツ止まりより下に線を引く
後ろ
前
ダーツ同士がピッタリくっつくまで脇を傾ける
前スカートも、脇の傾斜が後ろと同じになる角度まで開く
縫い合わせたとき、腰辺りが出っ張る場合は線を少し内側に引き直す

マーメイドスカート

1.作りたいデザインを決める

決める時のポイント
・スカート丈
・ヒラヒラの位置

一般的に前後それぞれ三分割される事が多い

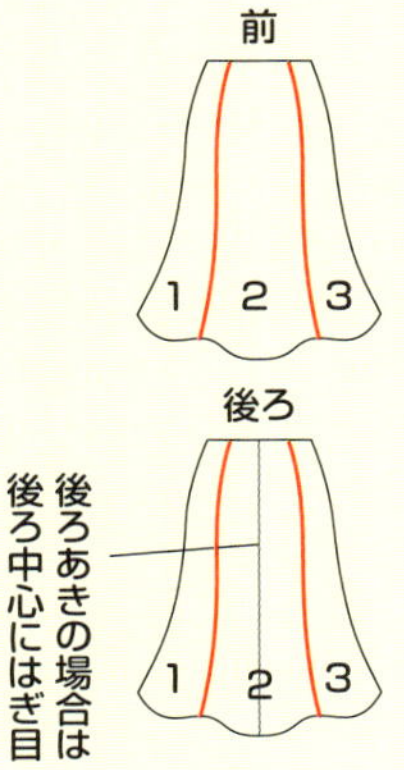

2.まず作りたい丈の長方形タイトスカートの型紙を作り、キッチンペーパーなどで組み立ててラインテープで好みの位置に縦の線を引く

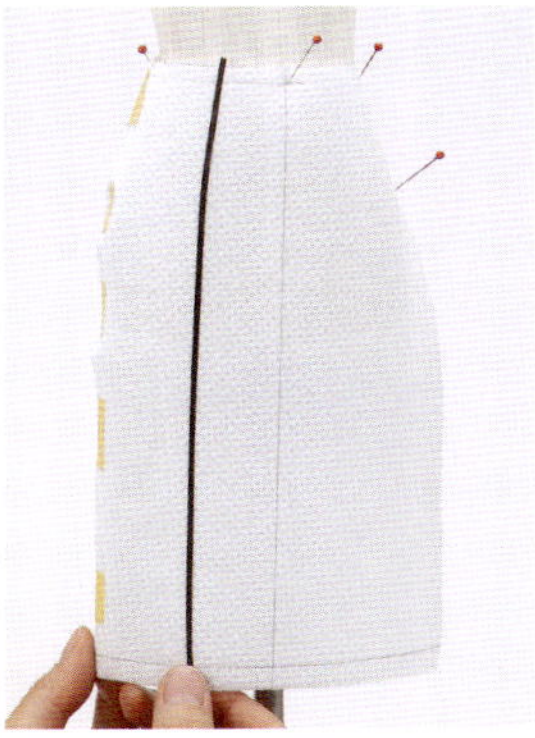

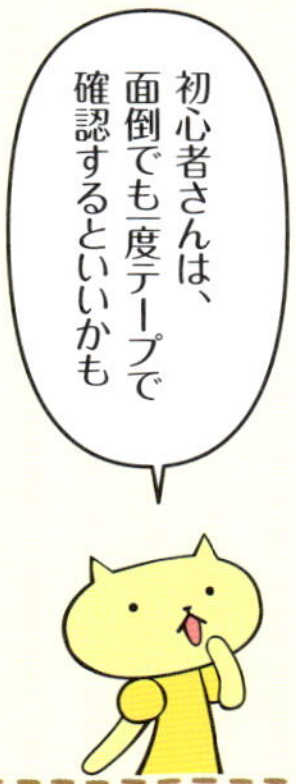

縦線はヒップの半分より少し中心側に引くとバランスがよく見える

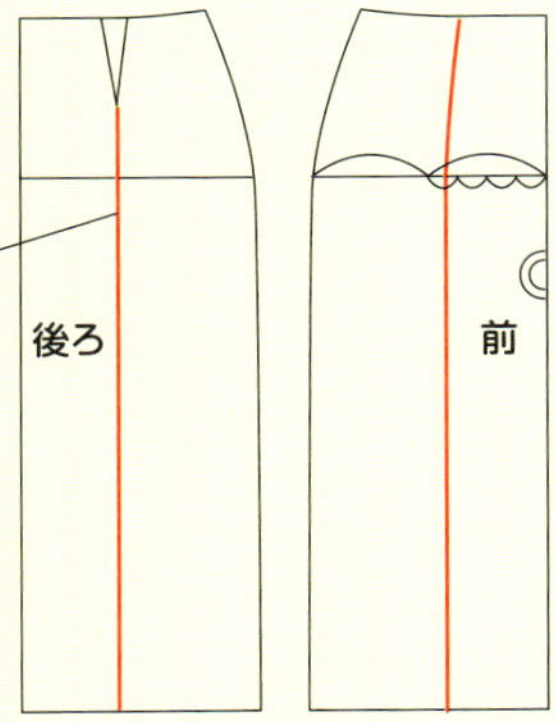

ダーツがある場合は、ダーツどまりから真下に線を引く

3.両脇に、ヒラヒラさせたい位置から20～30度くらいの斜めの三角を描く

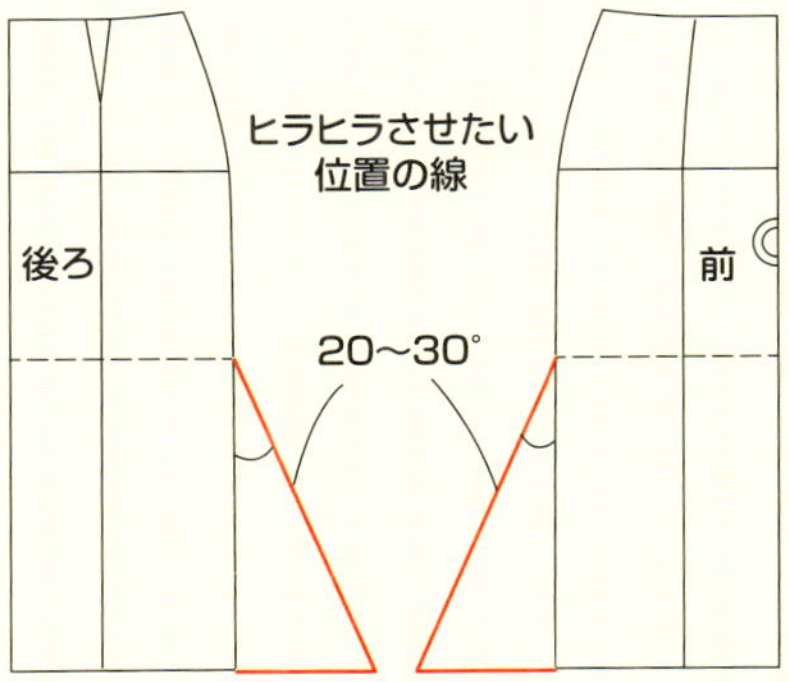

分度器が無い場合は、紙を折って簡易分度器を作る

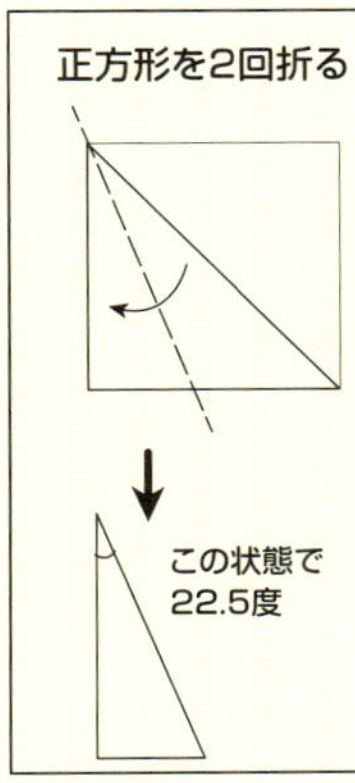

切り替え線部分は、左右両方に描く
前後の中心は描かない

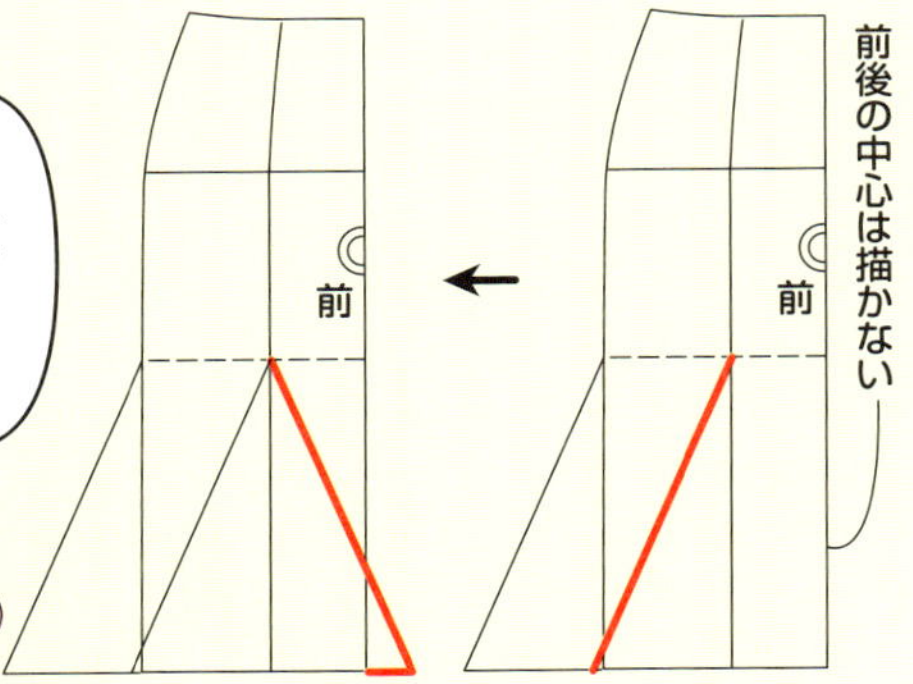

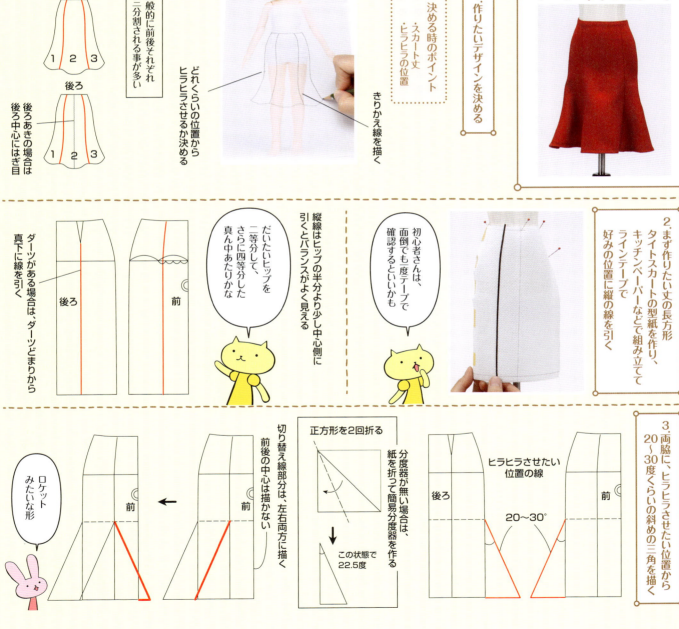

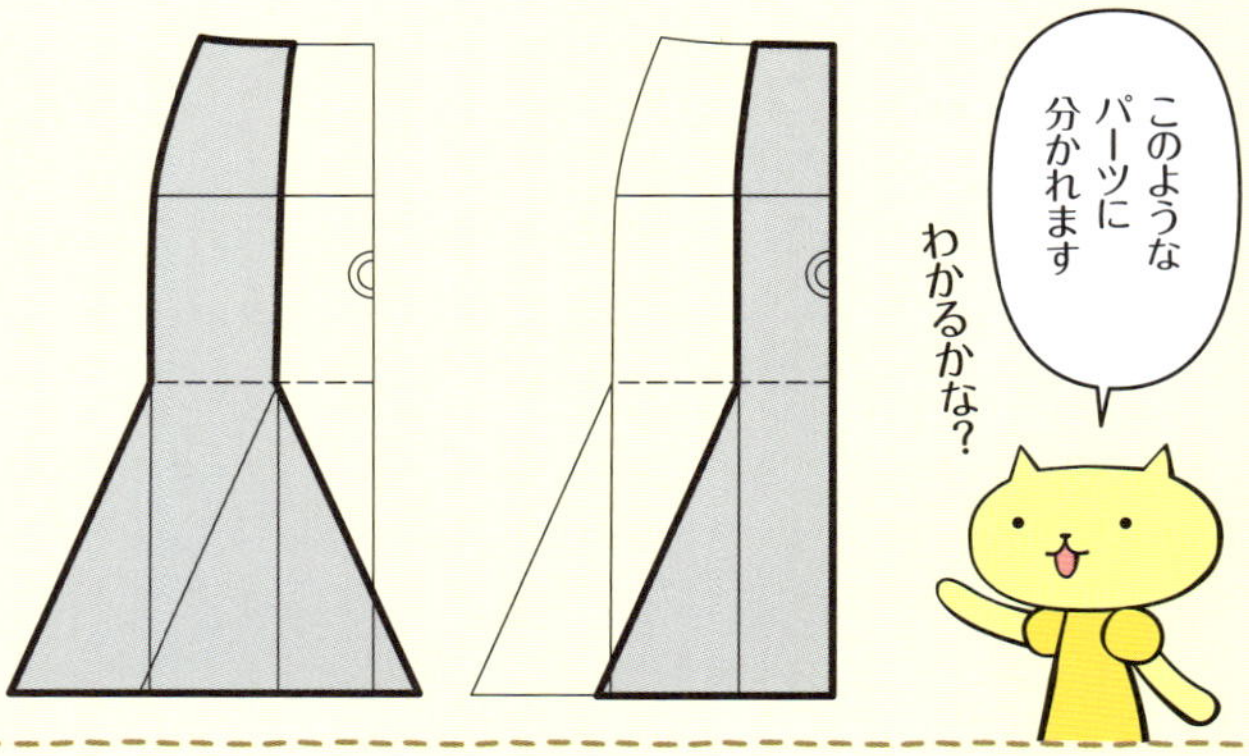

4. 隣り合う裾を合わせて、角が曲線になるように修正する

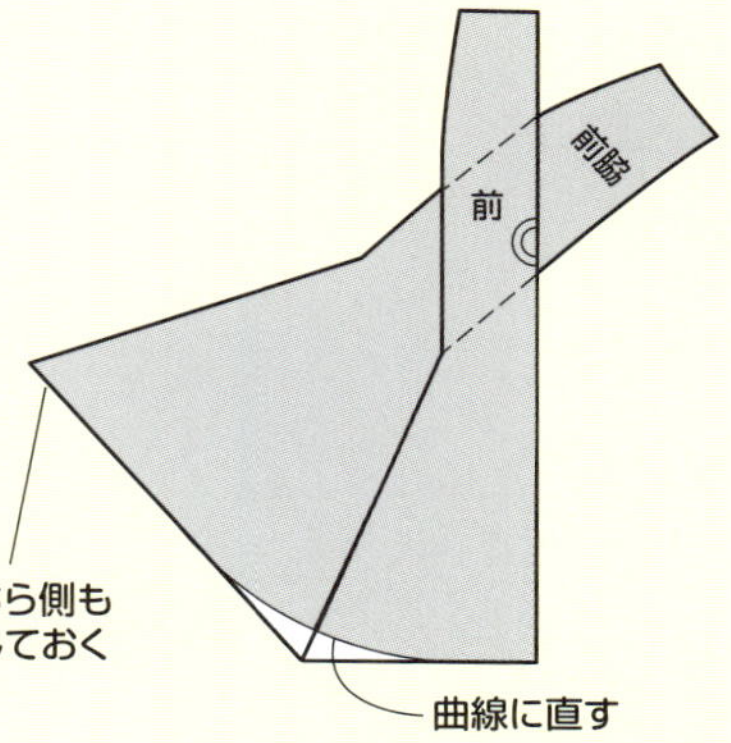

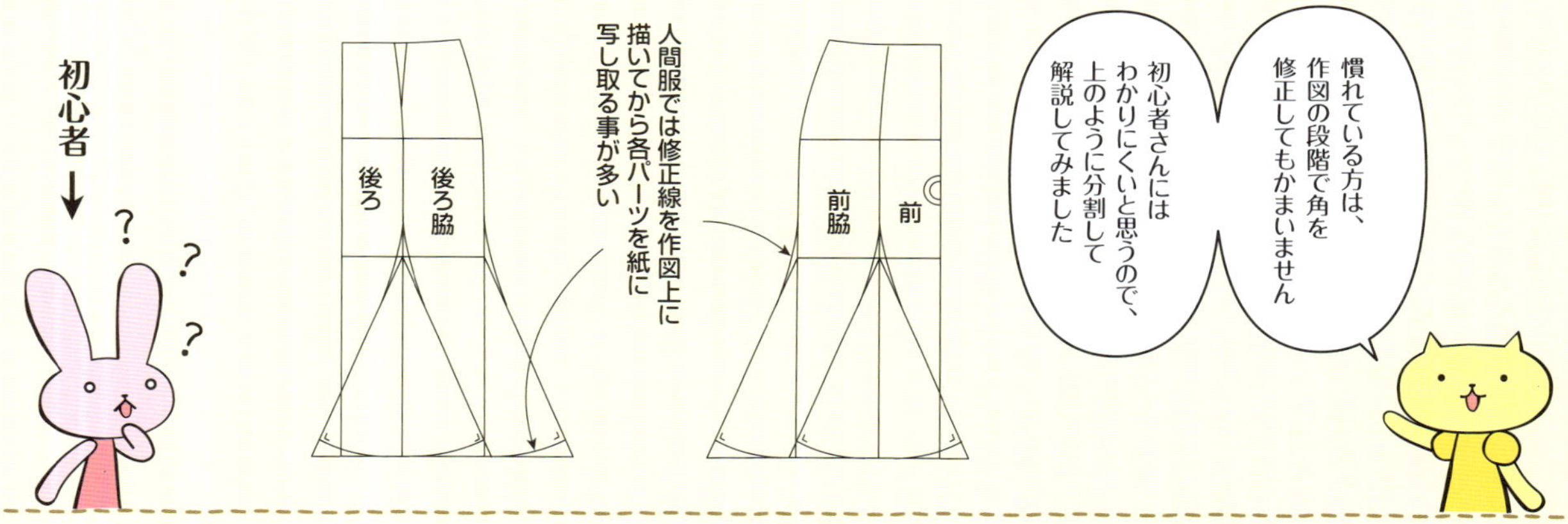

注意！

スカートのヒラヒラの位置や分量は場所によって変えてもいいのですが、隣り合う傾斜の角度は必ず同じにします

例えば
前→ヒラヒラ低くて少なめ
後ろ→ヒラヒラ高くて多めの場合

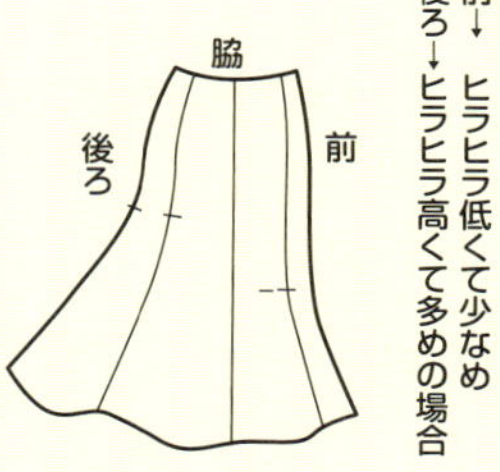

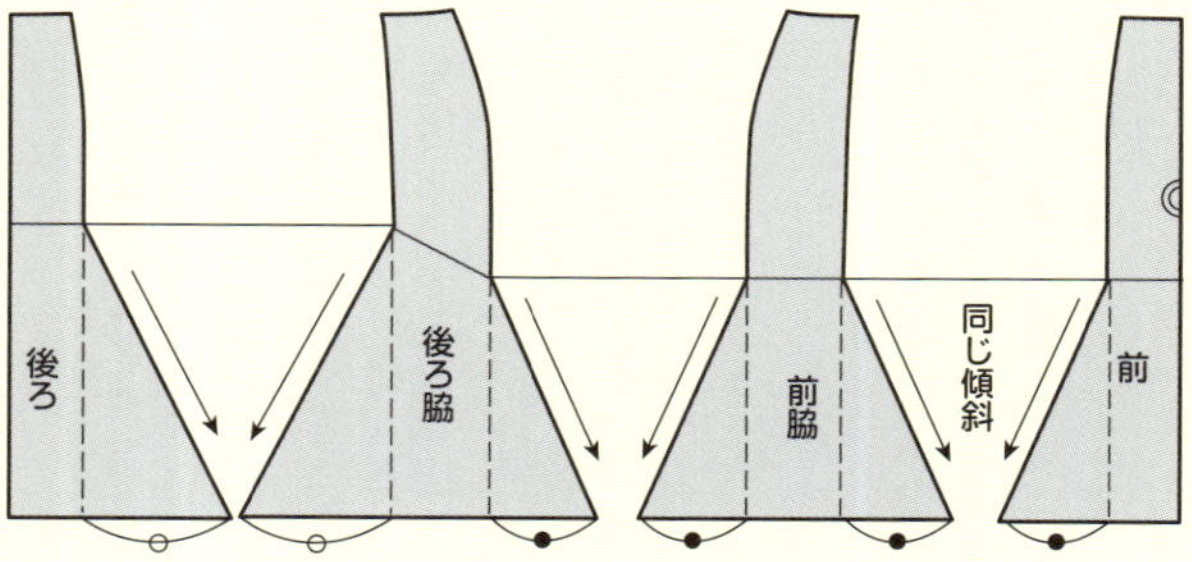

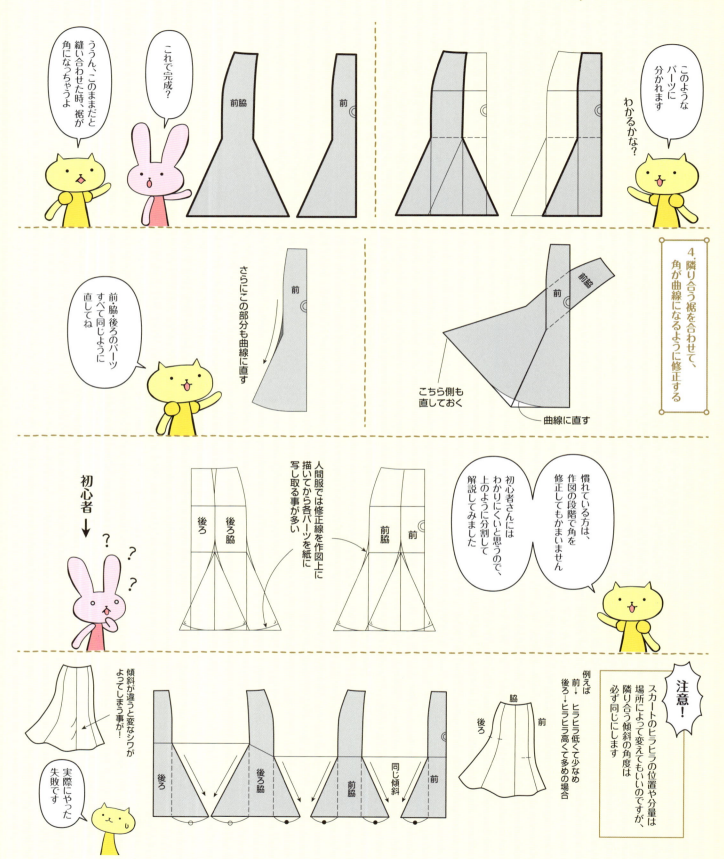

三角マチのマーメイドスカート

1.まずタイトスカートを作り、縦の線を引く

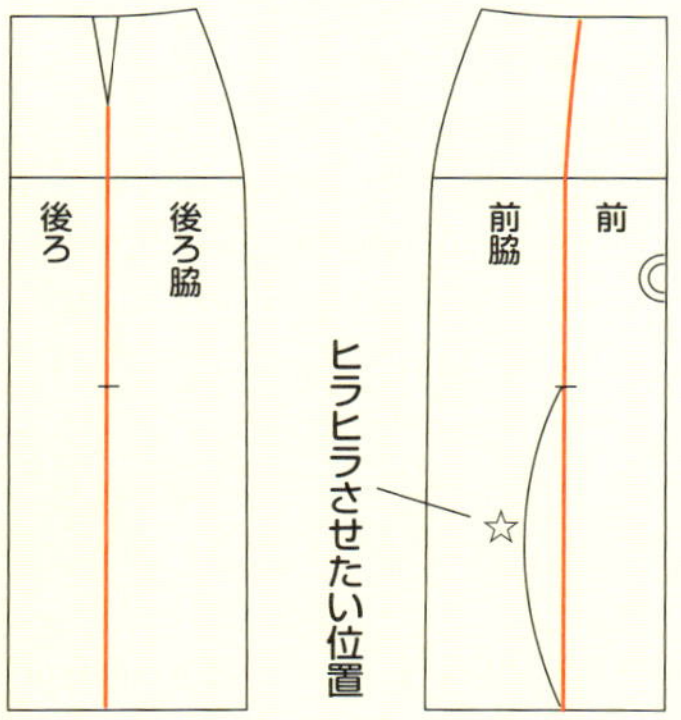

2.三角パーツを作る

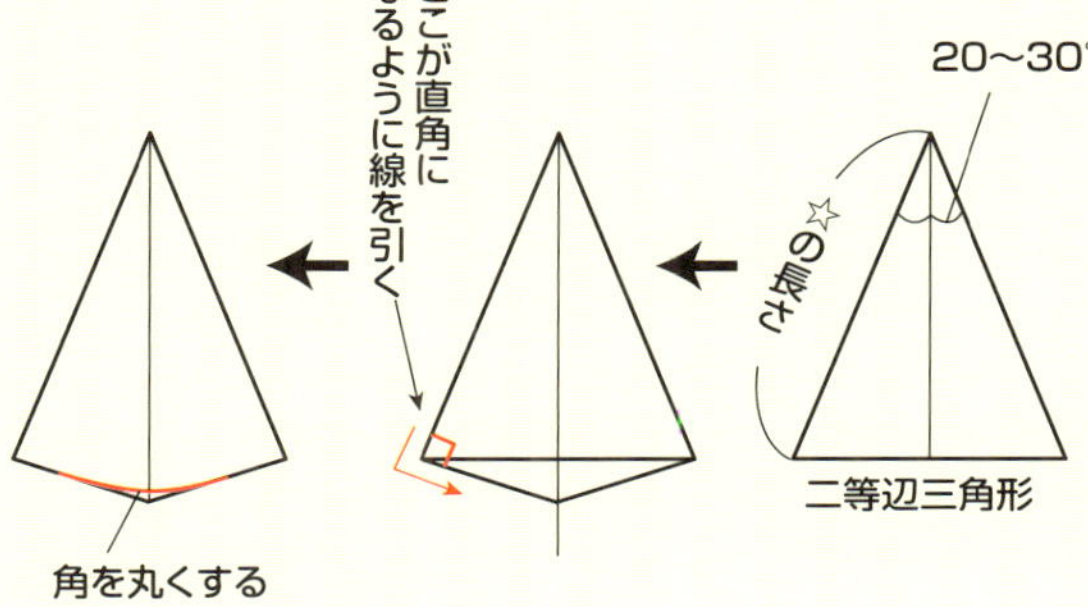

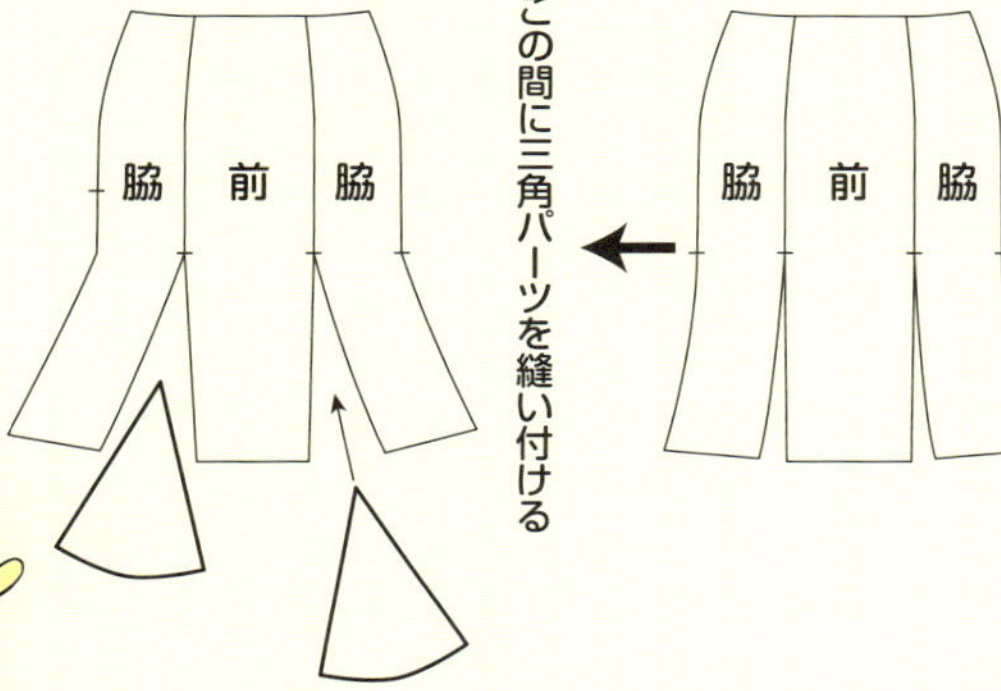

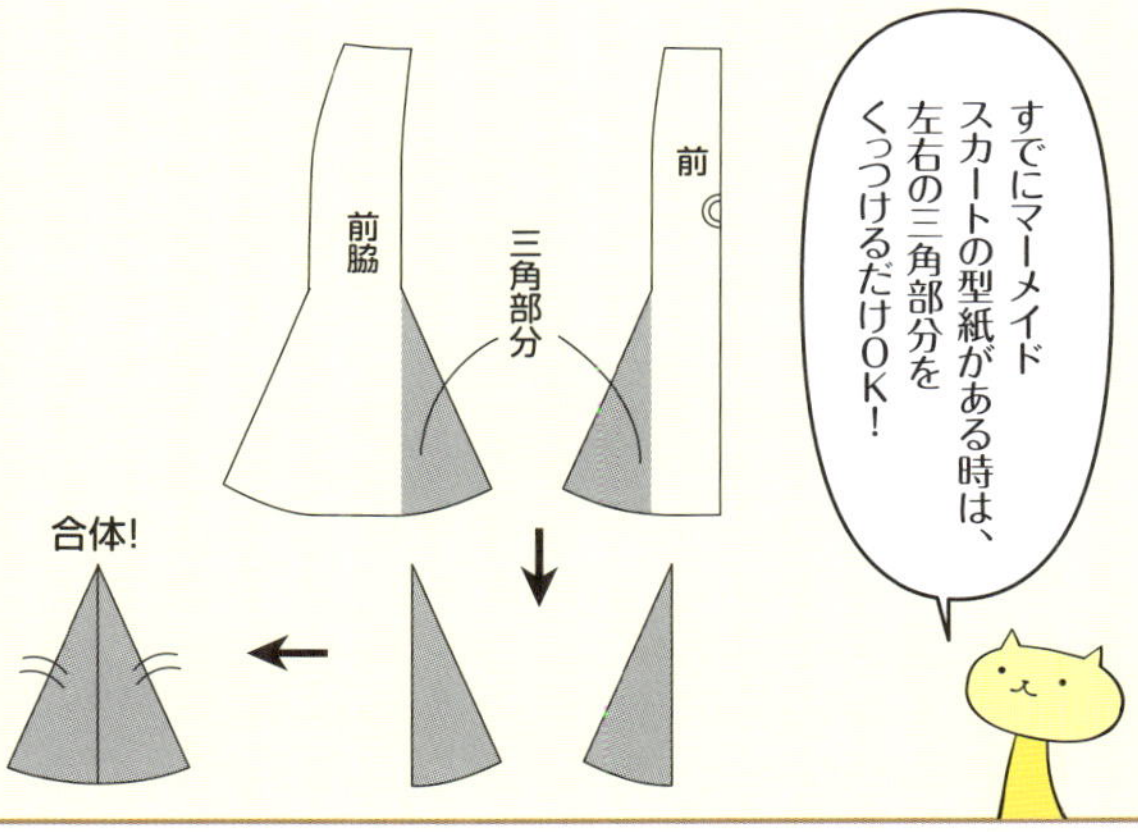

マーメイドスカートに向いている素材

アムンゼン

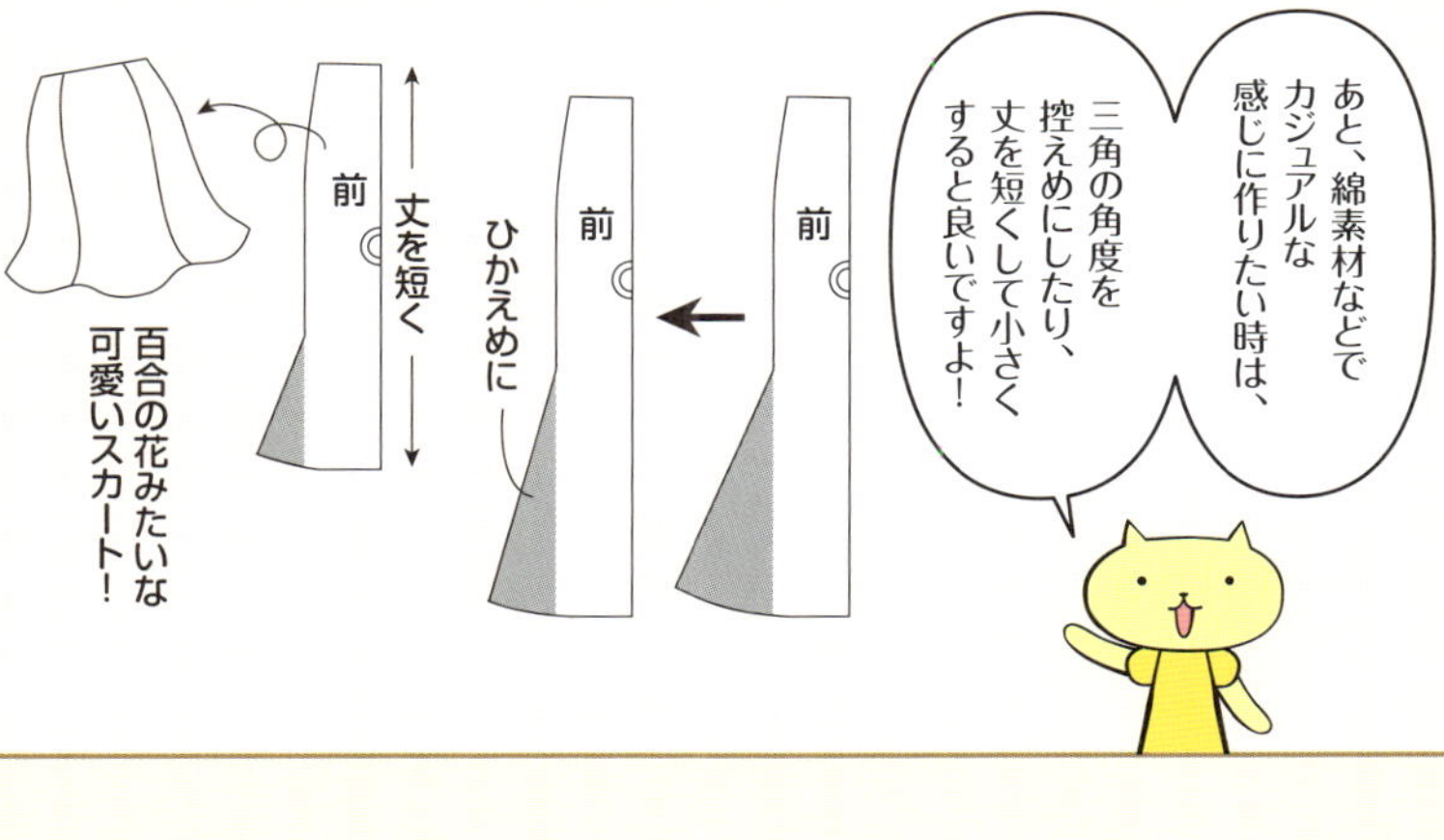

ドールサイズだとあまり差はないですが、アムンゼンの方が少し広がりをおさえられます

綿シーチング

アムンゼン

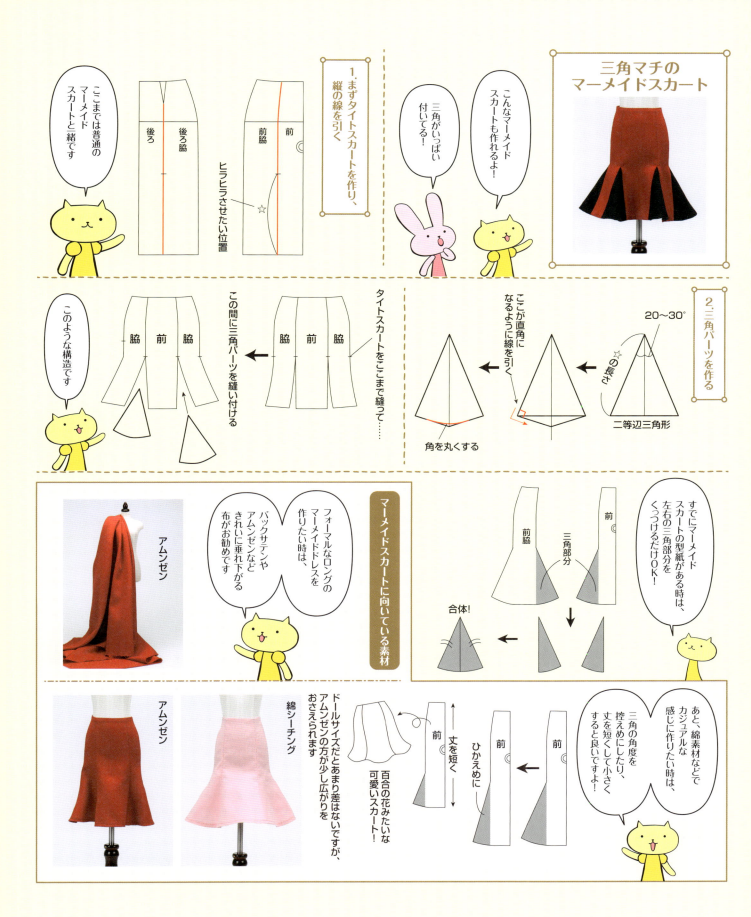

エスカルゴスカート

マーメイドスカートが出来たら、こんなアレンジをしてみよう！
わあ！なんだかすごいスカート！
この型紙も作れるの？

マーメイドスカートをドールやトルソーに着せ、好みの曲線にラインテープを貼る

この幅は【ウエスト÷8（はぎの枚数）】

この幅は【裾の周囲÷8（はぎの枚数）】

はぎの枚数は好みですが、見た目が良い8枚がお勧めです
色々な角度に貼って、好みのグルグルにしてみよう！

ゆるやか

ぐるぐる

ラインテープを貼った部分をトレーシングペーパーなどに写し取る

線をきれいな曲線に描き直す

左右の長さが同じになるように修正する

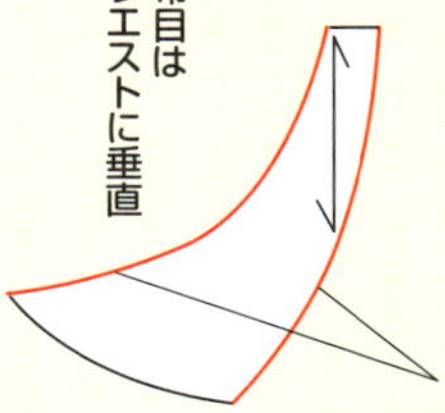
布目はウエストに垂直

この型紙でパーツを8枚分カットして縫い合わせると完成！
同じ形を縫い合わせるんだね

エスカルゴスカートは思いのほか布を必要とするので、布を購入する際は分量に注意してください

意外と裁断ロスが出る

注意！

マーメイドやエスカルゴスカートのようにパーツが多いデザインは、縫い合わせに注意してください

例えば1ミリずれて縫ってしまった場合

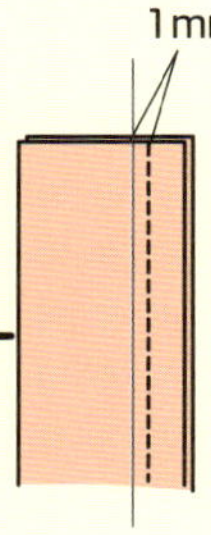
1mm
出来上がり

開くと2ミリ大きくなってしまう

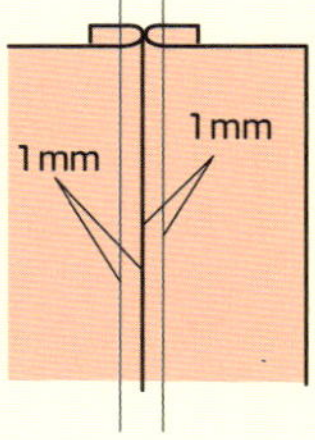
1mm
1mm
出来上がり
出来上がり

たとえ1ミリでも8カ所全部ずれて縫ってしまったら、合計16ミリ差がでてしまう！

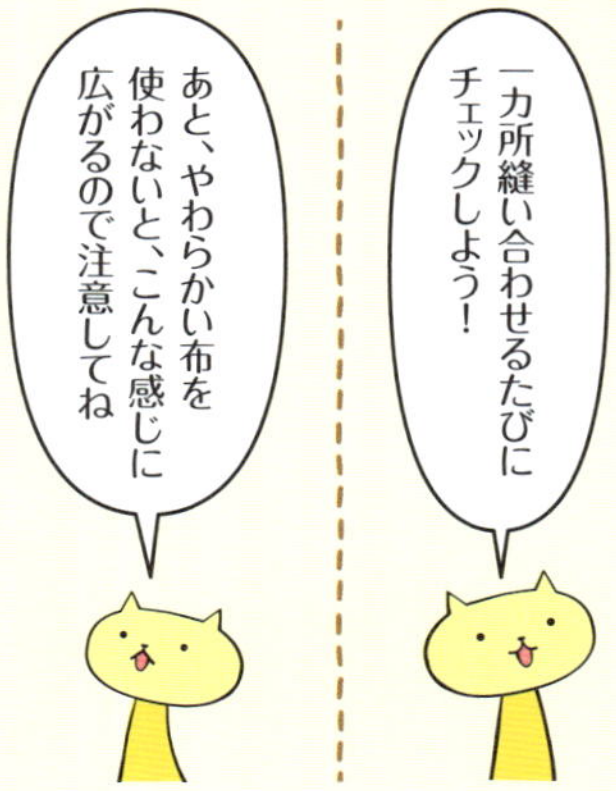
一カ所縫い合わせるたびにチェックしよう！
あと、やわらかい布を使わないと、こんな感じに広がるので注意してね

仮縫い用のシーチングで作った試作

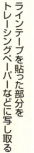

ラップスカートの構造

タイトスカートや台形スカートの型紙を作ったら、ラップスカートにアレンジしてみよう！

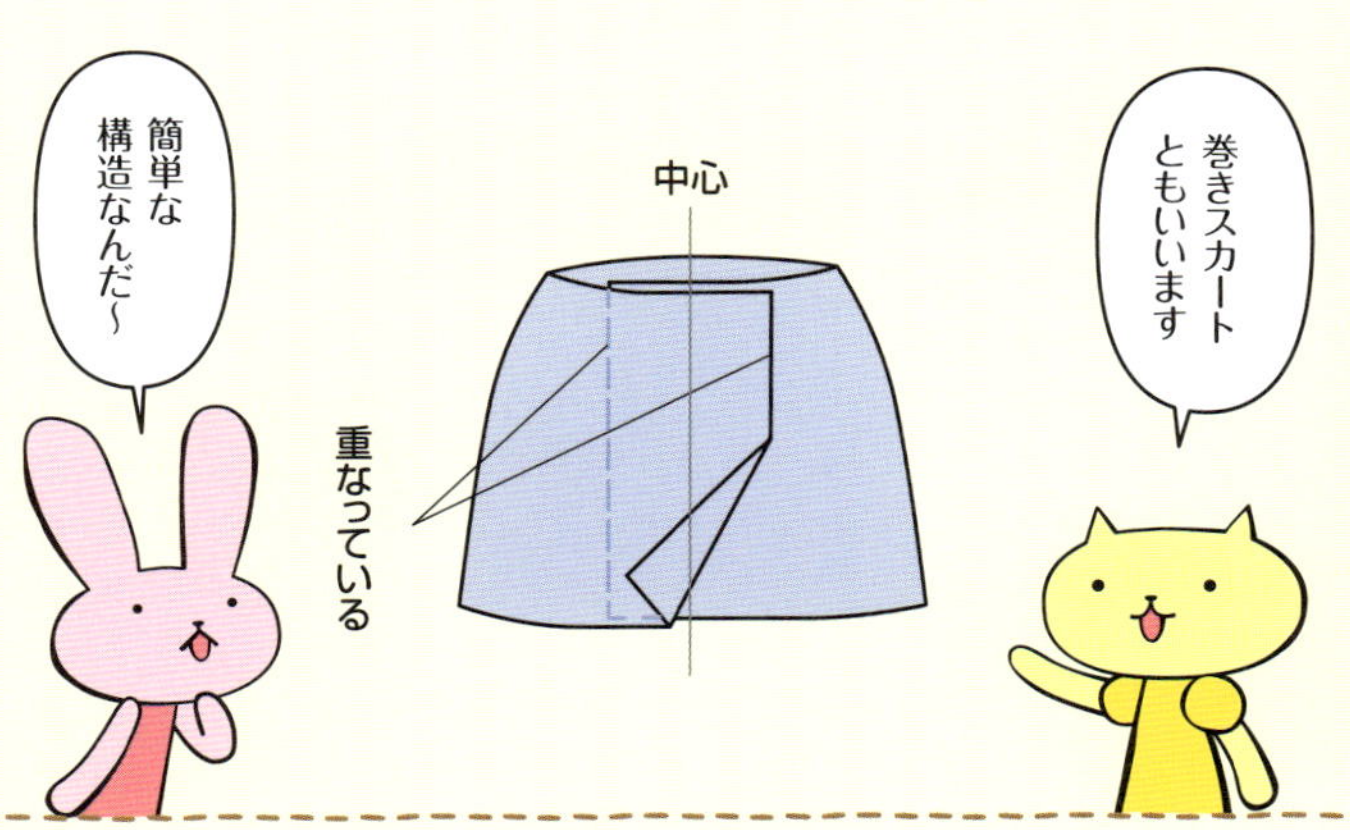

巻きスカートともいいます
中心
重なっている
簡単な構造なんだ～

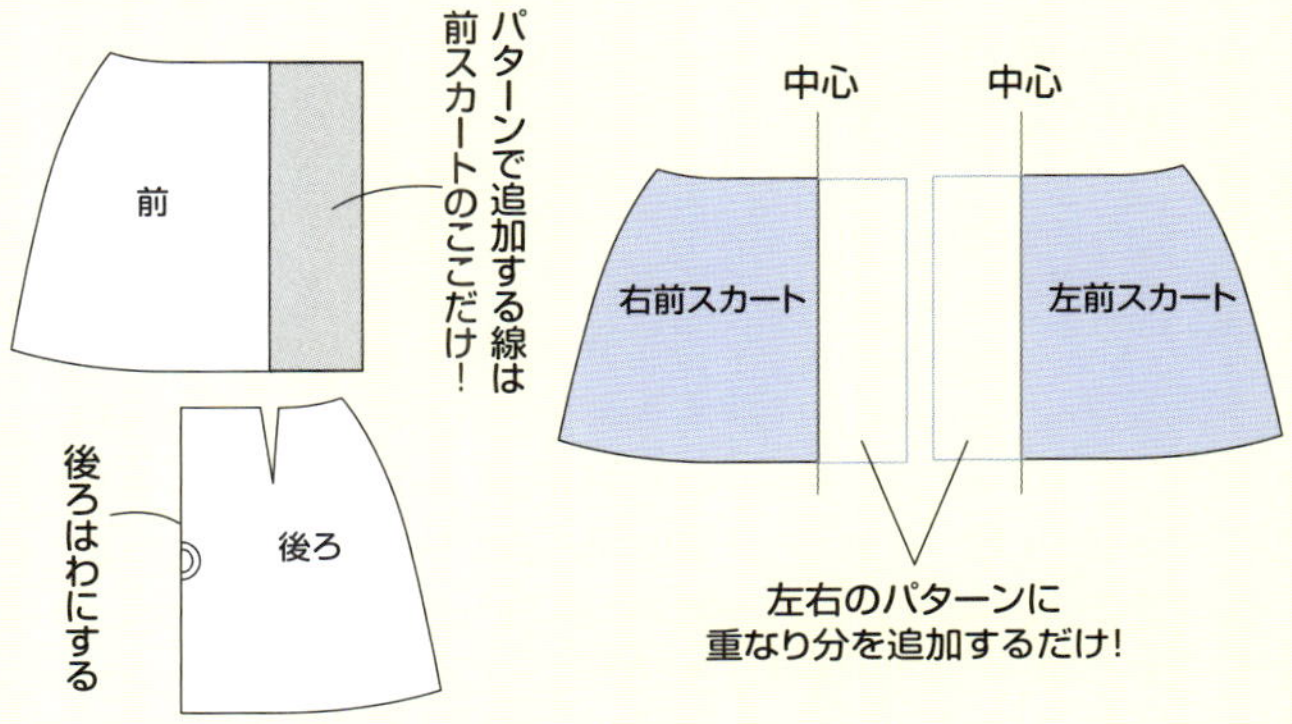

パターンで追加する線は前スカートのここだけ！
前
後ろはわにする
後ろ
中心
中心
右前スカート
左前スカート
左右のパターンに重なり分を追加するだけ！

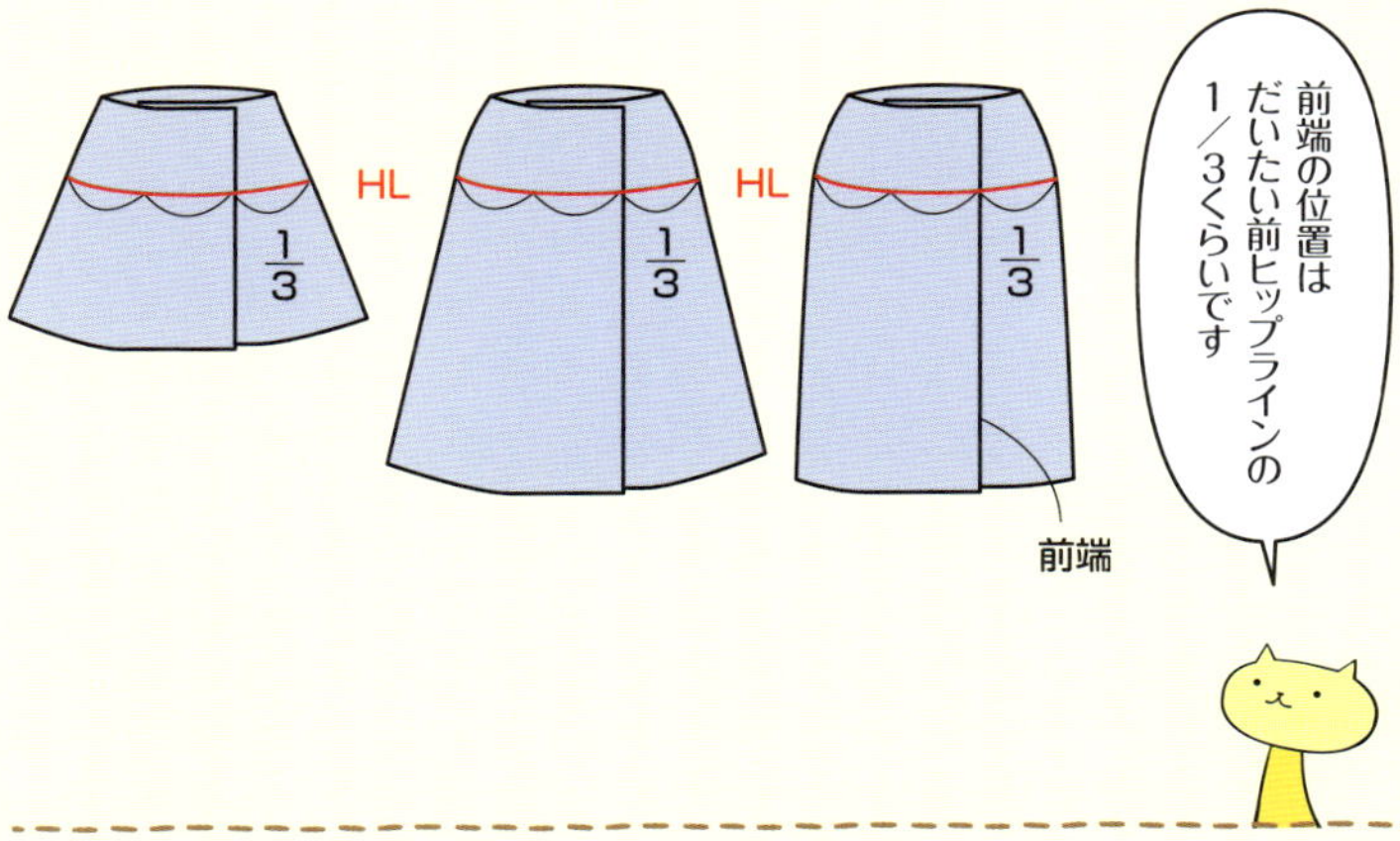

前端の位置はだいたい前ヒップラインの1／3くらいです
HL
HL
1/3
1/3
1/3
前端

重なり分の描き方

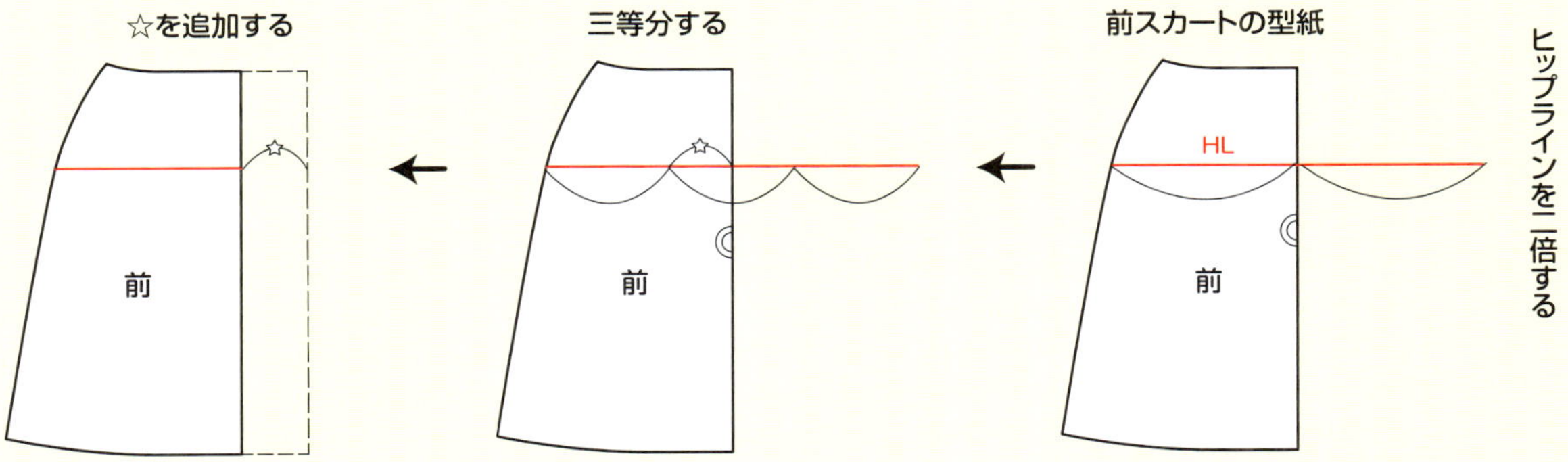

ヒップラインを二倍する
前スカートの型紙
HL
前
三等分する
前
☆を追加する
前

実際にラインテープで前端の位置を決めてもいいです
すでに製作したスカートやキッチンペーパーで組み立てたものにラインテープを貼って決める

角を丸くする
斜め
こんな感じにアレンジしても可愛いね！

ラップスカートは見返しが太めです

・めくれたときに裏が見えにくいように
・見返しが補強になって、前端がよれない

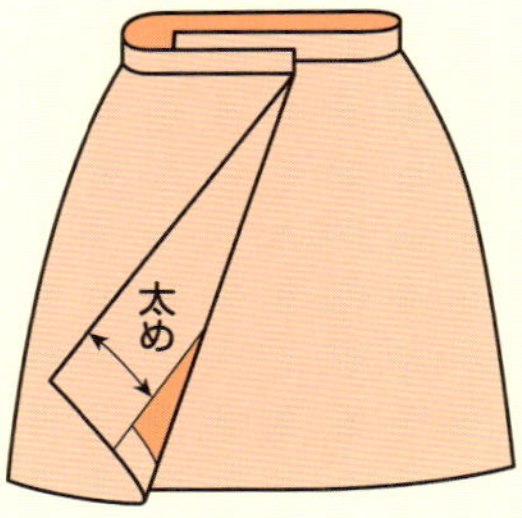
太め

見返しが細いと……

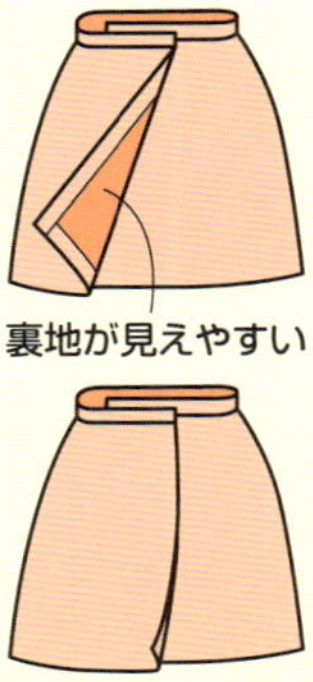
裏地が見えやすい
端がよれてめくれやすくなる

前端がヒップや裾に垂直の場合、こんな感じの縫い代になるよ！

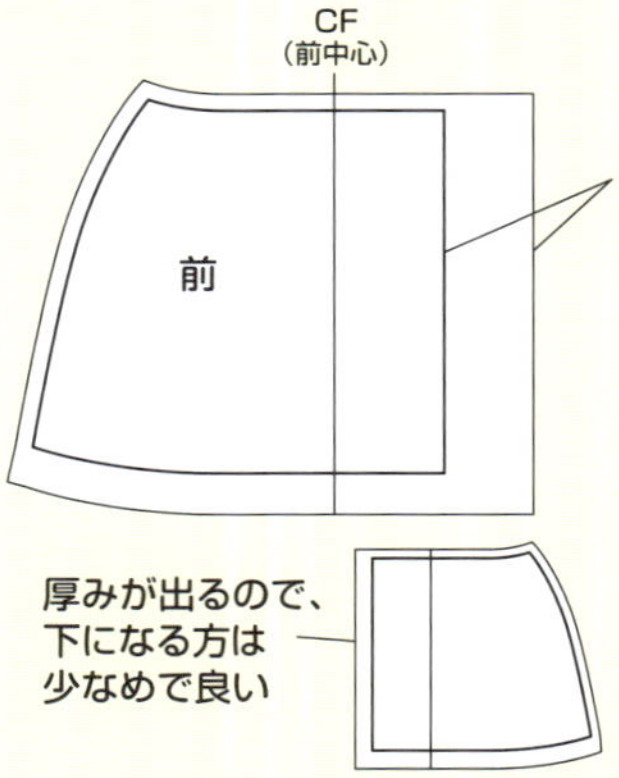
CF
(前中心)
前
見返し分
厚みが出るので、下になる方は少なめで良い

プリーツスカートをラップスカートにアレンジする時の注意点

前端が斜めやカーブになっている場合は見返しが分離します

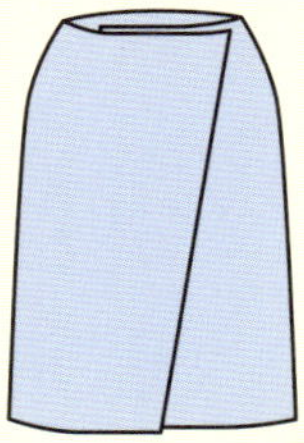

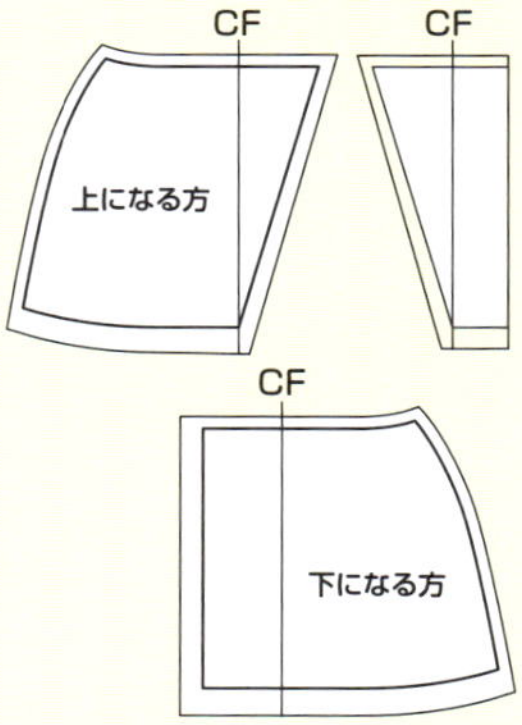
CF
上になる方
CF
CF
下になる方

この見えない部分はプリーツなしにします

重なる部分にもプリーツがあると、重なりの厚みで前が浮いてしまう事があるので注意してね

まれに厚手の布を使用した場合、前端の位置がずれる事があります

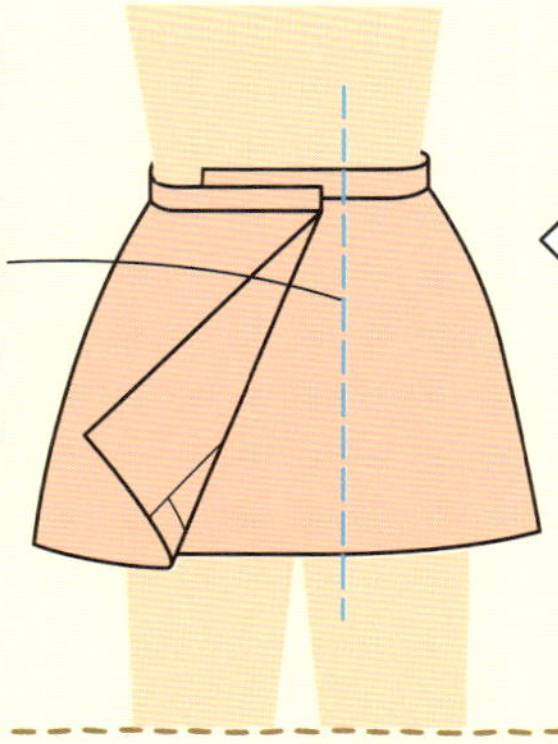
本当はこの位置に端が来る予定だったのに、ベルトや見返しの厚み分ずれてしまった

そのような心配のある時は、前もって厚み分をさらに追加しておきましょう

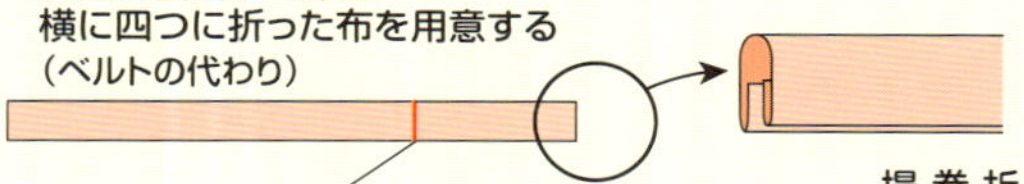
実際に使用する布を横に四つに折った布を用意する（ベルトの代わり）
完成予定の位置に印をつけておく

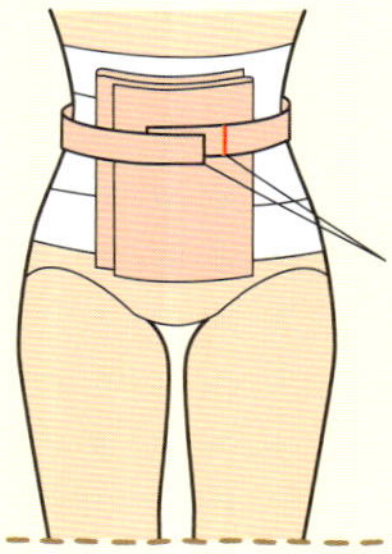
折った布をはさんでベルトを巻いてみて、もし長さが足りない場合は前端にその分を追加する

見た目も可愛い！

参考作品
「Dollybird 25」掲載

ラップスカートは持ち出しやファスナー付けも無いため作るのが楽です

チェック柄もいいね！

こんな感じに前端と裾をほつれさせても可愛いです

Chapter 4.

さまざまな形のスカート

— SKIRT Ⅳ —

プリーツカートかわいいな〜
よし！早速作ってみよう！
布を折りたたんで……
ベルトを付ければ出来上がり！
結構大変！
やった〜完成！
早速着せてみよう！
あれ？裾がこれ以上広がらない
裾を広げたら裾の折り目がなくなってしまった
このようにしたかった
頑張ってプリーツをたくさん折ったのに〜
う〜ん、プリーツの数よりも折り方に問題があるかも
ウエストとヒップに差があるボディは、長方形に折ったプリーツだと、どうしてもこうなっちゃうよ
ウエストと裾でこれだけの差がある
↓こうなってしまう
ほとんど差がないボディだったら長方形を折っただけでも大丈夫だけど……
ウエストとヒップにあまり差がないボディ
またはローウエストの服なら気にならない
このように裾が広がったデザインにしたい時は、長方形ではなく台形を使うのがポイントかな
ウエストと裾で差が出る
なるほど〜

プリーツスカートの作図

実際にミニのプリーツスカートの型紙を作ってみよう！

一度人間サイズのを見た事があるけど、プリーツスカートの型紙ってこんなのでしょう？

計算も大変そう！

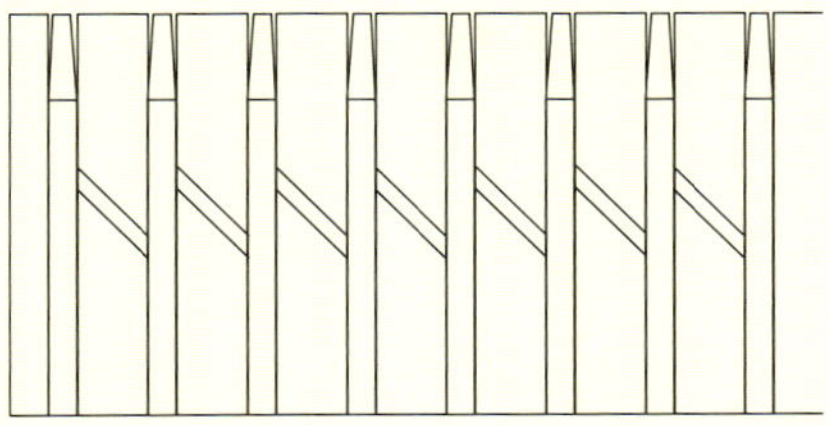

型紙というよりも、何かの暗号図形にしか見えないよ～

大丈夫、一般的な描き方よりも出来るだけ簡単な方法を教えるね

まずはゆとり分を加えるため、ボディに包帯を巻こう！

プリーツスカートは布の重なりで厚みが多くなるため、包帯も少し多めに巻いておくとよい

1／6以下のドール　二～三重に巻く
1／6以上のドール　三～四重に巻く

これくらいを目安にするといいんだって

ゆとり分をいれておかないと悲劇が！

きつくてしまらない!

せっかく作ったのに、パツパツで着せられないと悲しいよね！

それぞれのサイズをはかる

・ウエスト寸法
・裾の周囲
・スカート丈
（今回はミニ丈で作業します）

ウエストはメジャー、スカート丈は定規、裾はアルミワイヤーを使うとはかりやすい

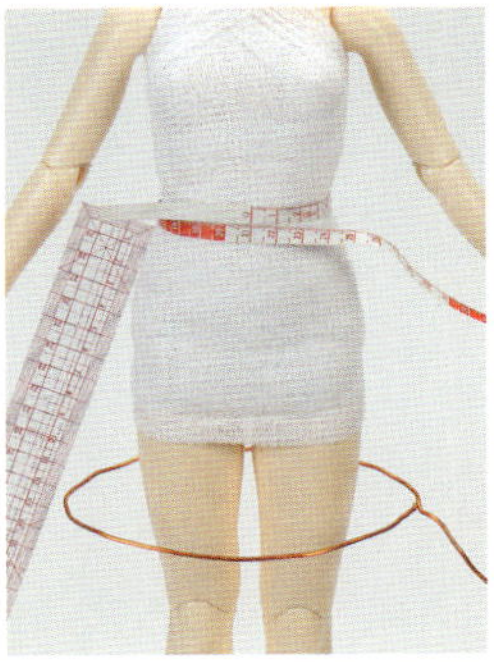

頭の中で完成したスカートをイメージしてはかろう

エアスカートだ！

はかった寸法は、このようにメモしておくとよい

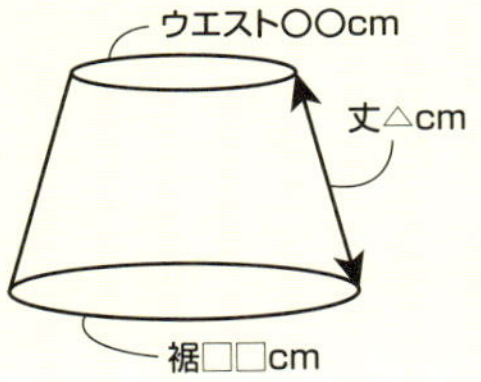

ウエストの周囲をプリーツの数で割る

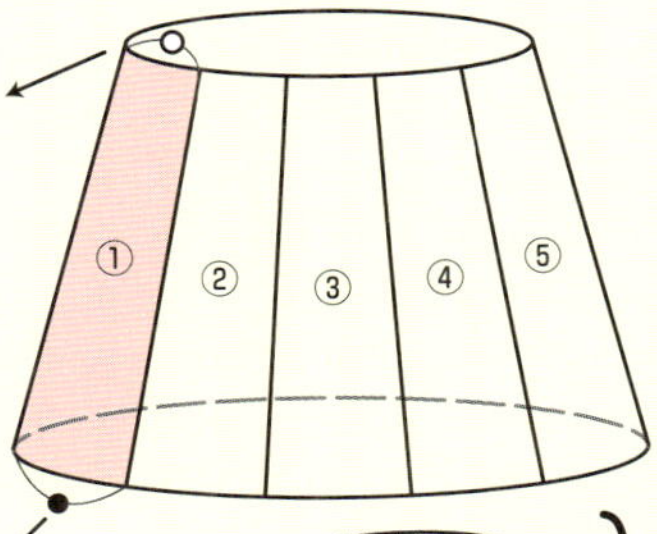

$\frac{\text{ウエストの周囲}}{\text{プリーツの数}} = ○$

計算してね！

$\frac{\text{裾の周囲}}{\text{プリーツの数}} = ●$

後ろ半分も数え忘れないように!

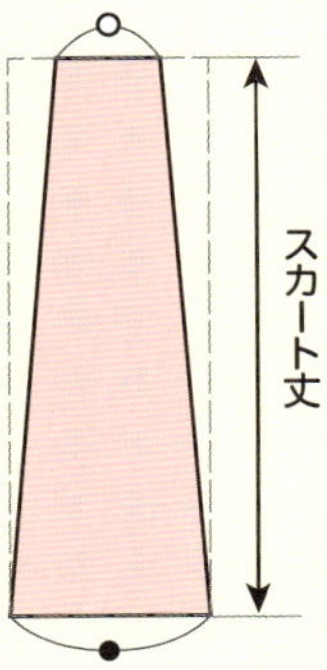

このような左右対称の台形を作る

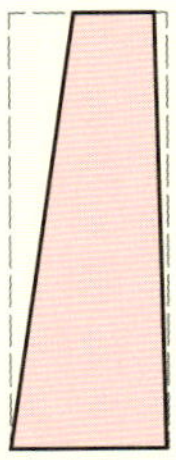

斜めにならないように!

練習で初めて作る方は、まず計算しやすい十本プリーツで挑戦してみましょう

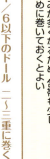

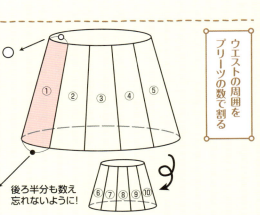

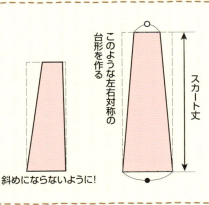

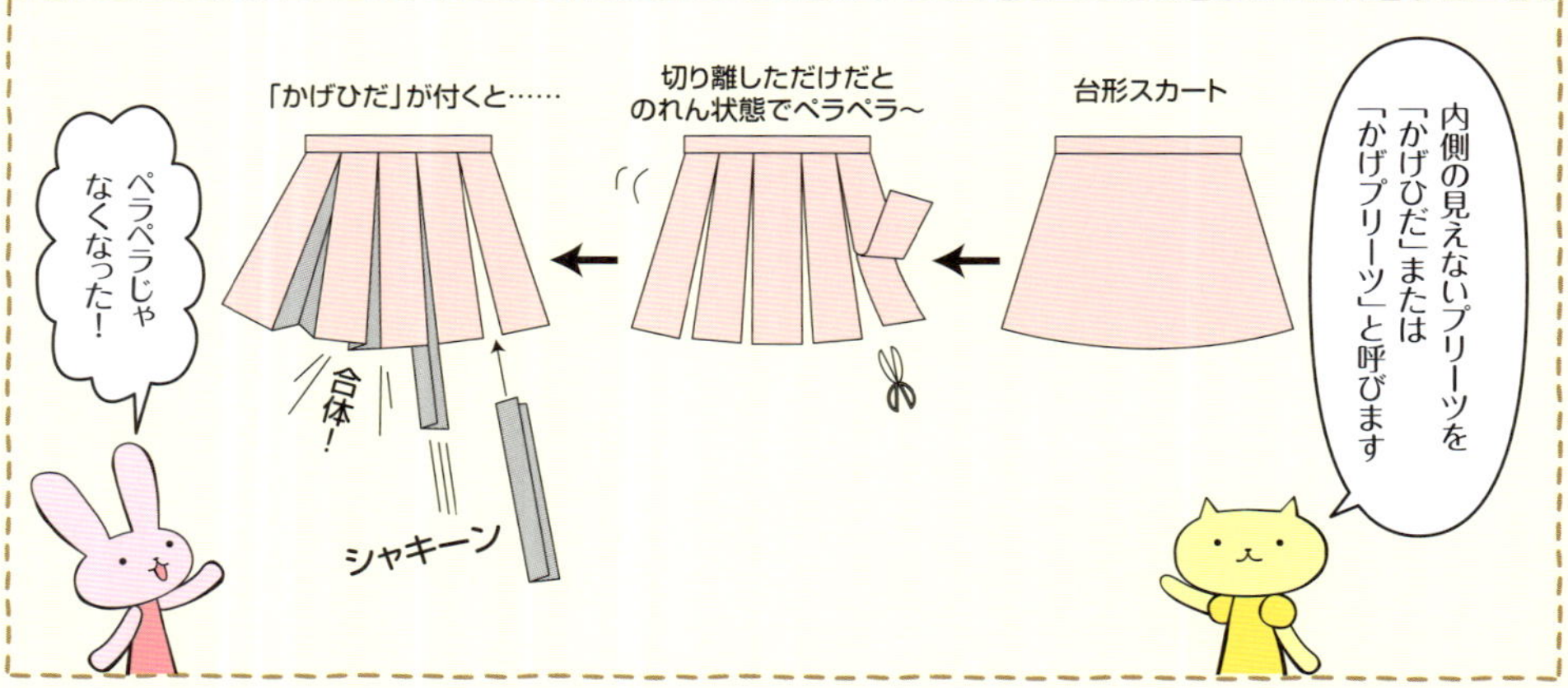
内側の見えないプリーツを「かげひだ」または「かげプリーツ」と呼びます
台形スカート
切り離しただけだと
のれん状態でペラペラ~
「かげひだ」が付くと……
合体!
シャキーン
ペラペラじゃなくなった!

次はプリーツの重なり分を決めるよ
この内側に隠れている部分を
どれくらいにするか決める

実際に折ってどうなっているのか確認してみるとわかりやすい!

ボックスプリーツ

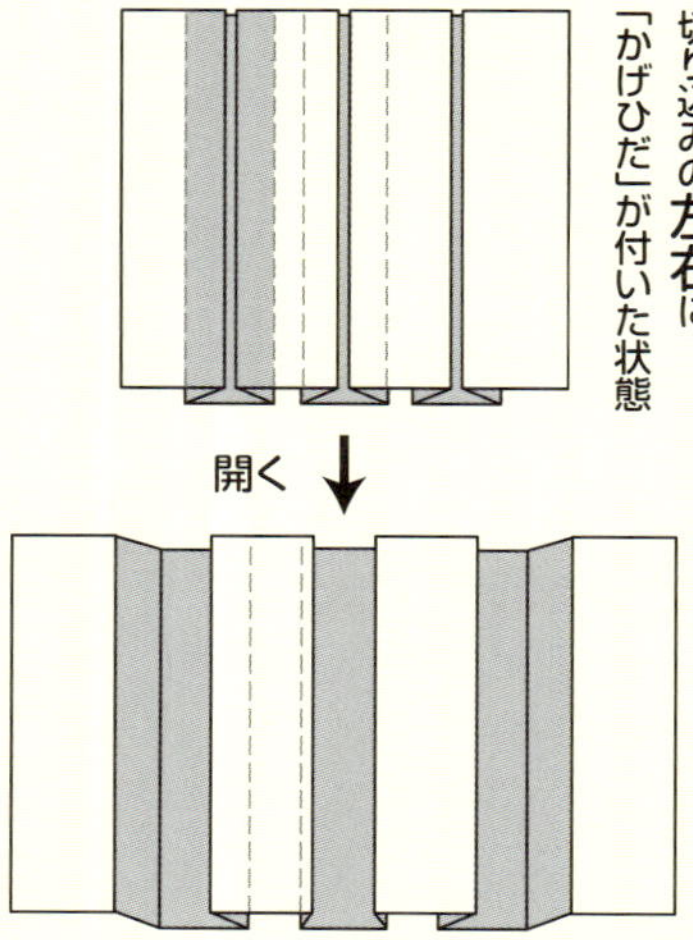
切り込みの左右に「かげひだ」が付いた状態
開く

制服などによくある一方向のプリーツ

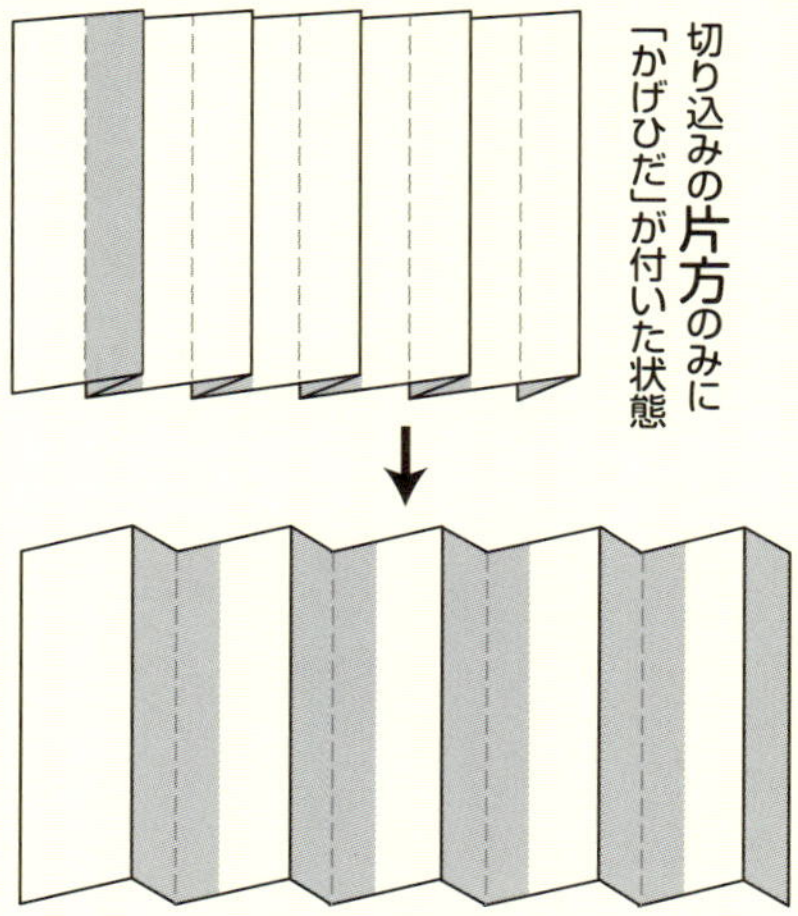
切り込みの片方のみに「かげひだ」が付いた状態

かげひだの付き方によってプリーツが変わるよ!

※わかりやすいように長方形のプリーツで解説しています

この型紙を描き写して折ってみよう!

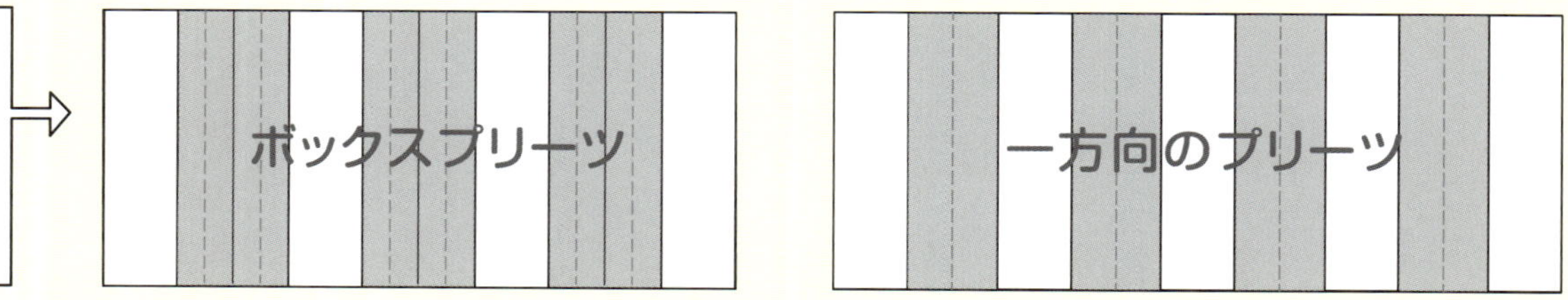
ボックスプリーツ
一方向のプリーツ

市販のドール服を見てみると人間服よりもかげひだの幅が比較的細めなのが多いかも
たぶんこんな理由?

かげひだが比較的細め

人間服
・重なりが多いとプリーツが安定しやすい
・動く事を考えて多めにしている

ドール服
・重なりが多いと、布の厚みでモサッとしてしまう
・人間と違い歩く動作がないため、プリーツがくずれにくい

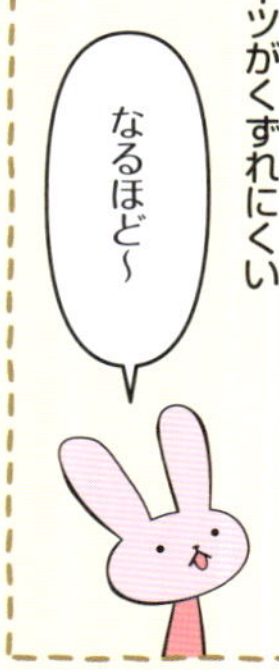
なるほど~

かげひだの重なり幅はどれくらいにしたらいいの?
プリーツの幅よりも狭くするのが基本かな
重なり幅
広すぎる

プリーツの幅よりもせまくしないと重なって厚みが増えてしまう

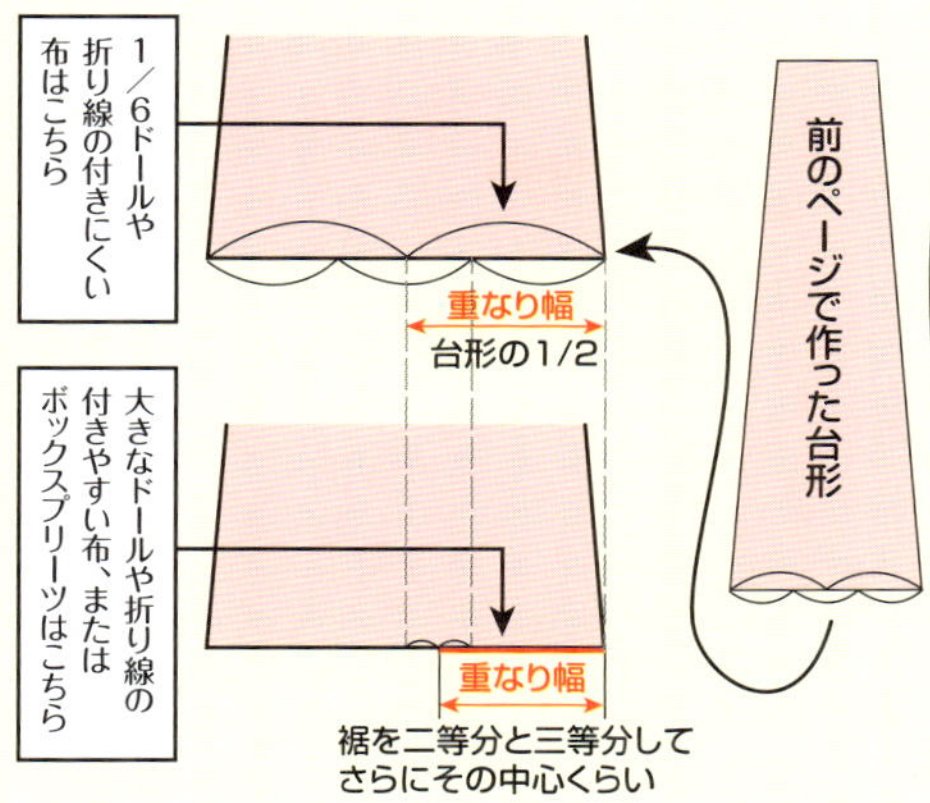

※プリーツの本数やデザインによって、幅がもっと増える場合もあります

かげひだの必要分量

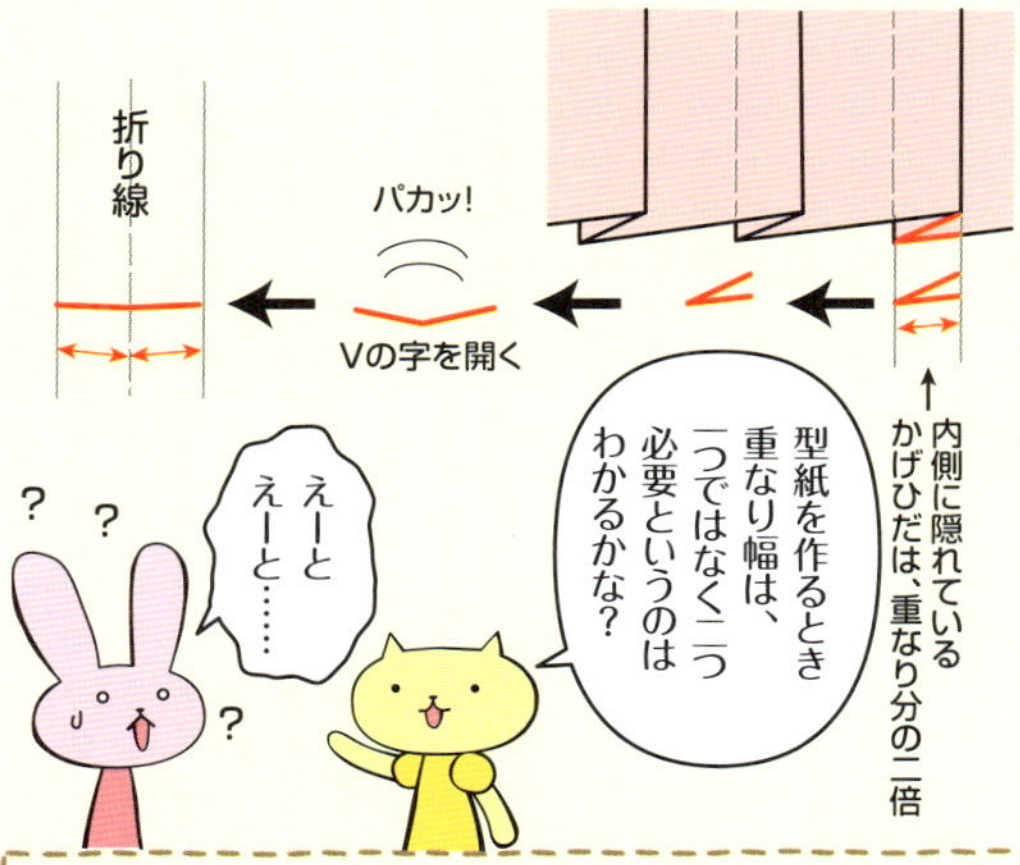

まずは紙に長い線を二本描く

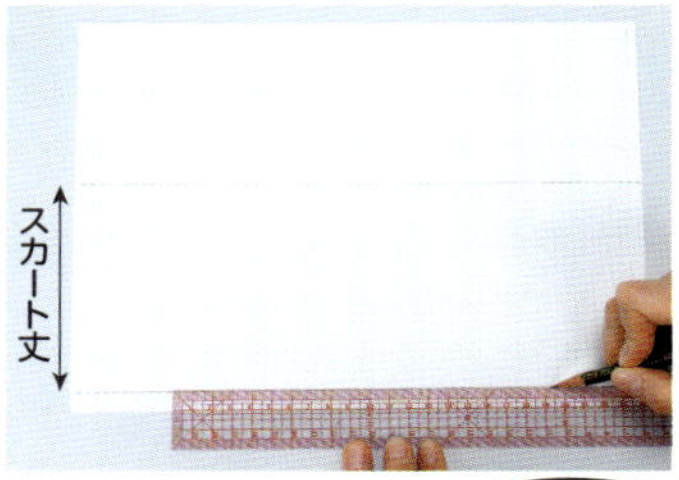

台形は透かしながら描き込んでもいいですが、このように画用紙などに描き写してカットしておくと便利です

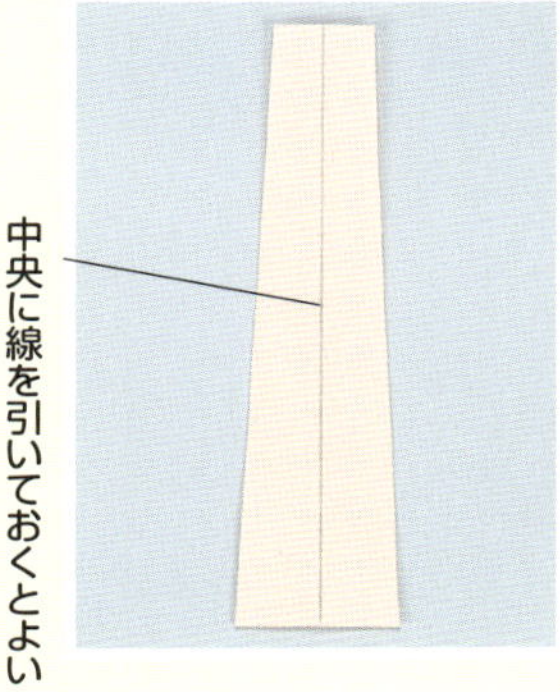

1. 長方形に台形を描き写す

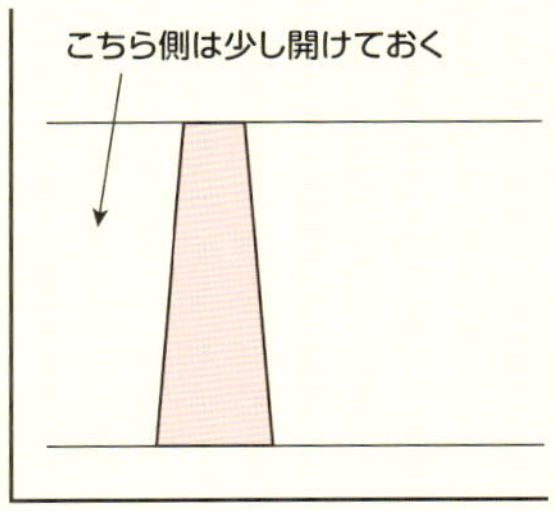

2. かげひだ分を描き込む

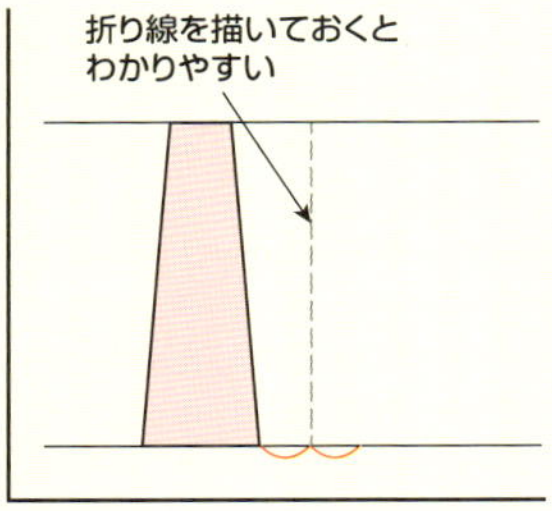

3. 台形←かげひだの繰り返し

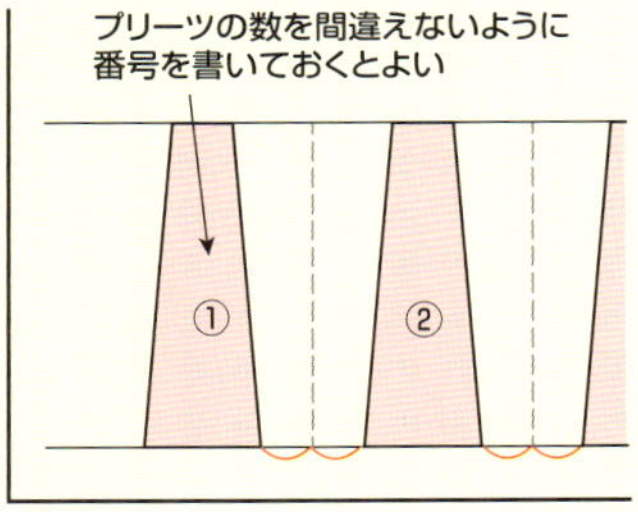

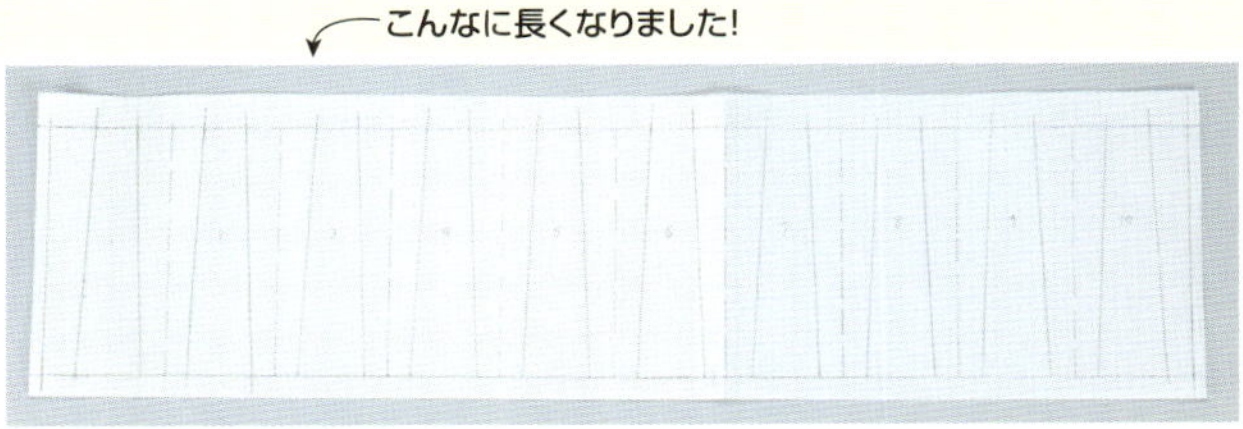

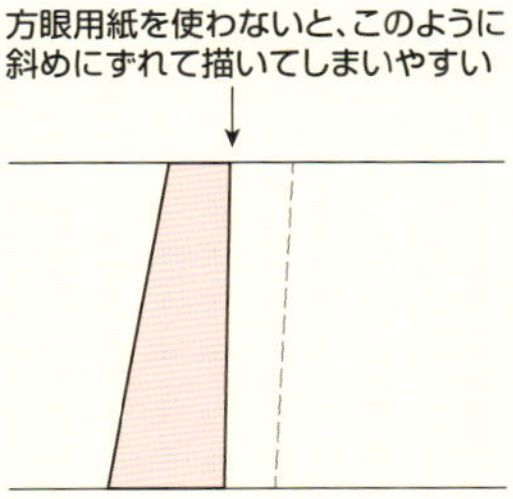

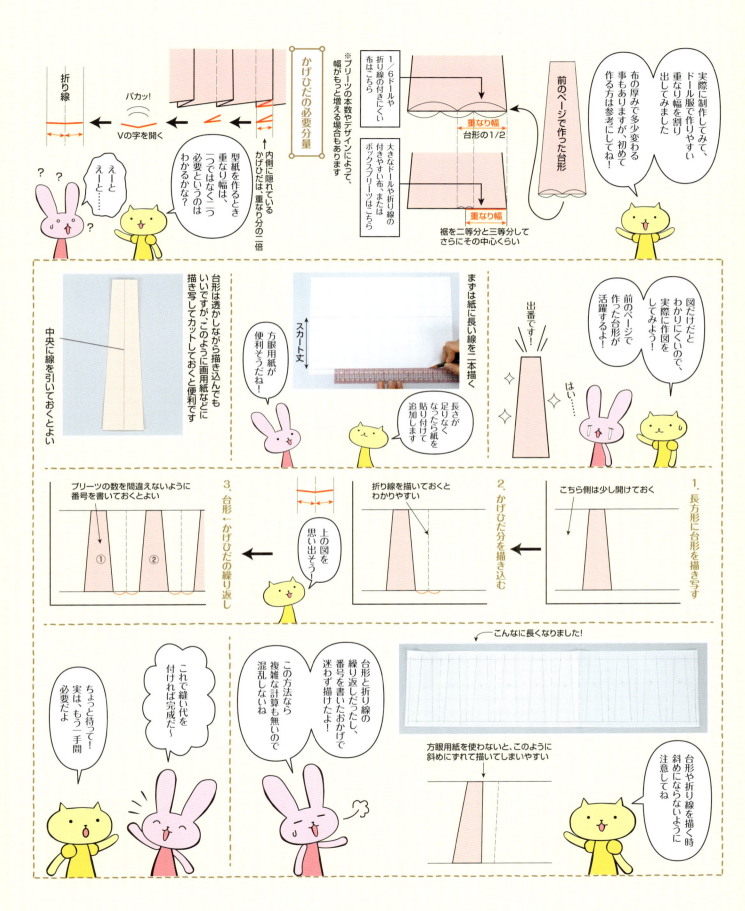

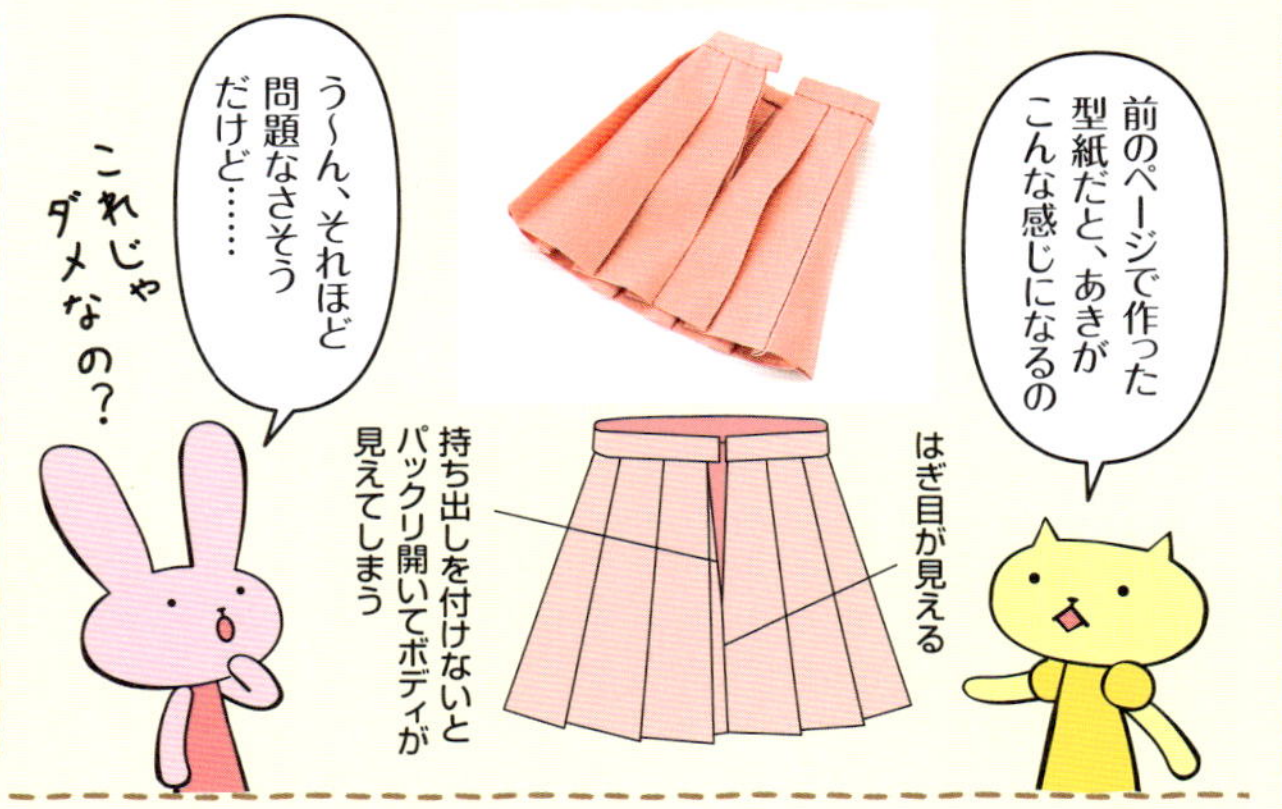

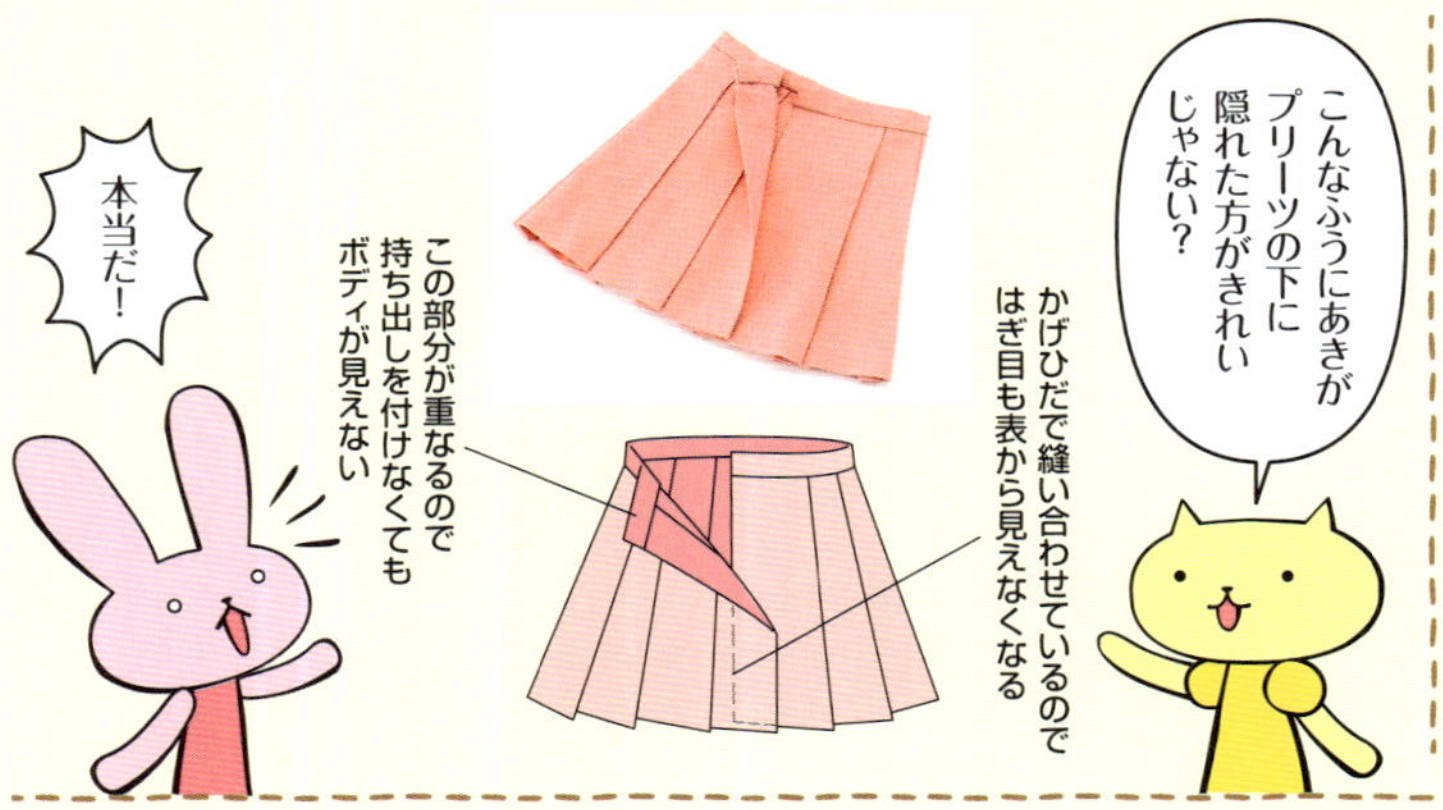

一方向のプリーツスカートのあきのずらし方

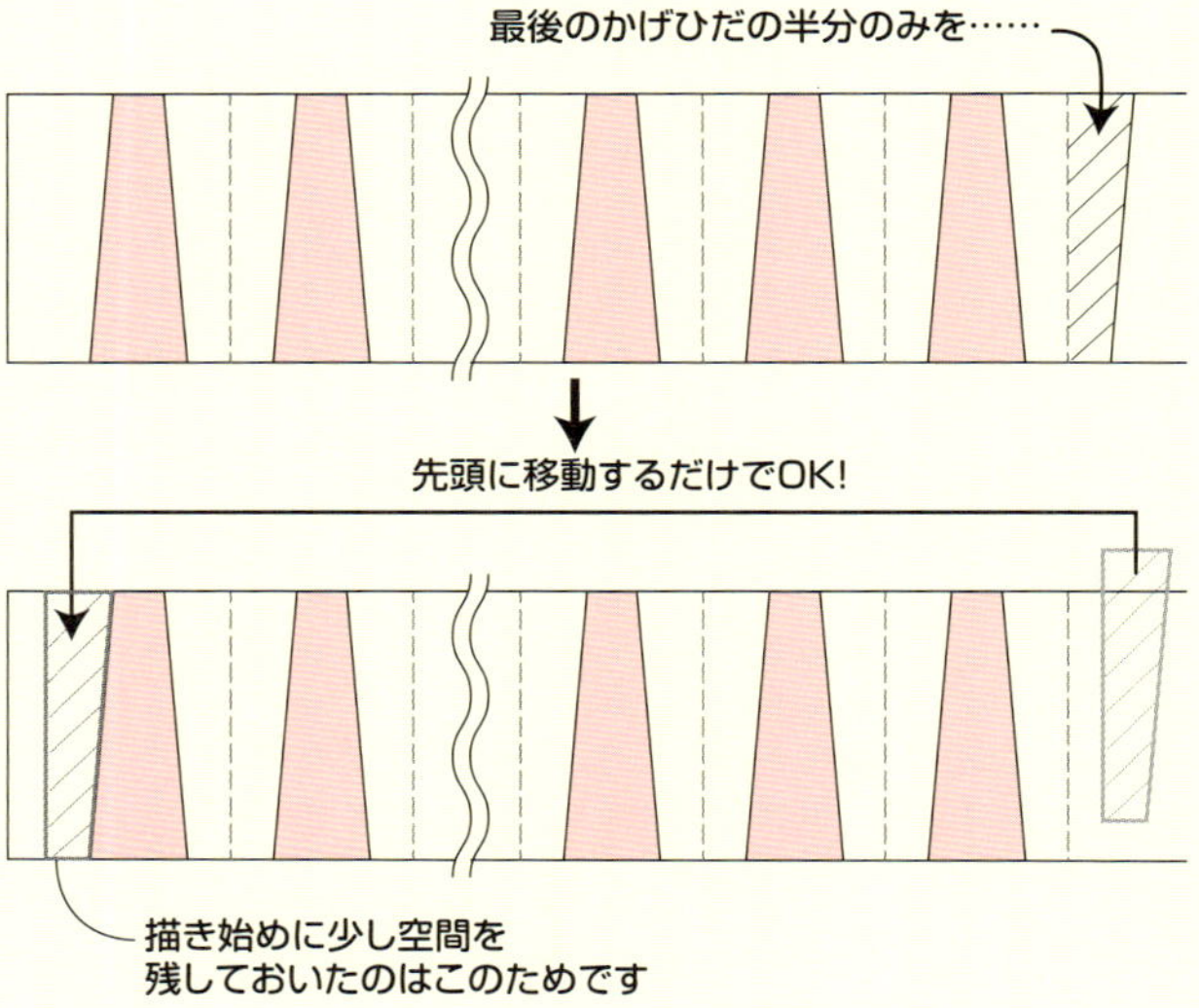

ポイント

プリーツが多すぎて布幅が足りない時も上のように表から見えないかげひだ部分で縫い合わせると良いです

縫い代の付け方

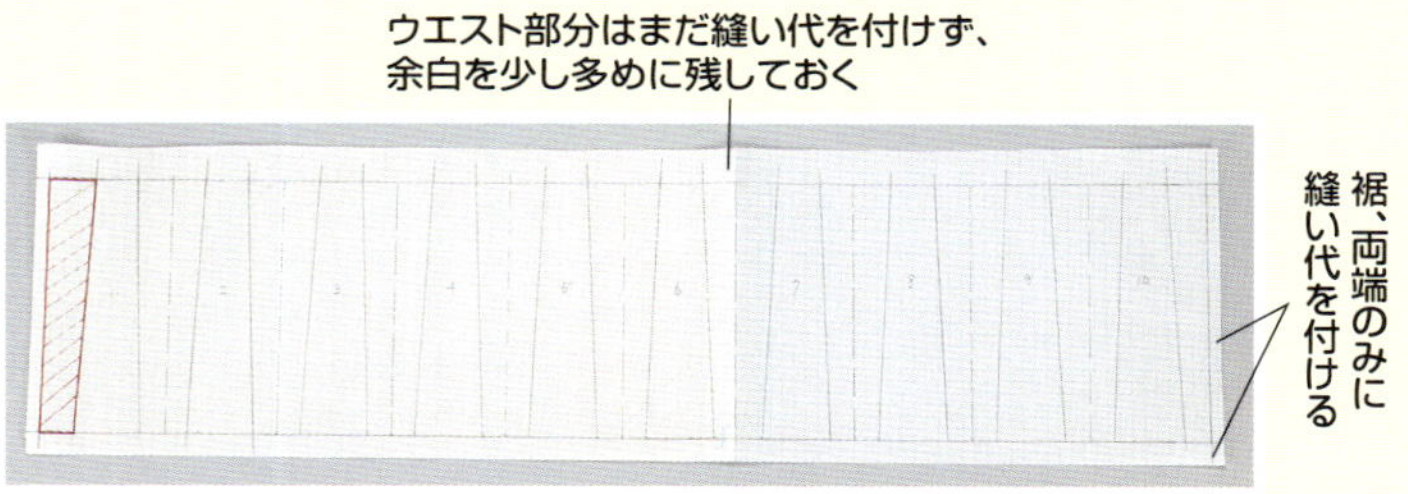

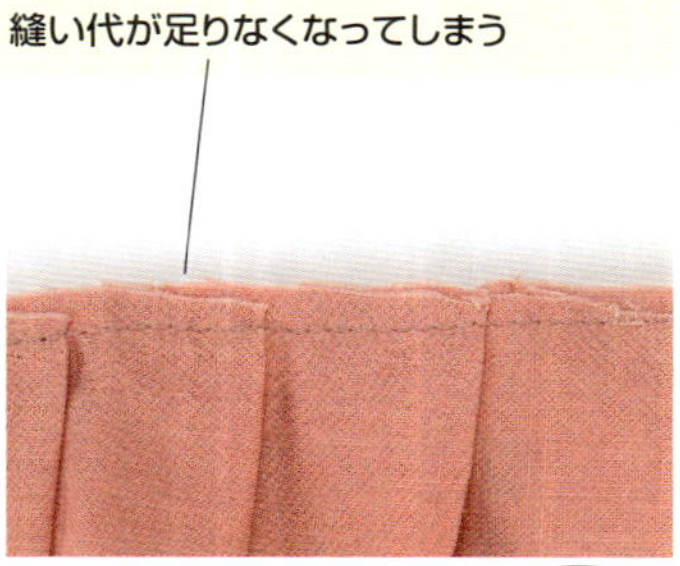

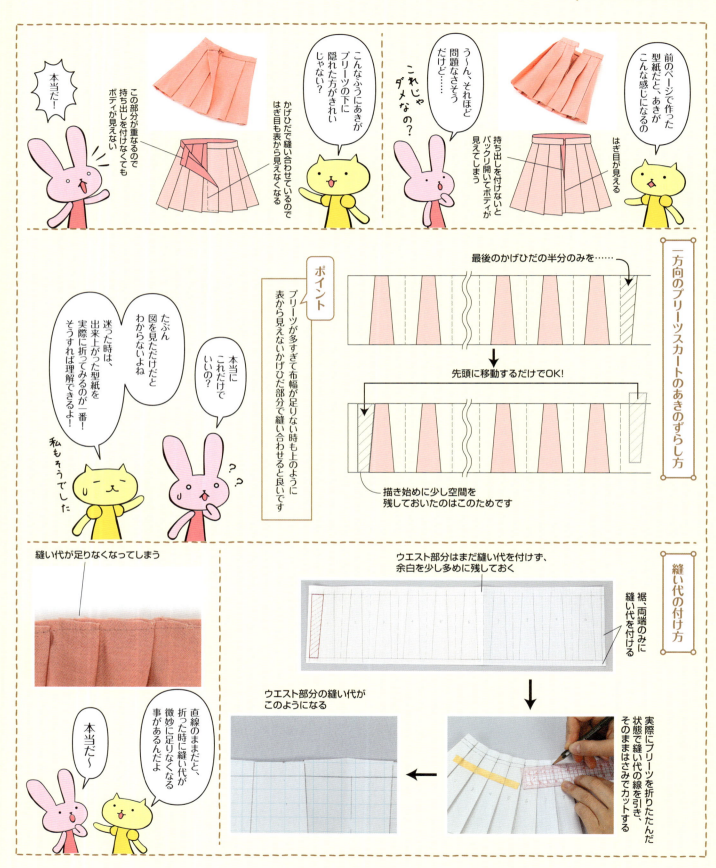

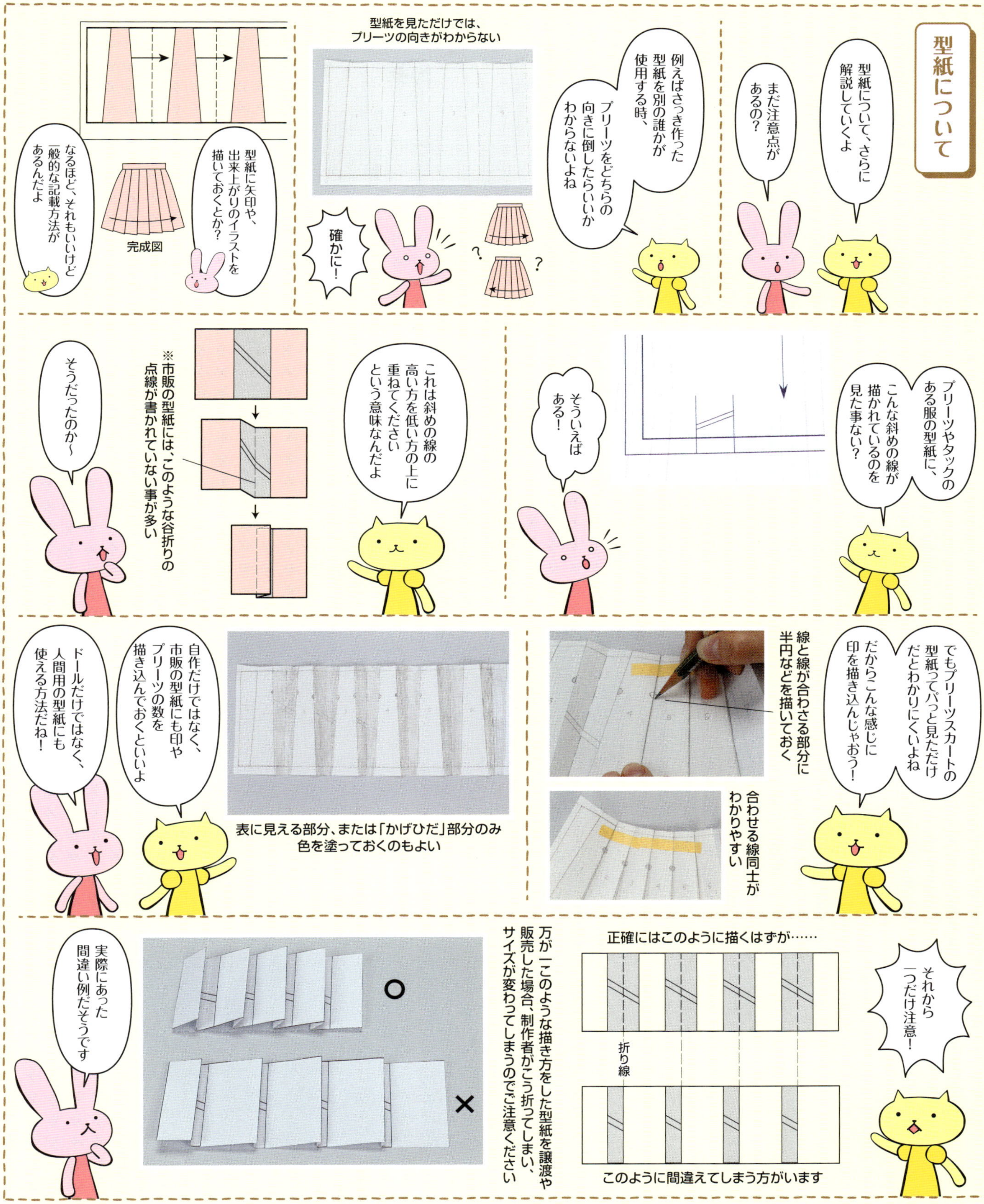

型紙について
型紙について、さらに解説していくよ
まだ注意点があるの?
例えばさっき作った型紙を別の誰かが使用する時、プリーツをどちらの向きに倒したらいいかわからないよね
型紙を見ただけでは、プリーツの向きがわからない
確かに!
型紙に矢印や、出来上がりのイラストを描いておくとか?
完成図
なるほど、それもいいけど一般的な記載方法があるんだよ
プリーツやタックのある服の型紙に、こんな斜めの線が描かれているのを見た事ない?
そういえばある!
これは斜めの線の高い方を低い方の上に重ねてくださいという意味なんだよ
※市販の型紙には、このような谷折りの点線が書かれていない事が多い
そうだったのか～
でもプリーツスカートの型紙ってパっと見ただけだとわかりにくいよね
だからこんな感じに印を描き込んじゃおう!
線と線が合わさる部分に半円などを描いておく
合わせる線同士がわかりやすい
自作だけではなく、市販の型紙にも印やプリーツの数を描き込んでおくといいよ
表に見える部分、または「かげひだ」部分のみ色を塗っておくのもよい
ドールだけではなく、人間用の型紙にも使える方法だね!
それから一つだけ注意!
正確にはこのように描くはずが……
折り線
このように間違えてしまう方がいます
万が一このような描き方をした型紙を譲渡や販売した場合、制作者がこう折ってしまい、サイズが変わってしまうのでご注意ください
○
×
実際にあった間違い例だそうです

プリーツスカートの作図
―クレヨン形の場合―

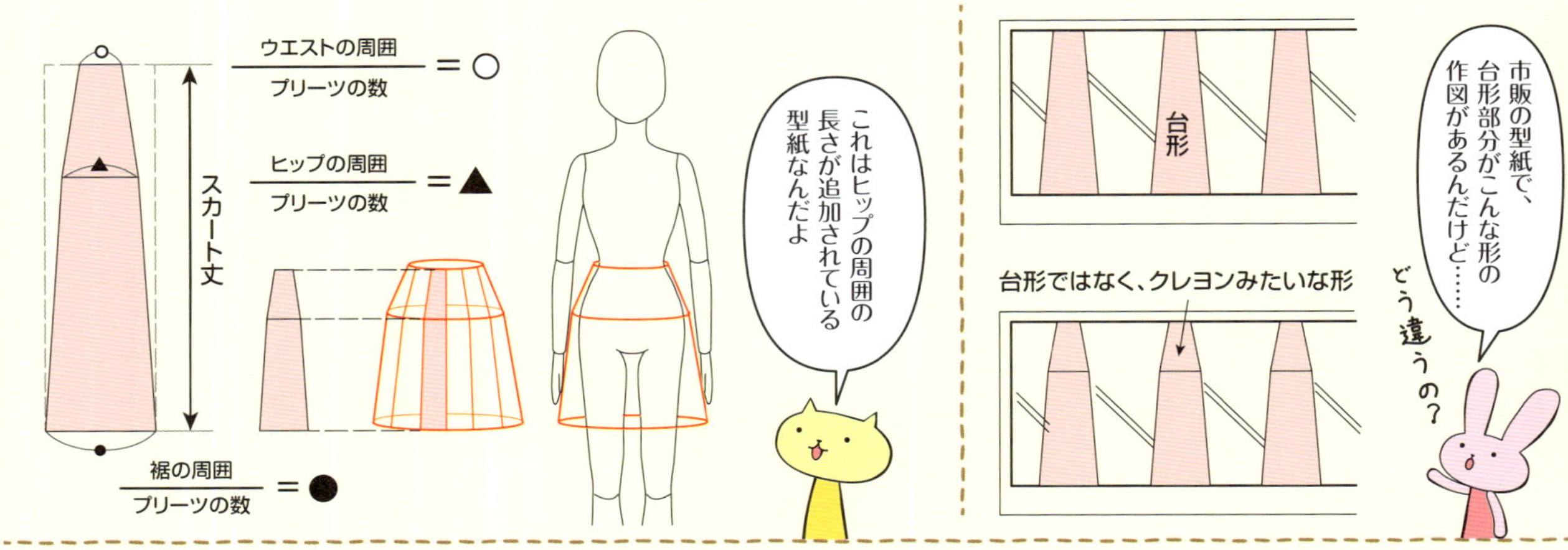
市販の型紙で、台形部分がこんな形の作図があるんだけど……
どう違うの？
台形
台形ではなく、クレヨンみたいな形
これはヒップの周囲の長さが追加されている型紙なんだよ
ウエストの周囲 / プリーツの数 = ○
ヒップの周囲 / プリーツの数 = ▲
スカート丈
裾の周囲 / プリーツの数 = ●

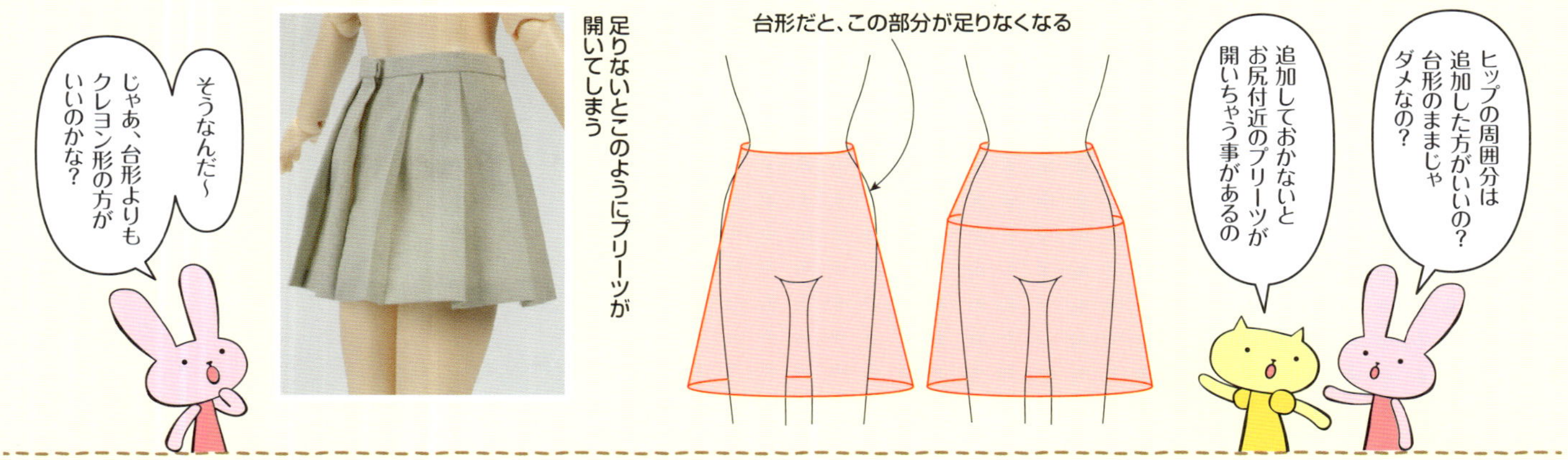
ヒップの周囲分は追加した方がいいの？台形のままじゃダメなの？
追加しておかないとお尻付近のプリーツが開いちゃう事があるの
台形だと、この部分が足りなくなる
足りないとこのようにプリーツが開いてしまう
そうなんだ～
じゃあ、台形よりもクレヨン形の方がいいのかな？

私もクレヨン形の方がいいと思って試しに失敗の見本として台形の作図で作ってみたんだけど……
台形は、クレヨン形よりもこれだけ寸法が足りない
全体でヌードのヒップサイズよりも1.3センチくらい足りないのですが……
スーパードルフィーサイズ
あれれ？プリーツが割れてないし、とくに問題なさそう
失敗作を作ったつもりが、はかせたら大丈夫だったの

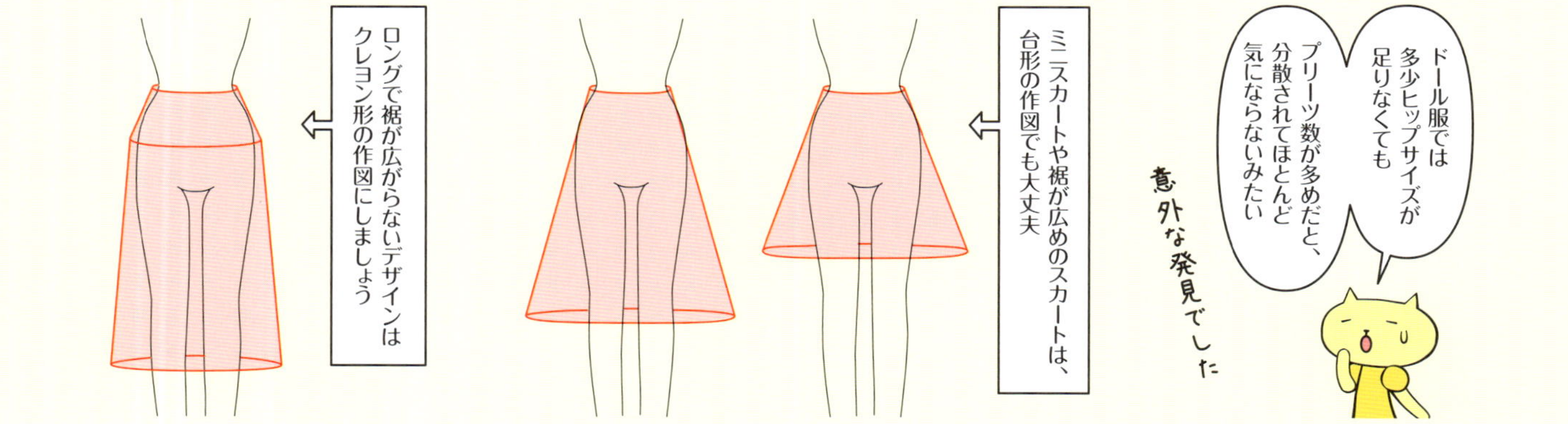
ドール服では多少ヒップサイズが足りなくてもプリーツ数が多めだと、分散されてほとんど気にならないみたい
意外な発見でした
ミニスカートや裾が広めのスカートは、台形の作図でも大丈夫
ロングで裾が広がらないデザインはクレヨン形の作図にしましょう

クレヨン形作図の縫い方のコツ

印の付け方

縫う手間が増えますが、プリーツをどうしてもうまく折れない方向けの方法です

1. 型紙の上部をカットして、布の裏面にチャコで線を引く

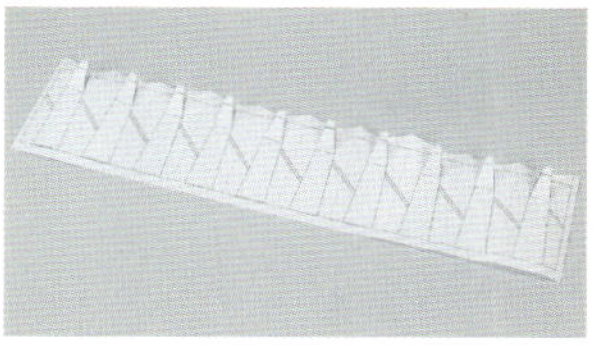

ヒップラインまで型紙をカット

裏に返した型紙を布の裏面に置いて線を引く

2. アイロンで布の裾を折り上げておく

3. 引いた線同士を縫い合わせる

合わせ方を間違えないように、谷に折られる部分にシールやマスキングテープを貼っておくとよい

全部縫った状態

4. プリーツ幅が均等に見えるようにアイロンで折る。

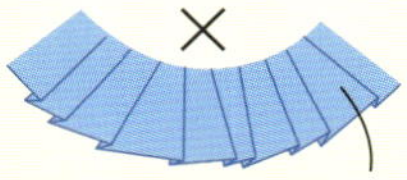

×

プリーツ幅がバラバラにならないように注意する

5. 折ったプリーツがくずれないように一時的にマスキングテープで固定しておくとよい

糸でしつけするより楽だね！

布にベタベタが残らなければテープごとアイロンをかけちゃいましょう！

※テープの糊が熱で変質して布に付かないかあらかじめチェックしてください

スカートの上部を縫ったので、プリーツが固定されて崩れにくくなっているよ

上部を縫うとそんな利点があるのか〜

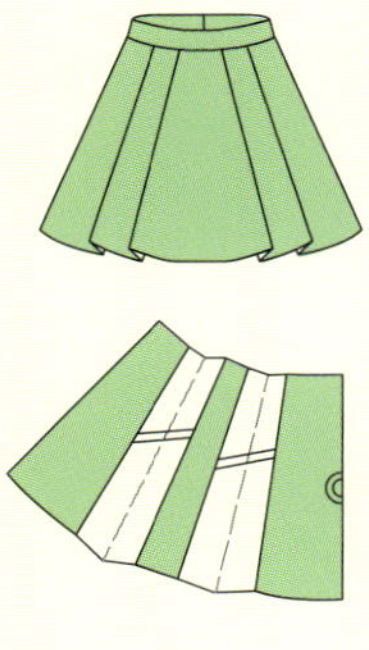

ところでパフちゃん、プリーツスカートは、長方形を折るんじゃなくて、

こんな感じに扇形にかけひだを付けてもいいんじゃない？

もちろんそれでもOKだよ！

でも、制服などのチェック柄は崩れちゃうね

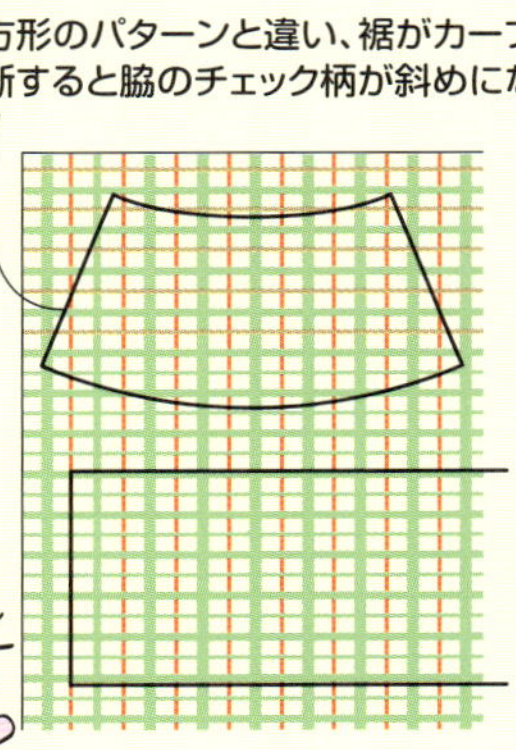

長方形のパターンと違い、裾がカーブ
裁断すると脇のチェック柄が斜めになる

無地なら問題ないけど

そうか！

プリーツの数について

作りたいスカートの丈やプリーツの数がイメージしにくい時は、プリントアウトしたドールの画像に実際に描いてみるとよい

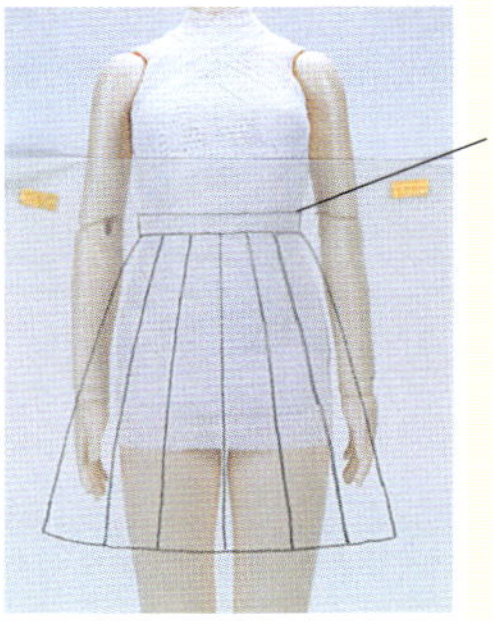

トレージングペーパーを重ねて描く

プリーツ数を決める時のポイントは、**絵に描いた数よりも少し多めにする事**です

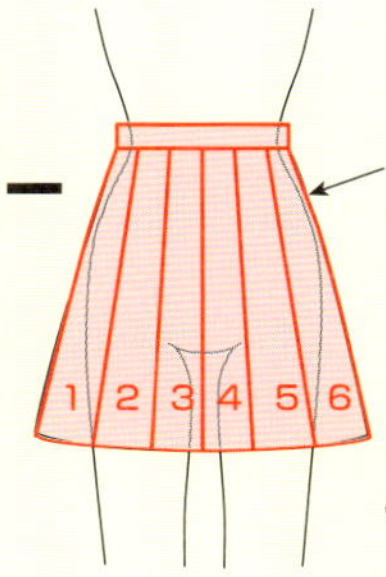

絵に描いて決めた本数
1 2 3 4 5 6

実際に作って着せてみると……

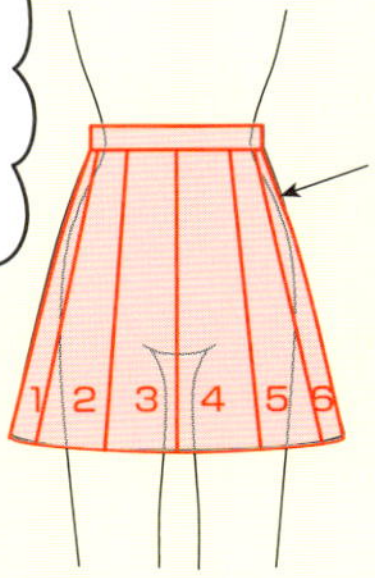

両サイドほど細く見えるので、実際よりも少ない本数に見えてしまう
1 2 3 4 5 6

気がつかなかった！

イラストの講座みたいだね

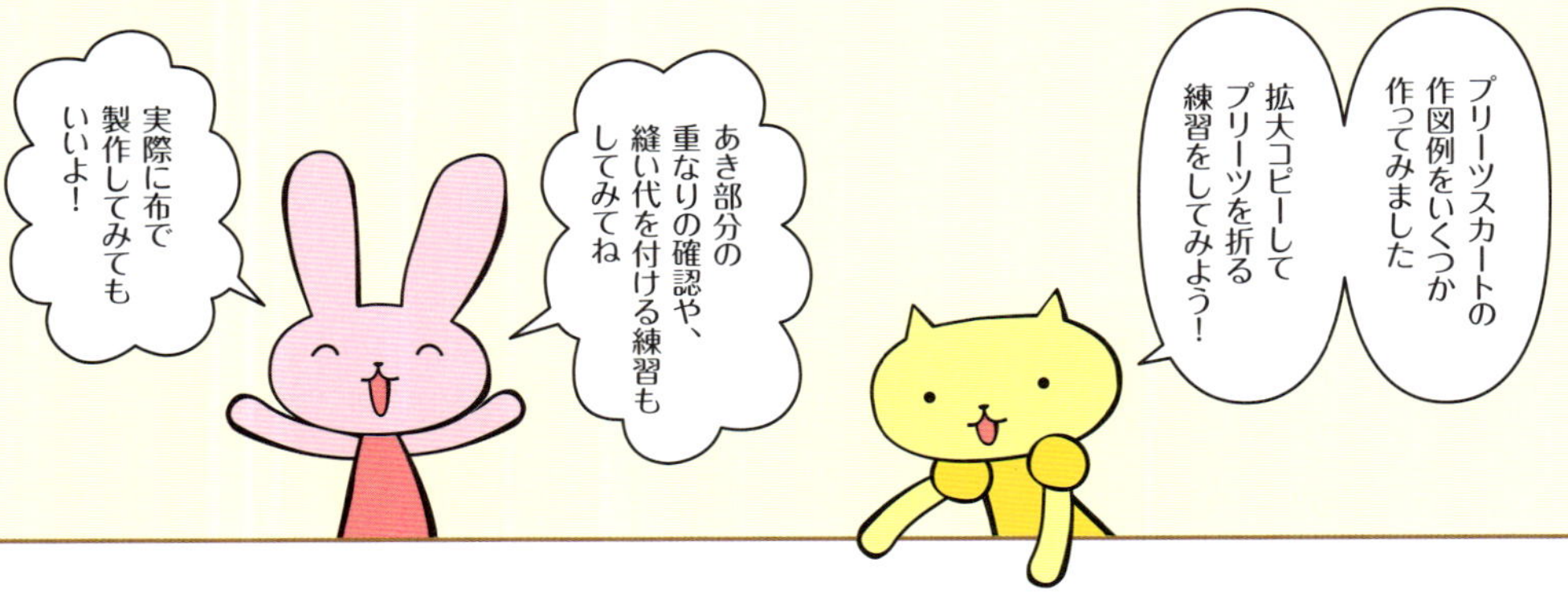

片ひだプリーツ

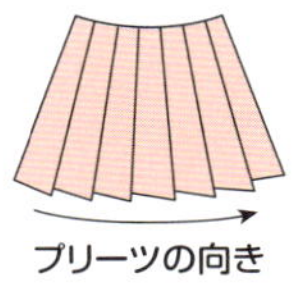

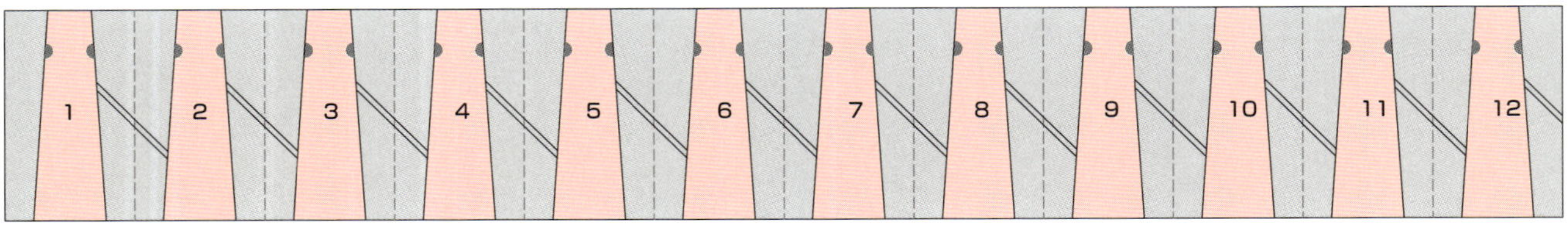

ボックスプリーツ

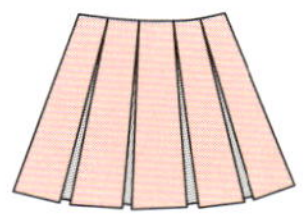

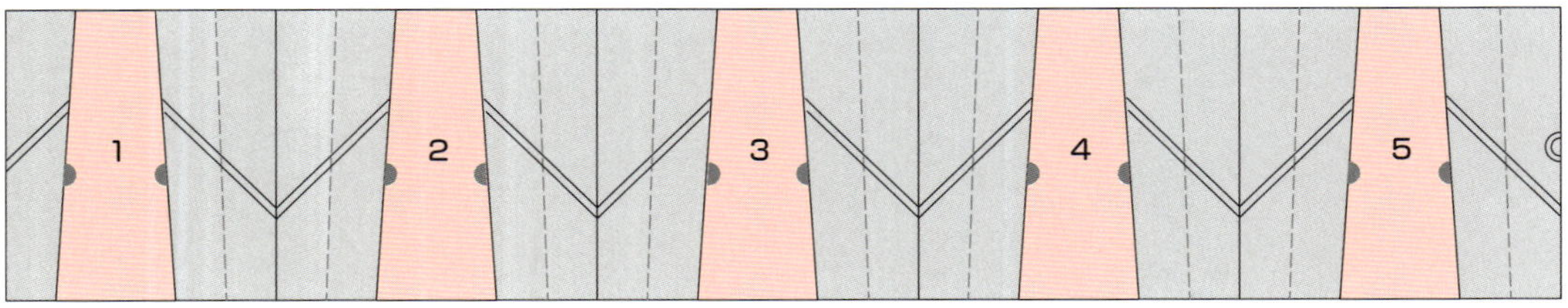

フレアースカート＋片ひだプリーツ

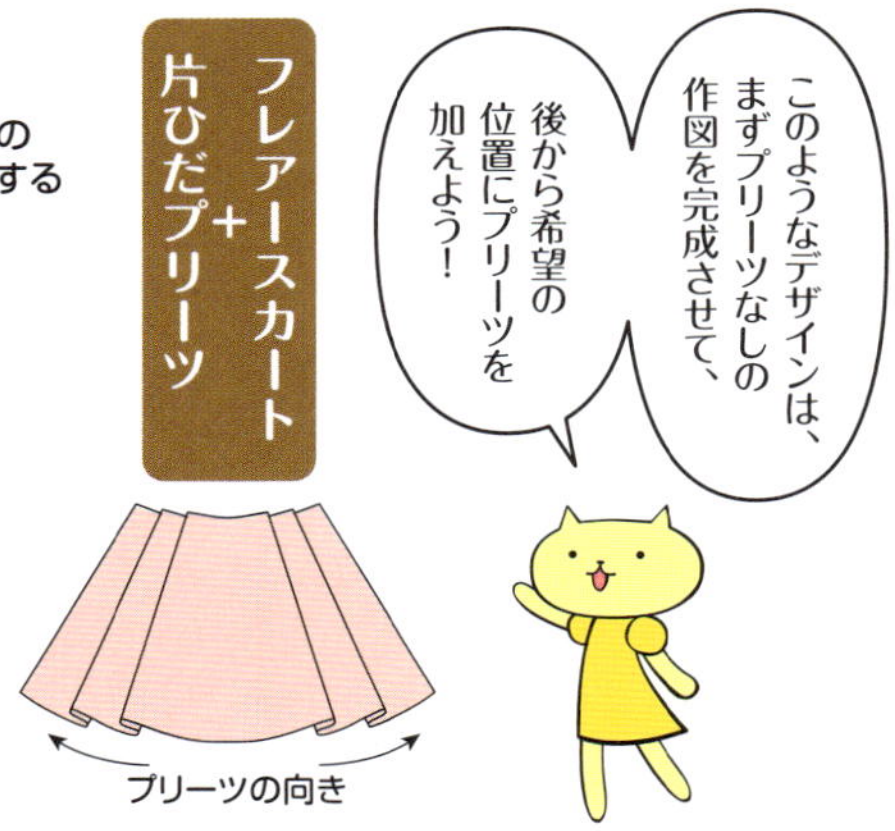

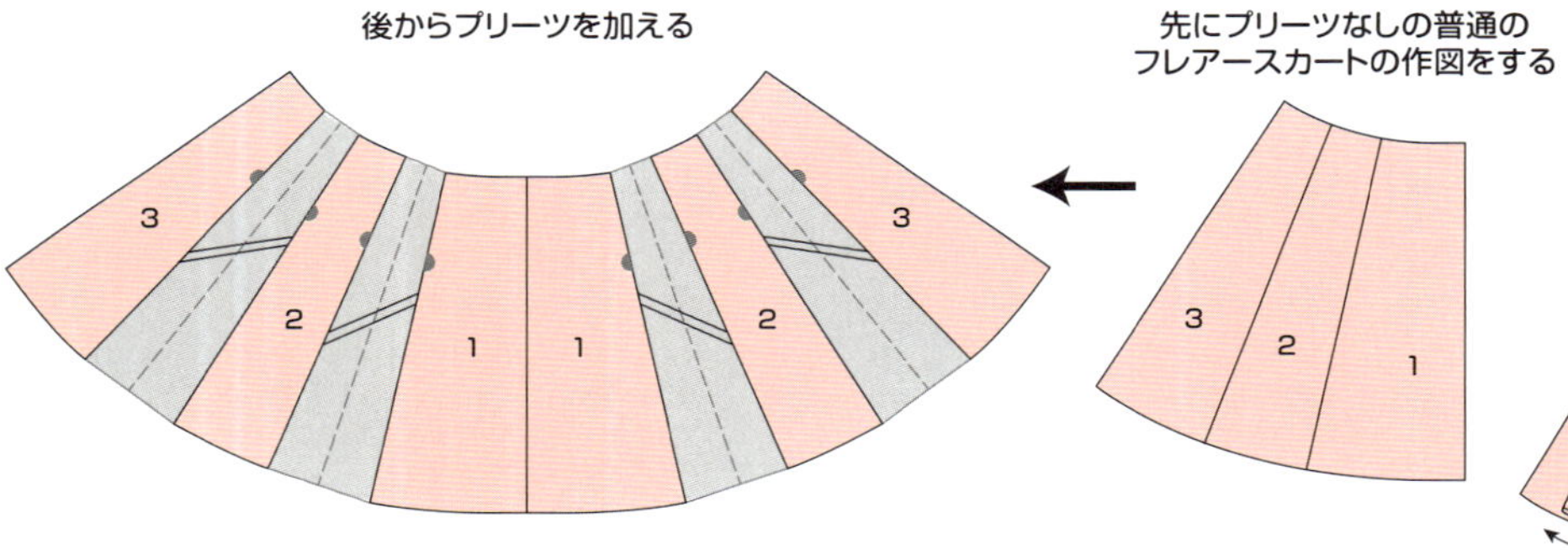

台形ミニスカート＋ボックスプリーツ

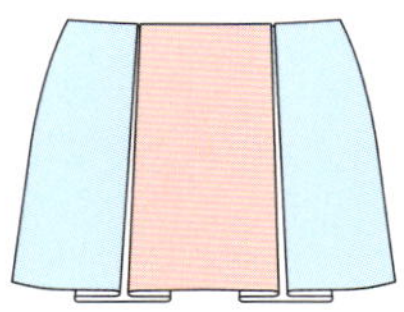

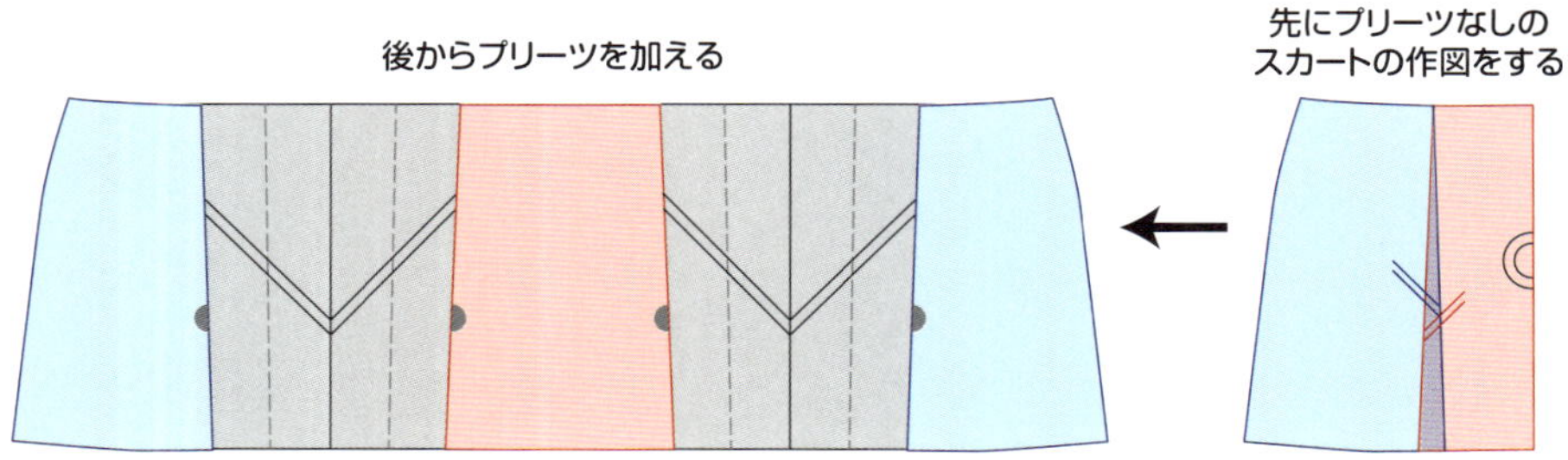

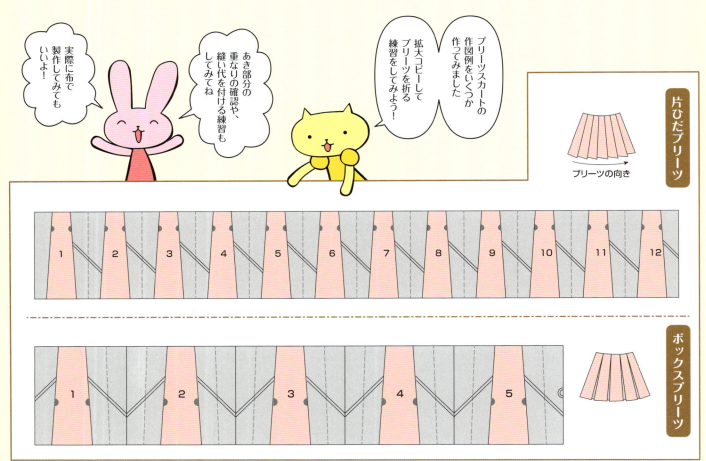

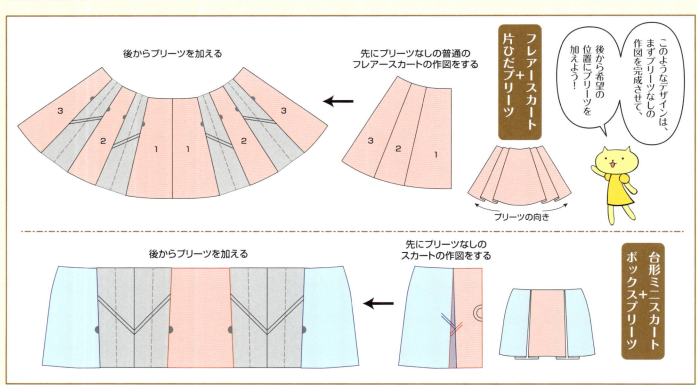

裾スカラップの入れ方

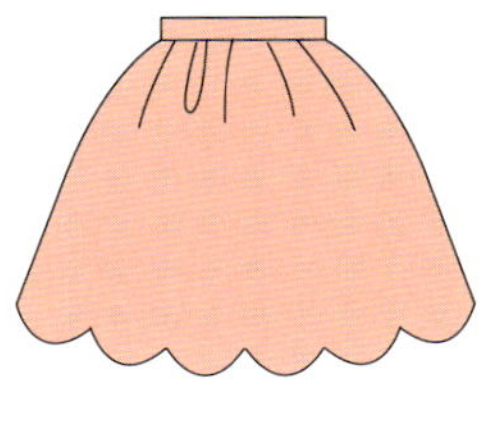

スカラップの数を決める

スカートを等分する

長方形パターンの場合、上のように前から見た時5つのスカラップがある時は5×2=10等分する

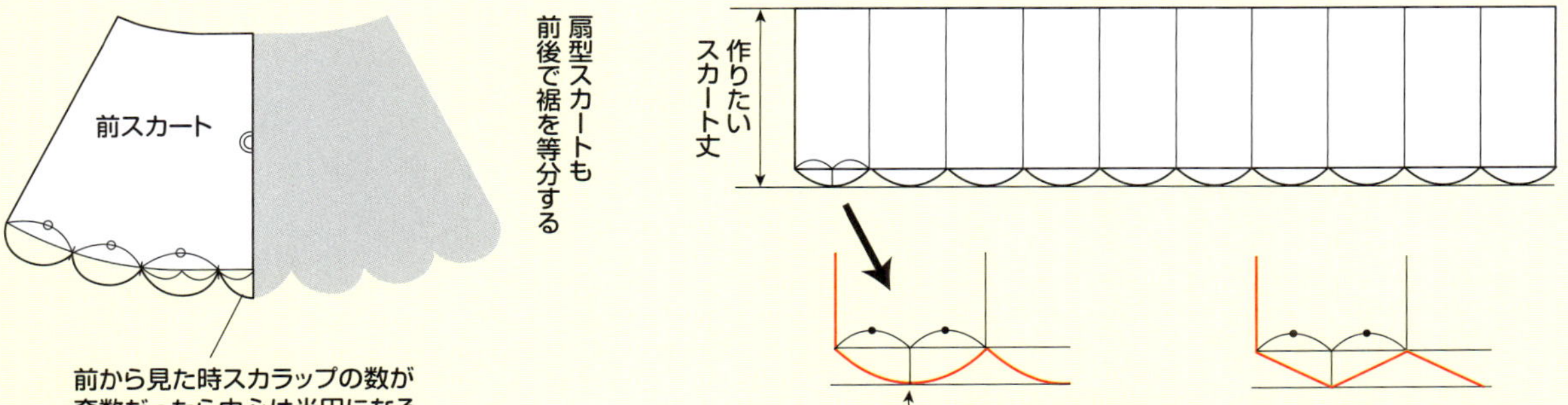

見返しを作る

出来上がったパターンの裾部分から見返しを作る

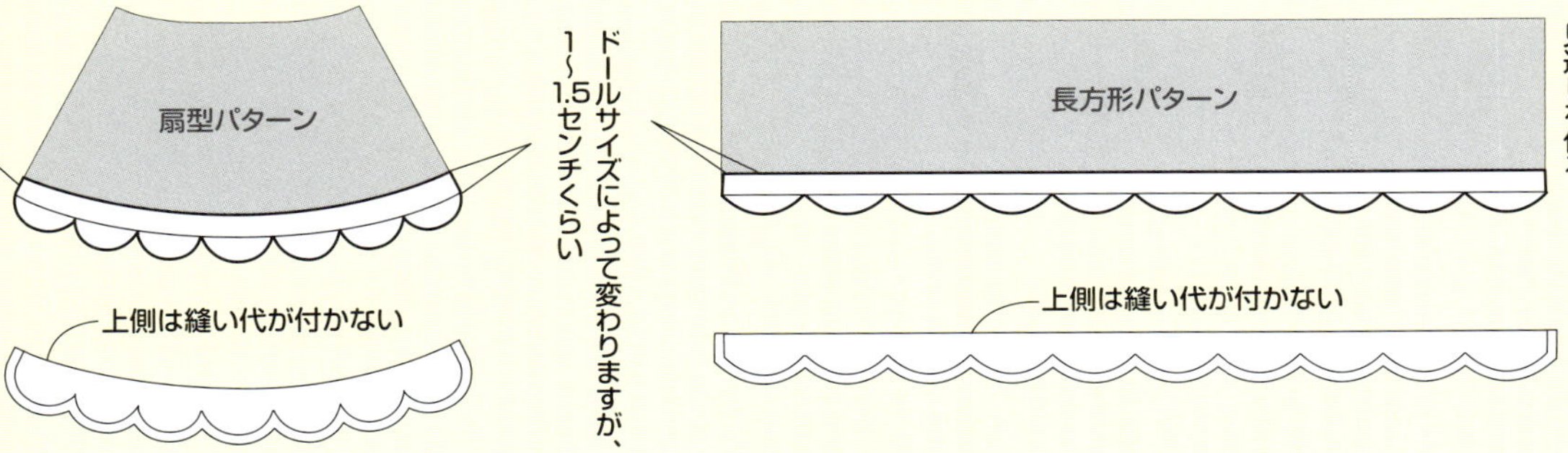

見返しはスカートの表側に縫い付け、切り込みを入れて表に返す

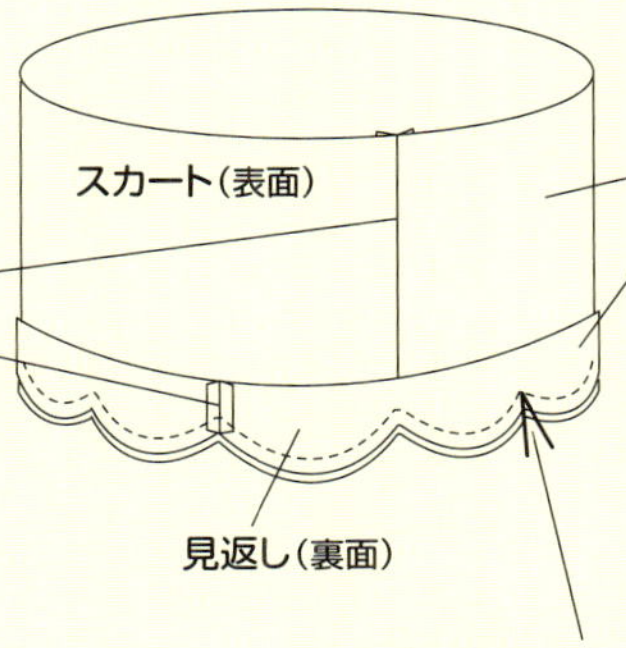

正方形スカートの場合、本体と縫い代が重ならないように、見返しのはぎ目の位置をずらすとよい

見返しが無いとこんな状態に！

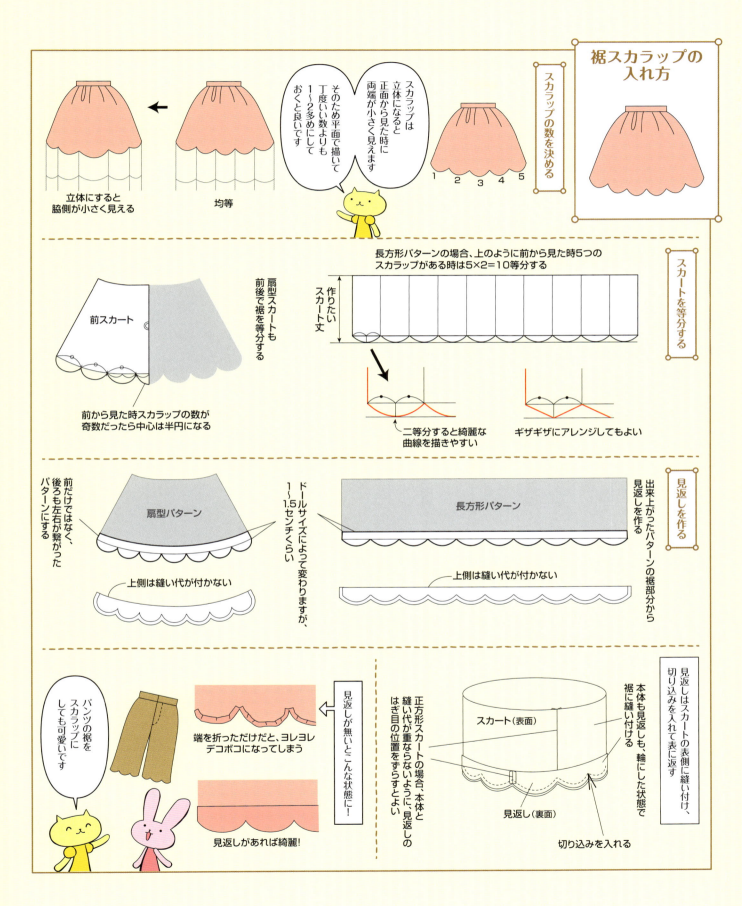

Chapter 5.

パンツ原型を作る

— PANTS I —

パンツ原型

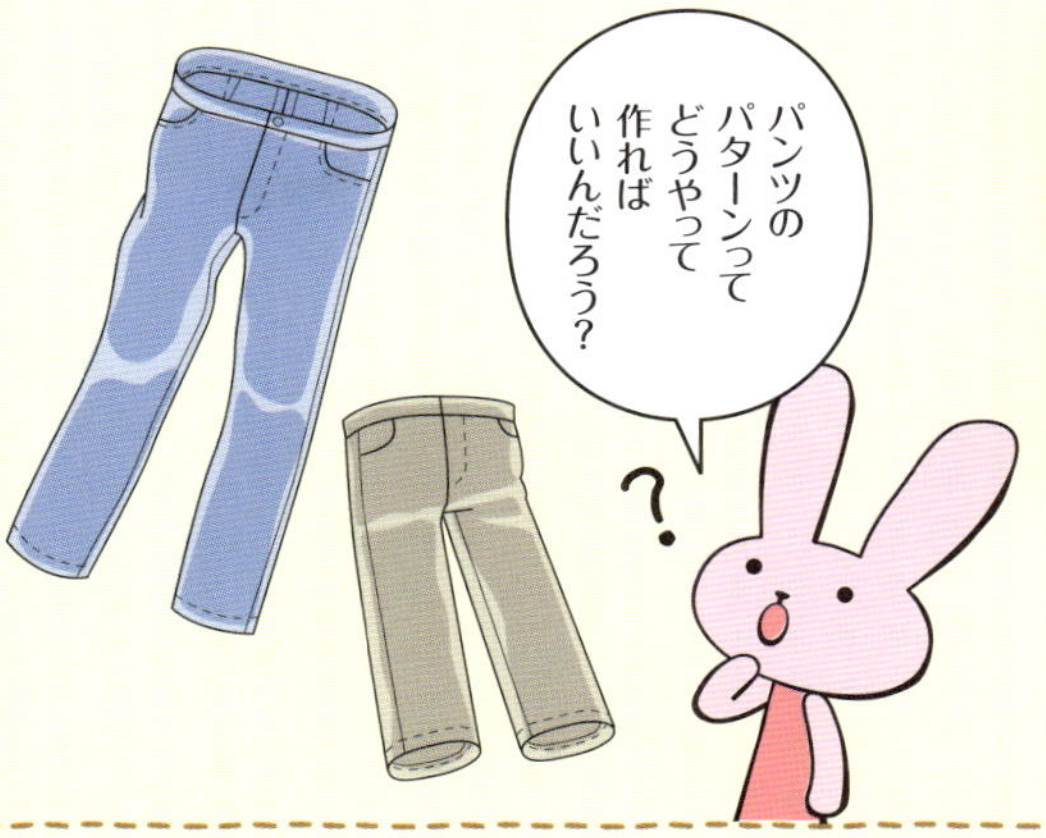
パンツのパターンってどうやって作ればいいんだろう?
?

そうだ! 洋裁の本を参考にしよう!
ペラペラ

…って、なに?この不思議な形!

パフちゃん、よくわからないよ~
身頃のパターンはなんとなくヒトガタをしているけど…
身頃のパターン
確かにパンツは変な形だよね

どうしてこんな形のパターンになるのか、お人形を使って試してみようか
ボディ保護のため お人形に包帯を巻く

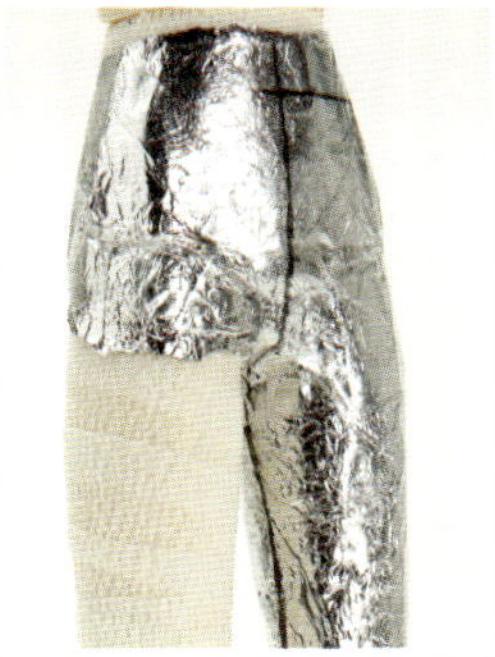
ウエストライン、前後中心、脇、股ぐり、内ももを油性ペンで描く

ボディを傷つけないよう注意して線を切る

先の細いはさみやリッパーを使うと切りやすいです

これをボディからはずしてみると…

あ! 本に載っていた形だ!

という事は…

これを平らにすれば…パンツの型紙が出来上がりだね！
ペリッ
あ！ちょっと待って！
あっ！
平らにしたら、股ぐりが直線になっちゃった！
カーブのもどし方がわからないよ～
はがしたパーツが立体的になっているので、
これを平面に直すのは初心者さんにはちょっと大変だよね
出来ない訳ではないですが……
というわけで、誰にでもできるお尻の形にピッタリ合った型紙の作り方を紹介していきます！

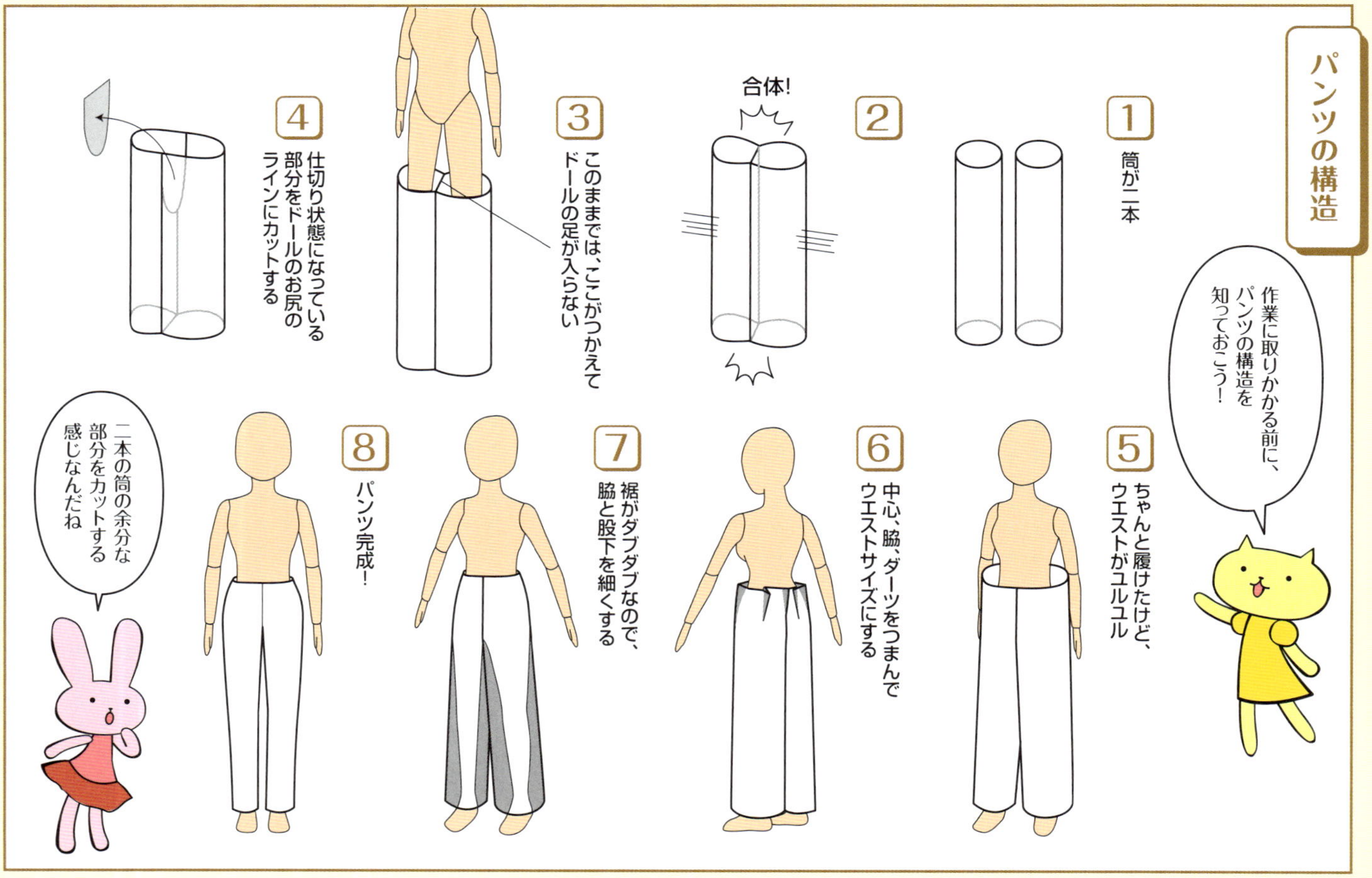
パンツの構造
作業に取りかかる前に、パンツの構造を知っておこう！
1 筒が二本
2 合体！
3 このままでは、ここがつかえてドールの足が入らない
4 仕切り状態になっている部分をドールのお尻のラインにカットする
5 ちゃんと履けたけど、ウエストがユルユル
6 中心、脇、ダーツをつまんでウエストサイズにする
7 裾がダブダブなので、脇と股下を細くする
8 パンツ完成！
二本の筒の余分な部分をカットする感じなんだね

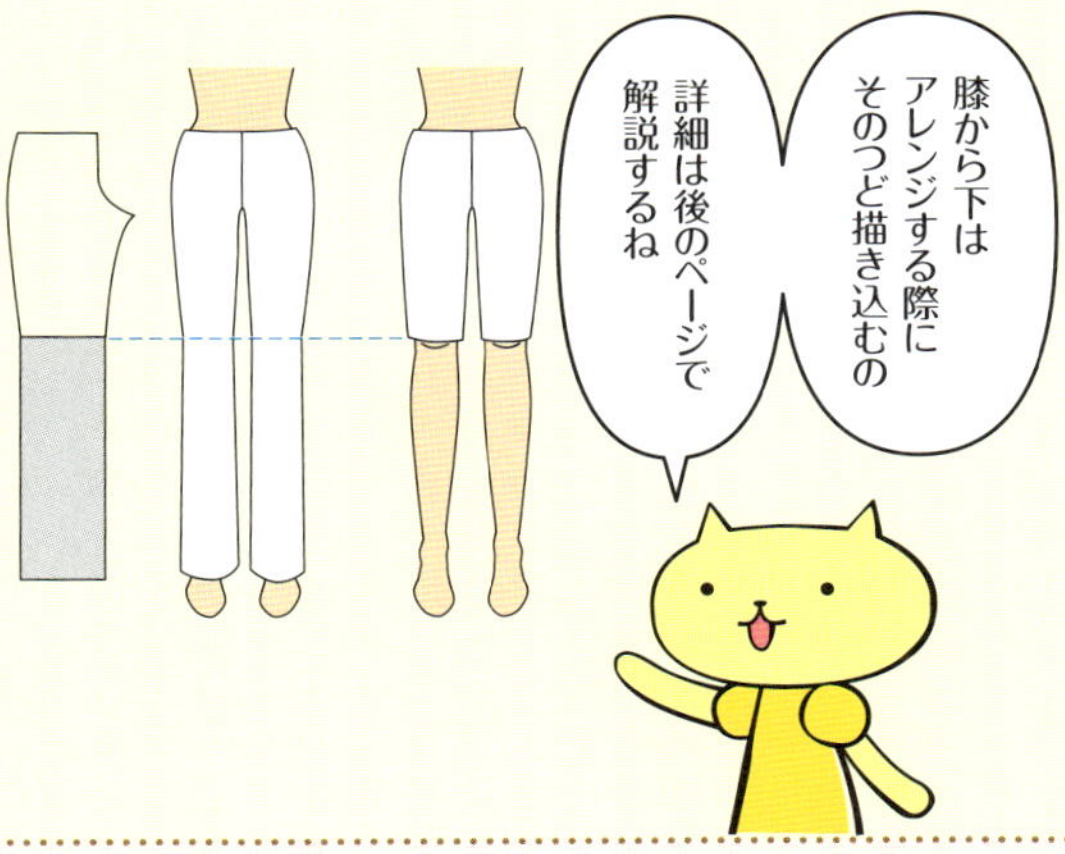

原型製作に使用するアイテム

包帯

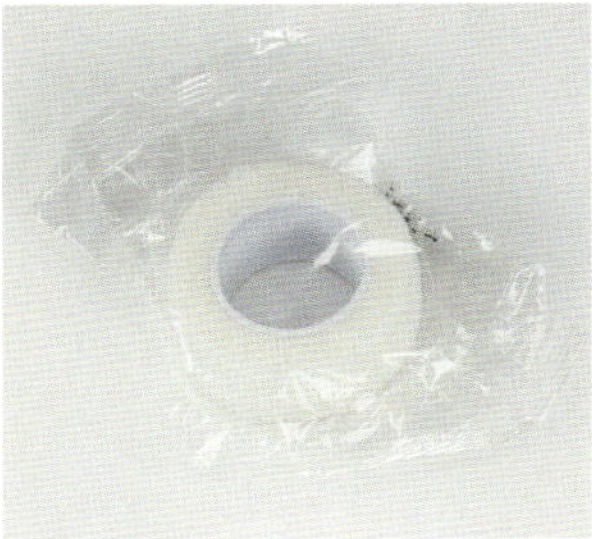

伸縮性のあるもの
またはくっつく包帯

ラインテープ

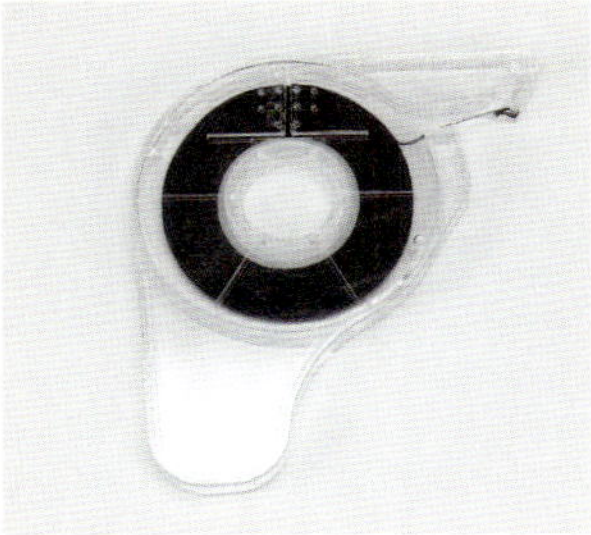

幅0.15cm～0.2cmくらいが
使いやすい。100均のものでもよい

アルミワイヤー

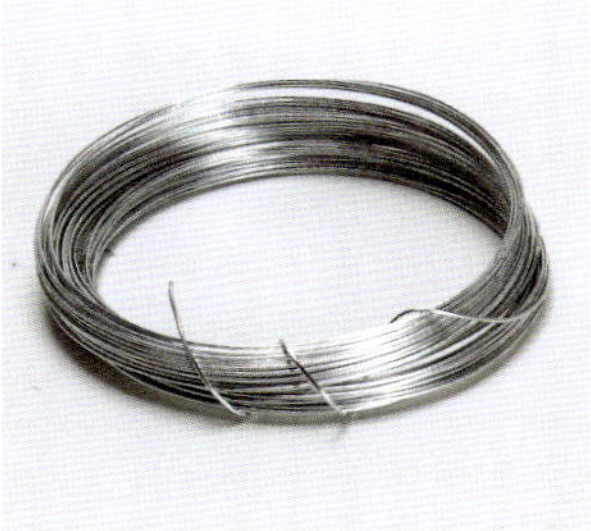

直径0.1cm～0.2cmくらいのもの
スチールやステンレスは
弾力があって使いにくいのでNG!

布

本番用ではなく仮縫い用のもの
薄い色の無地が良い

ボディを保護し、ゆとり分を入れるため、腰と足に包帯を巻き、ラインテープを貼る

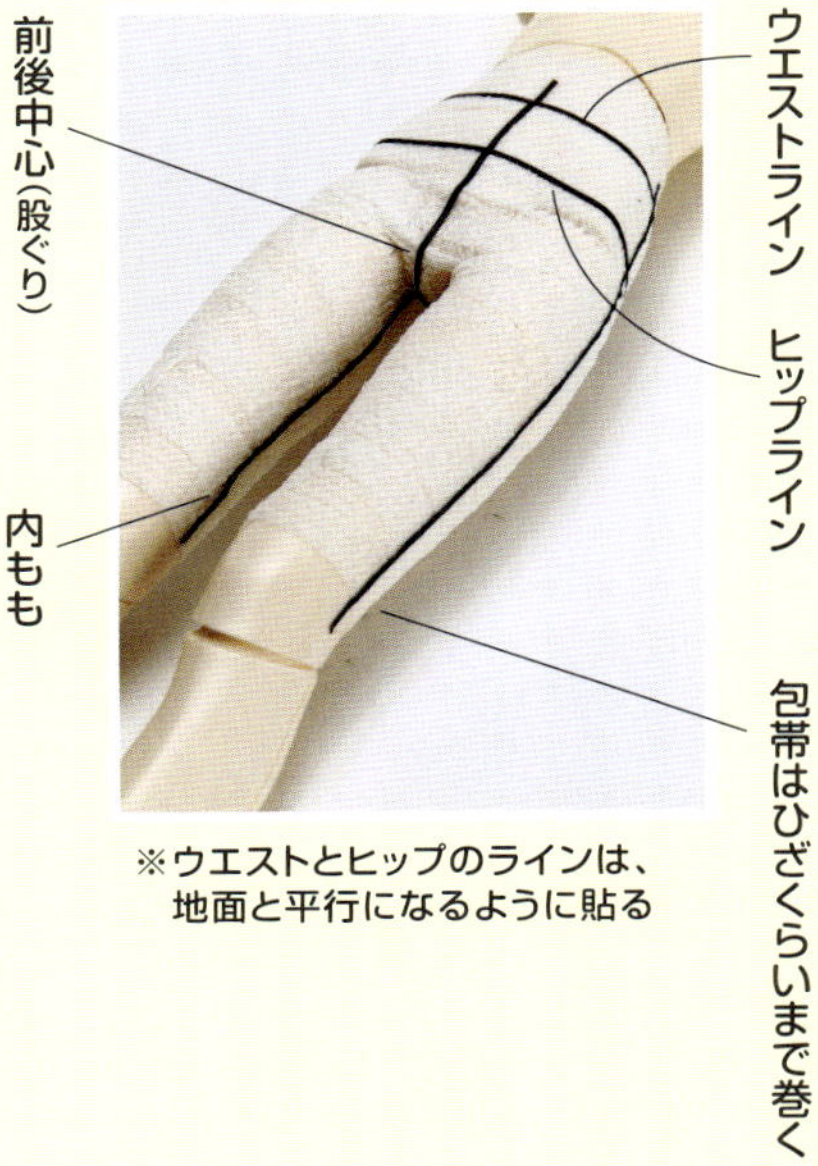

※ウエストとヒップのラインは、
地面と平行になるように貼る

ウエストラインは、
作りたいパンツの高さにする

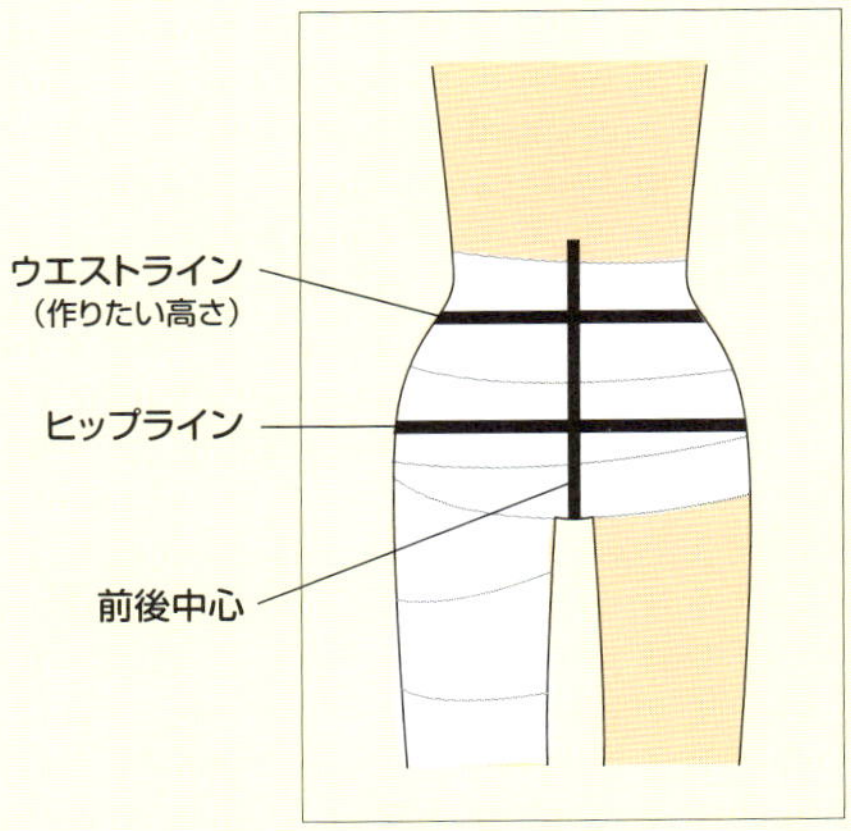

包帯を巻くのは片方だけでもOK!

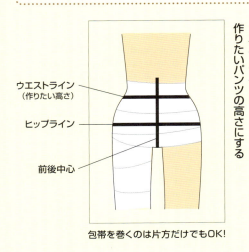

針金を股ぐりのラインにぴったり合うように曲げ、針金に印を付け、紙に描き写す

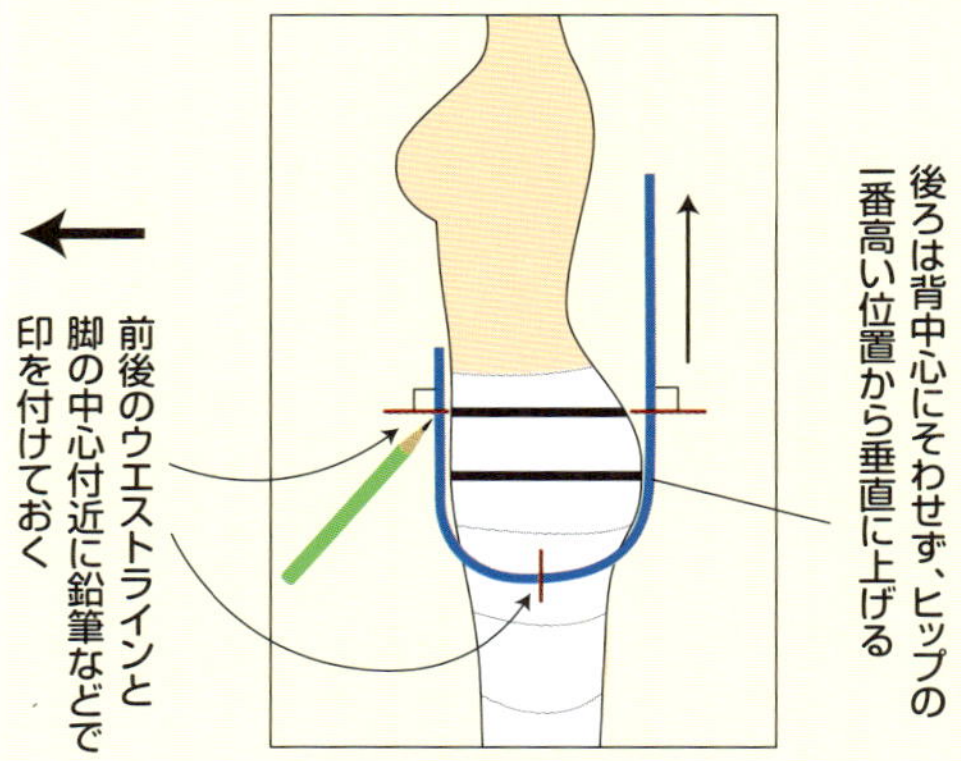
後ろは背中心にそわせず、ヒップの一番高い位置から垂直に上げる
前後のウエストラインと脚の中心付近に鉛筆などで印を付けておく

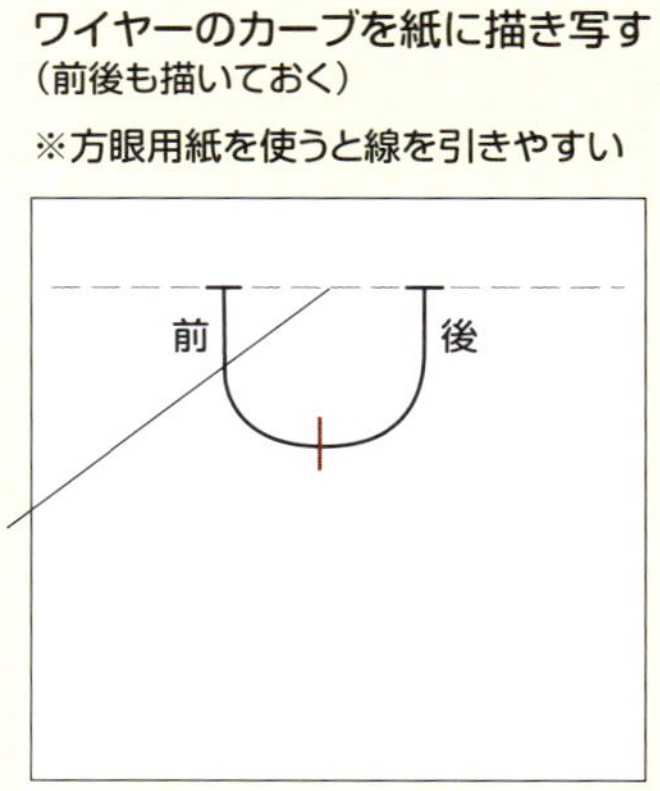
ワイヤーのカーブを紙に描き写す
（前後も描いておく）
※方眼用紙を使うと線を引きやすい
前
後
ウエストラインを平行に引いたので、前後は同じ高さになる

これなら確実にお尻のラインに合った型紙が作れるね！
なるほど～

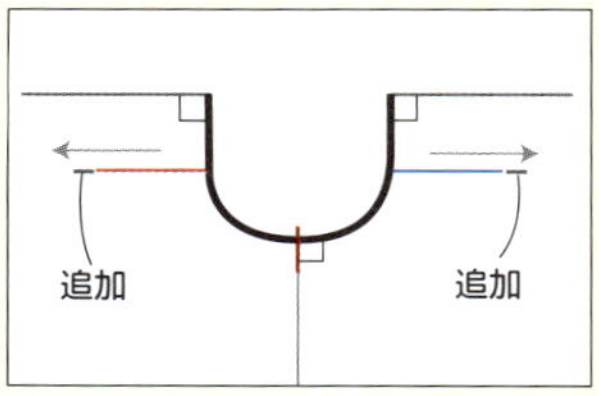
追加
追加

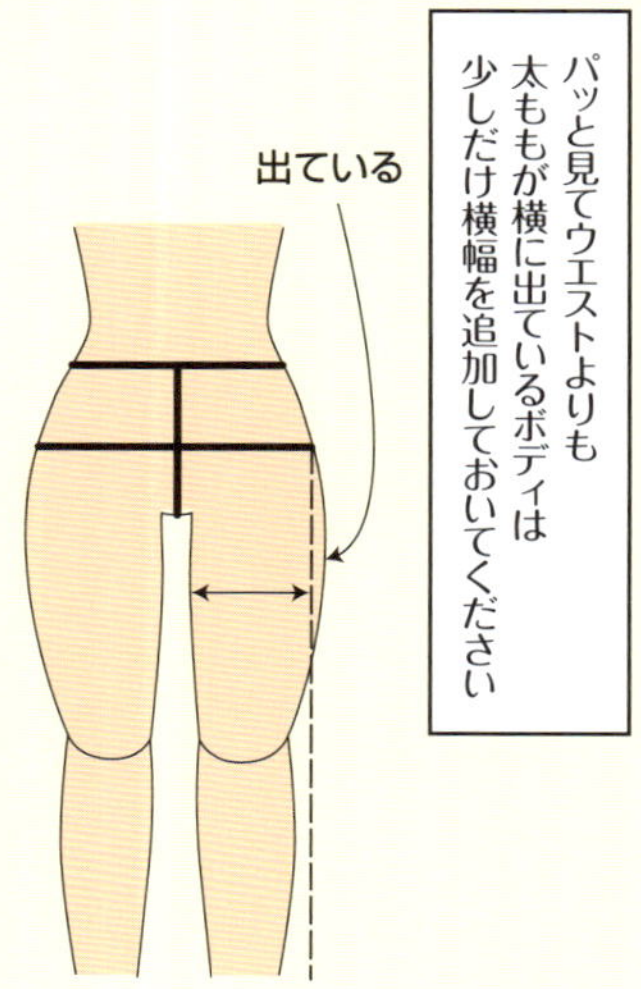
出ている
パッと見てウエストよりも太ももが横に出ているボディは少しだけ横幅を追加しておいてください

ももの太さをチェックしておかないとはけなくなる事が！
はけない！

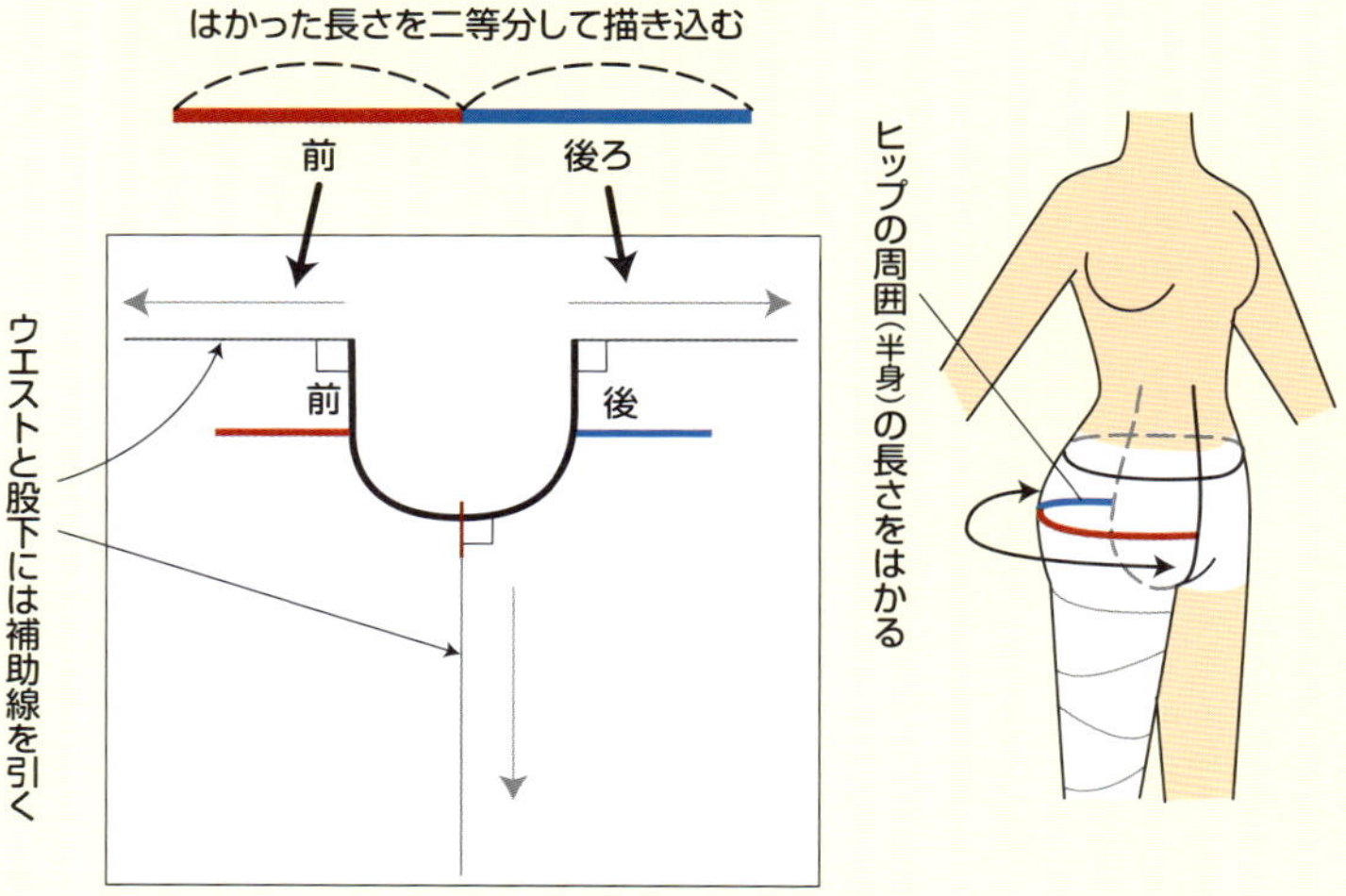
はかった長さを二等分して描き込む
前
後ろ
ウエストと股下には補助線を引く
前
後
ヒップの周囲（半身）の長さをはかる

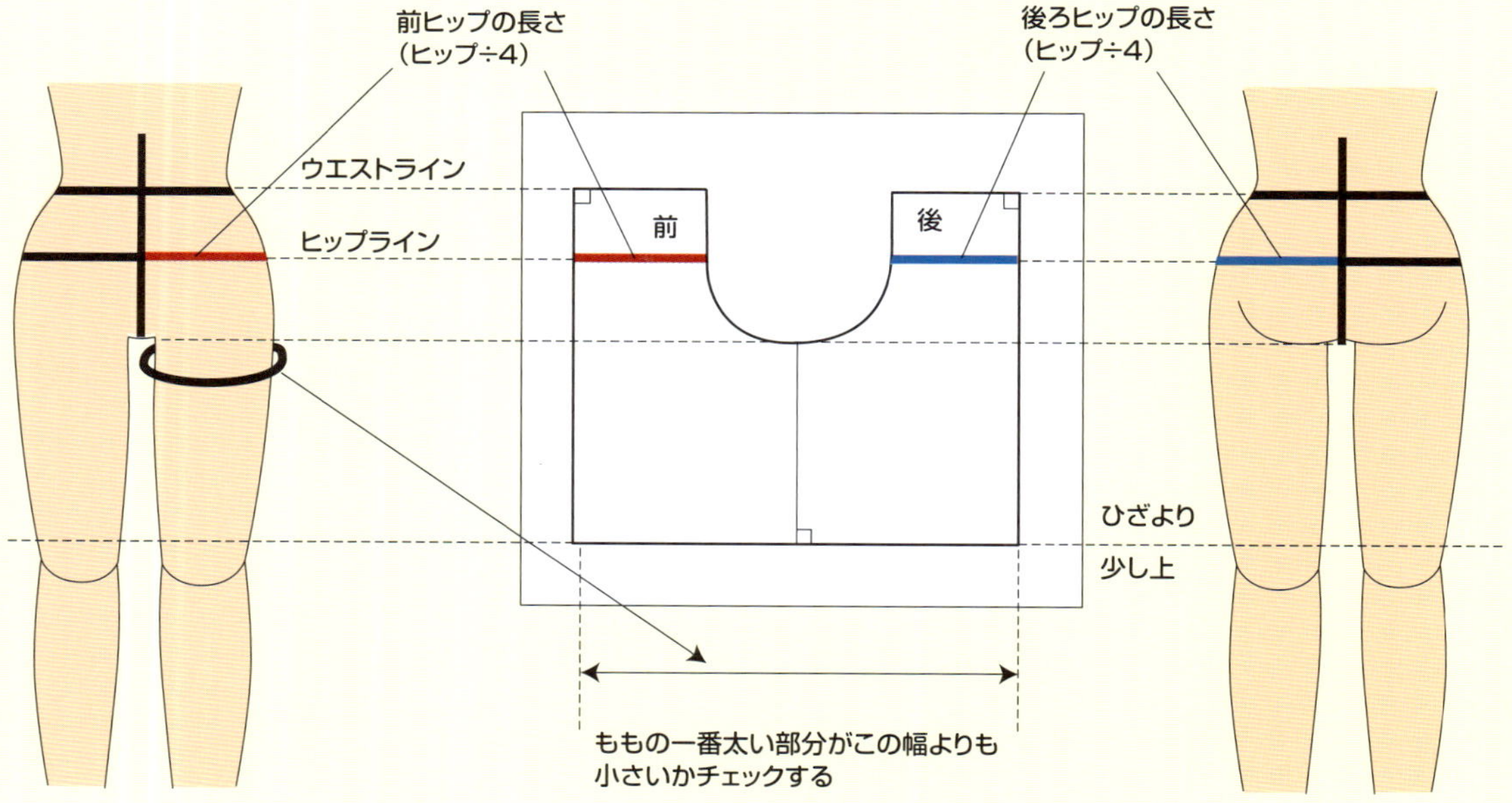
前ヒップの長さ
（ヒップ÷4）
後ろヒップの長さ
（ヒップ÷4）
ウエストライン
ヒップライン
前
後
ひざより
少し上
ももの一番太い部分がこの幅よりも小さいかチェックする

このように線を引いてください
原型の丈は膝よりも少し上にしてね！理由は後で解説するよ

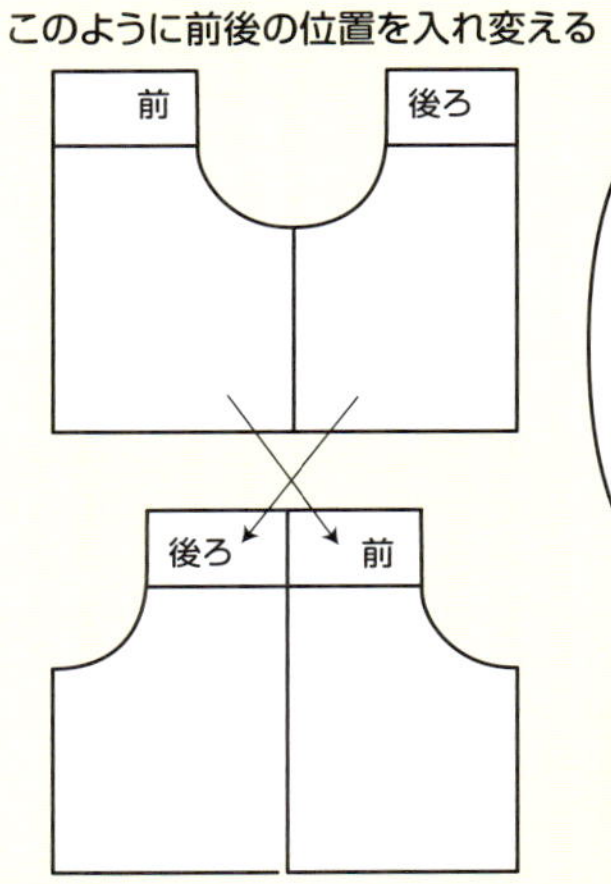

作図した型紙に縫い代を付ける

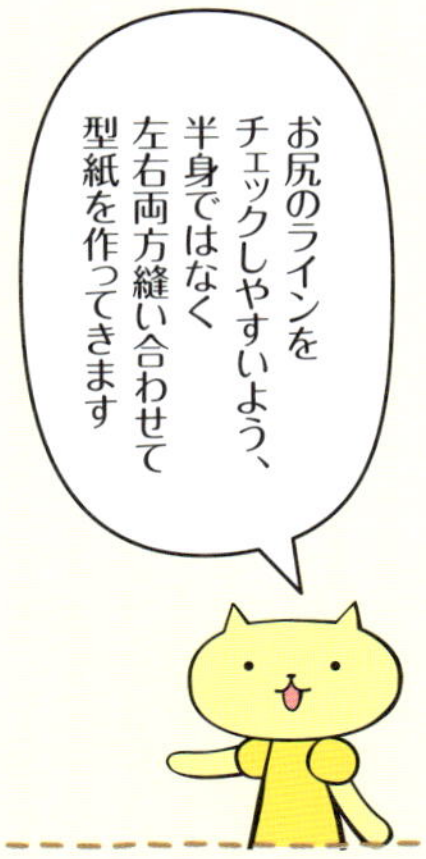

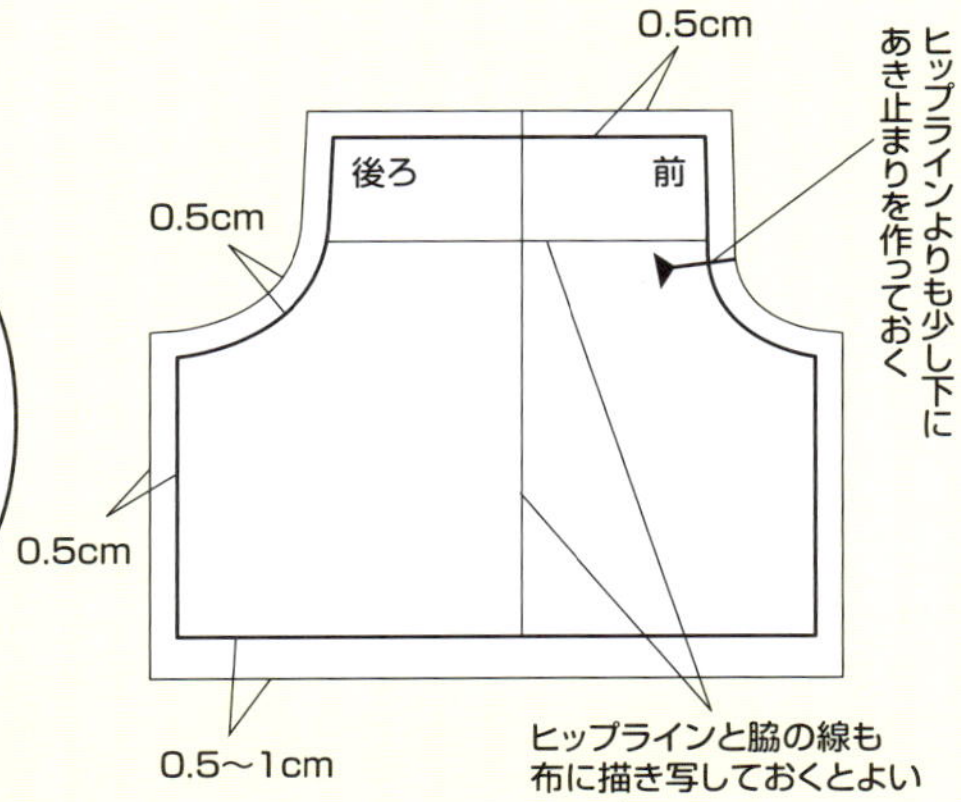

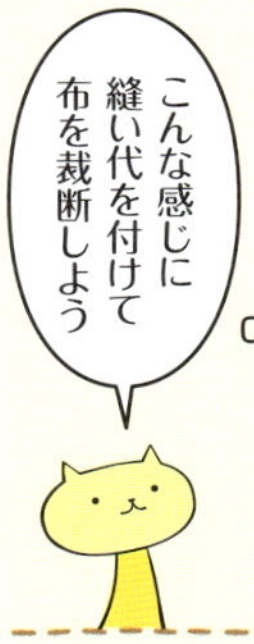

仮縫い用の布を裁断して縫う

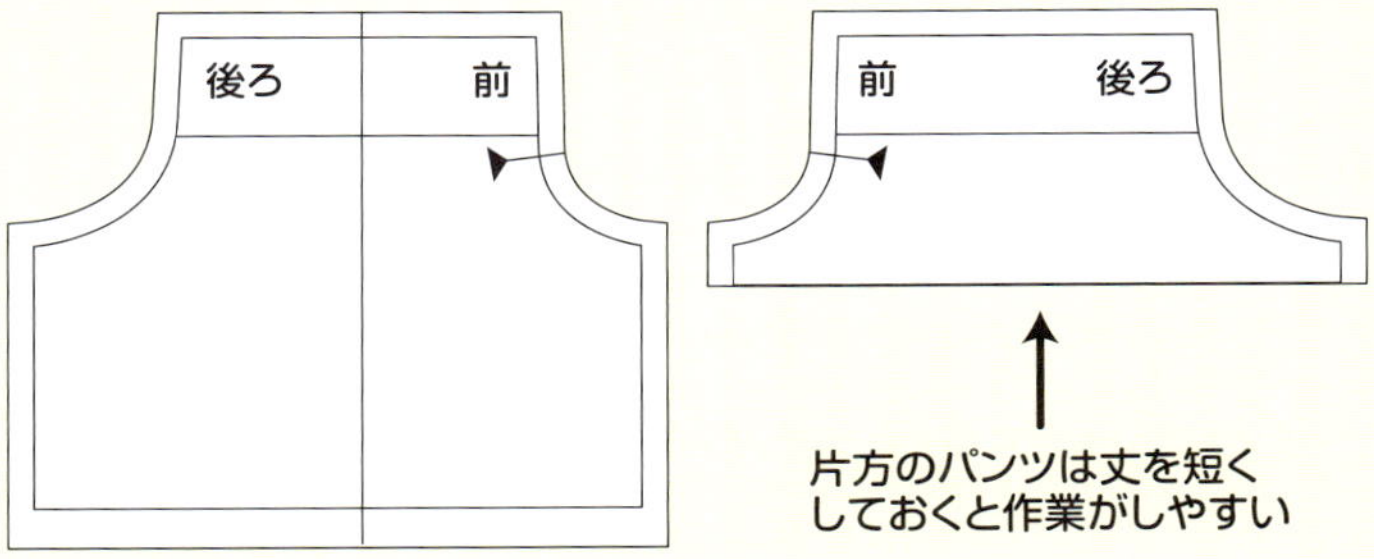

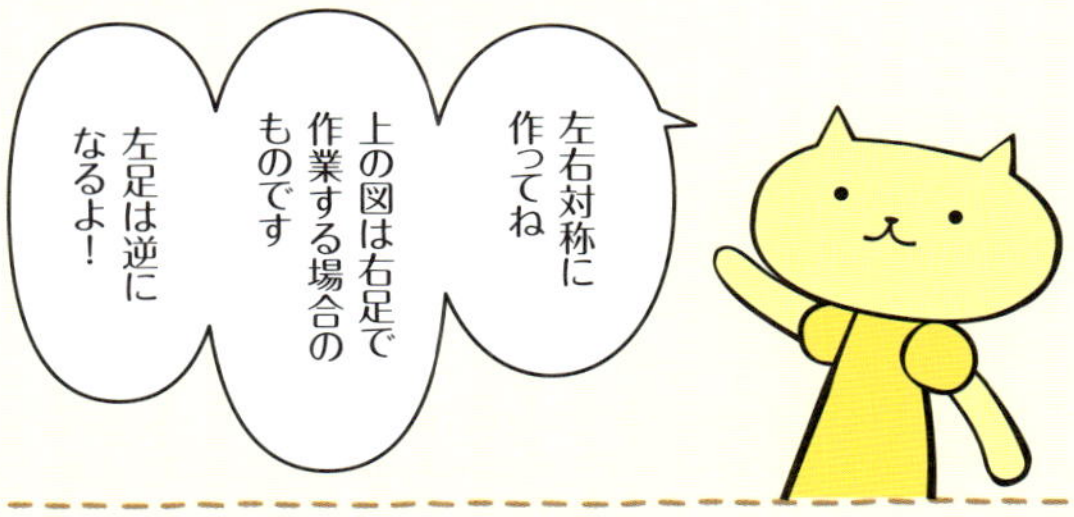

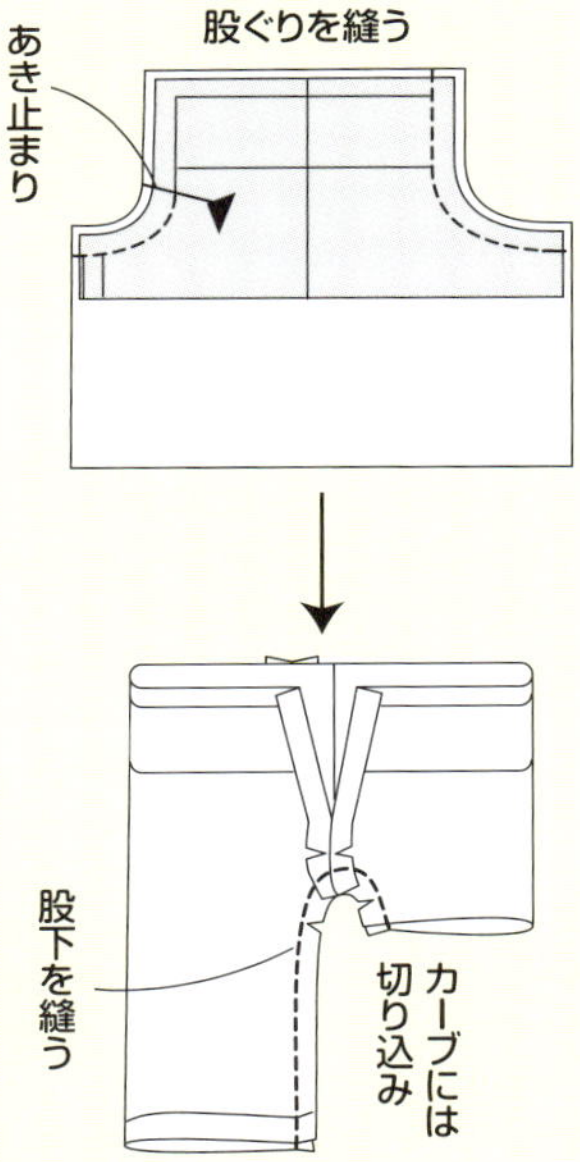

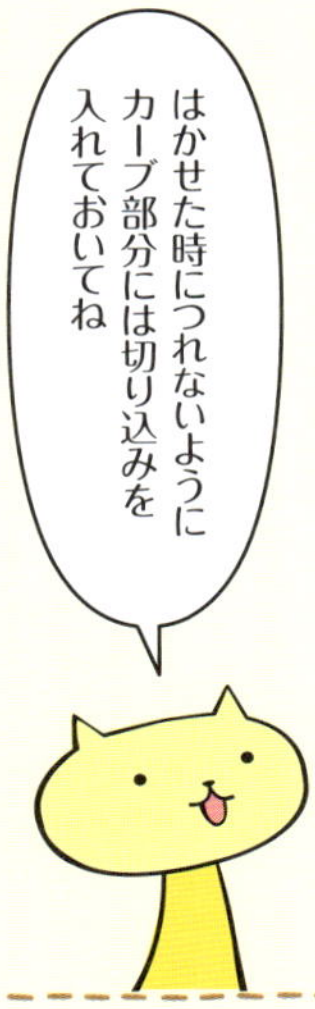

ドールにはかせてウエストと前後の中心、太ももの余った部分をつまむ

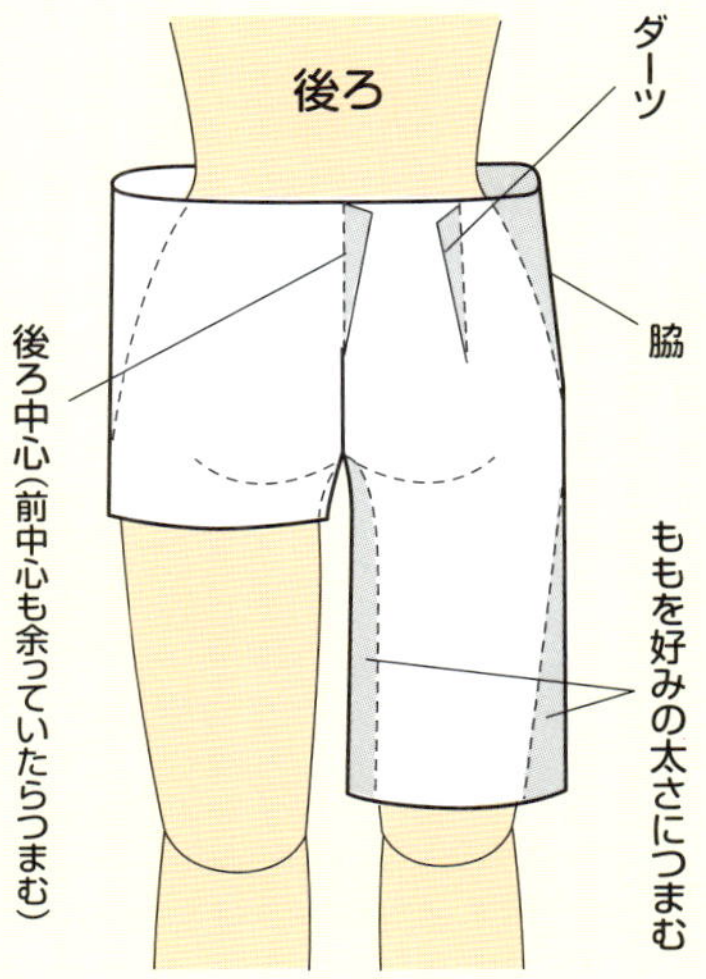

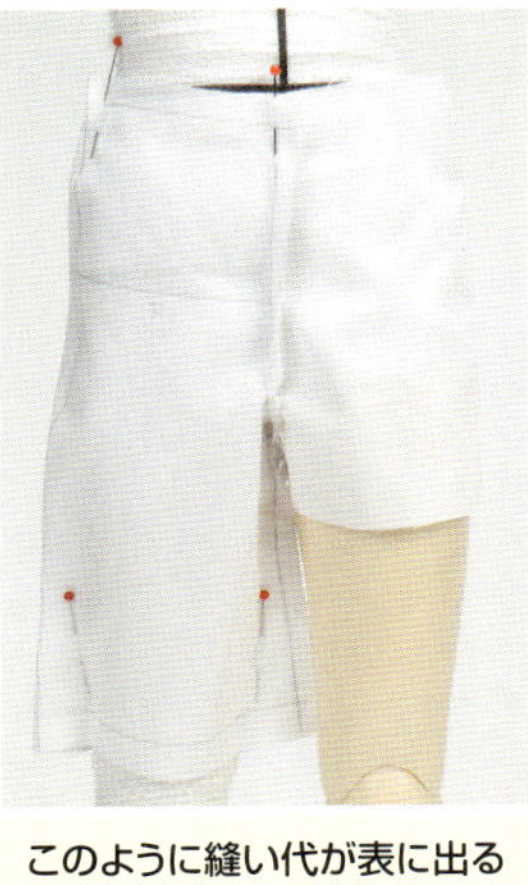

このように縫い代が表に出るように着せるとつまみやすい

ダーツ無しの場合

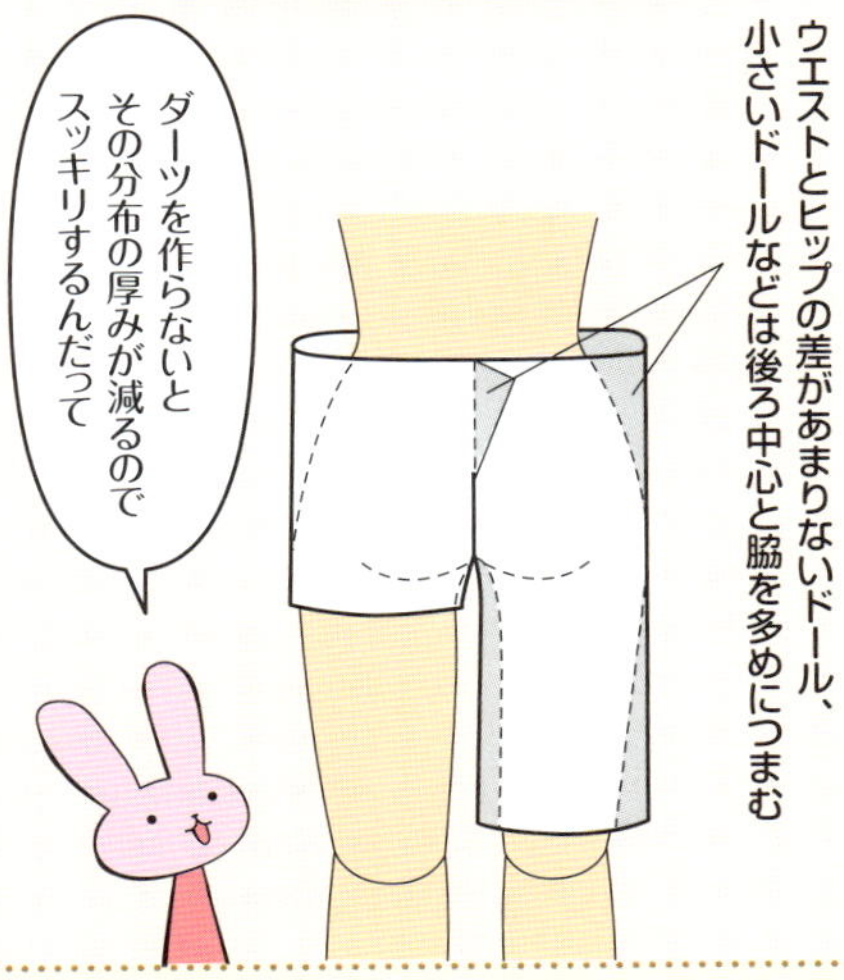

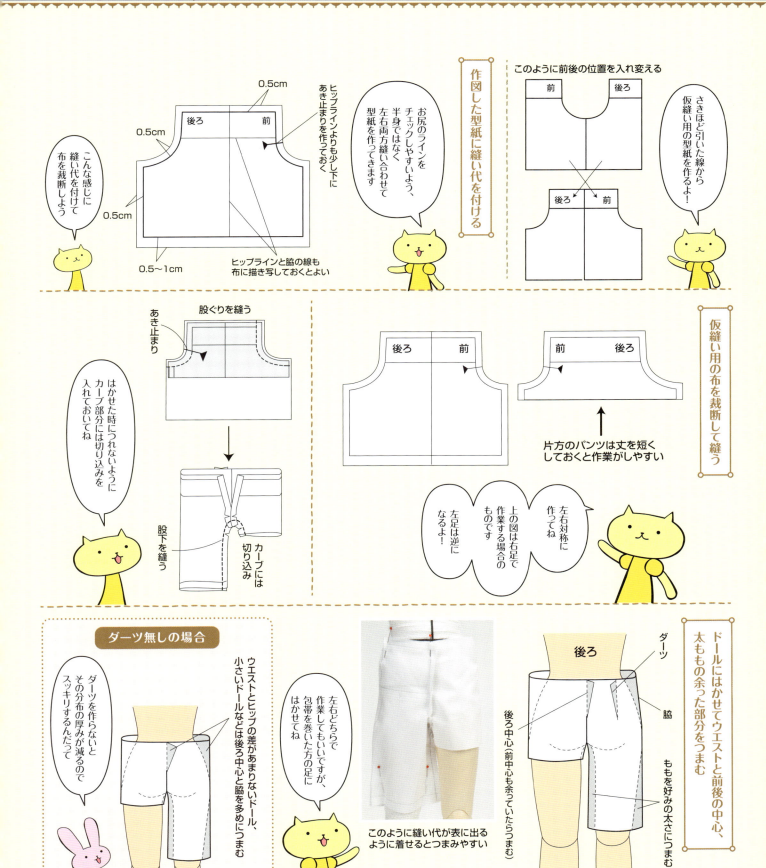

前脇と後ろ脇のカーブが同じだと、縫い合わせやすいので…
前
後ろ
脇は布に引いておいた脇線をつまむと、前後が同じカーブになります
どうしても線上でつまみにくいときはずらしてもOK！
オートクチュールは、体型に合わせるためわざと前後でカーブを変えたりするらしいですよ
この時、もし脇線が極端に前後にズレていた場合は、丁度いい場所に引きなおしてください
前や後ろすぎる
脇線を平行にずらす

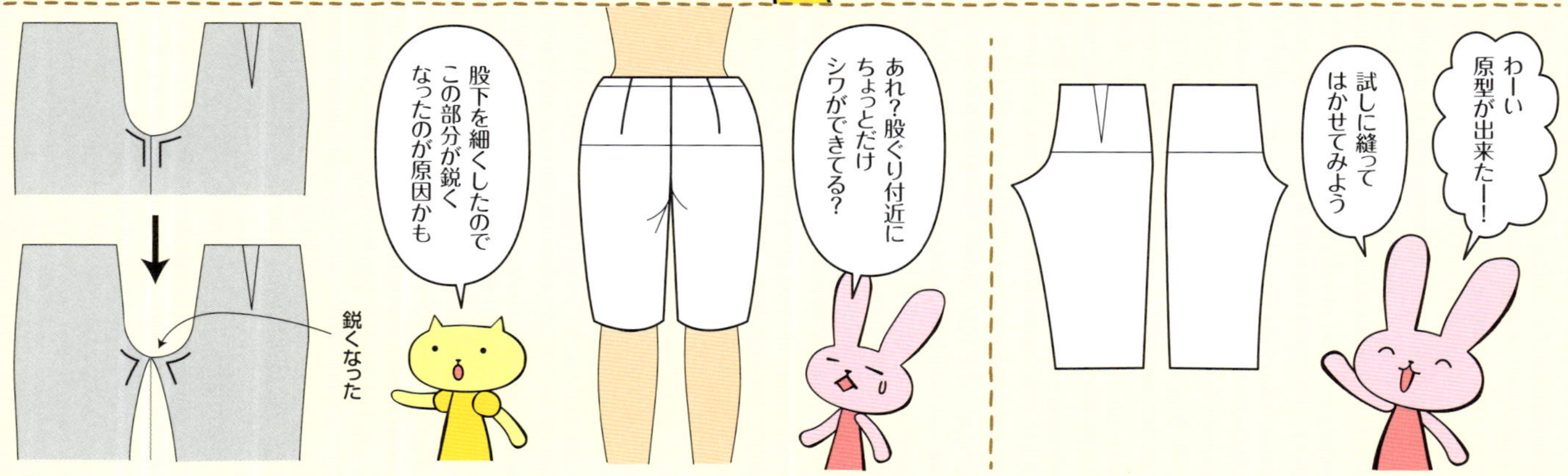

わーい原型が出来たー！
試しに縫ってはかせてみよう
あれ？股ぐり付近にちょっとだけシワができてる？
股下を細くしたのでこの部分が鋭くなったのが原因かも
鋭くなった

中心
縫い合わせると股下が角になり、この余分な部分がシワの原因になる
なるほど～
こんな感じに角を修正するとシワが消える事があるよ
尖っている部分をカットして直角に近くなるようにする
カット
または股下の方をカットして直角に近くする
カット

その他のポイント

ごくたまに男子ボディなどでこのようにUの字がゆがんだような股ぐりになる場合があります

前
後ろ
前
後ろ
とがりすぎる
その場合片方の股部分がとがりすぎて縫い合わせづらくなるので、
Uの字を少しずらして調整してください
曲線の一番深い位置がこの線上になるように移動する
前
後ろ
移動する

どうしてもシワが出来るときの対処違法

ボディによってはパンツがどうしても綺麗にフィットしない事があります

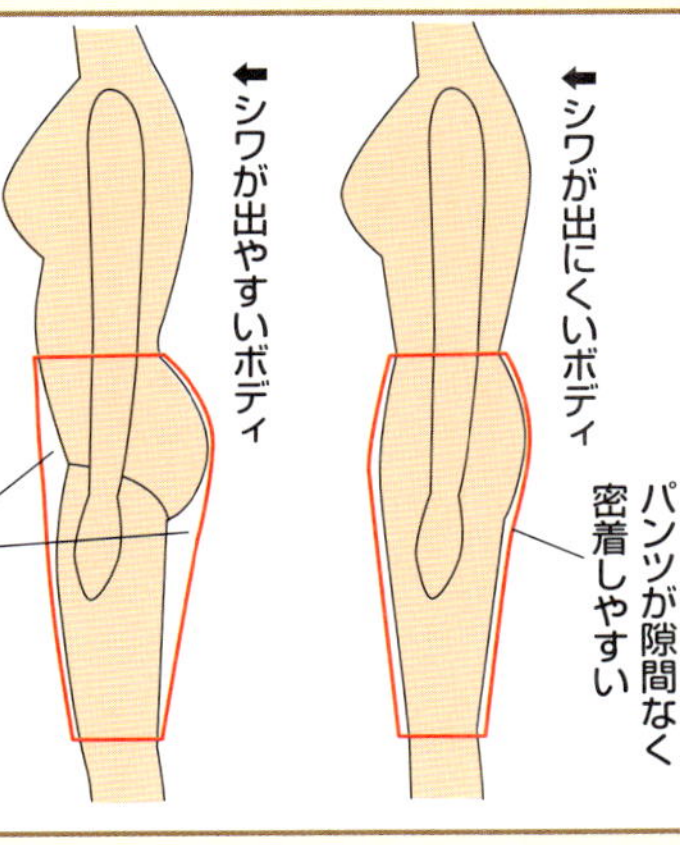

なるほど

張りのある布を選ぶとへこみにくくなるよ

- コットンツイル
- ソフトデニム
- コーデュロイ
- ウール

などでパンツを作るとよい

※付録の原型30種の見本は綿シーチングで製作しています

お尻が見えない方法

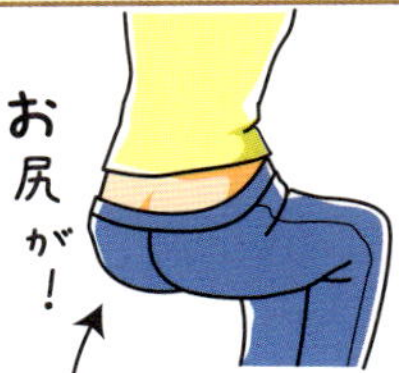

こうならない方法!

ウエストラインを決める時、このように後ろを少し高くしておくと、座らせた時にお尻が見えにくくなります

こうすれば大丈夫だね!

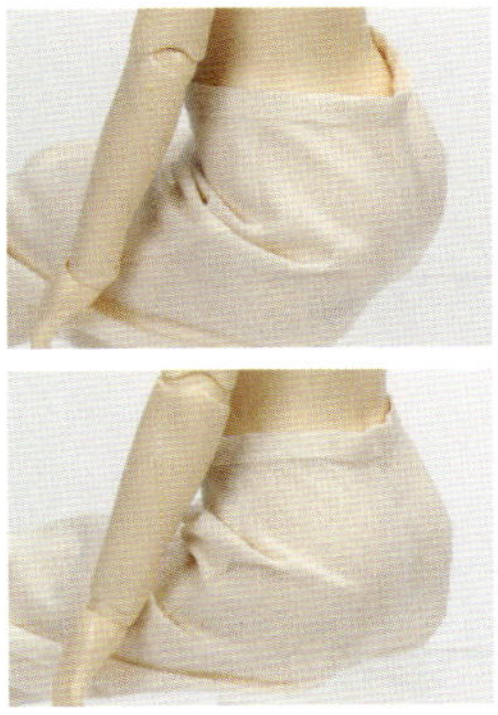

わかりやすいようにこの本ではパターンの展開方法などはすべて原型のウエストが平行になった状態で解説しています

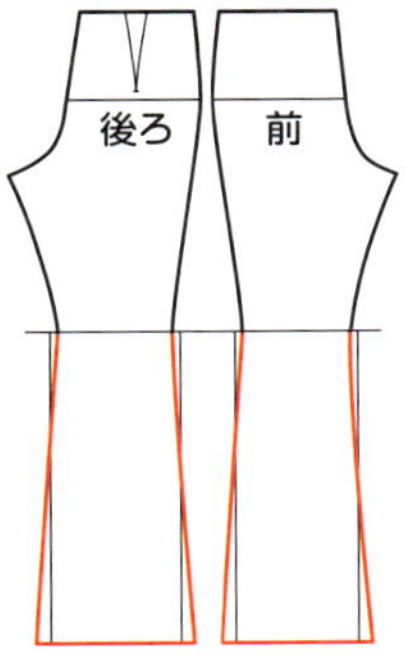

ベルトの作り方

ベルトについての解説です

付録の原型30種は、だいたい一番くびれた位置に合わせて作っています

そのため、お好みでベルトの位置を決め直してください

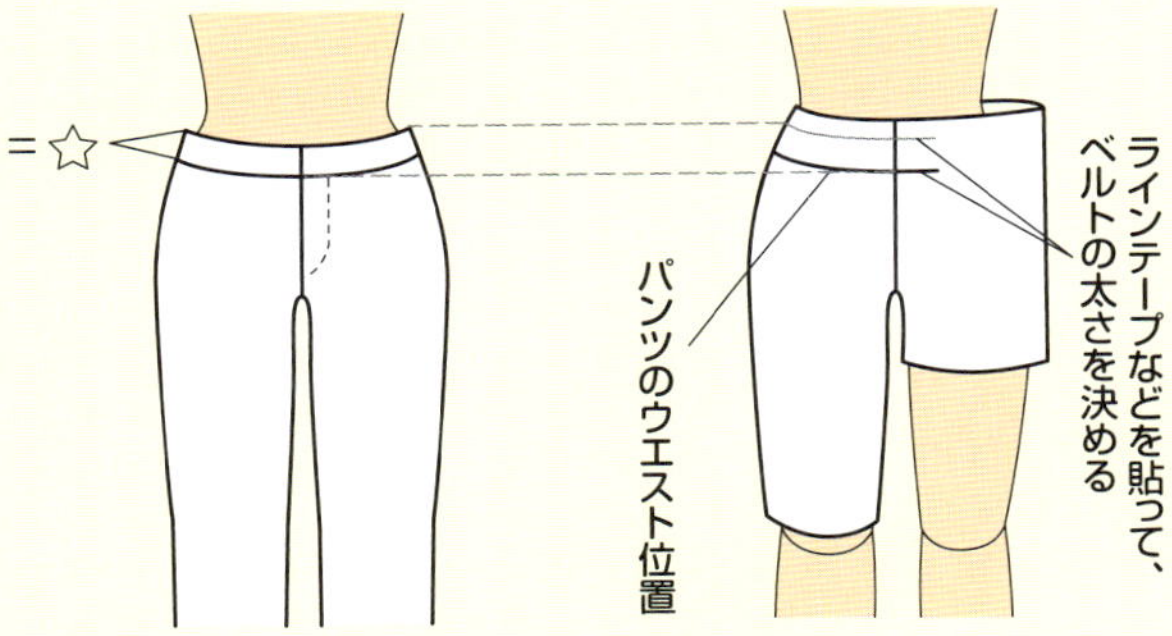

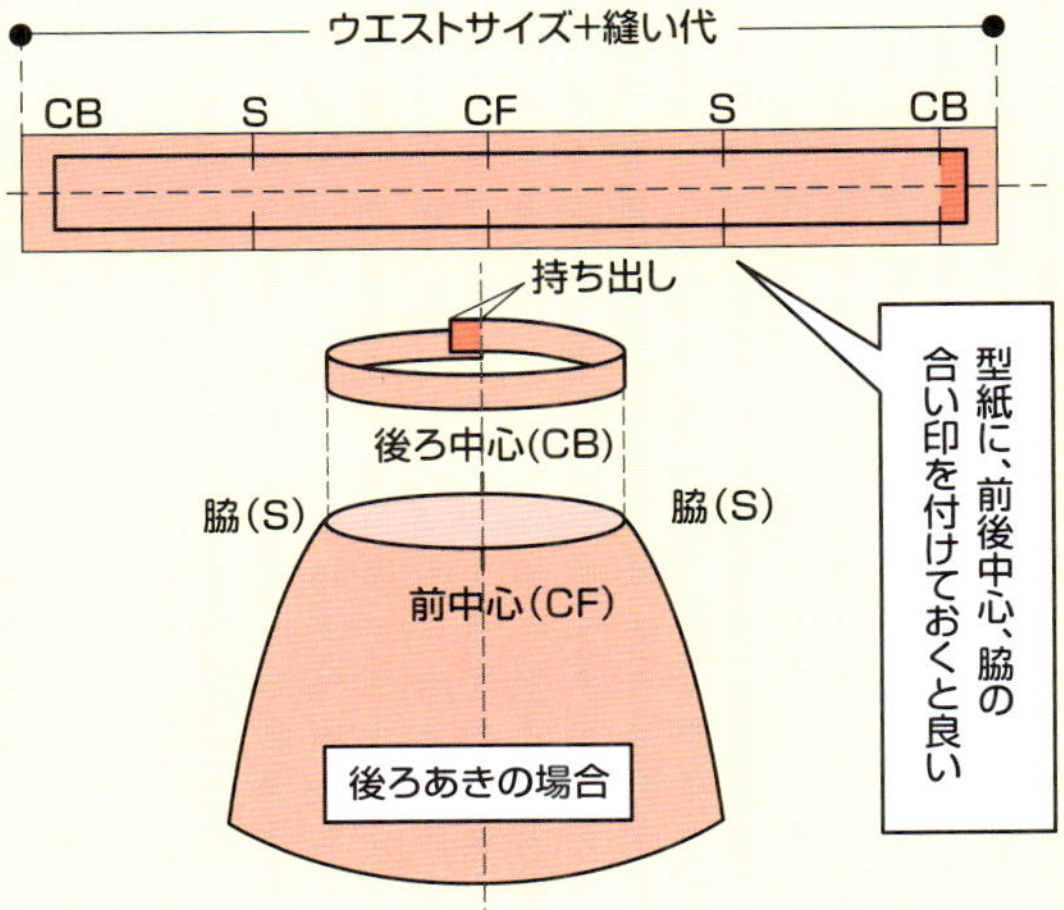

型紙に、前後中心、脇の合い印を付けておくと良い

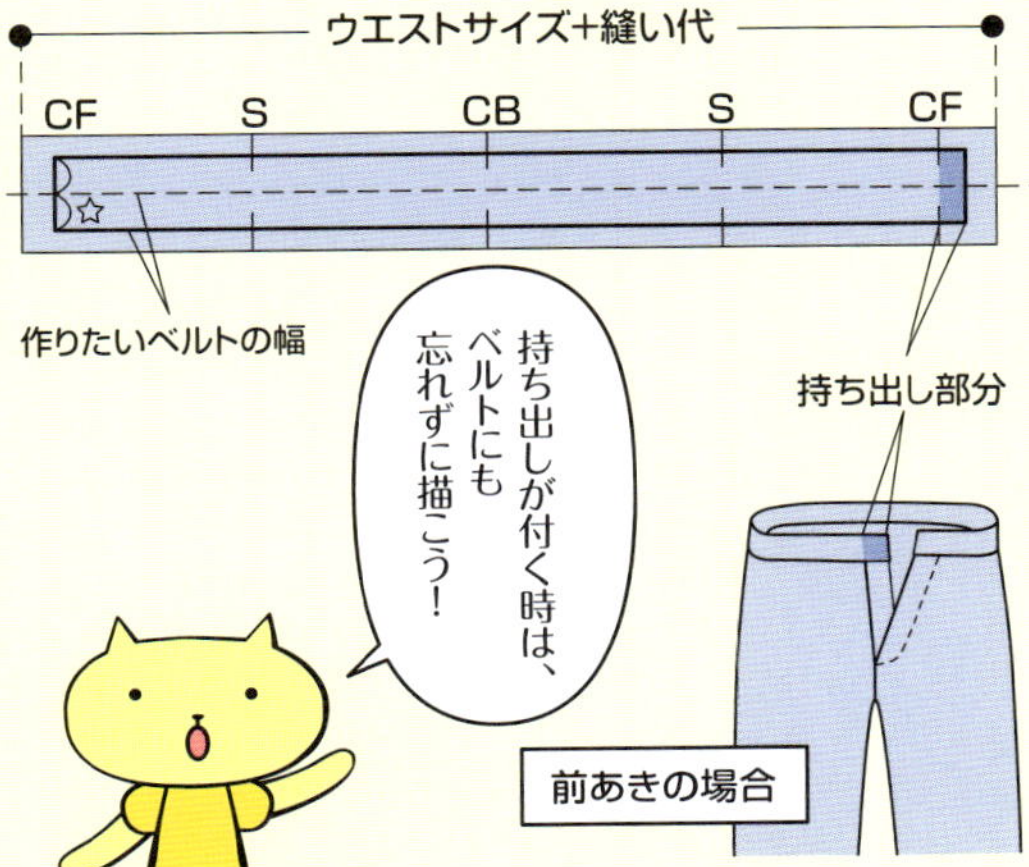

持ち出しが付く時は、ベルトにも忘れずに描こう!

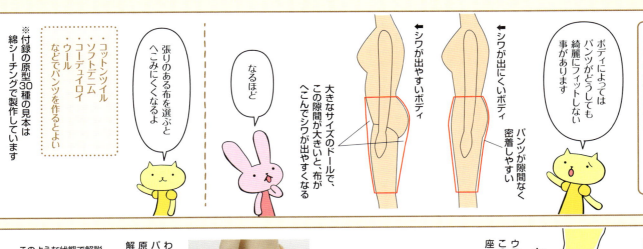

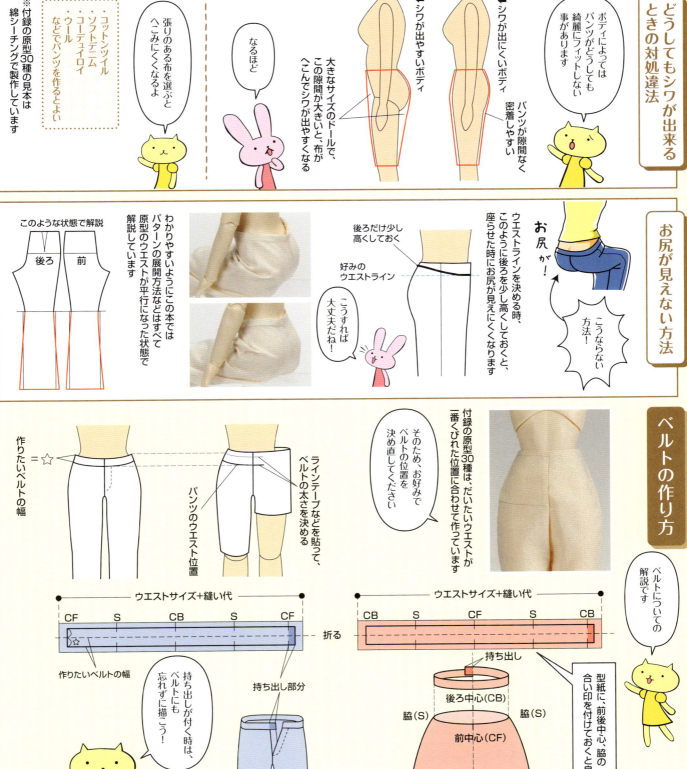

ベルトの内側の縫い方

落としミシンとは？

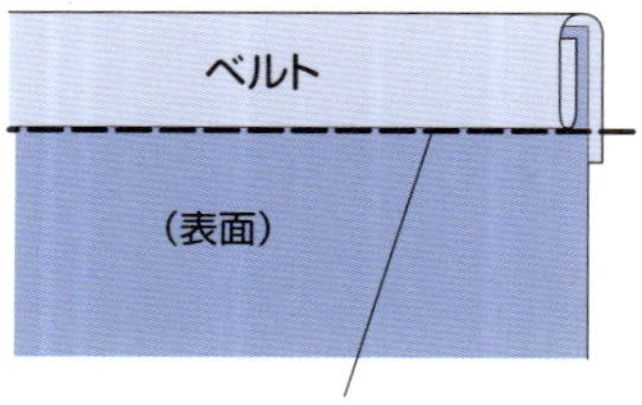

縫い代の割れ目部分などを縫って
表からの縫い目を
目立たなくする方法です

折り込んで落としミシン

綺麗ですが、少し厚みが出る

折り込んでまつる

綺麗ですが、少し厚みが出る

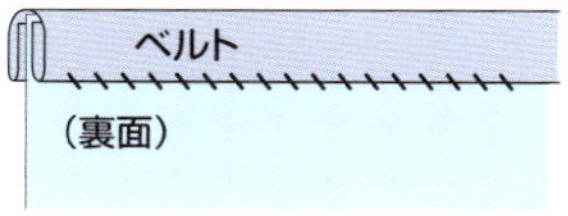

端にほつれ止めをして縫う

ドール服によく使われる方法
厚みがあまり出ない

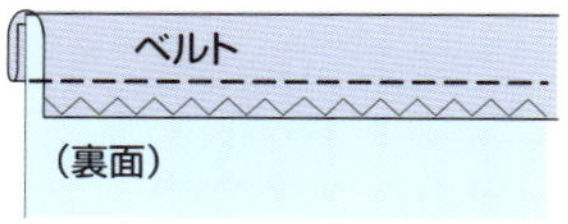

ベルトを付けず見返しにする方法

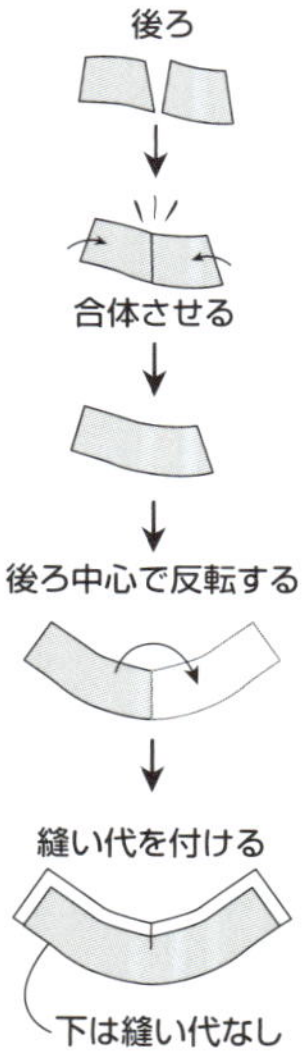

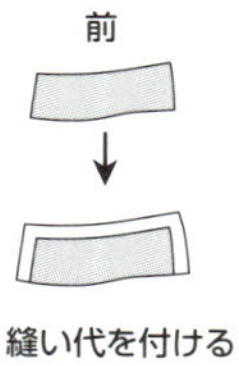

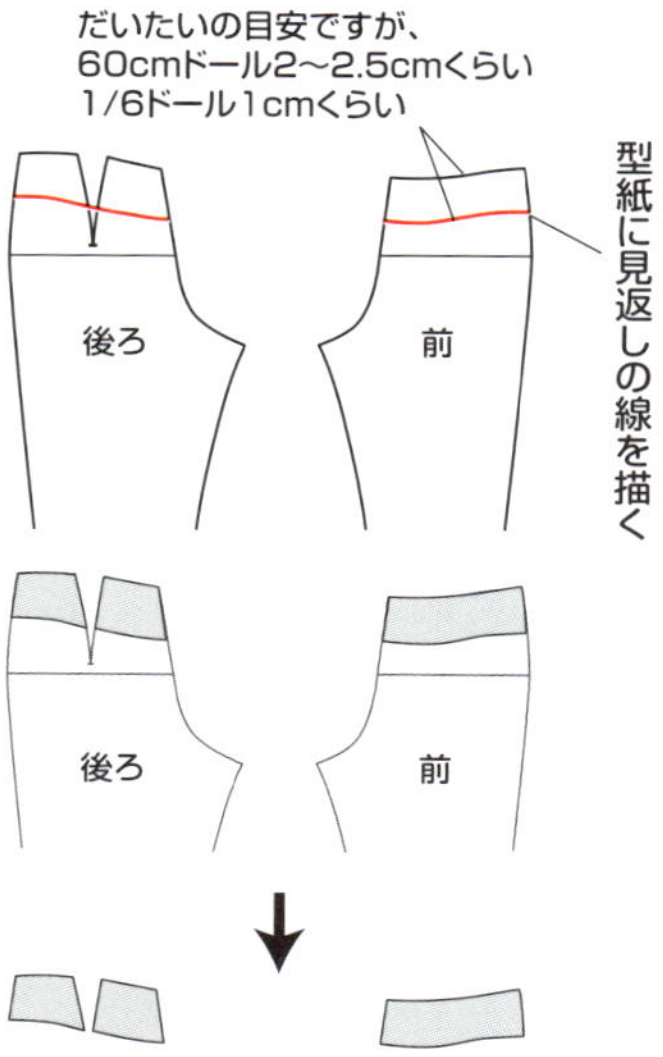

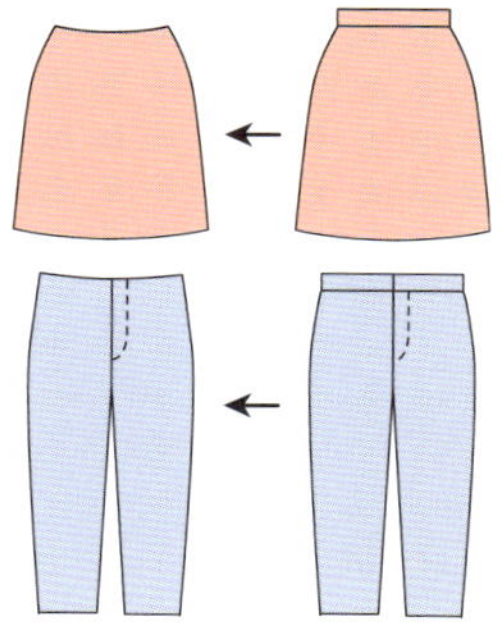

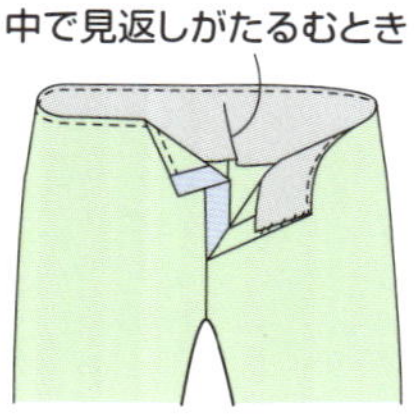

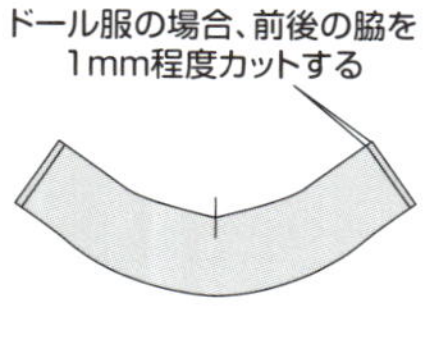

裏に返した時に、見返しがあまってたるんでしまう場合があります。その時は布の厚み分、脇をカットしておきましょう

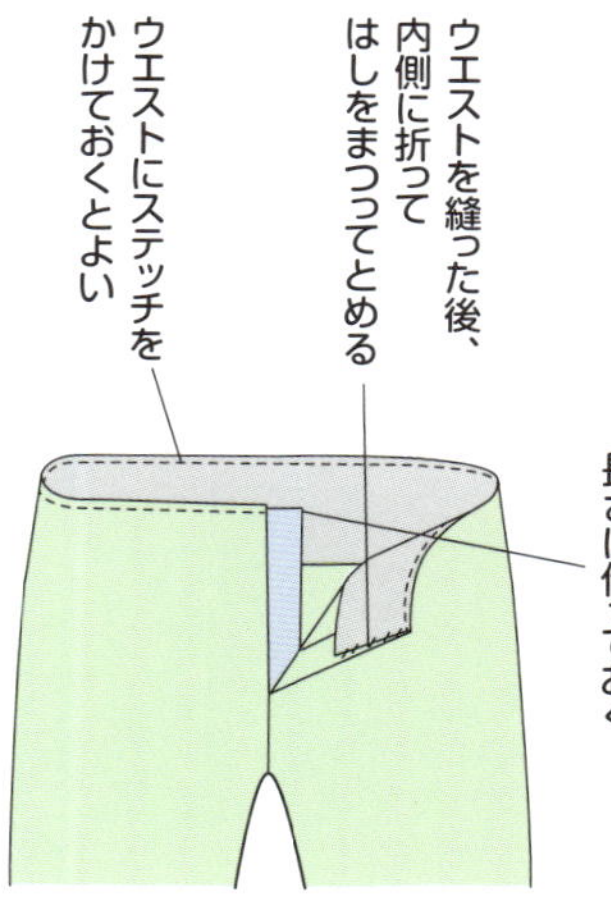

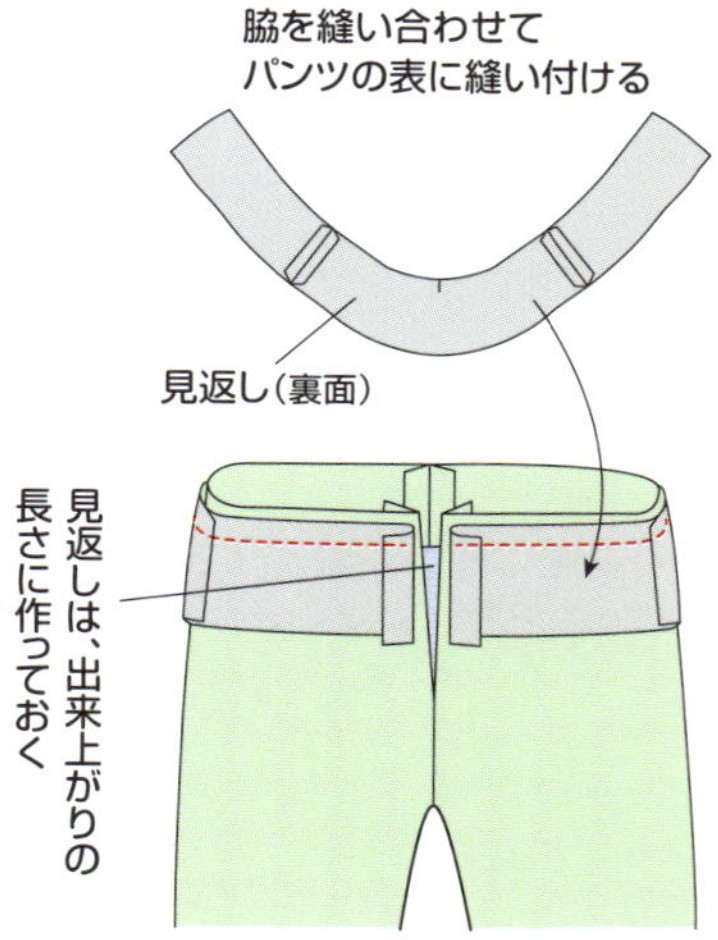

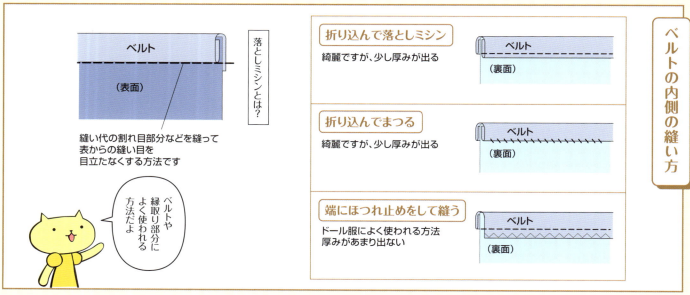

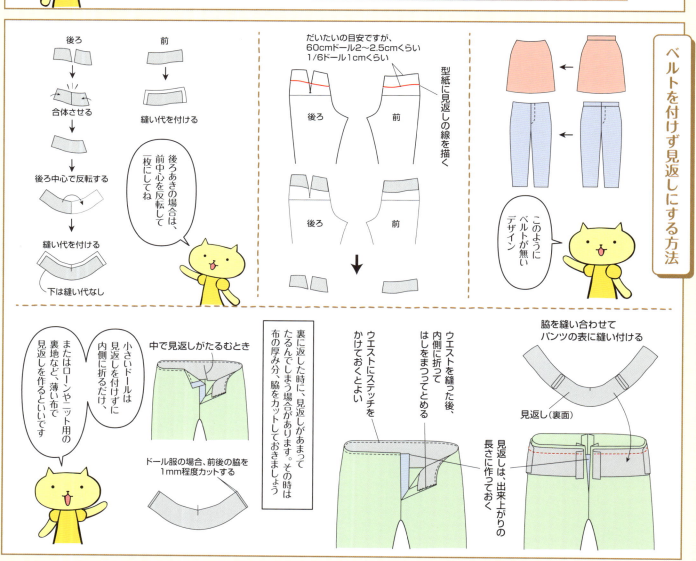

Chapter 6.

膝下のアレンジ

— PANTS II —

膝下のアレンジ

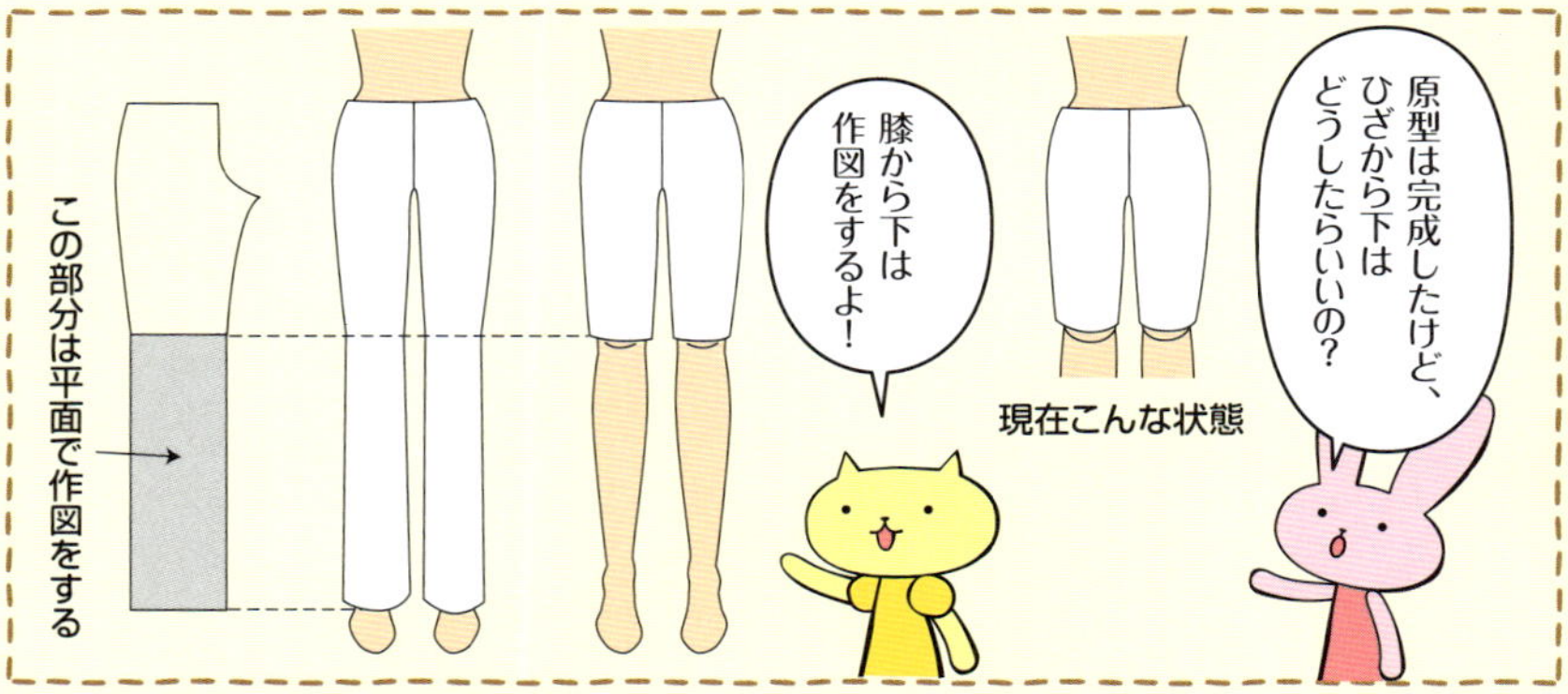

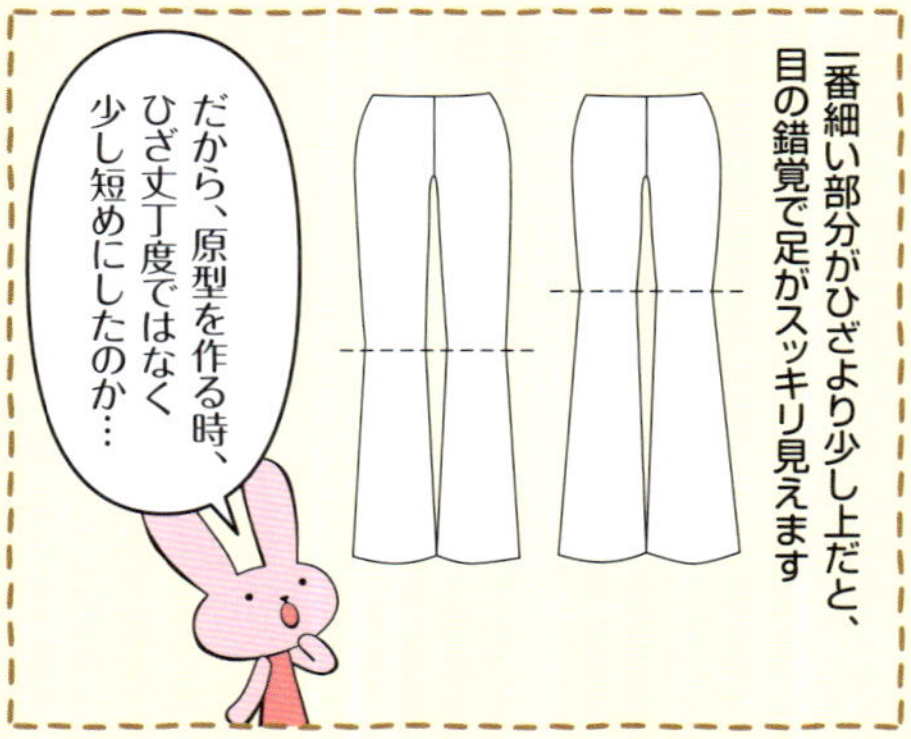

パンツの種類とパターン展開表

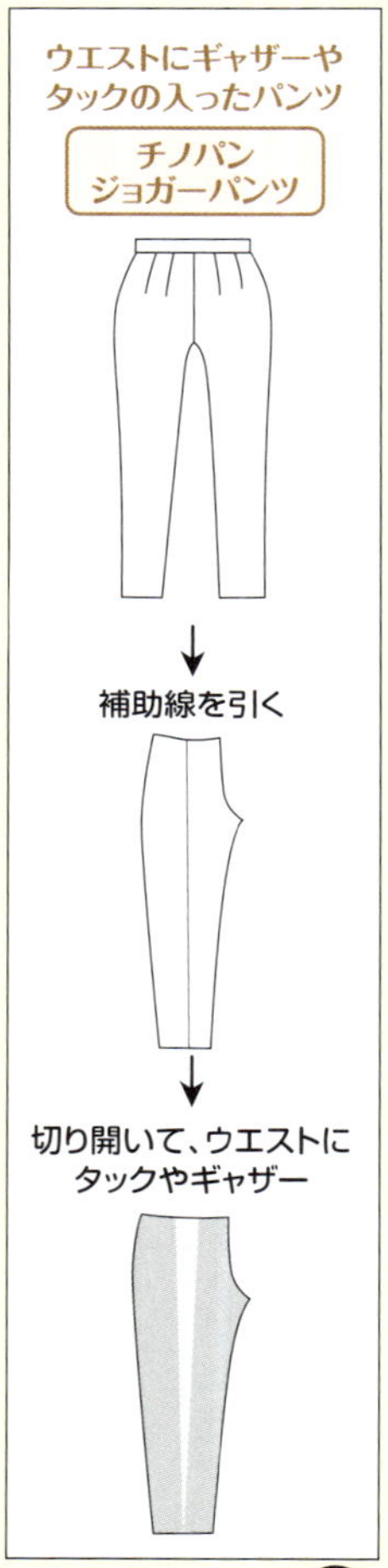

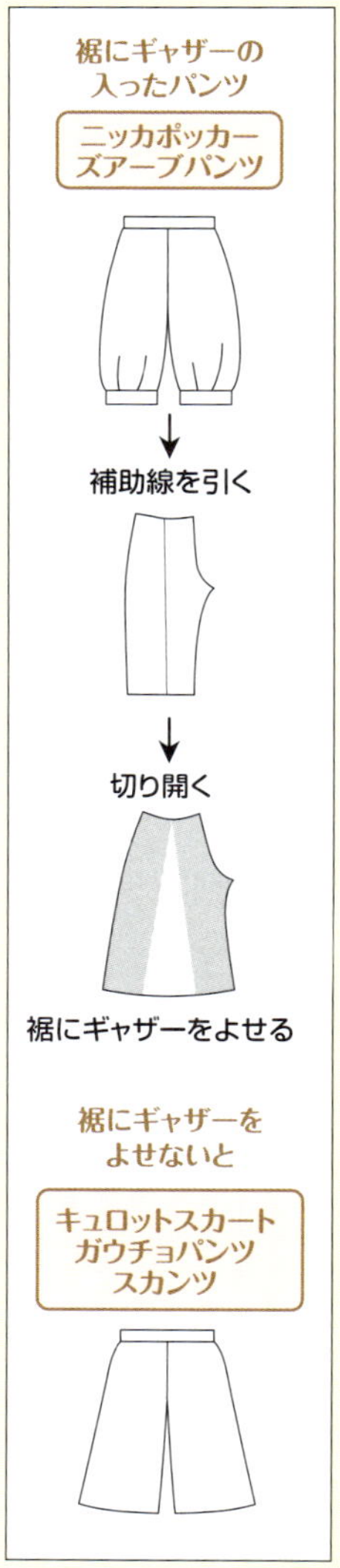

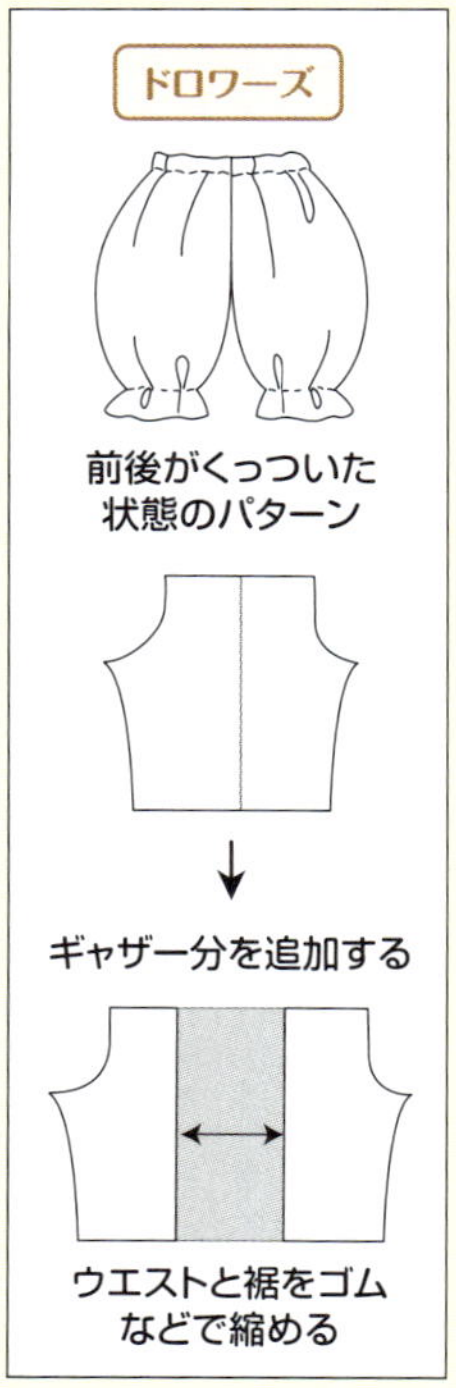

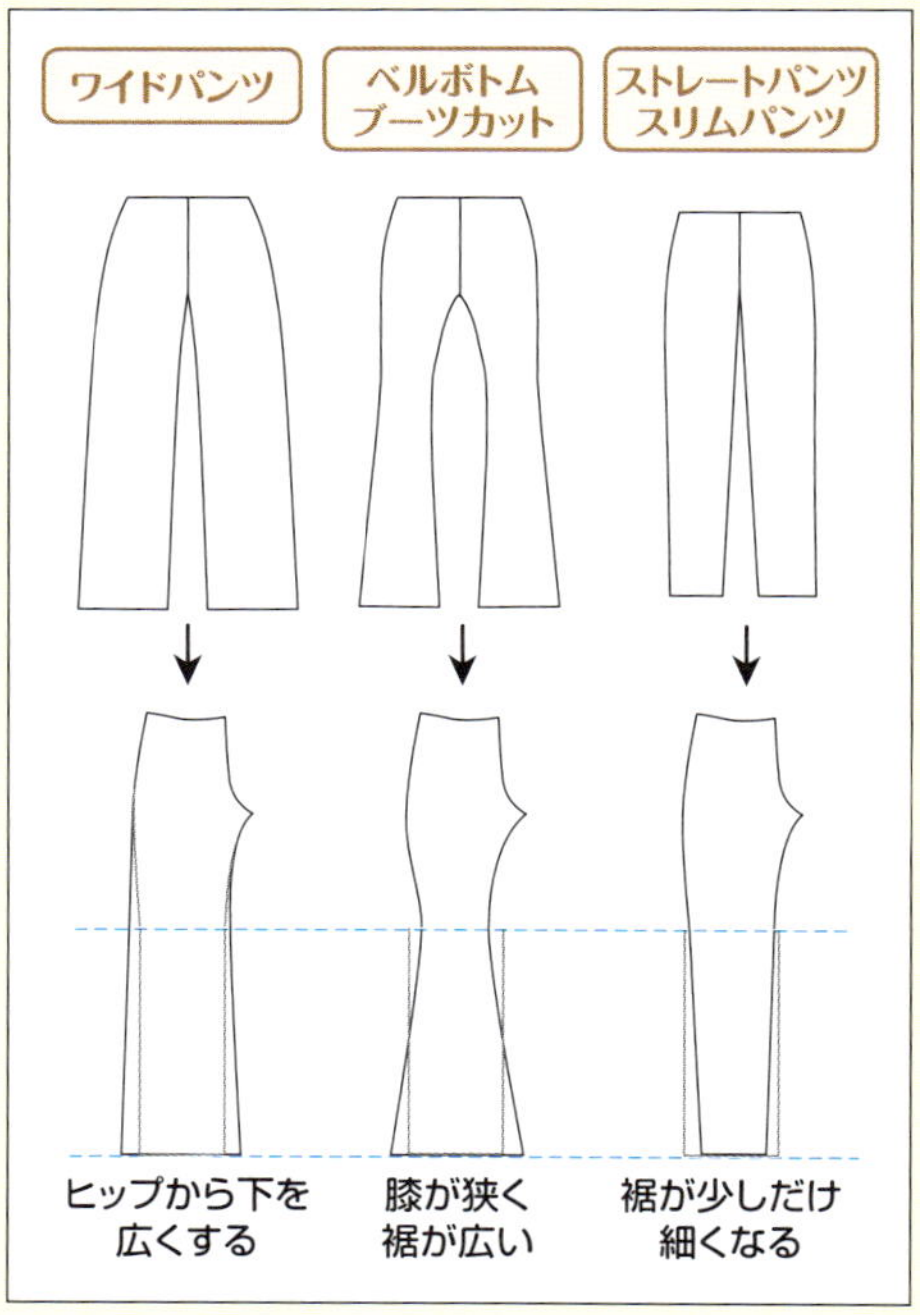

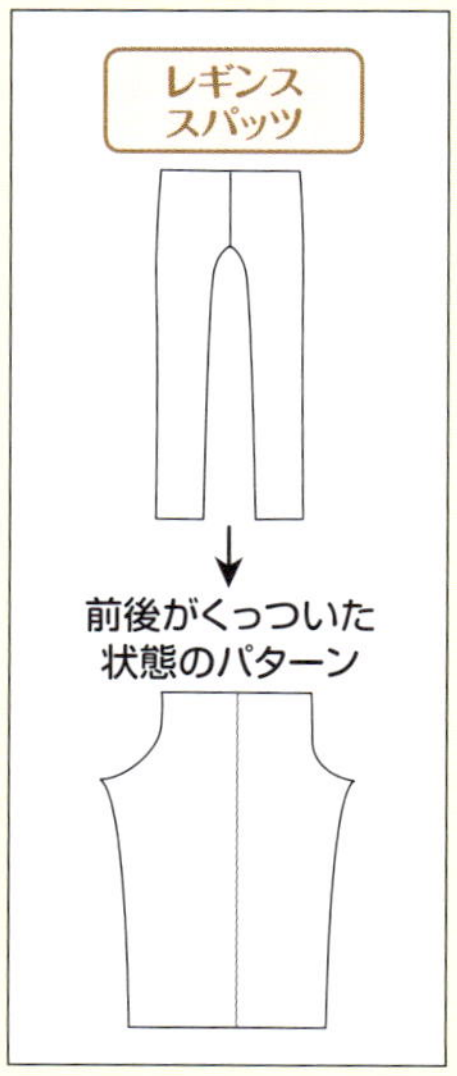

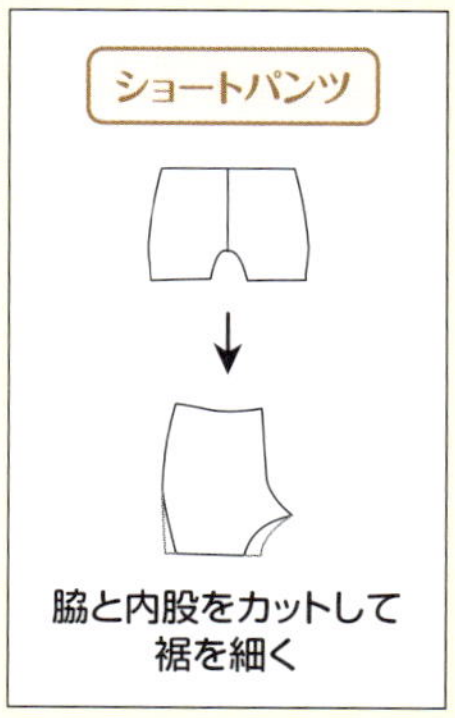

膝から下の描き方

まっすぐ伸ばしただけのパンツ

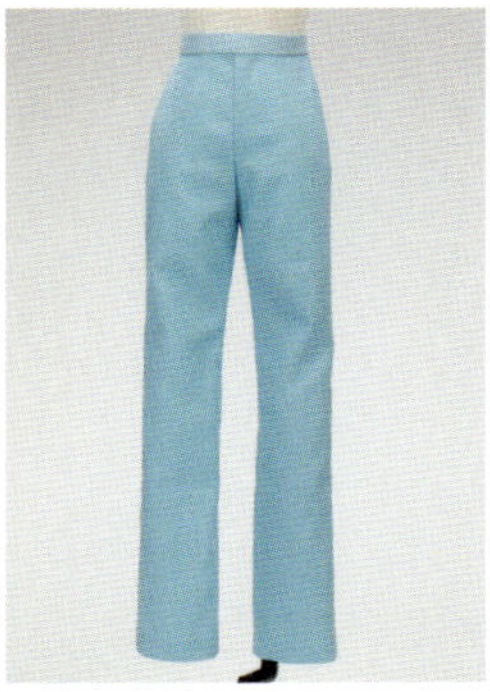

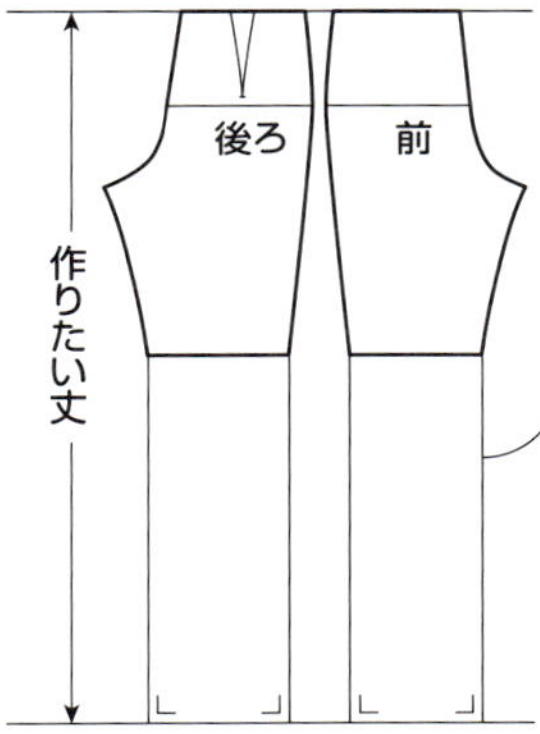

まず、原型の裾を作りたい丈の長さにまっすぐ伸ばす

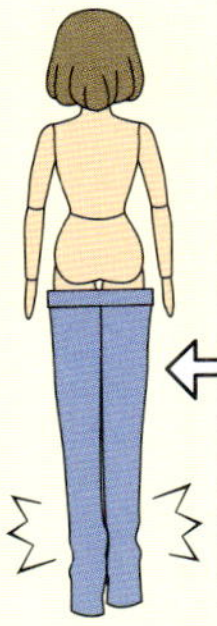

スキニーなど、裾の狭いパンツは、ピッタリに作ってしまうと縫い代の厚みではけなくなってしまう

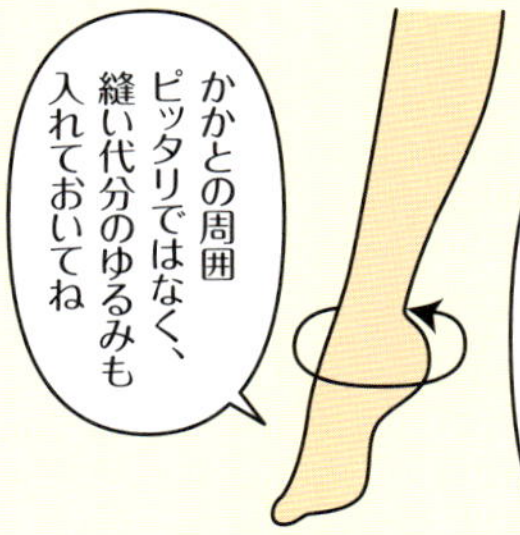

1/6ドールは+0.5cm
60cmドールは+1cmくらい
ピッタリサイズから
追加しておくとよい

裾を細くしたい場合

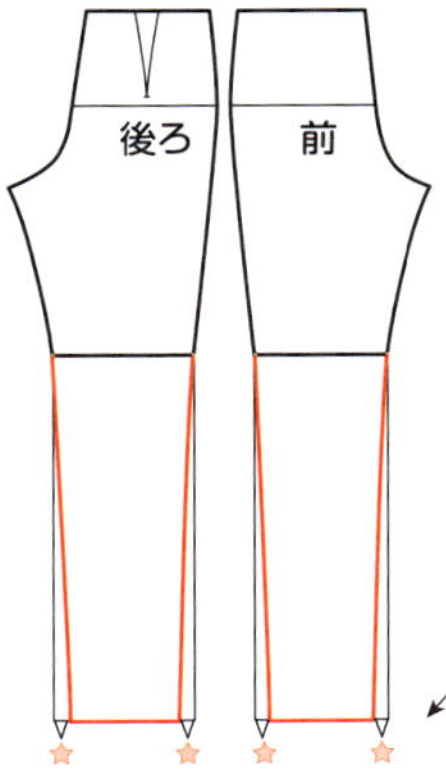

（△+* − ギリギリ足が通る長さ）÷ 4 ＝ ☆ mm

裾の長さから踵周囲を引いて四等分した数字分裾を細くする

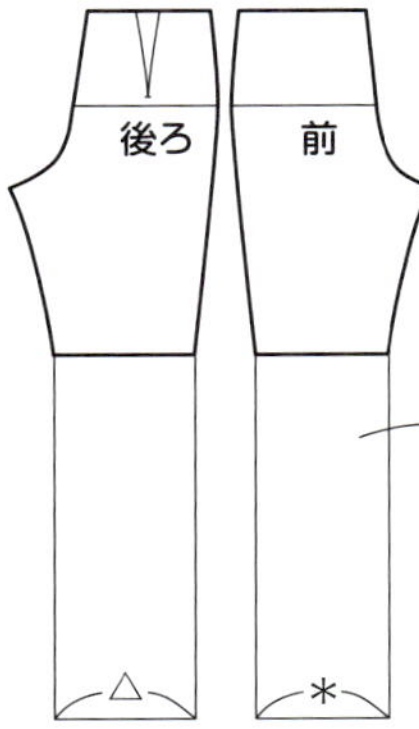

まっすぐ伸ばしただけのパンツ

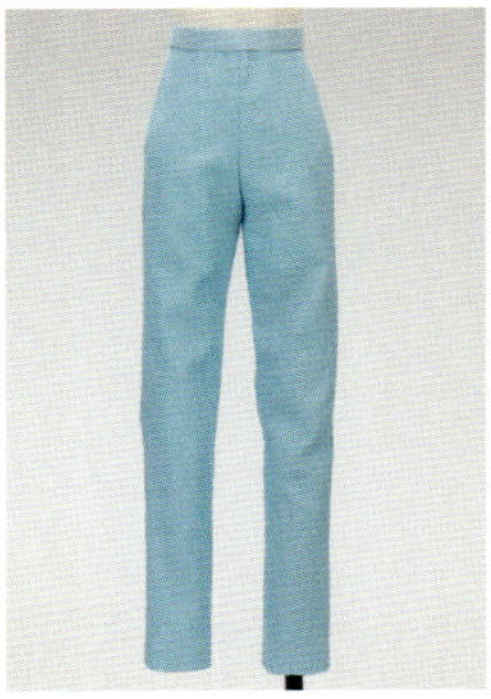

裾を広げたい場合

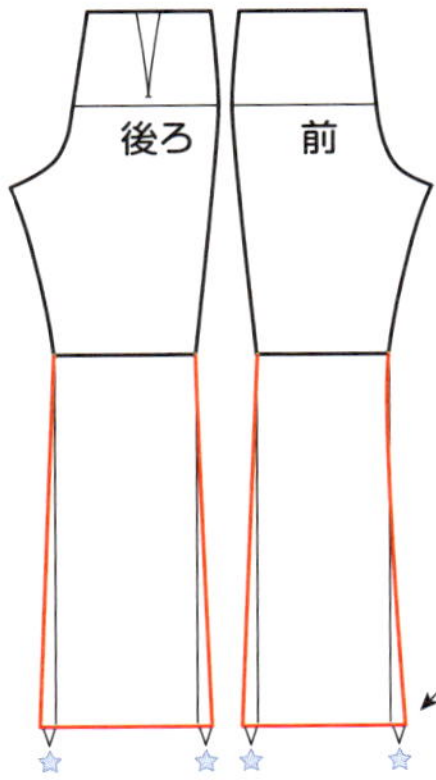

（作りたい裾の周囲 − △+*）÷ 4 ＝ ☆ mm

裾の長さから踵周囲を引いて四等分した数字分裾を追加する

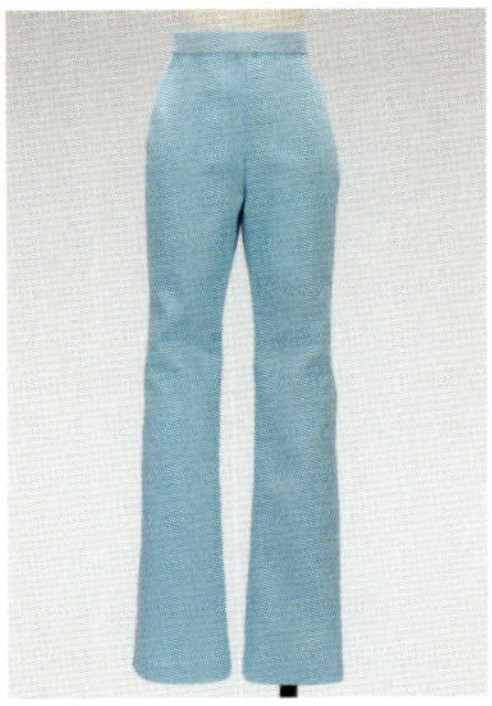

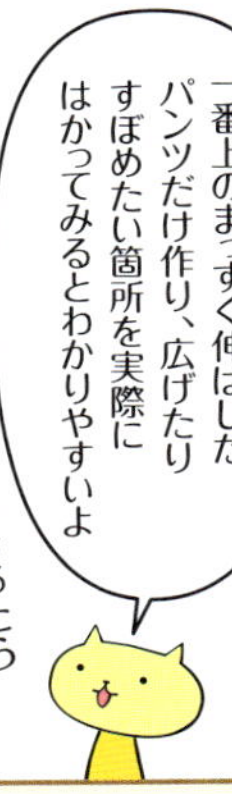

すぼめたい場合は待ち針でとめる

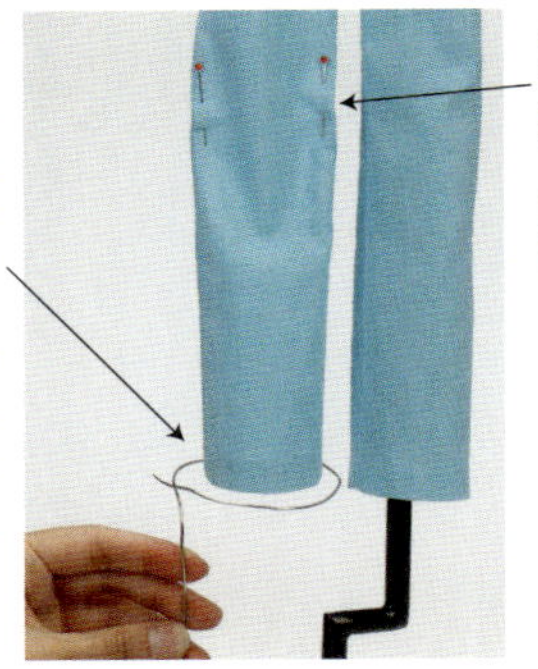

広げたい場合はワイヤーではかる

このままでもいいですが、膝付近を少しせまくすると上の作例のようにメリハリのあるシルエットになります

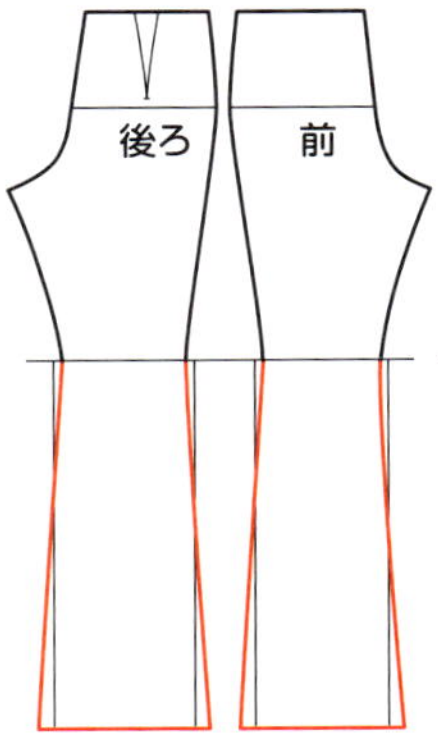

裾などの出口付近ではなく途中が細い場合なら、かかとピッタリサイズでも通す事が出来ます

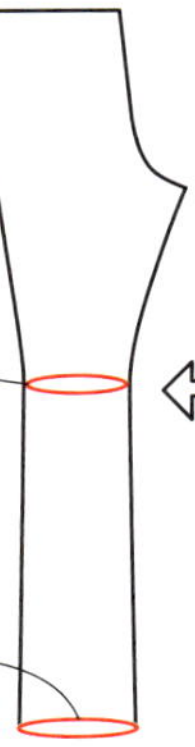

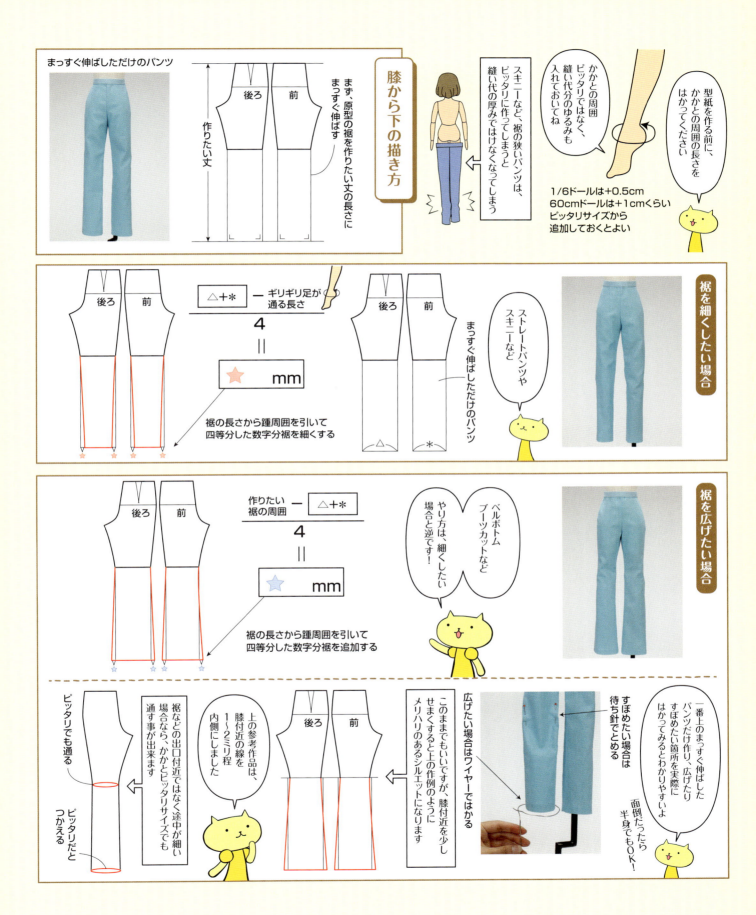

ワイドパンツ

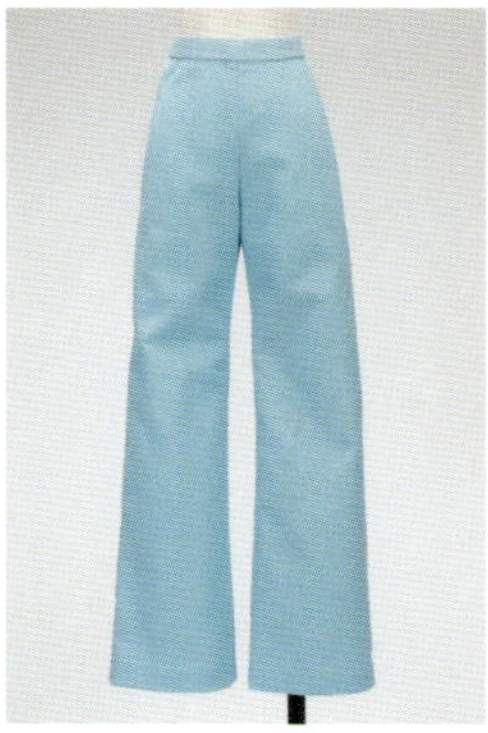

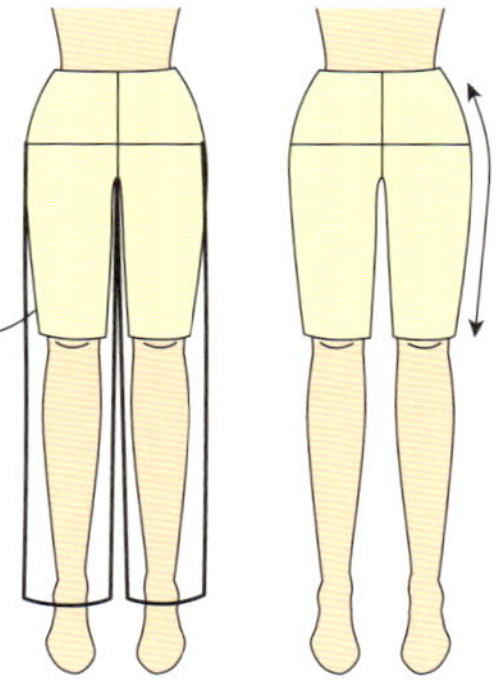

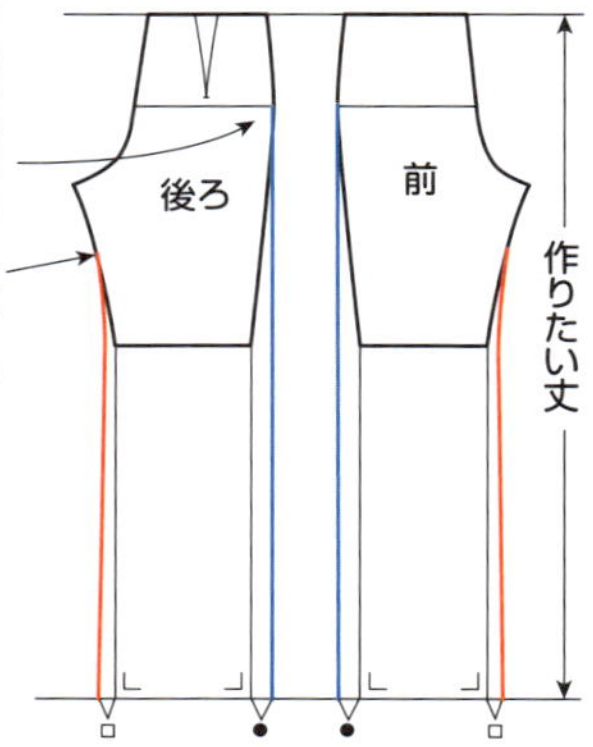

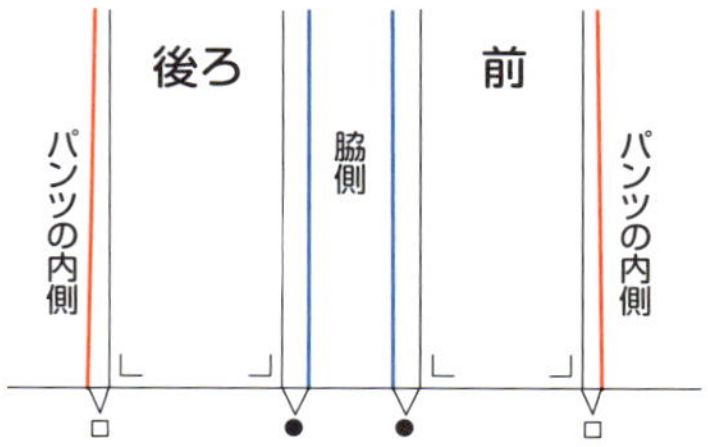

・脇と内側の追加分は同じにしなくても良い
・前と後ろ、それぞれ同じ幅追加すると、
カーブが同じになって縫い合わせる時に楽

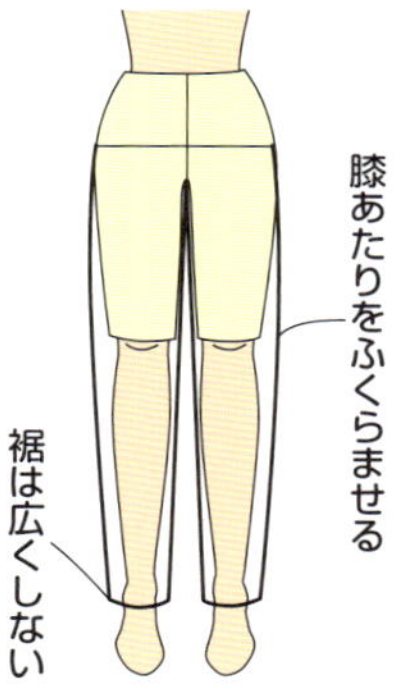

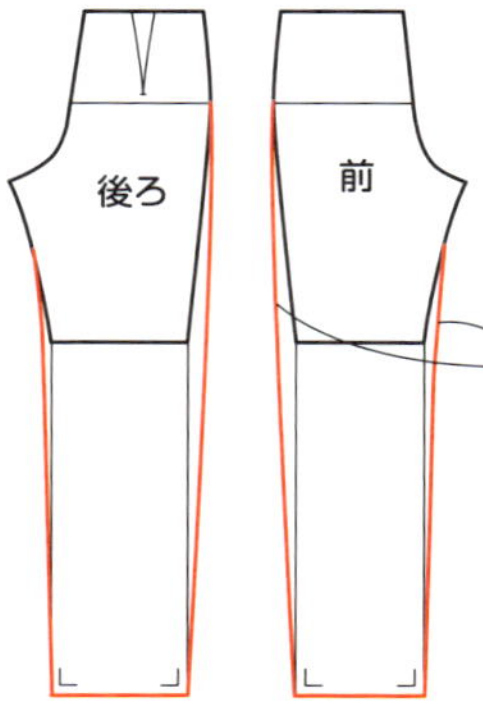

レギンス

原型をヒップラインで合わせてくっつける

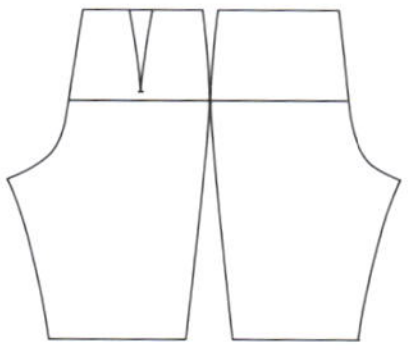

作りたい丈に伸ばす

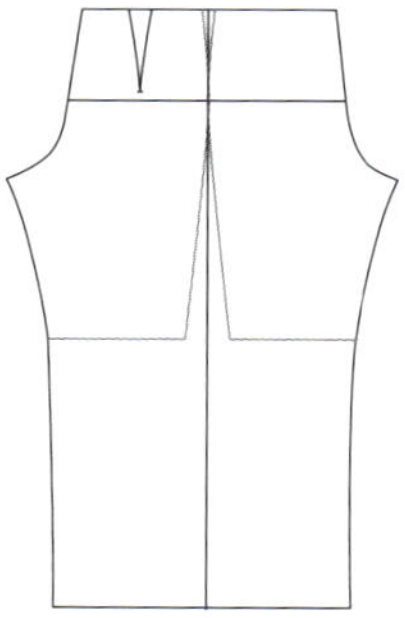

原型を作った時のように、片方だけ短いものをニット地で作る

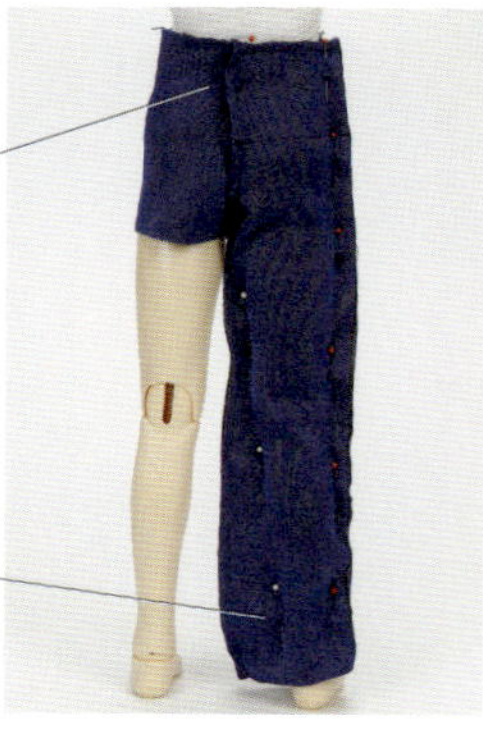

ピッタリになるように脇をつまんで待ち針でとめる

後ろ中心をさらにつまんでダーツを無くしても良い

裾を細くしたい場合は、内側を多くつまむ

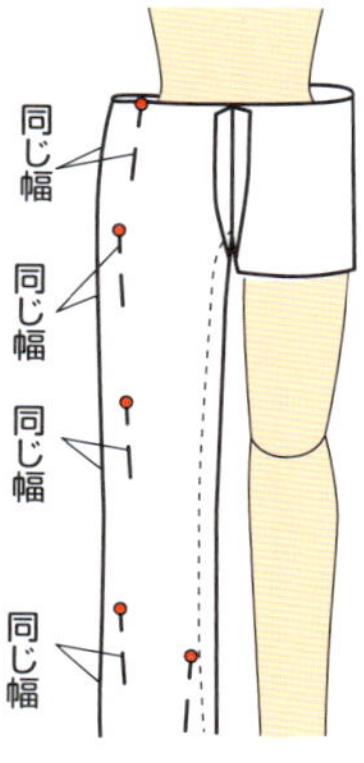

このように前後が合体した型紙になります

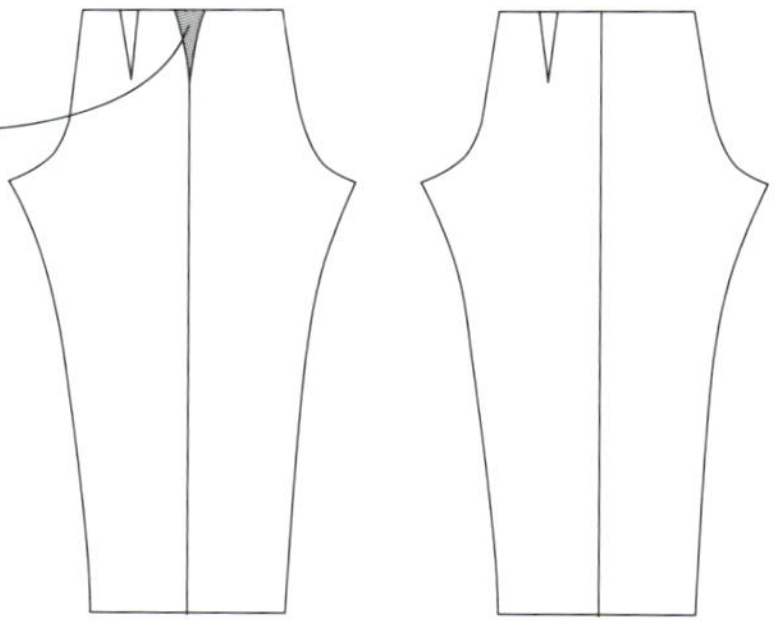

ウエストとヒップに差があるドールはこの部分にダーツを入れても良い

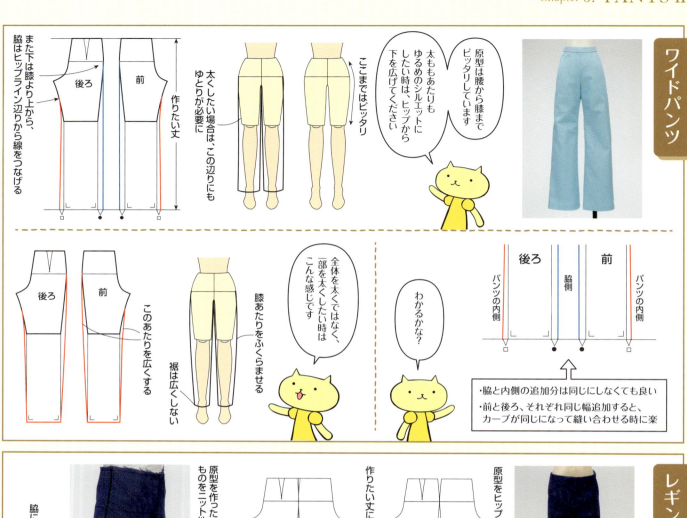

裾を折り返してダブルにする方法

① 裾を何センチ折るか決める

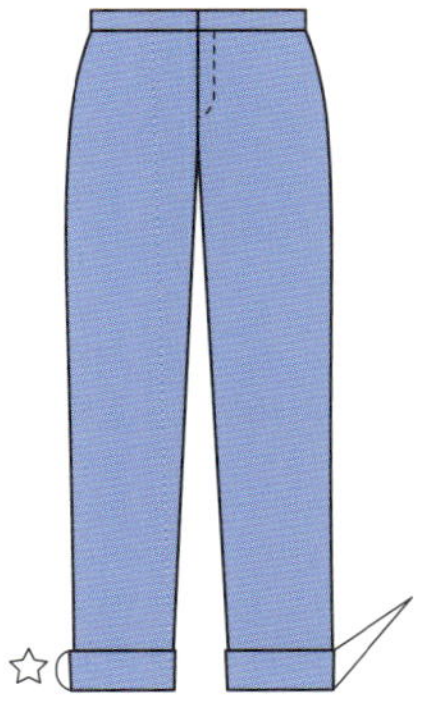

② 紙に型紙を描き写し、裾から下を垂直にまっすぐ伸ばし、折りたい幅×3延長する

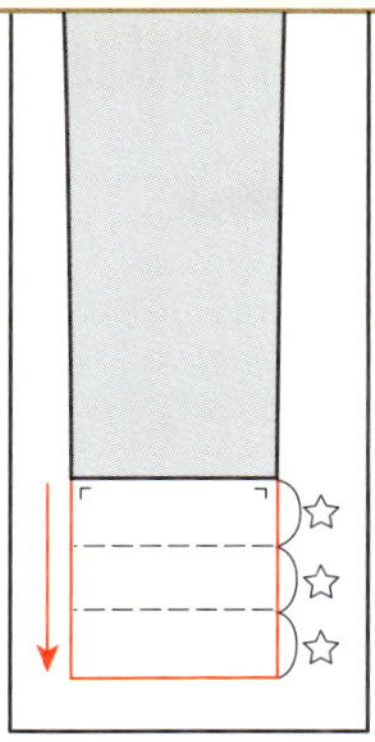

③ 描き写した紙のこの位置を向こう側に折る

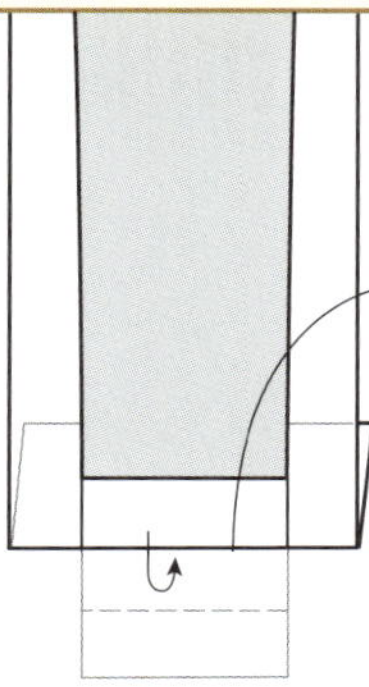

④ 次は裾の位置を手前に折る

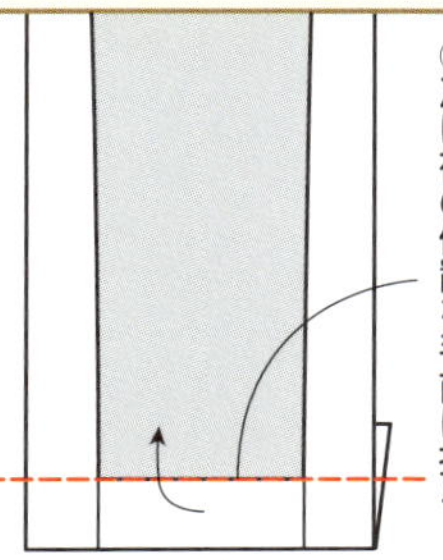

⑤ 折った状態で縫い代を描き、線をはさみでカットする

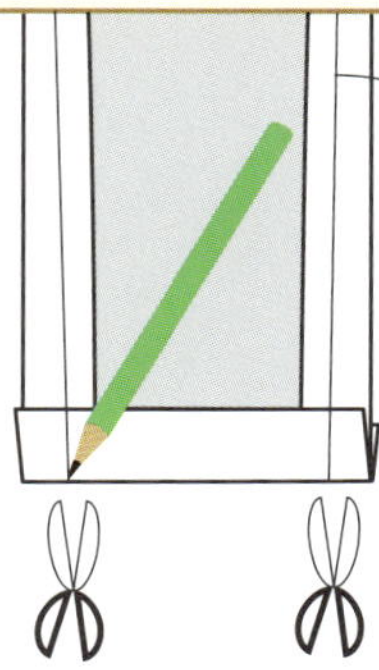

※裾から下の縫い代が少しギザギザになります

⑥ 先に脇を縫い合わせ、型紙を折った時と同じように裾を折る

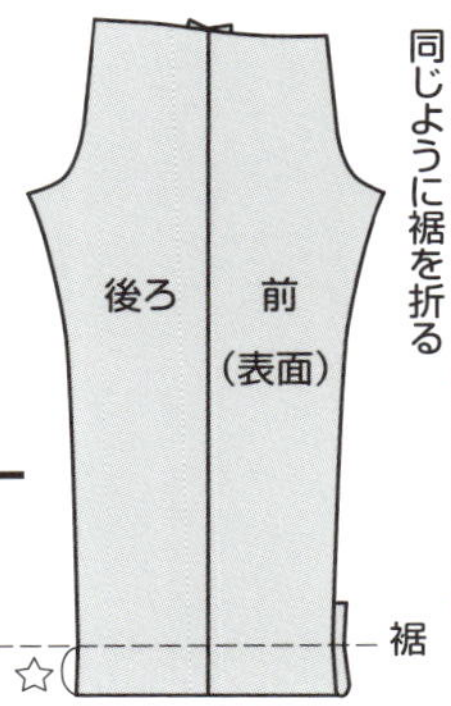

⑦ 折り返した部分の両端を少し内側に入れ、ズレないように軽く縫い止めておく

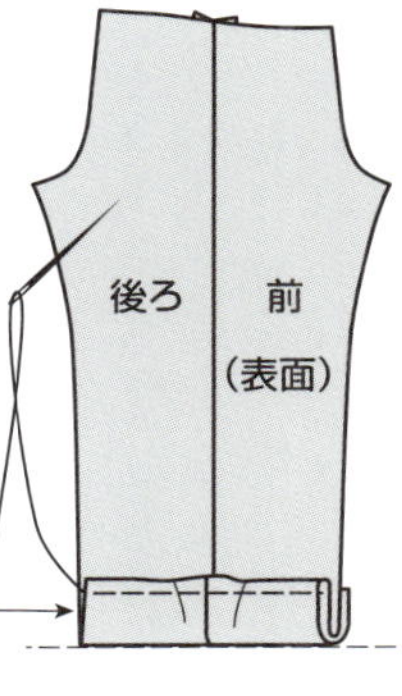

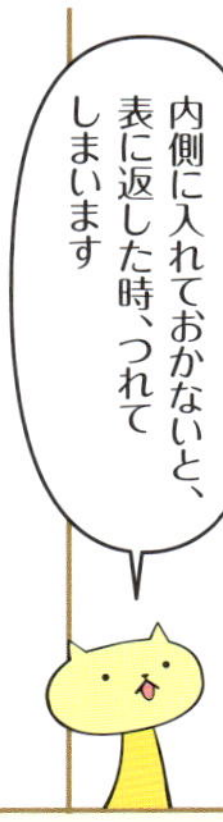

⑧ 中表に合わせて股下を縫う

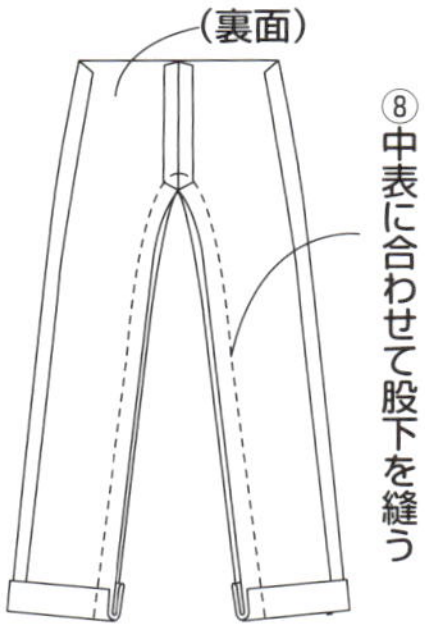

このように裾を折った状態で縫うと、折り目が固定されてズリ落ちない

後ろにヨークを作る

① 好みの位置にヨークの線を描く

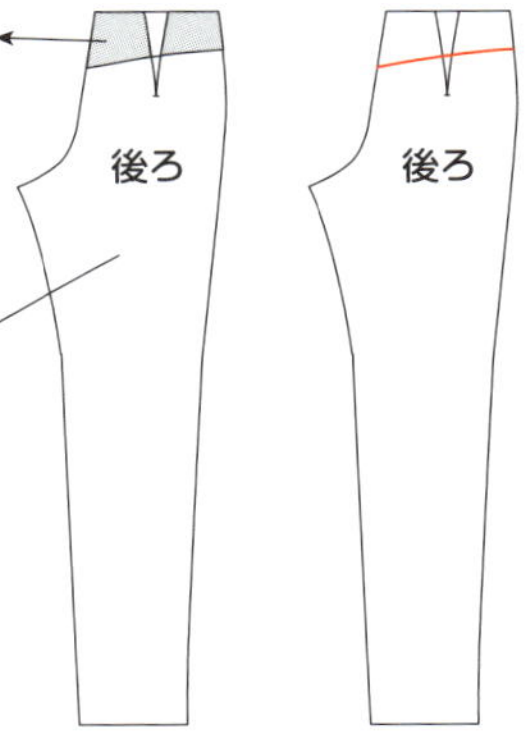

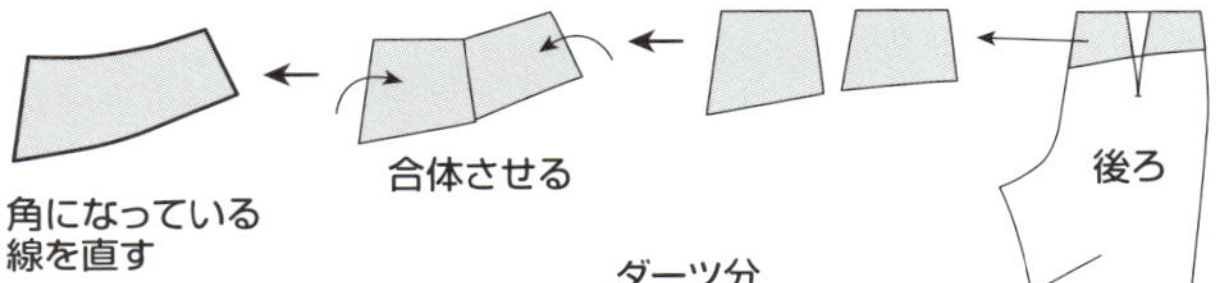

② 脇または後ろ中心でダーツ分をカットして、ヨークと同じ長さにする

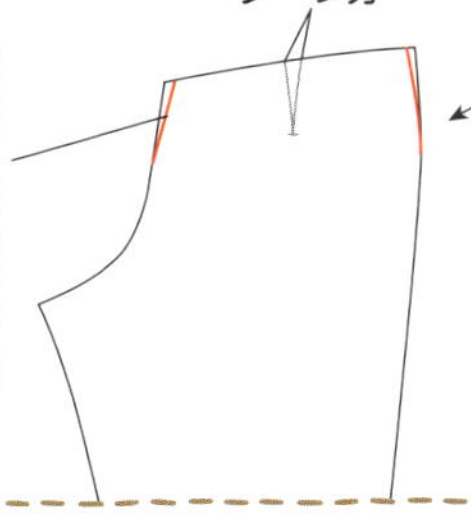

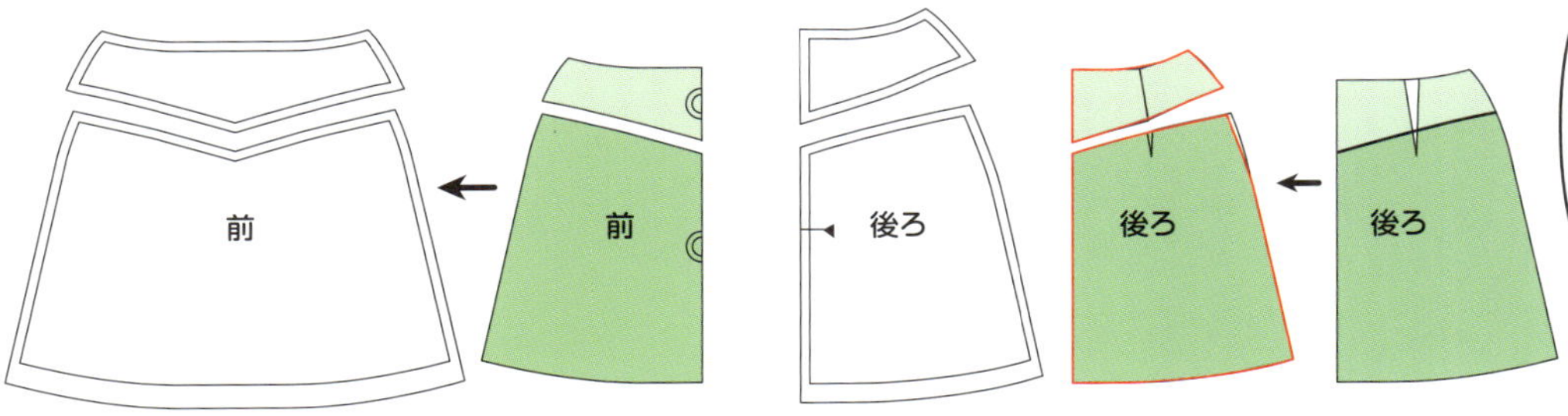

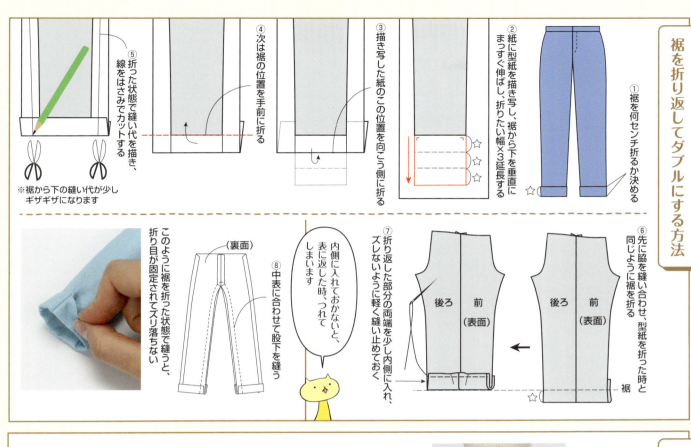

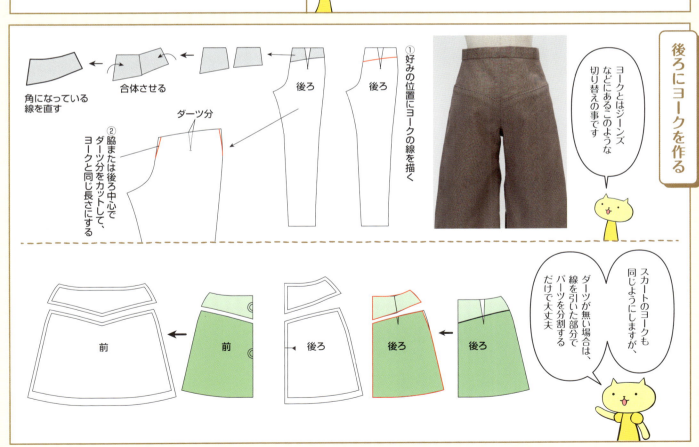

Chapter 7.

パンツ原型を切り開く

— PANTS Ⅲ —

パンツの切り開きの手順

こんなパンツを作りたいんだけど、どうしたらいいの?

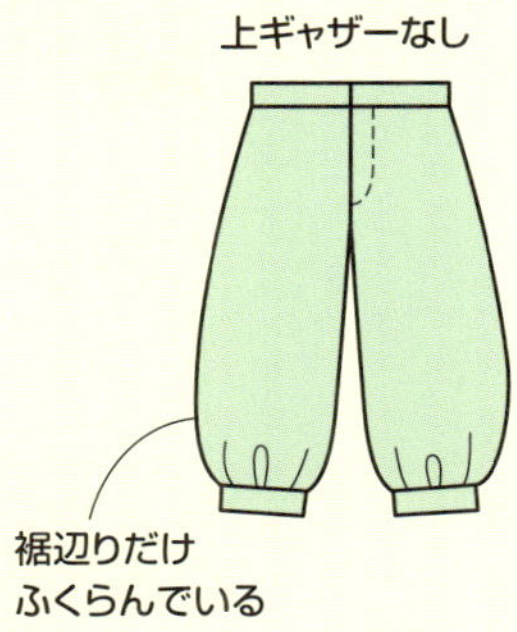
上ギャザーなし
裾辺りだけふくらんでいる

膨らませたい部分を切り開くといいよ

まず作りたいパンツのデザインを決める

決める時のポイント
・パンツ丈
・ふくらみの大きさ

プリントアウトしたものに実際に描いてみるとわかりやすい

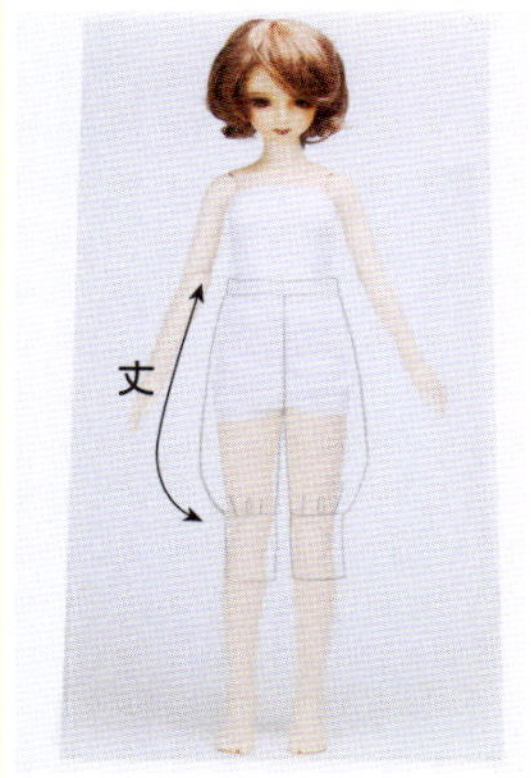
丈

イラストをもとに、だいたいの丈の長さをはかる

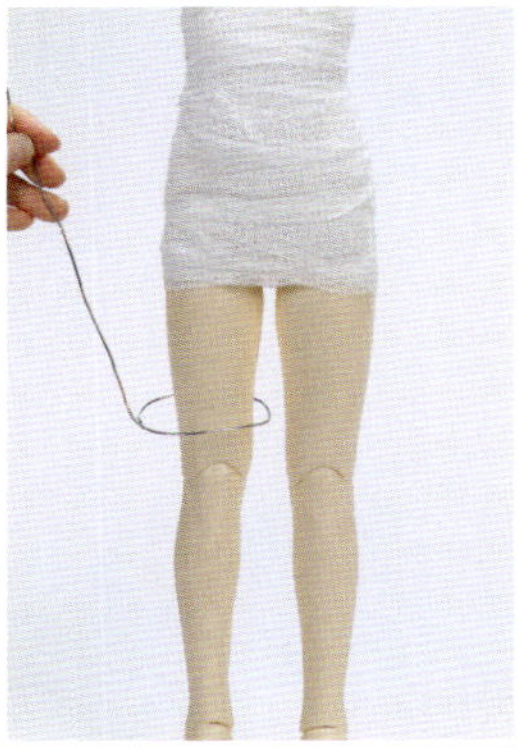

ワイヤーを使い、実物のドールでふくらみ分をはかる

出来上がりを想像しながらはかろう!
エアパンツだ~

原型を作りたい丈の長さまで伸ばし、ヒップを二等分した部分に縦線を引く

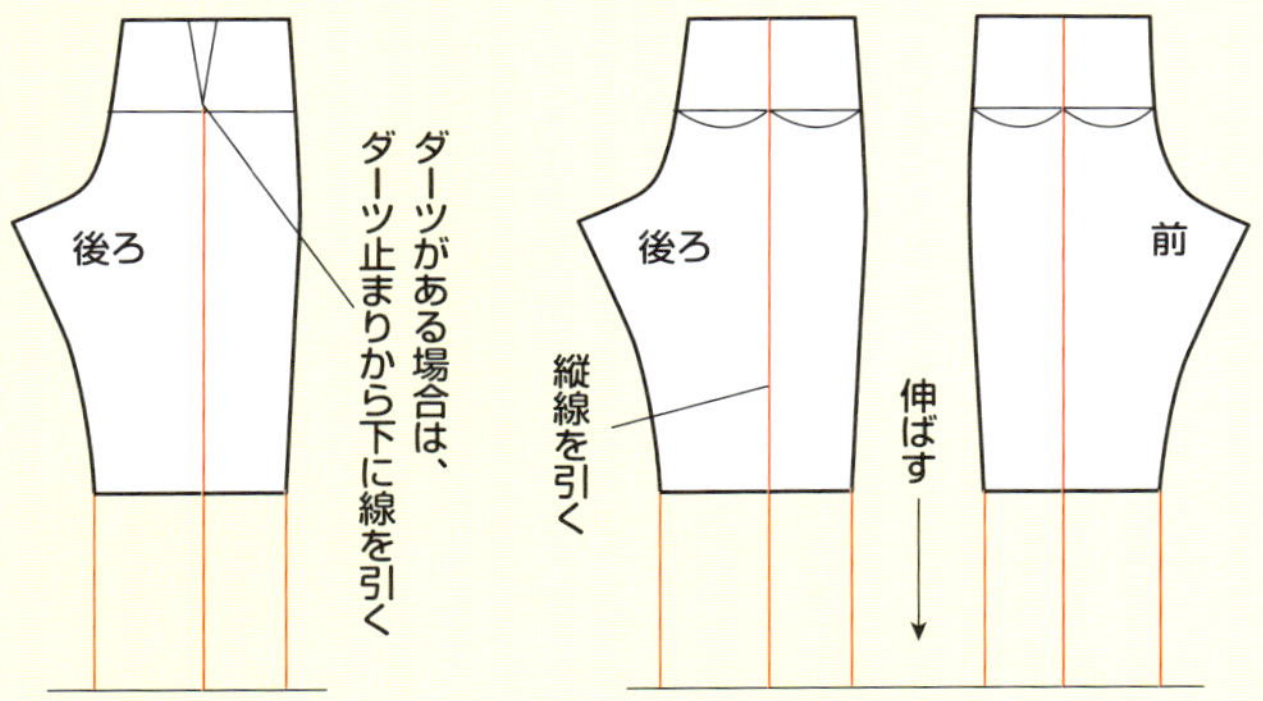
前
後ろ
伸ばす
縦線を引く
後ろ
ダーツがある場合は、ダーツ止まりから下に線を引く

ウエストからヒップを裾に直角におろす

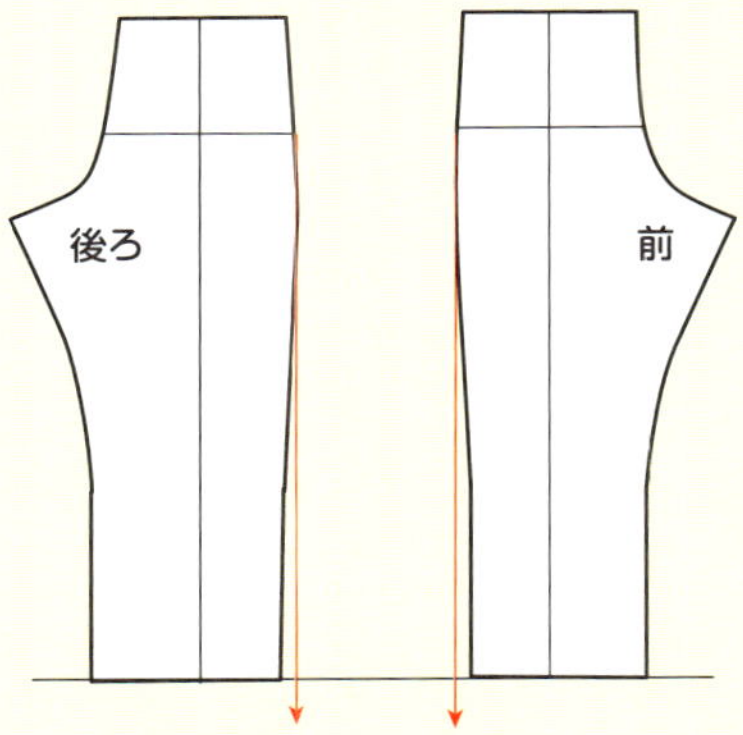
後ろ
前

二等分した線をはさみでカットする

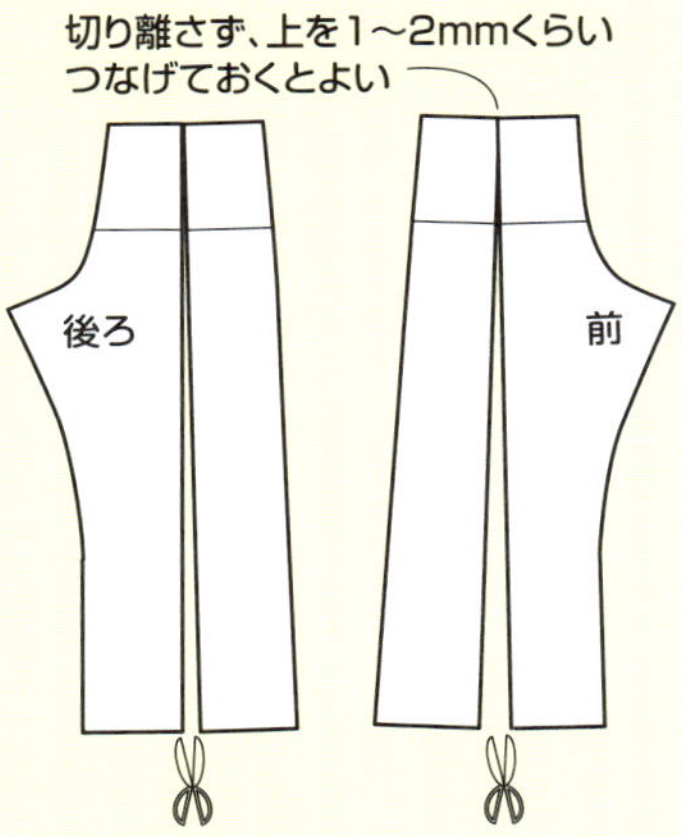
切り離さず、上を1～2mmくらいつなげておくとよい
後ろ
前

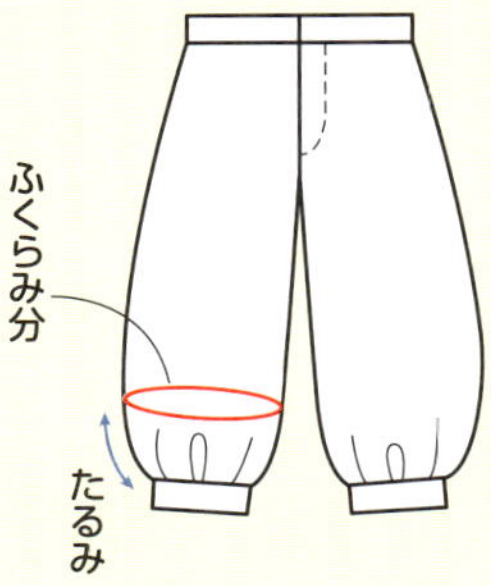
ふくらみ分
たるみ

この位置が、ふくらみ分の1/2の長さになるように開く

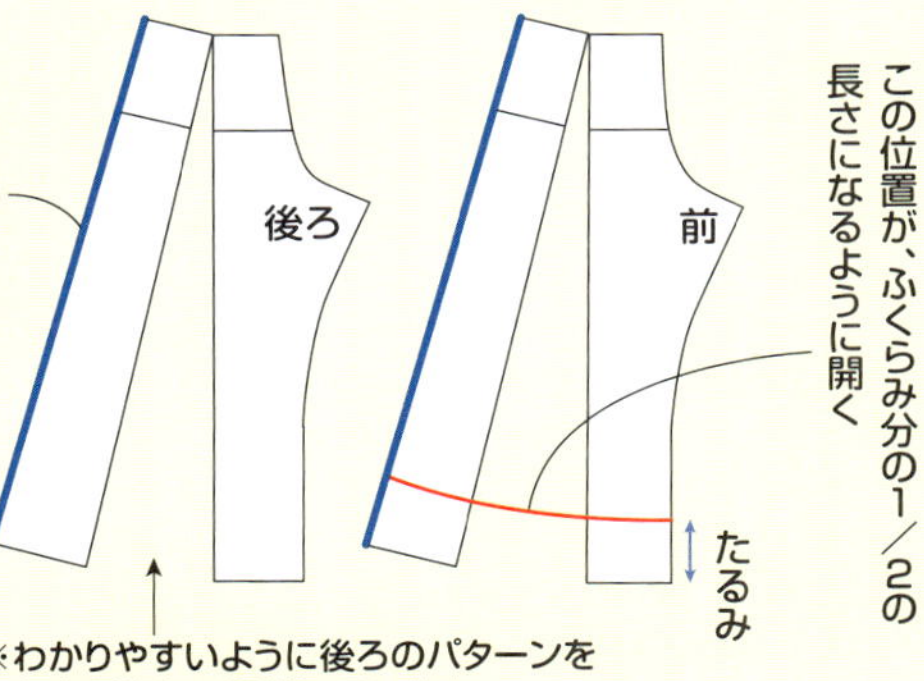
前
たるみ
後ろ

この傾斜が前と同じ角度になるように開く

※わかりやすいように後ろのパターンを左右反転して解説しています

ワイヤーを置いてはかると広げやすい

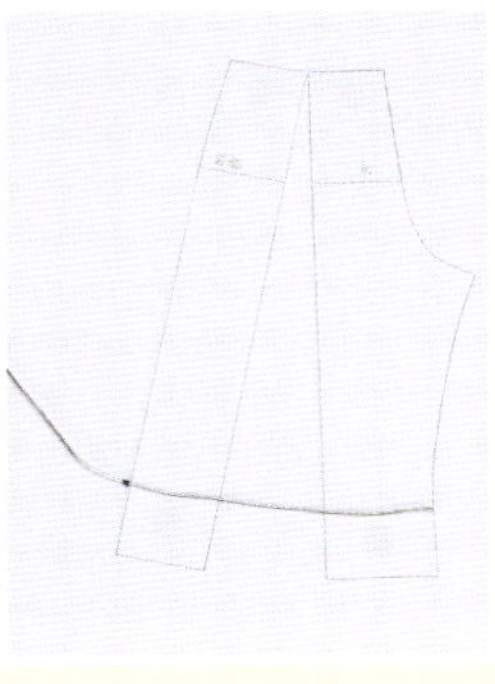

1/2の長さに印をつける

ミリ単位で正確に広げなくても大丈夫です

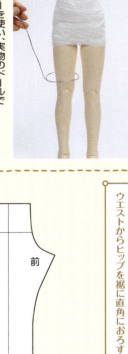

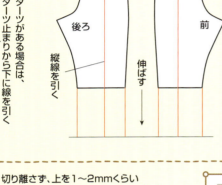

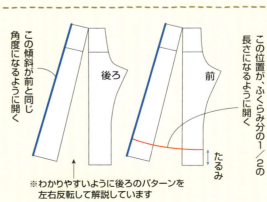

後ろにダーツがある場合

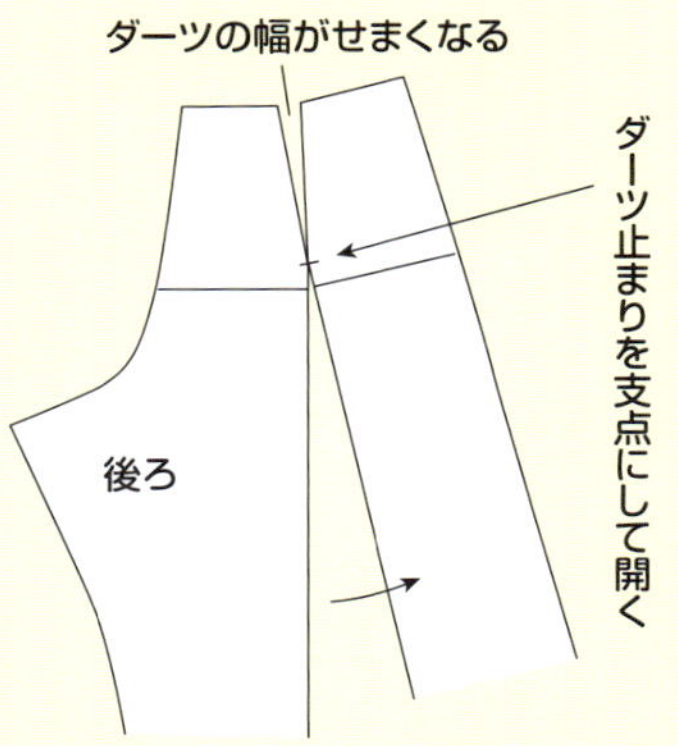
ダーツの幅がせまくなる
ダーツ止まりを支点にして開く
後ろ

開く幅が大きくて、ダーツ止まりを支点にするとダーツ上部が重なってしまう場合

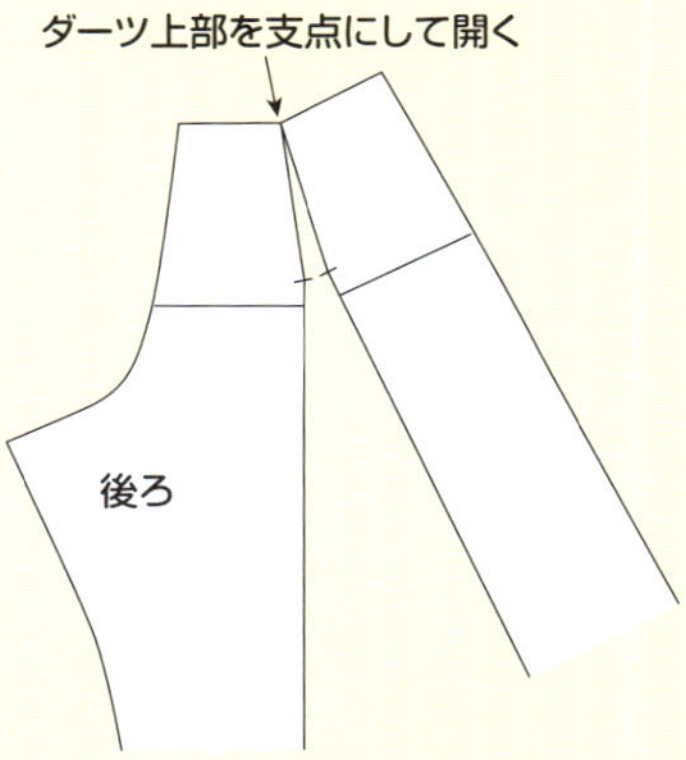
ダーツ上部を支点にして開く
後ろ

え~と
え~と……
解説だけだと
難しいよね
実際にこのような
作業が必要になった時に
読み直してね

ウエストと裾を曲線に直して完成

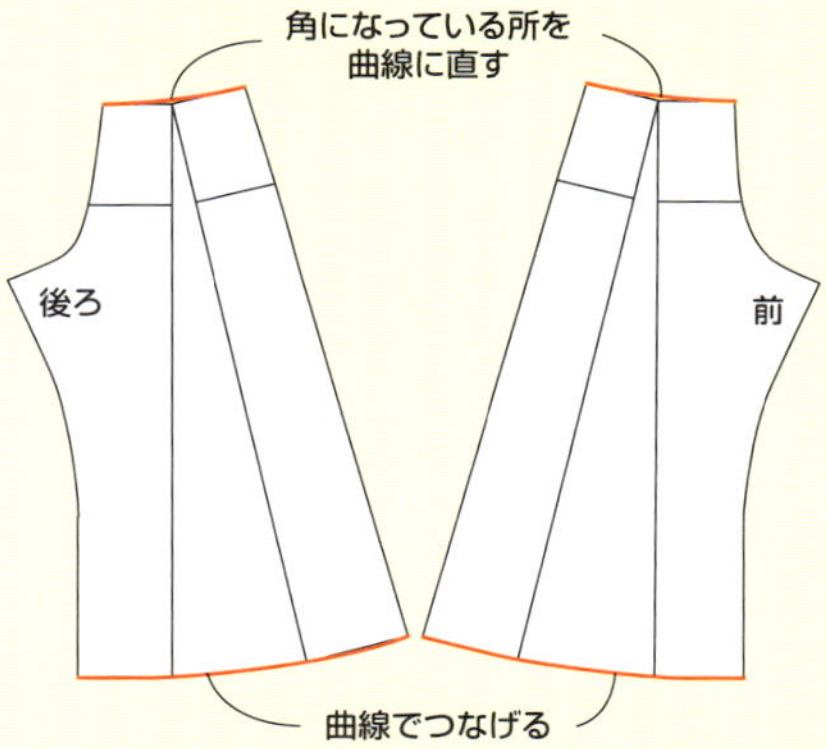
角になっている所を
曲線に直す
後ろ
前
曲線でつなげる

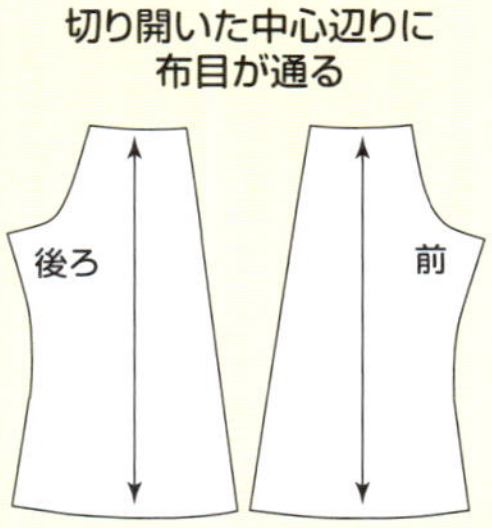
切り開いた中心辺りに
布目が通る
後ろ
前

じゃあ、たくさん膨らませたい時は、開く量を増やせばいいんだね!
その通り!

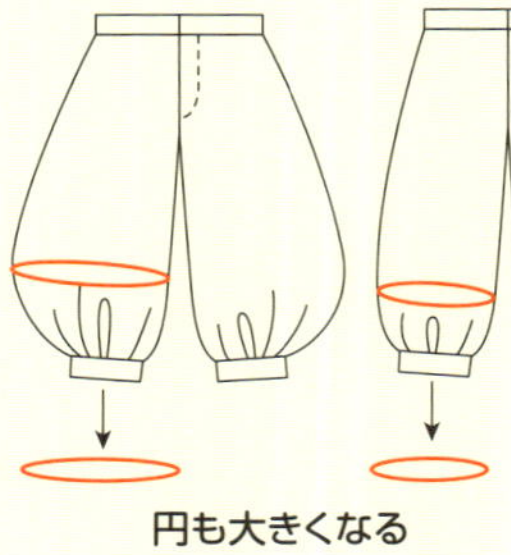
円も大きくなる

45度あたりまで切り開く時は、ヒップを三等分くらいに分けるといいよ
五等分や六等分などたくさん開かなくても大丈夫です

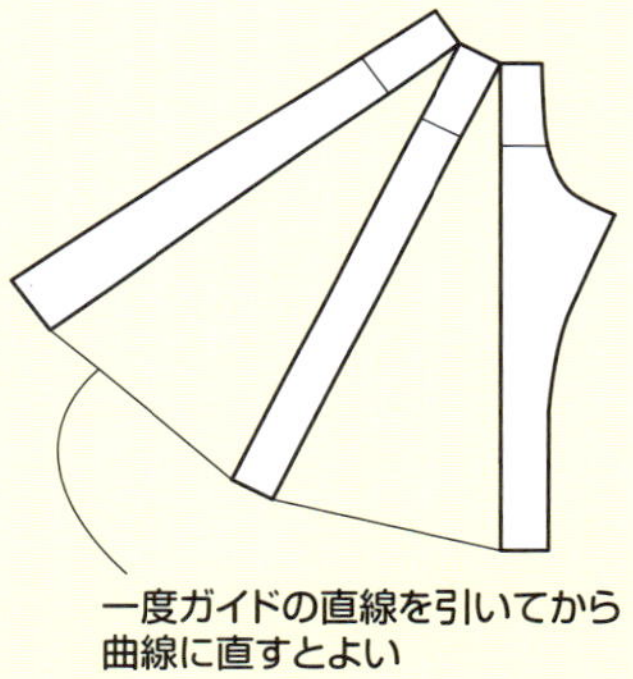
一度ガイドの直線を引いてから
曲線に直すとよい

後ろダーツは消してから三分割する

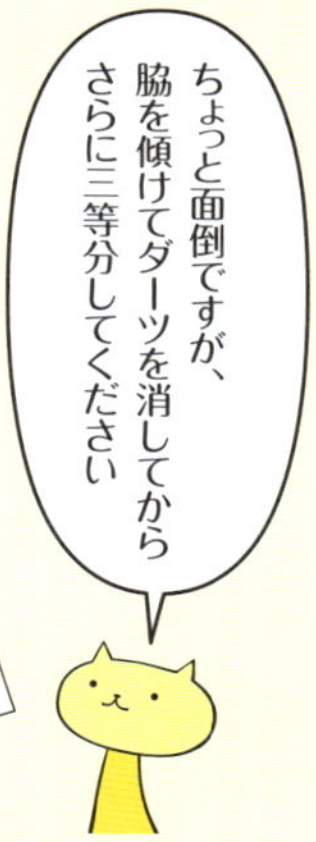
ちょっと面倒ですが、
脇を傾けてダーツを消してから
さらに三等分してください

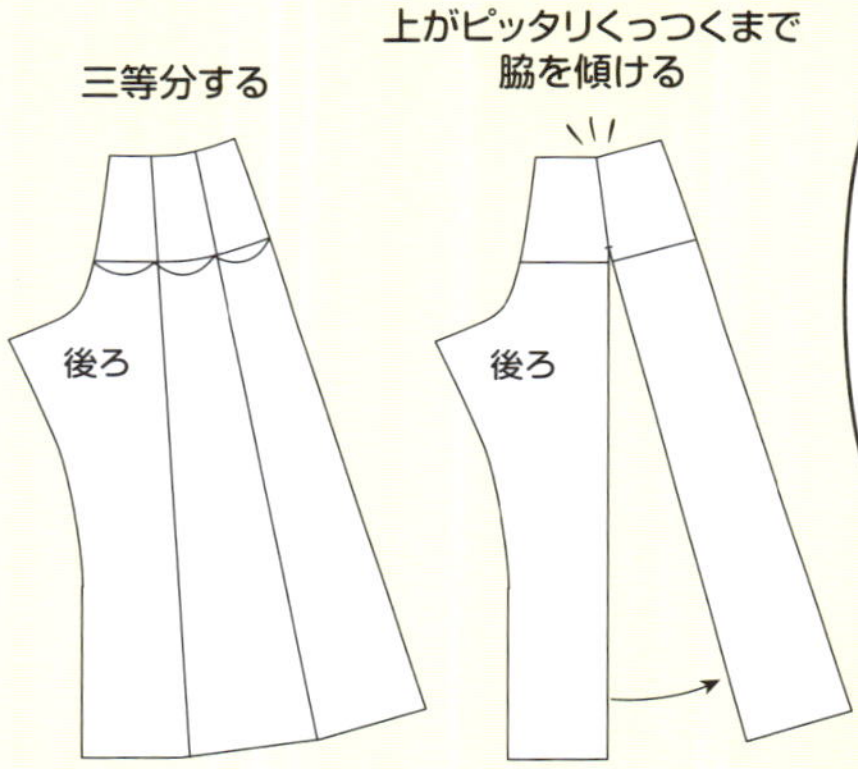
上がピッタリくっつくまで
脇を傾ける
三等分する
後ろ
後ろ

ガウチョパンツ・キュロットスカート

裾にギャザーをよせないと、ガウチョパンツやキュロットスカートになります

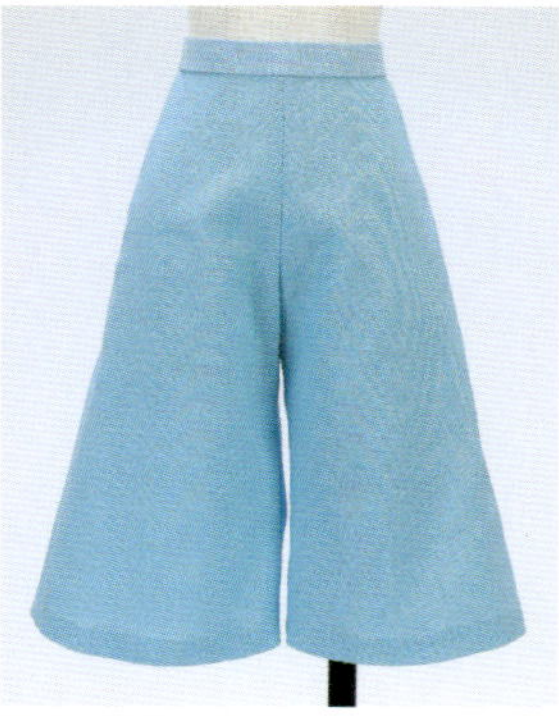

※上の方法で後ろ身頃のダーツを消して作りました。SD女の子の原型を使い、丈を20センチに伸ばしています

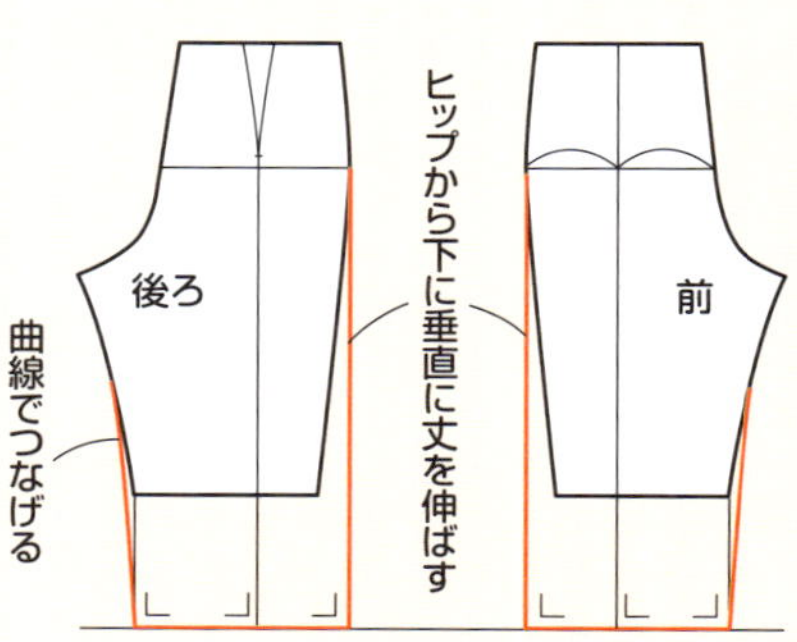
ヒップから下に垂直に丈を伸ばす
曲線でつなげる
後ろ
前

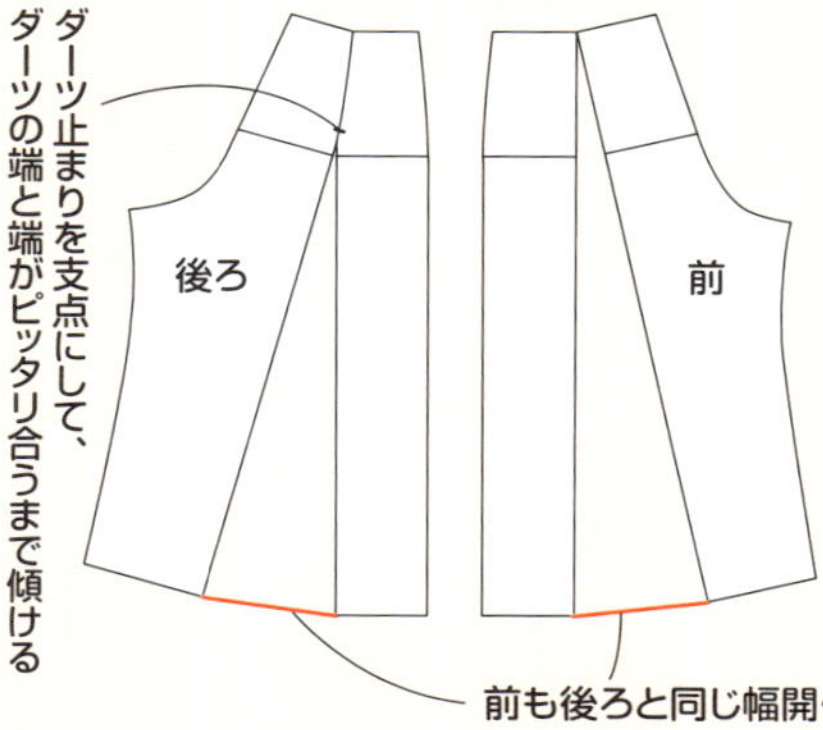
ダーツ止まりを支点にして、ダーツの端と端がピッタリ合うまで傾ける
後ろ
前
前も後ろと同じ幅開く

裾パーツの作り方と注意点

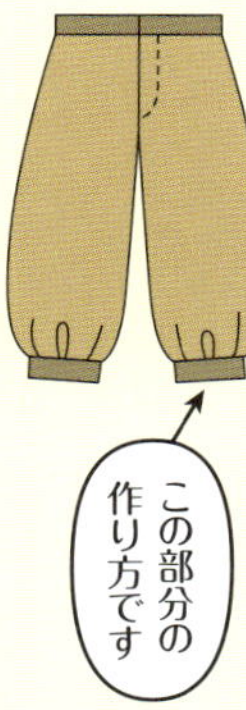

足首が通る輪の長さをメジャーなどではかる

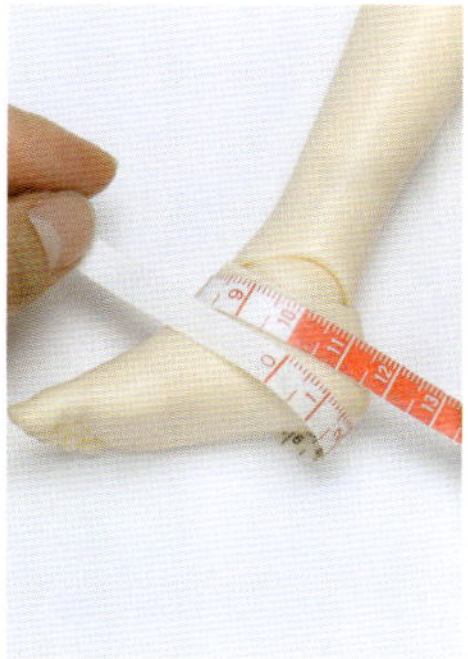

メジャーでゆるめにはかる

キッチンペーパーを縦に二回くらい折って厚くしたものを巻き付けてはかってもよい

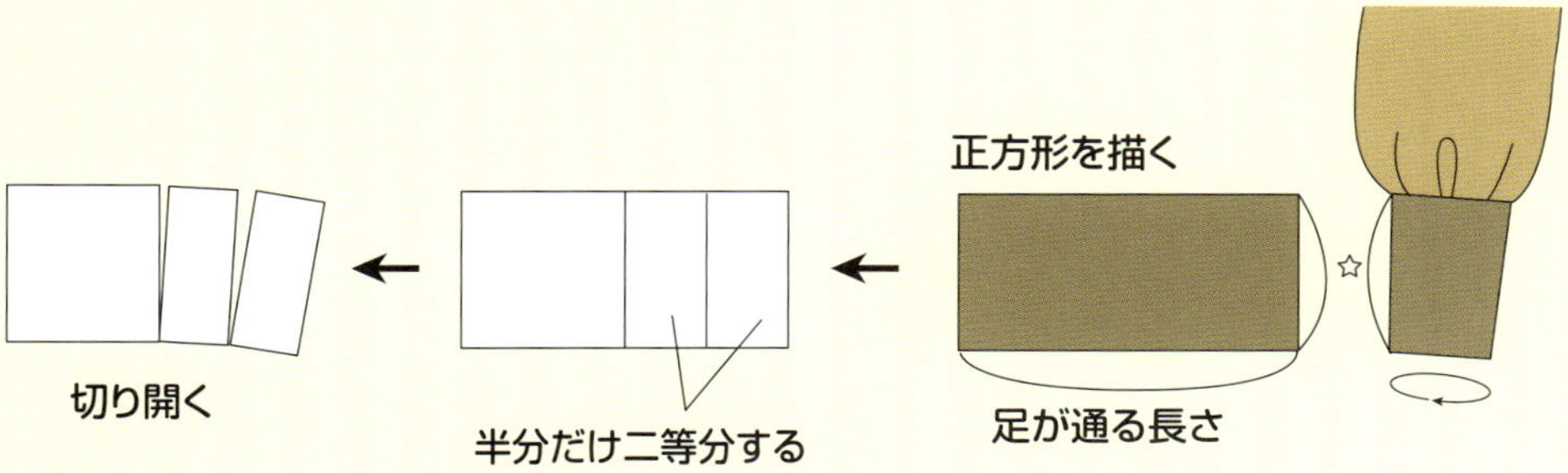

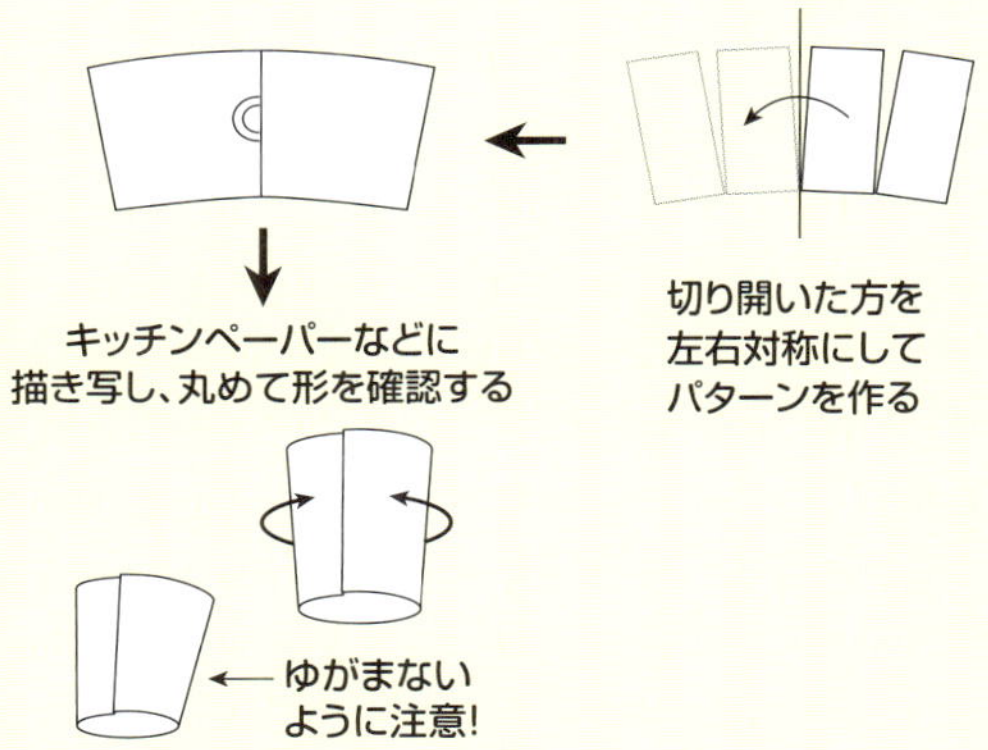

もっと上を広げたい場合はさらに切り開き、広すぎる場合はたたむ

扇型の場合、長方形の時みたいに真ん中で折れないため、表と裏のパーツが必要になります

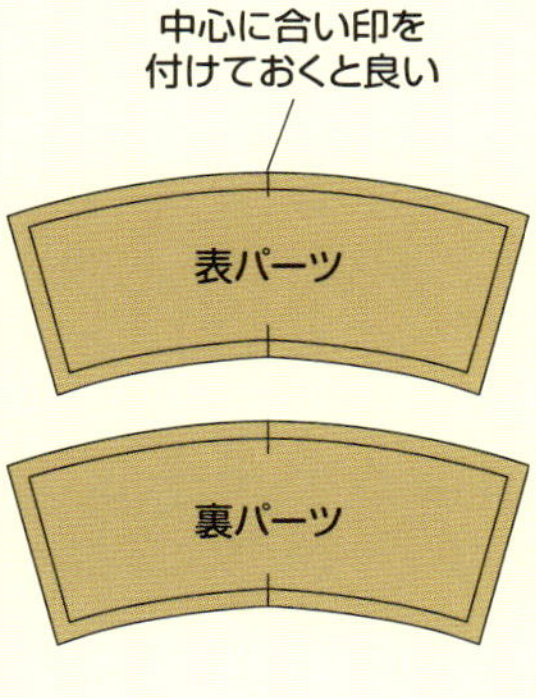

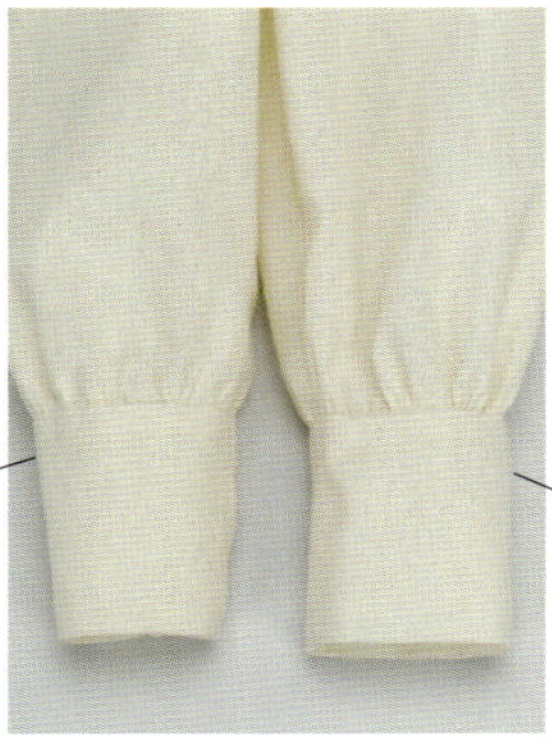

長方形パターンの裾

扇型パターンの裾

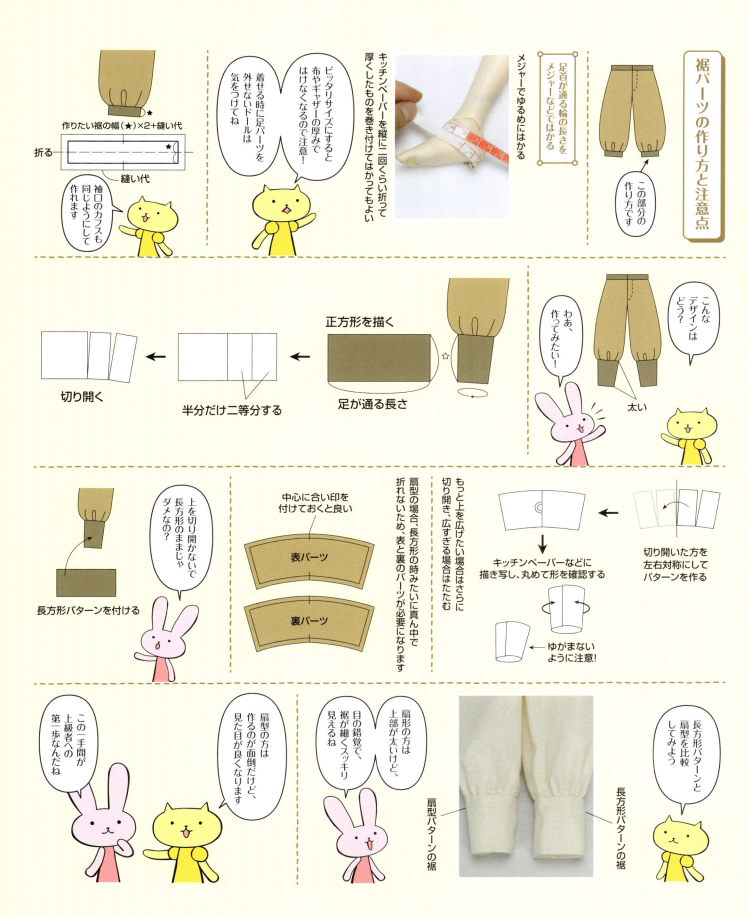

上を切りひらく

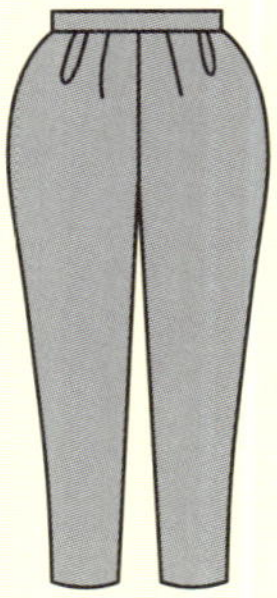

ジョガーパンツ

ウエストと裾を切りひらく

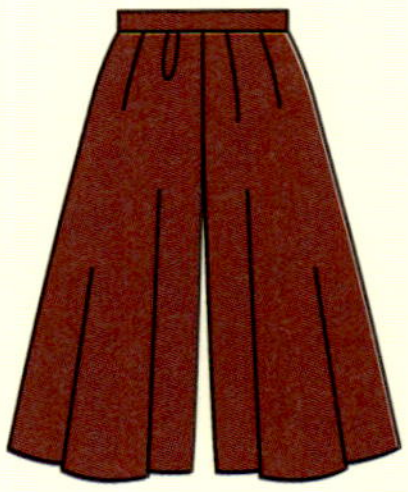

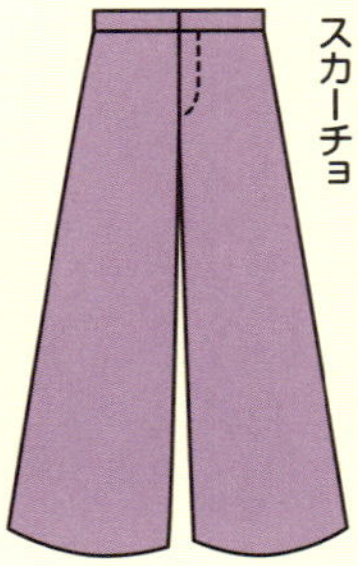

スカンツ
スカーチョ

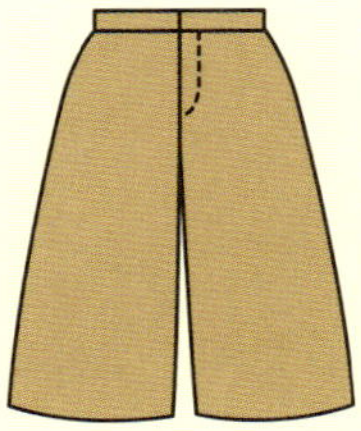

ガウチョパンツ
キュロットスカート

上を切り開く

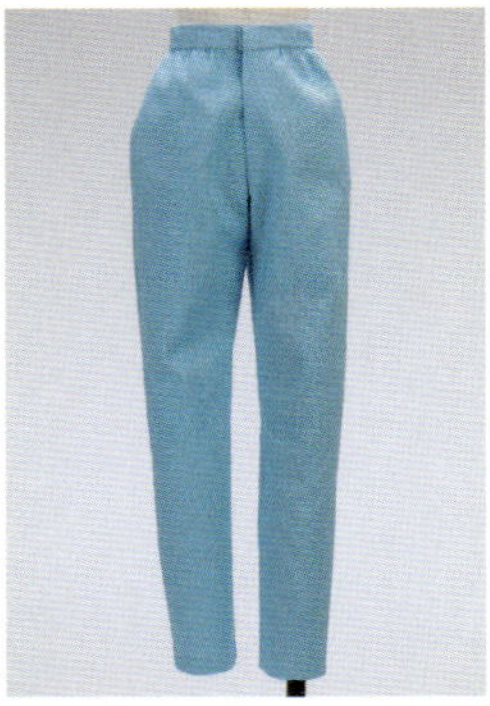

ジョガーパンツ・ジョッパーズなど

原型の裾を作りたい丈の長さにまっすぐ伸ばす

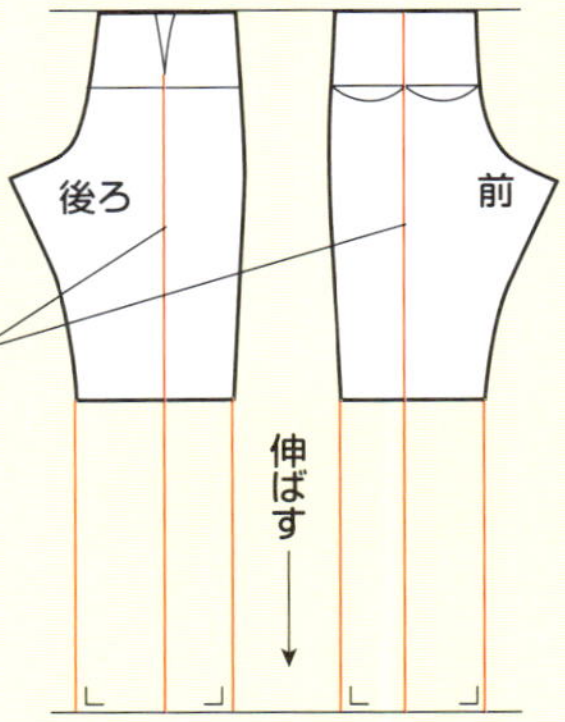

二等分、またはダーツ止まりから垂直に線を引く

裾を支点にして、ウエストを切り開く

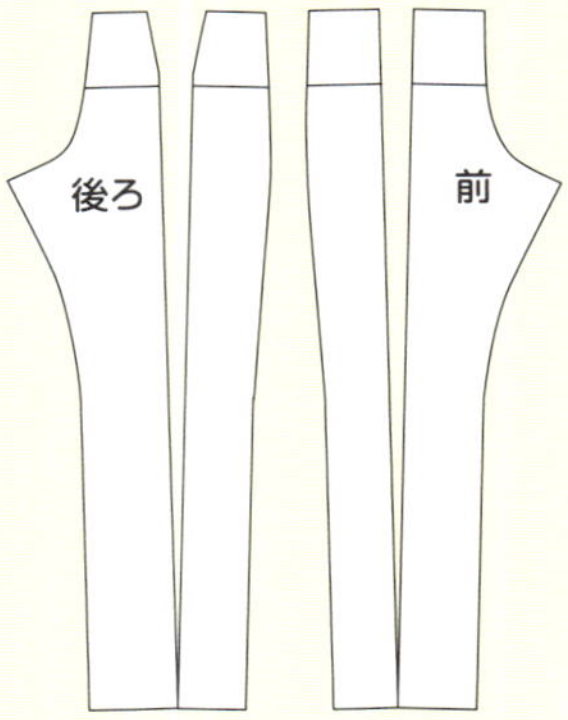

切り開く分量はデザインやギャザーの分量によって変わります

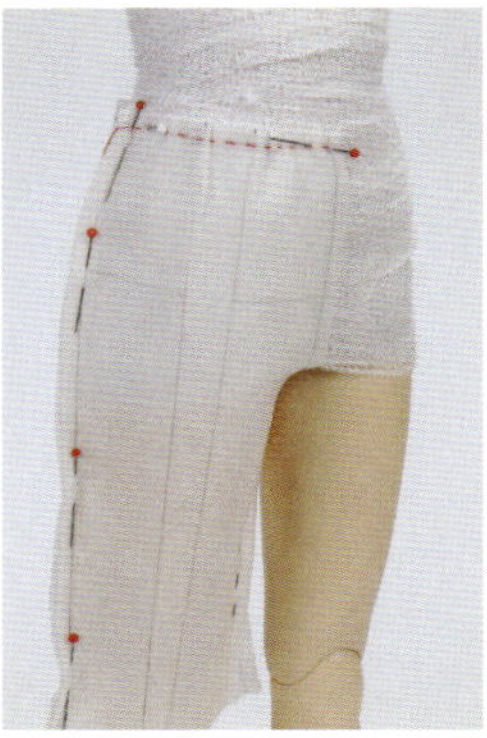

どれくらい開くか迷った場合は、膝から上くらいをキッチンペーパーで作って実際にボディにあててみるといいです

※上の写真の参考作品は60センチドールで1.5センチ切り開いています

切り開いたパターンを元に、細くしたい部分をカットしたり、ボリュームをもたせたりする

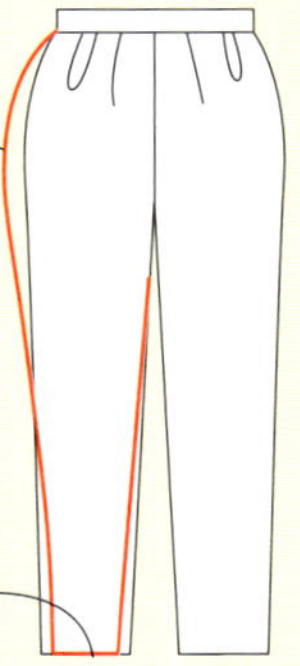

ヒップ辺りを太くしたい

裾を細くしたい

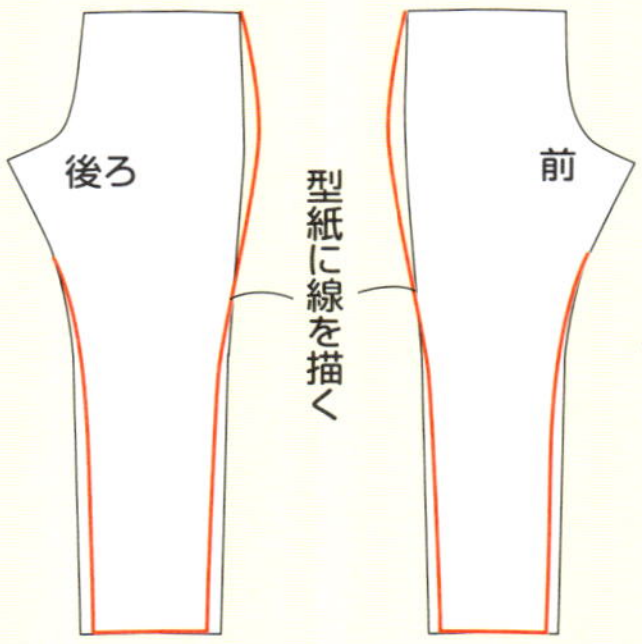

型紙に線を描く

ウエストにもギャザーをよせる場合

こんなシルエットのパンツ

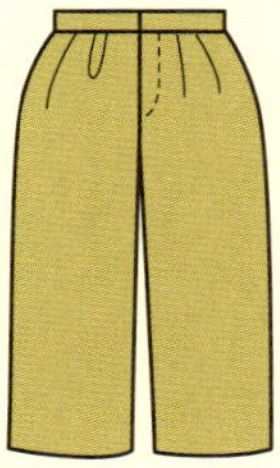

好みのギャザー分を追加する
(どれくらいかわからない人はウエスト×1.3倍くらい追加してみる)

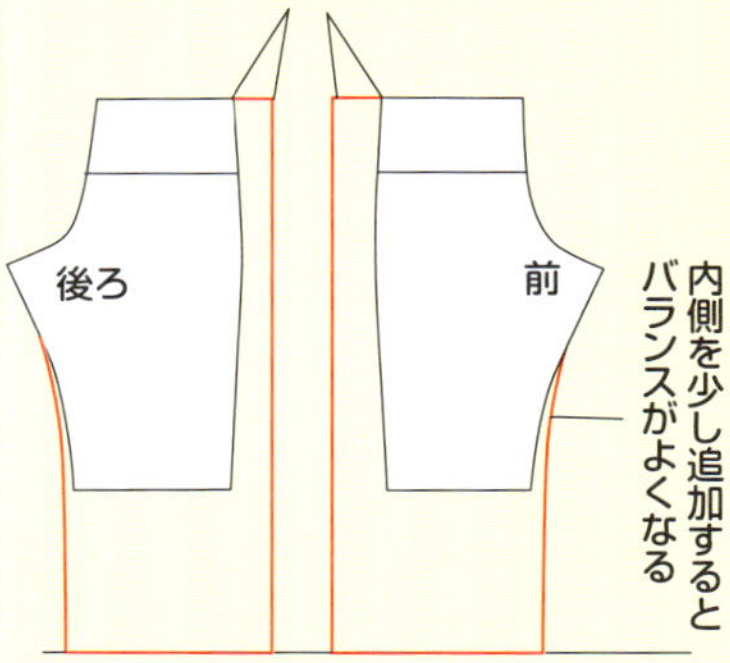

内側を少し追加するとバランスがよくなる

裾が広め

脇は同じ角度になるように開く

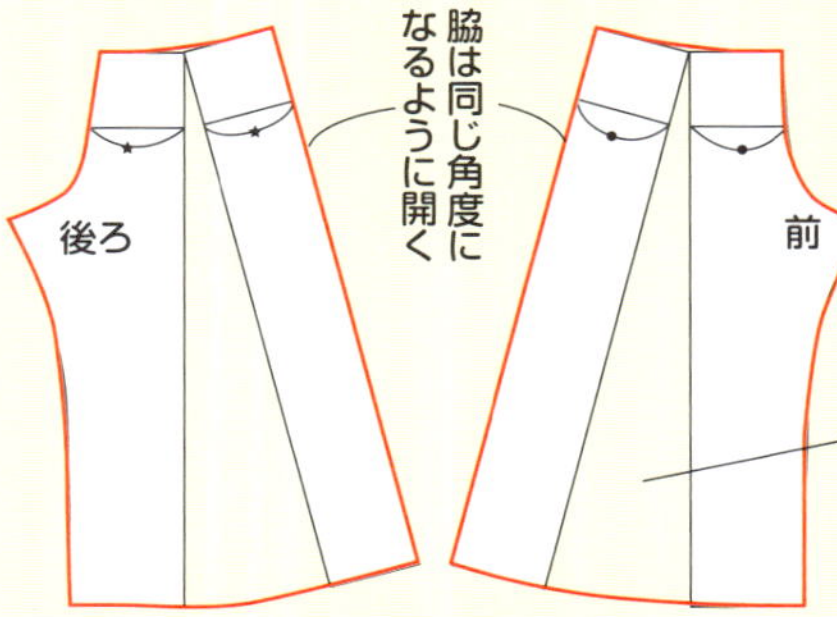

右の作図を切り開く

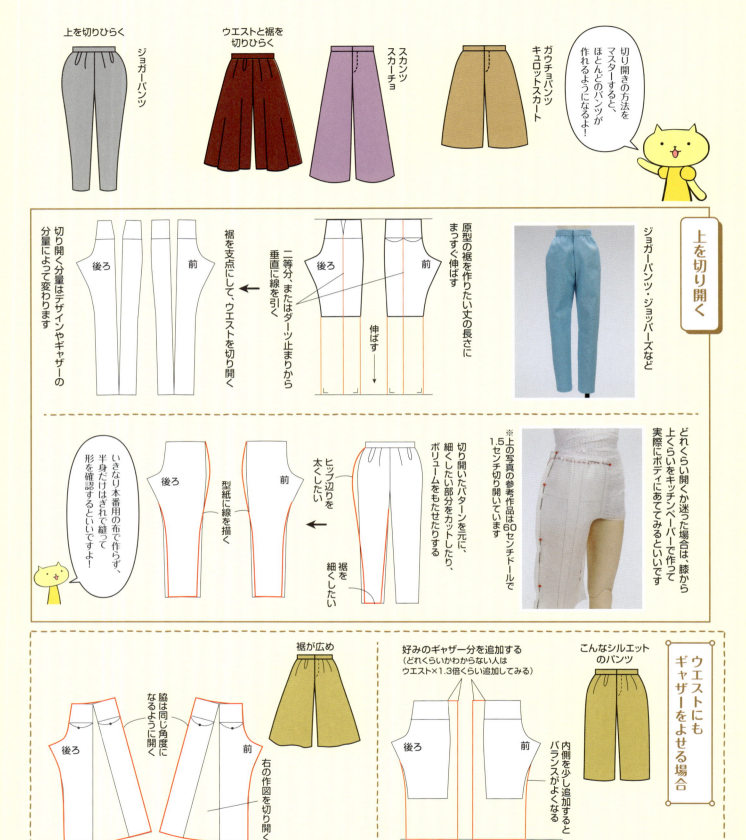

変形カボチャパンツ

伸縮するニット地で変わった形のパンツを作ってみよう！

フリーハンドでいいので、ウエストから太もも真ん中くらいまでのボディーラインと股の位置を紙に描く

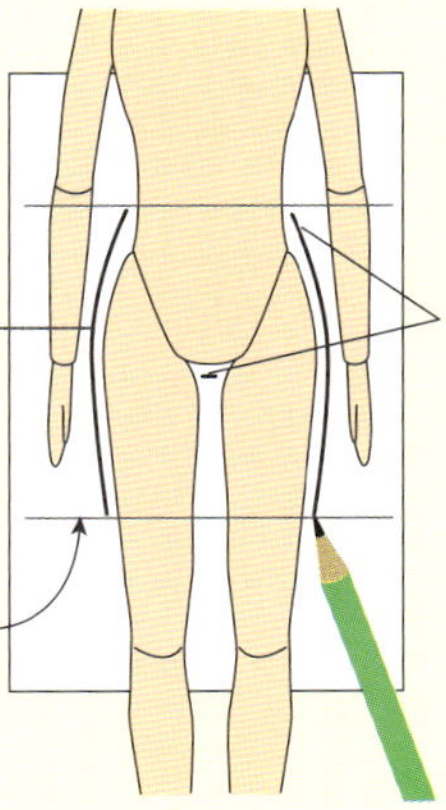

丈は好みで変えてもよい

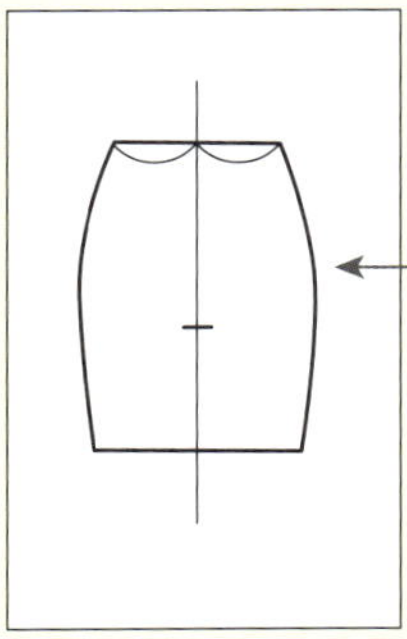

ウエストと裾を描き加えてタイトスカートのような形にして、真ん中に線を引く

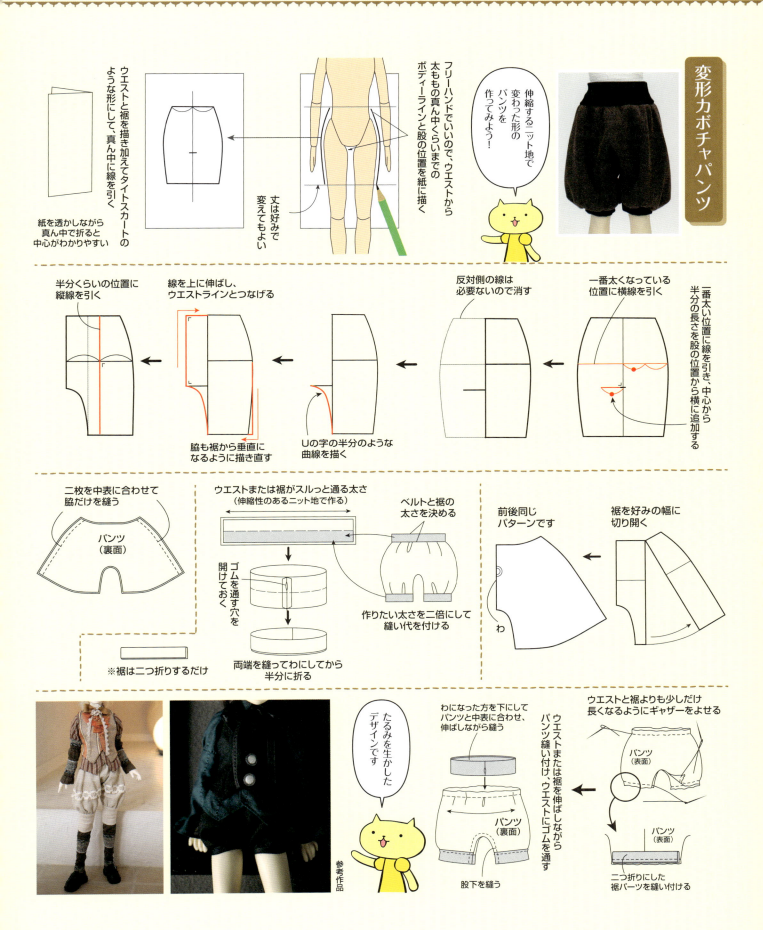

紙を透かしながら真ん中で折ると中心がわかりやすい

一番太い位置に線を引き、中心から半分の長さを股の位置から横に追加する

一番太くなっている位置に横線を引く

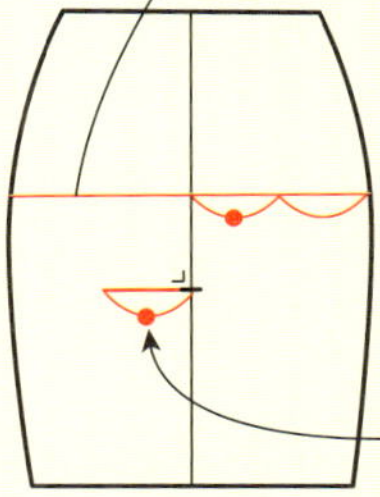

反対側の線は必要ないので消す

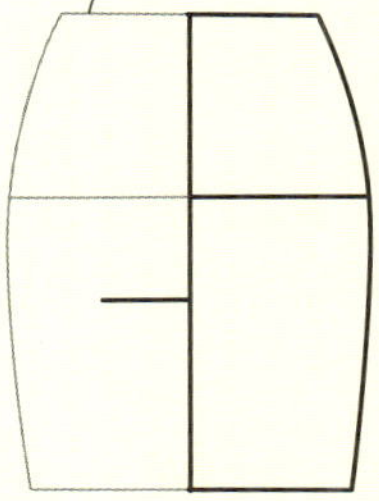

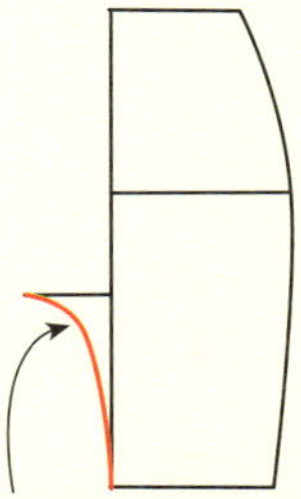

Uの字の半分のような曲線を描く

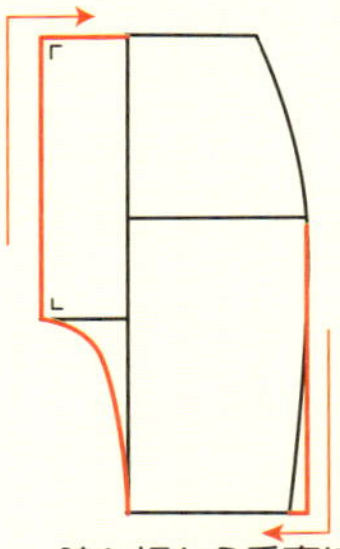

線を上に伸ばし、ウエストラインとつなげる

脇も裾から垂直になるように描き直す

半分くらいの位置に縦線を引く

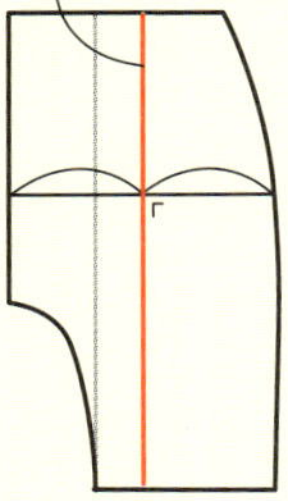

裾を好みの幅に切り開く

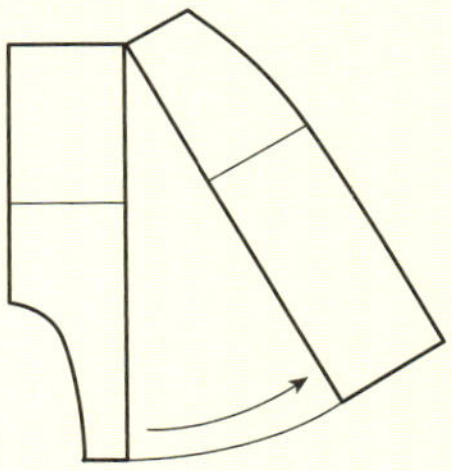

前後同じパターンです

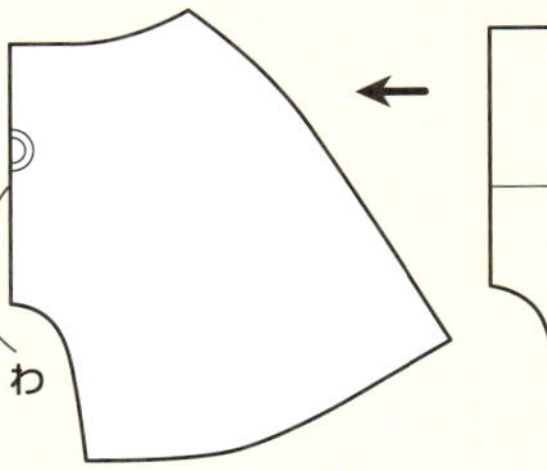

ベルトと裾の太さを決める

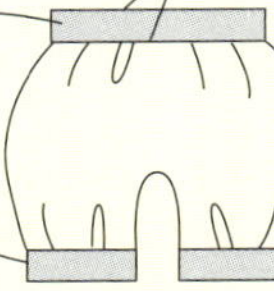

作りたい太さを二倍にして縫い代を付ける

ウエストまたは裾がスルっと通る太さ
（伸縮性のあるニット地で作る）

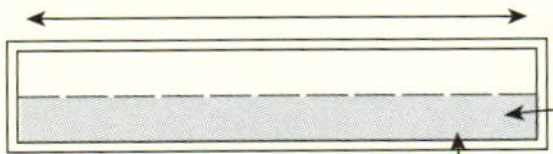

ゴムを通す穴を開けておく

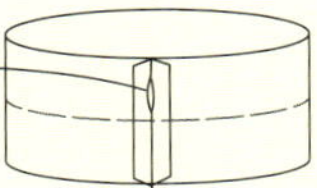

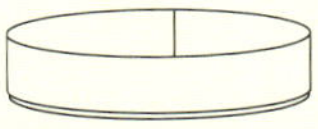

両端を縫ってわにしてから半分に折る

※裾は二つ折りするだけ

二枚を中表に合わせて脇だけを縫う

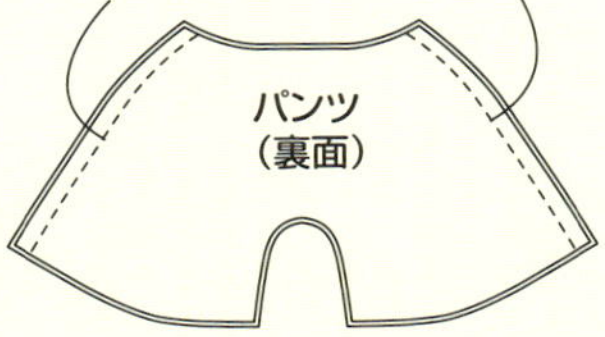

ウエストと裾よりも少しだけ長くなるようにギャザーをよせる

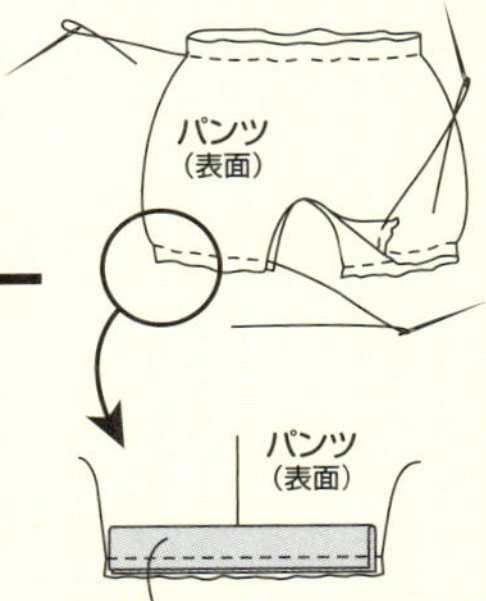

二つ折りにした裾パーツを縫い付ける

ウエストまたは裾を伸ばしながらパンツ縫い付け、ウエストにゴムを通す

わになった方を下にしてパンツと中表に合わせ、伸ばしながら縫う

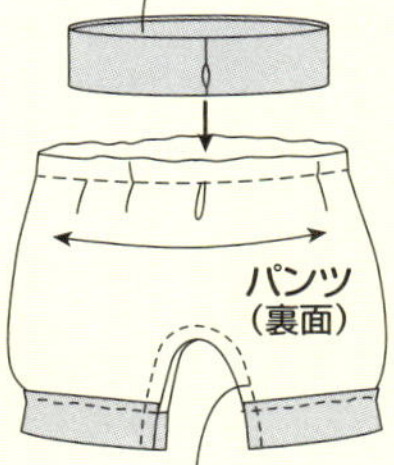

股下を縫う

たるみを生かしたデザインです

参考作品

ドロワーズ

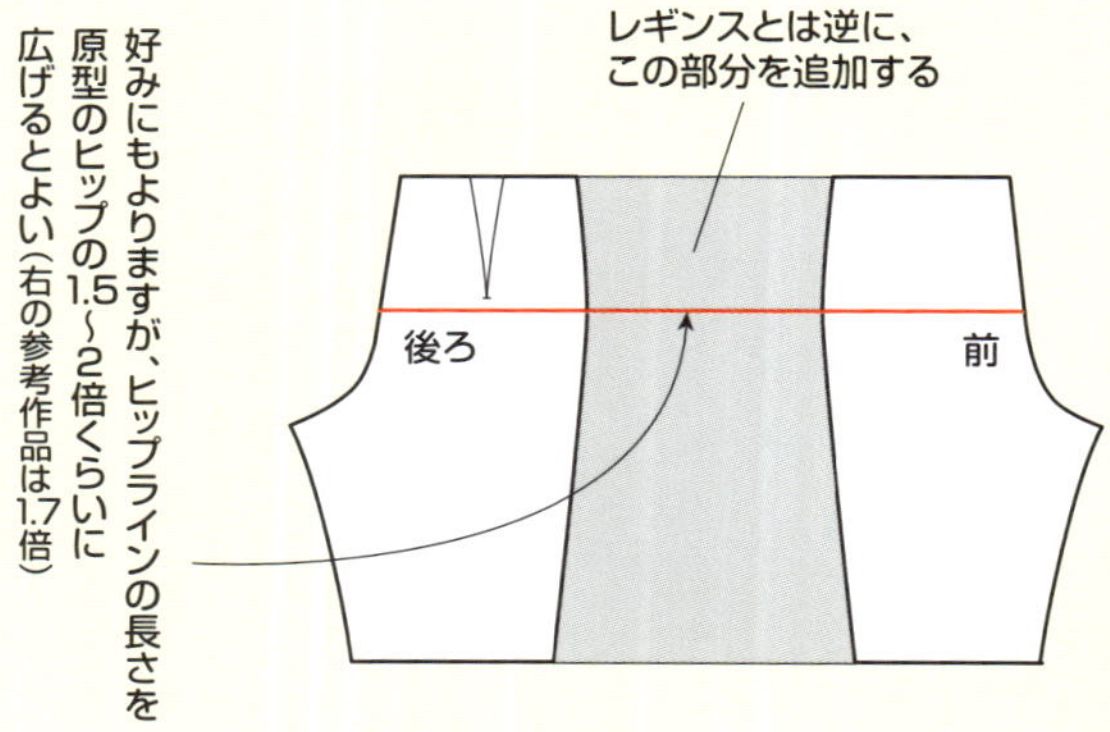

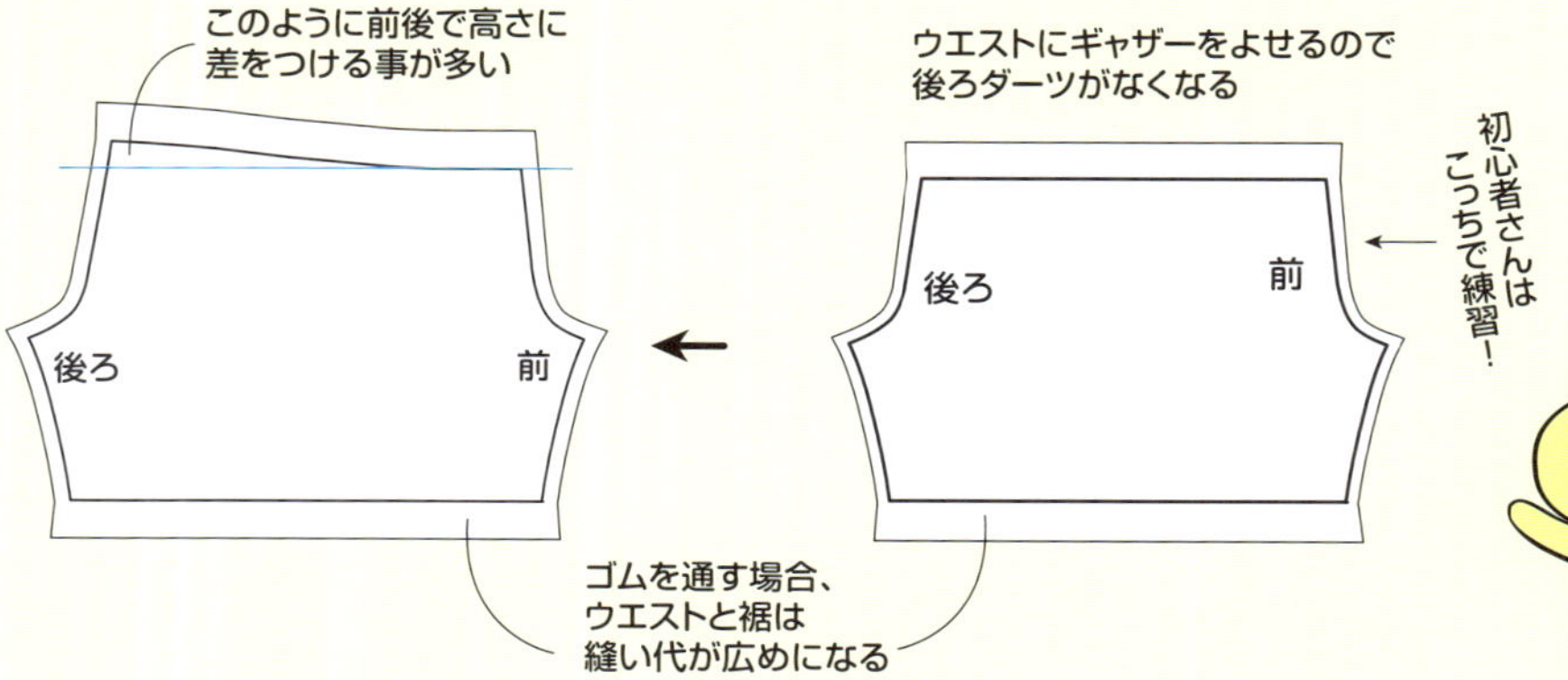

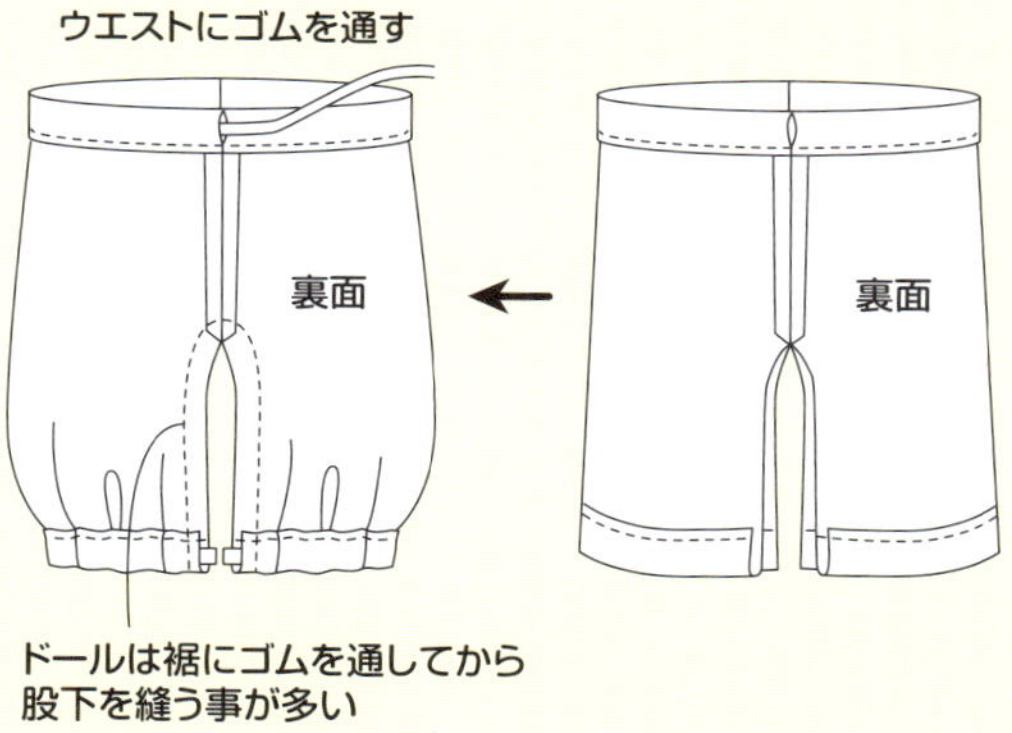

「Dollybird10」型紙掲載作品

「Dollybird10」型紙掲載作品

切り開きパンツ

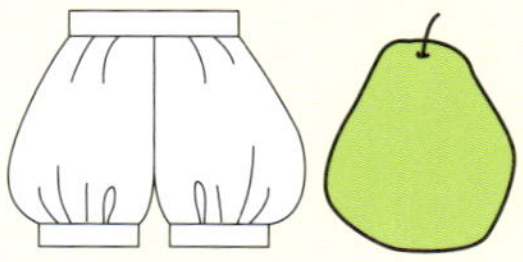

上下で丸みの差がある

洋梨のようなシルエット

ドロワーズ

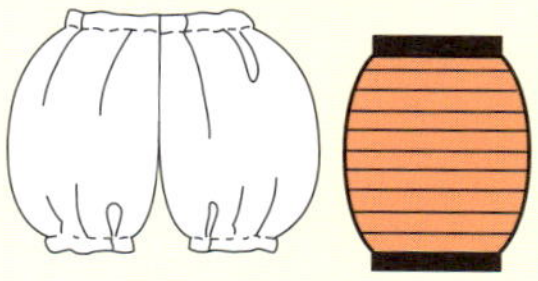

上下丸みが同じ

提灯のようなシルエット

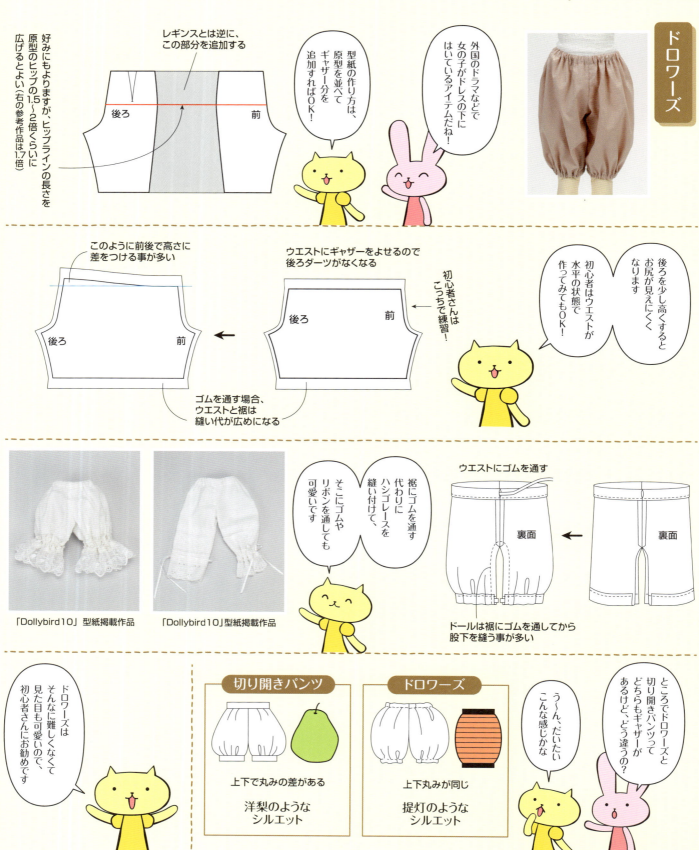

Chapter *8.*

あきと縫い代

—PANTS Ⅳ—

あきについて

人間用パンツのあき部分を見てみよう
重なる部分に何か布が付いているね
この部分を持ち出しといいます
もし持ち出しを付けなかったらどうなっちゃうの？
?
ここがあいた状態
こうなる
あ～これは大変だ

持ち出し・見返しの作図

※前あきで解説をしていきます

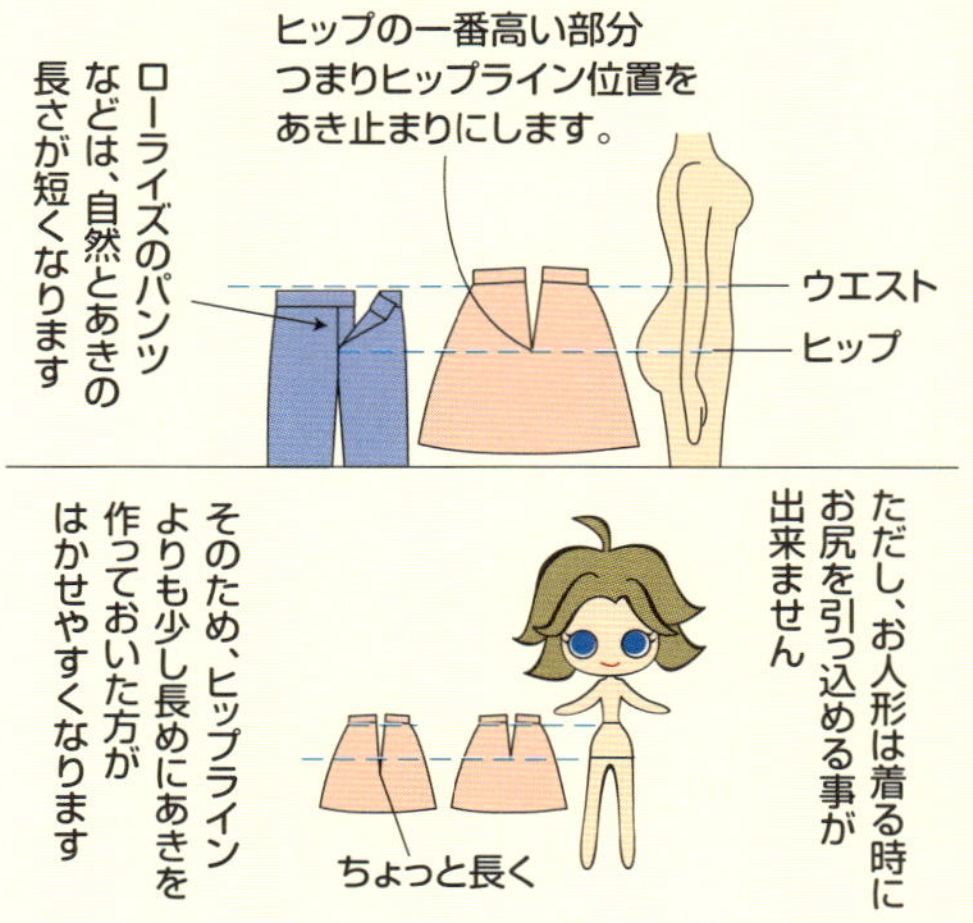
ヒップの一番高い部分
つまりヒップライン位置を
あき止まりにします。
ローライズのパンツなどは、自然とあきの長さが短くなります
ウエスト
ヒップ
ただし、お人形は着る時にお尻を引っ込める事が出来ません
そのため、ヒップラインよりも少し長めにあきを作っておいた方がはかせやすくなります
ちょっと長く

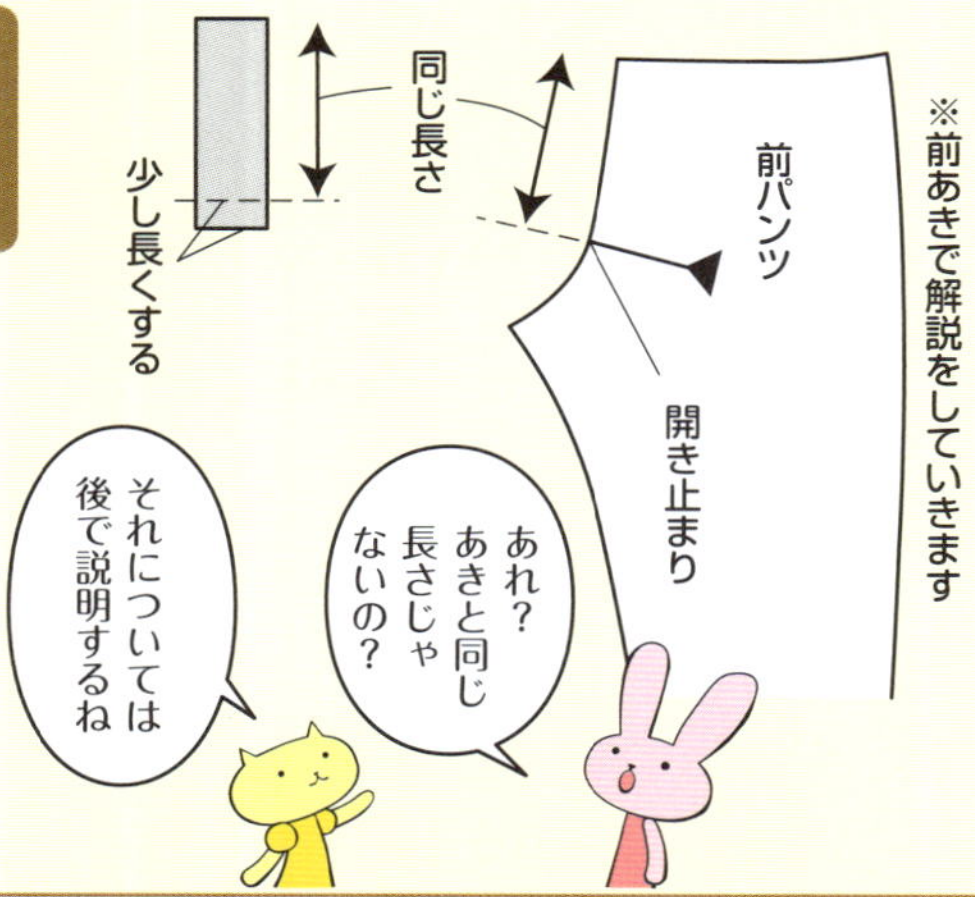
前パンツ
開き止まり
同じ長さ
少し長くする
あれ？あきと同じ長さじゃないの？
それについては後で説明するね

見返し

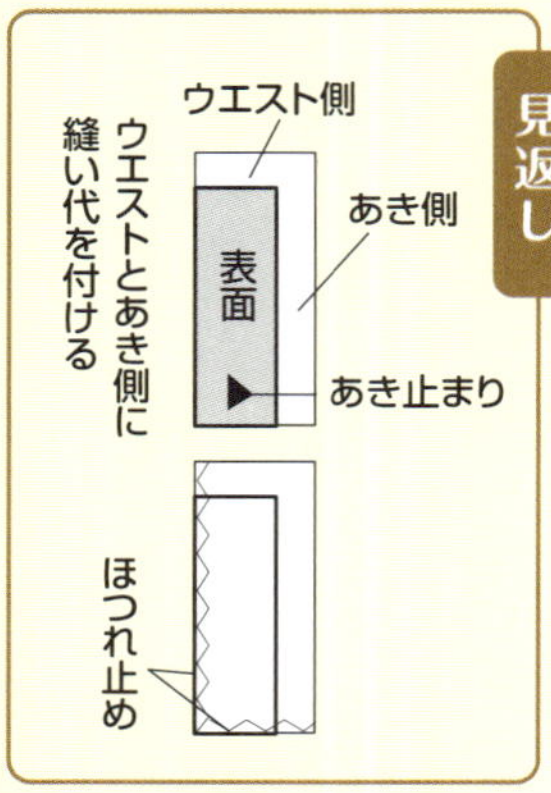
ウエストとあき側に縫い代を付ける
ウエスト側
あき側
表面
あき止まり
ほつれ止め

持ち出し

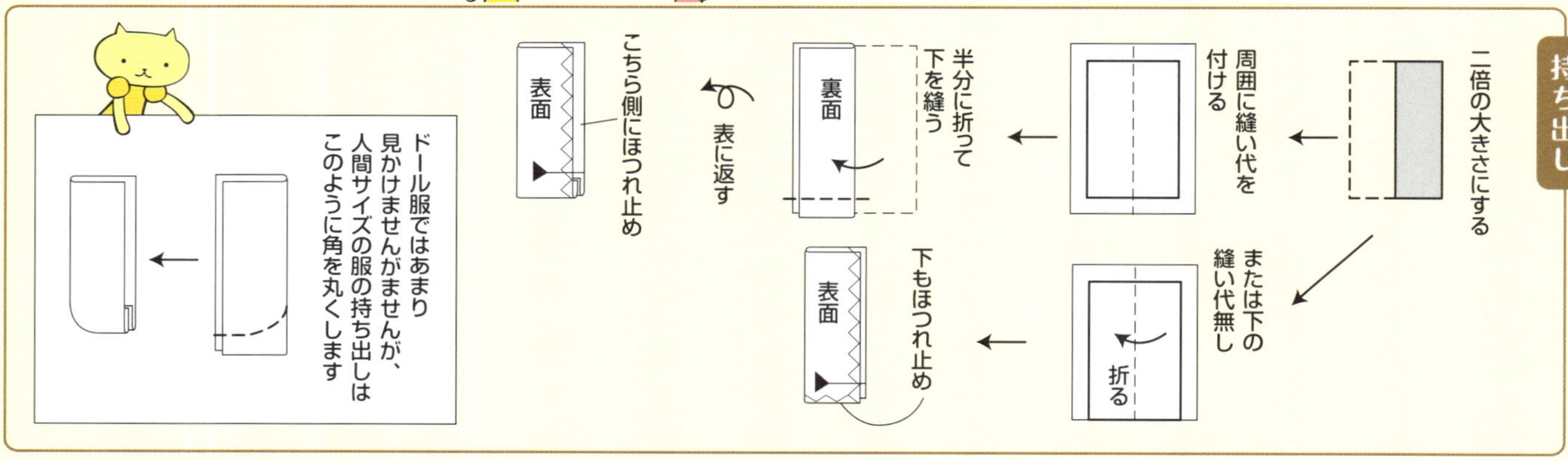
二倍の大きさにする
周囲に縫い代を付ける
半分に折って下を縫う
裏面
表に返す
こちら側にほつれ止め
表面
または下の縫い代無し
折る
下もほつれ止め
表面
ドール服ではあまり見かけませんが、人間サイズの服の持ち出しはこのように角を丸くします

持ち出し・見返しの太さは？

デザインやお人形のサイズによっても変わりますが、大きめのお人形だとだいたい1センチくらいで制作している方が多いです

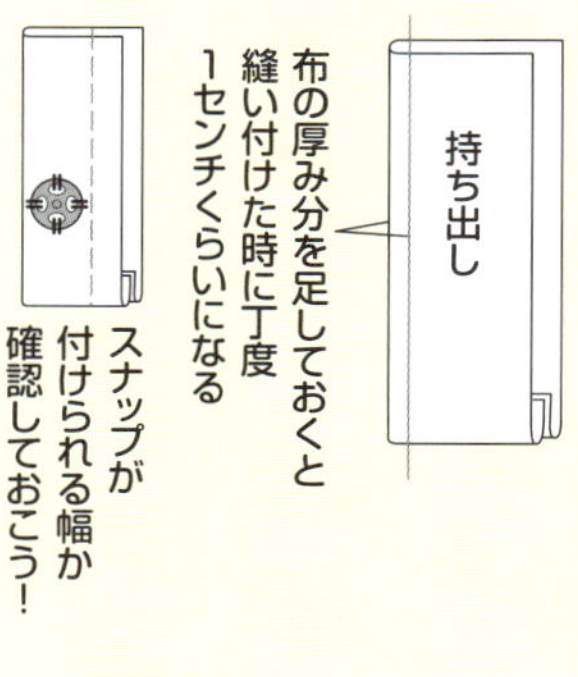
持ち出し
布の厚み分を足しておくと縫い付けた時に丁度1センチくらいになる
スナップが付けられる幅か確認しておこう！

サイズの小さなお人形は縫い代を見返しや持ち出しにする場合もあります
この方法はまた後で

伸びる布や薄い布は、見返しや持ち出しにも接着芯を貼って補強しておくとよいです

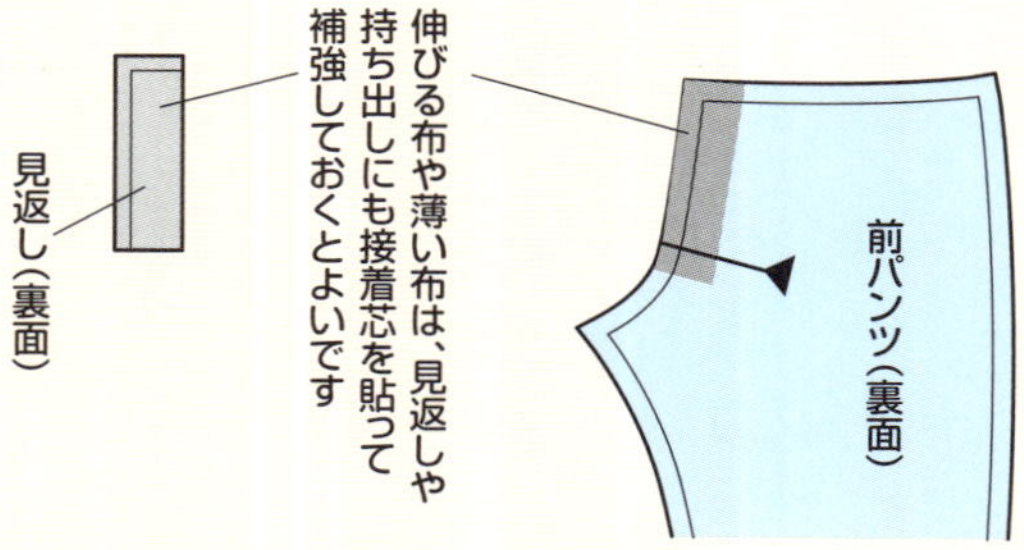
前パンツ（裏面）
見返し（裏面）

持ち出し・見返しの付け方

先に股上をあき止まりまで縫っておくと後で縫い合わせるよりもズレにくいですが、わかりやすいように縫わない状態で解説していきます

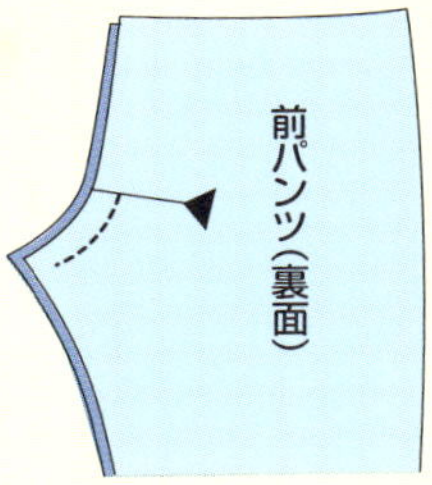

左あき部分に見返し
右あき部分に持ち出しを縫い付ける

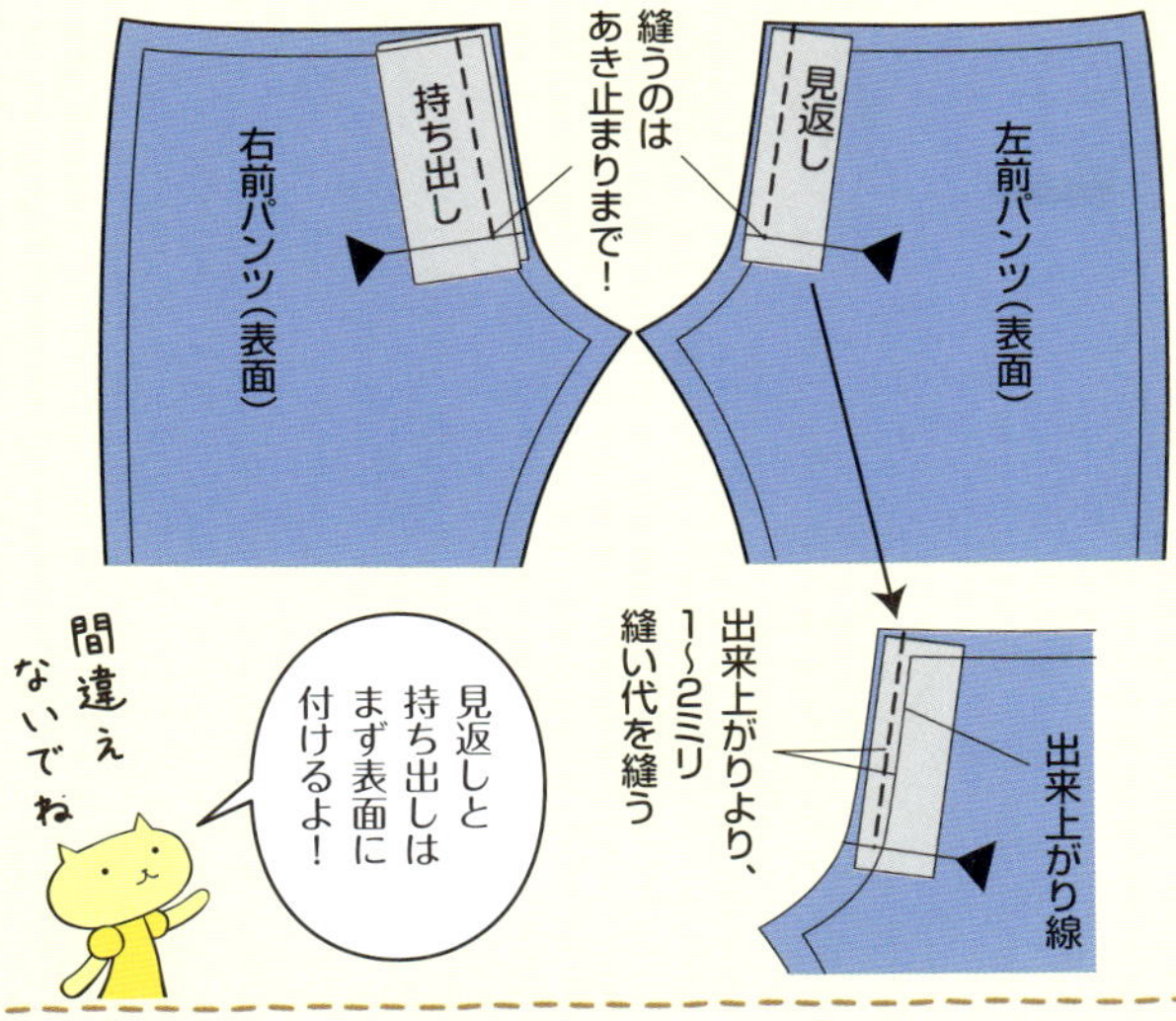

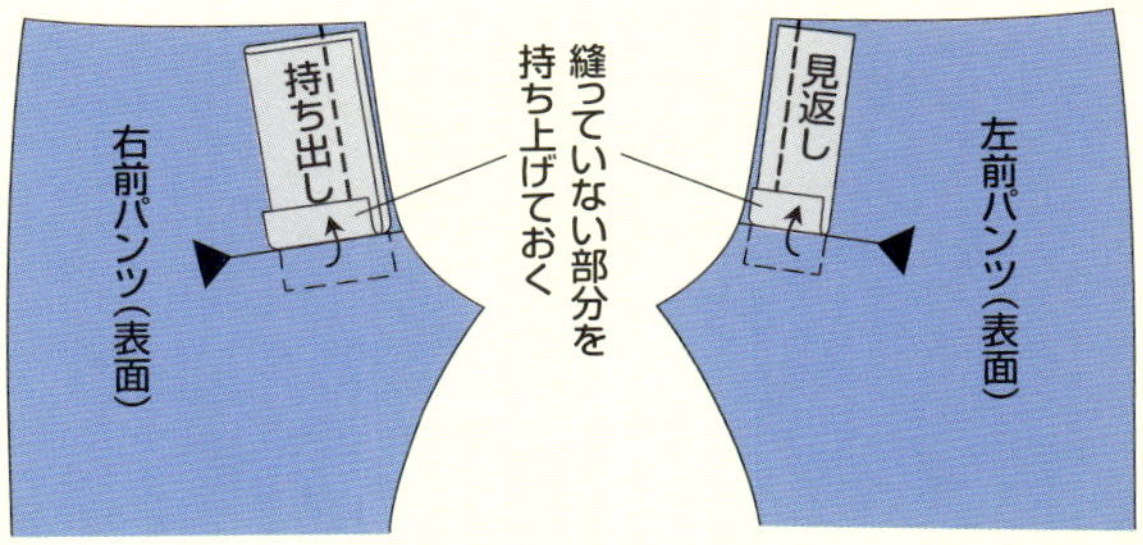

左右の前パンツを中表に合わせる

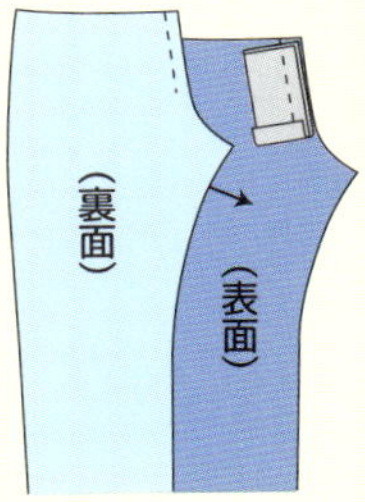

見返しと持ち出しを一緒に縫ってしまわないように気をつけてあき止まりまで縫う

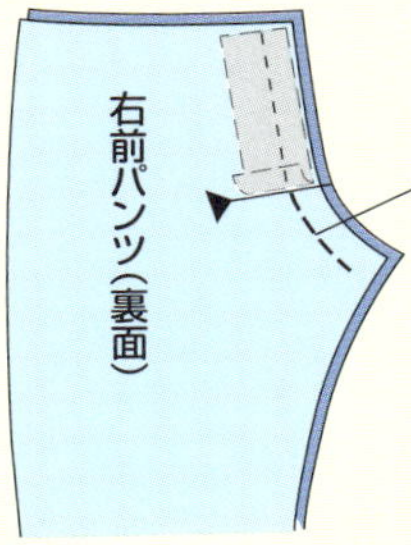

持ち出しと見返しを裏側に返す

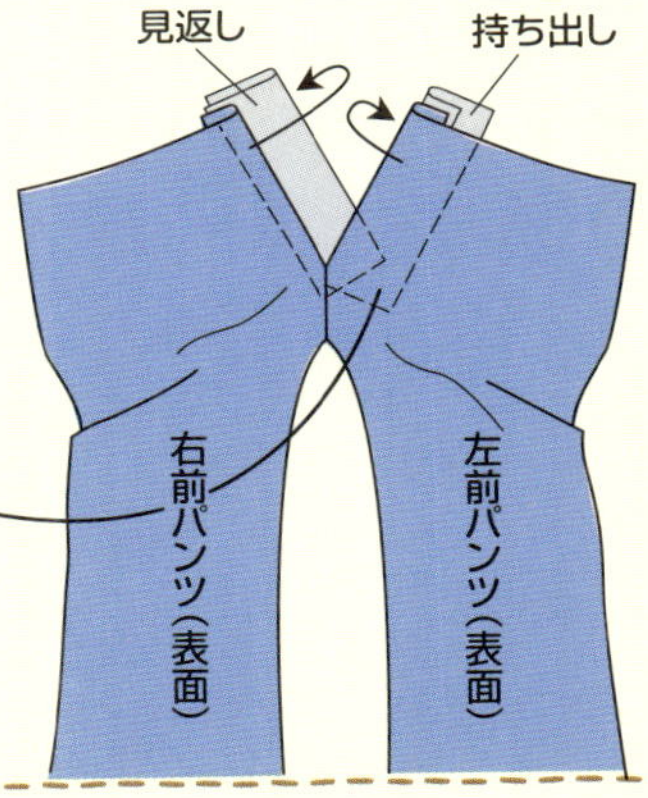

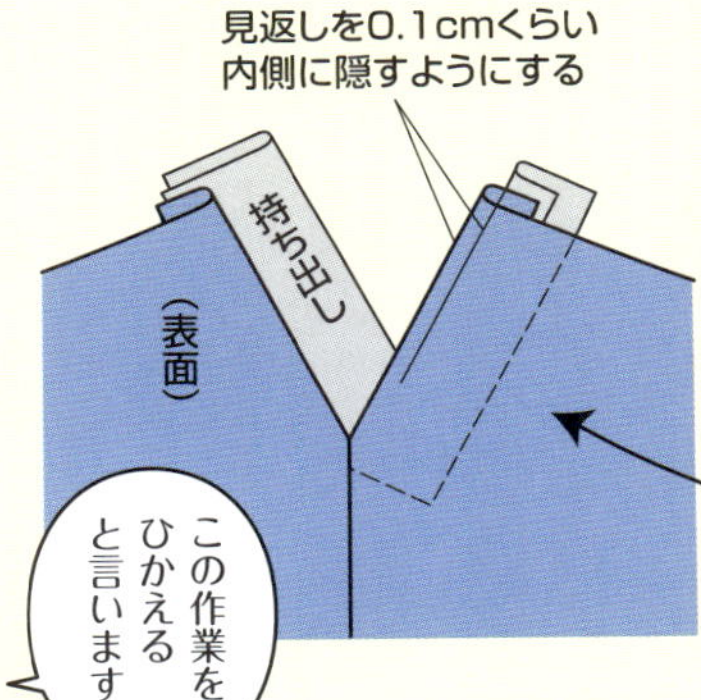

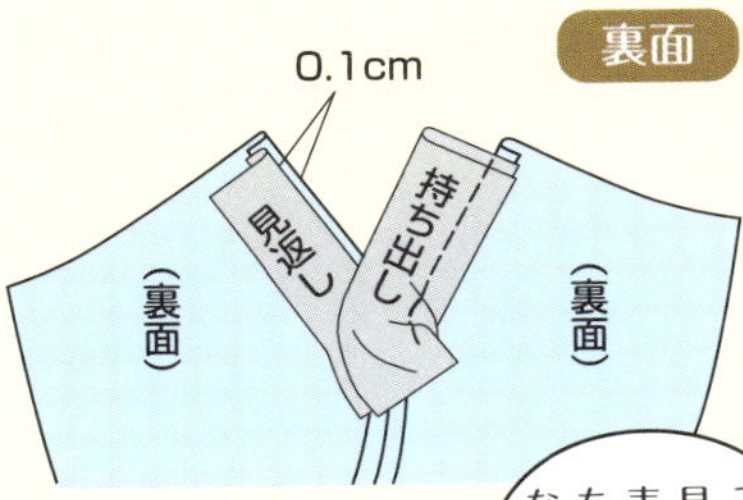

見返しが表に出てこないよう左前のあき部分にステッチをかける

持ち出しを一緒に縫わないように気をつける

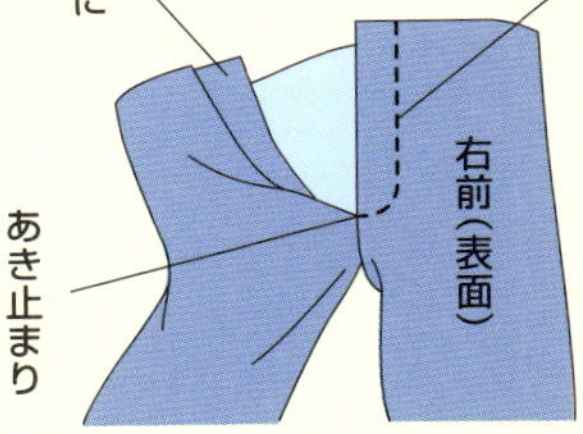

持ち出しが表に飛び出してこないよう、持ち出しと見返しをまつっておく

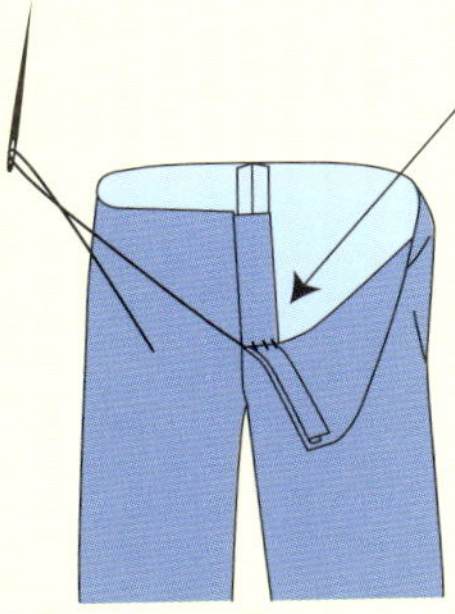

またはあき止まり部分に表から持ち出しも一緒にミシンで数回返し縫いをして縫い止めても良い

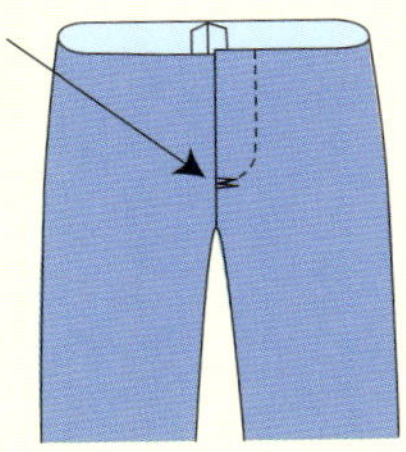

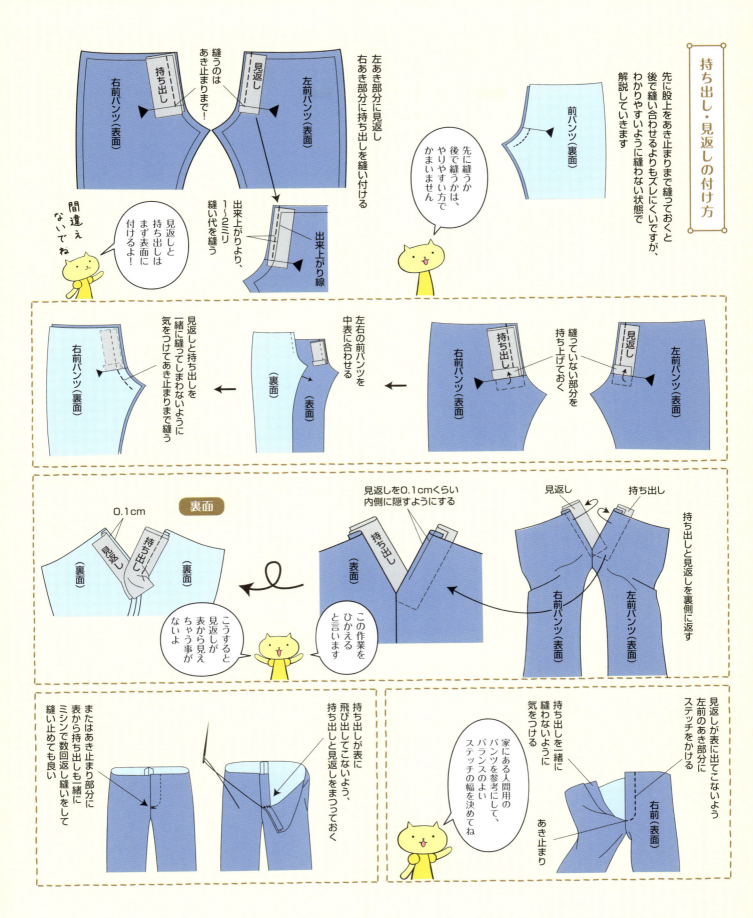

縫い代を持ち出しと見返しにする方法

小さいお人形は、見返しと持ち出しを付けると厚みが出るので、縫い代の幅を太くして持ち出しの代わりにしてもよい

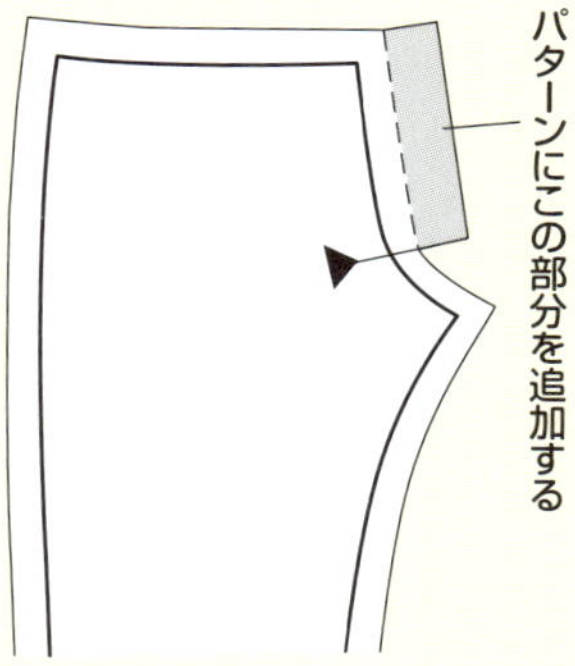

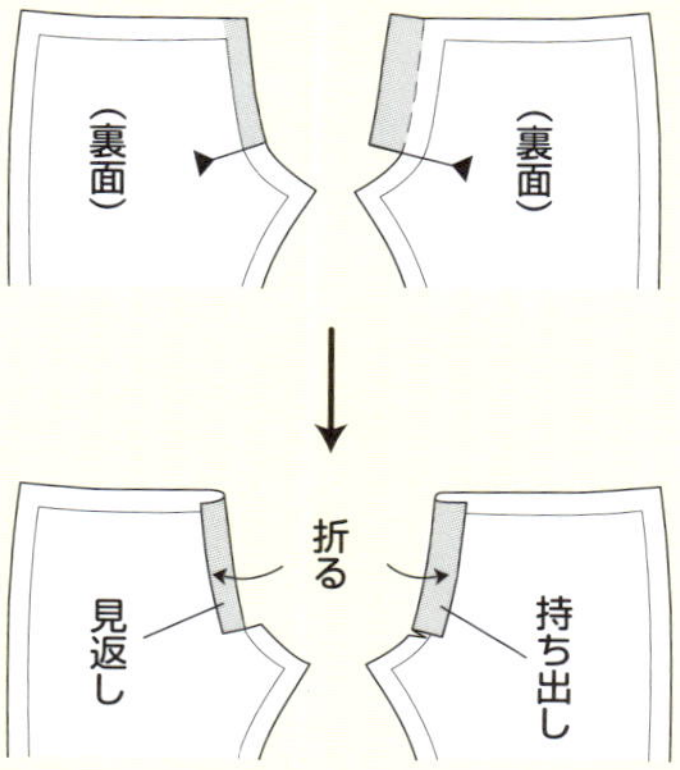

※1／6以下のお人形は、あきを前ではなく後ろに作る場合もあります

持ち出しを長めに作る理由

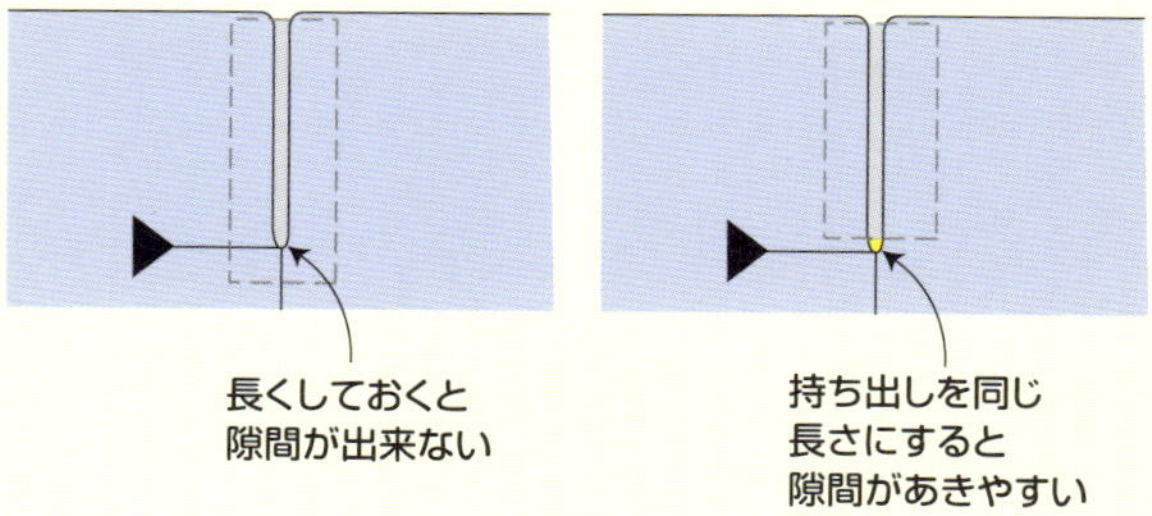

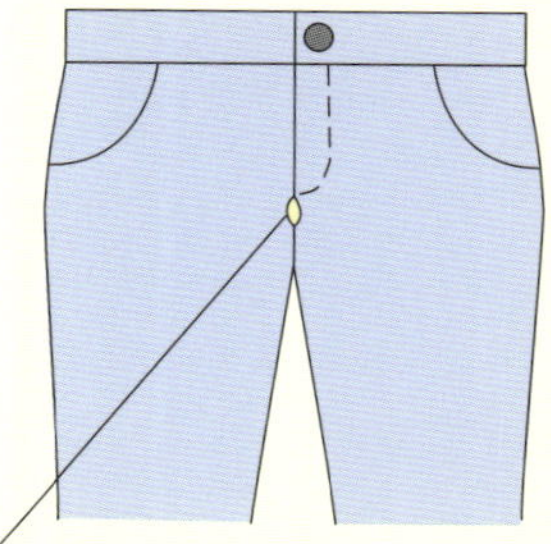
ちょっとした隙間でも、下に着せている服の色が見えて、かなり目立ってしまう

スカートの持ち出しもパンツと同じように作りますが、持ち出しをつけずに、後ろ中心の縫い代をそのまま使うと厚みが出ません

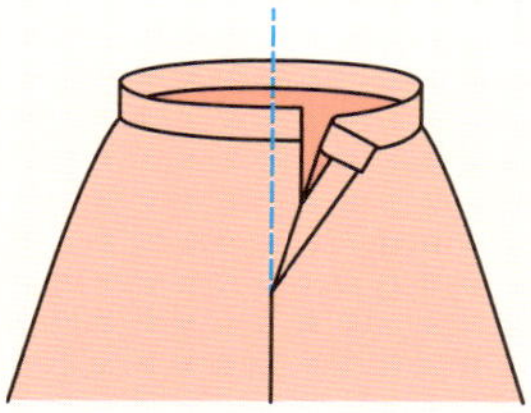

小さいドールは持ち出しを付けず、左右を重ねてスナップなどで止める事が多い

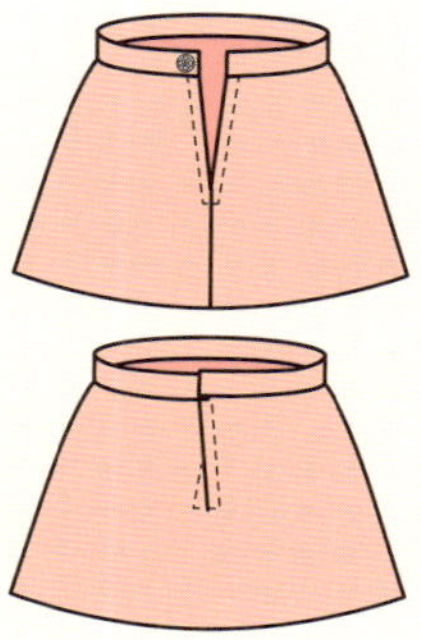

持ち出しを付けない場合、裏に接着芯を貼り、補強しておくと良い

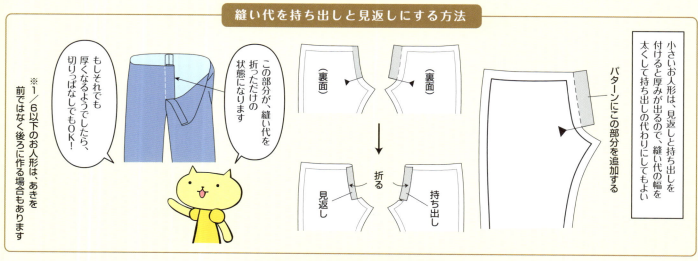

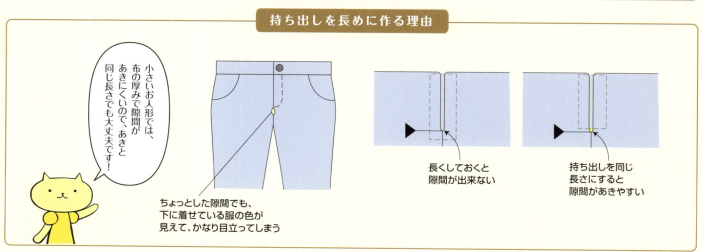

パターンチェック

☆縫い合わせる部分の長さが合っているかチェックする

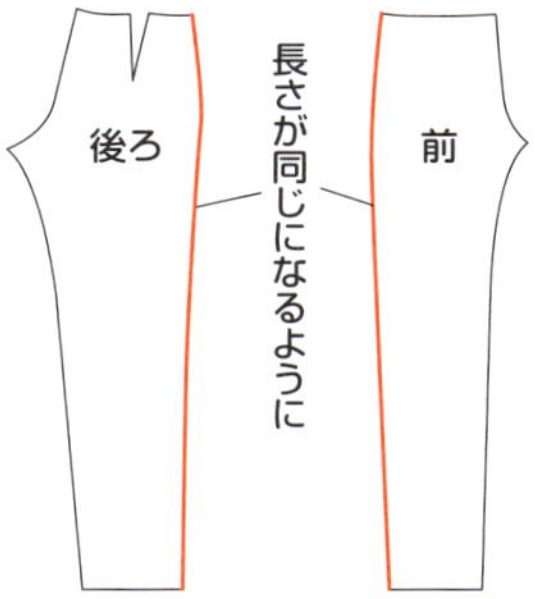

☆角になっている部分を曲線に修正

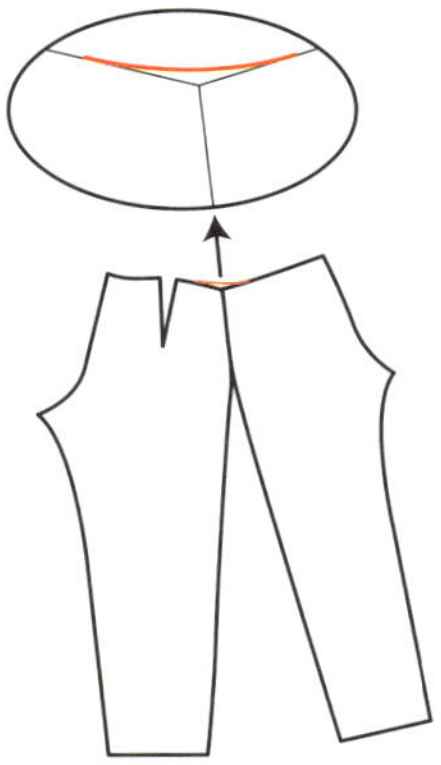

縫い代の付け方

・ドールの大きさ
・手縫いかミシン縫いか
・布のほつれやすさ

以上の点を考えて、
ドール服は縫いやすい
幅を自由に付けて
いいと思います！

縫い代は方眼定規を移動させながら
描いていくと楽に均等に引ける

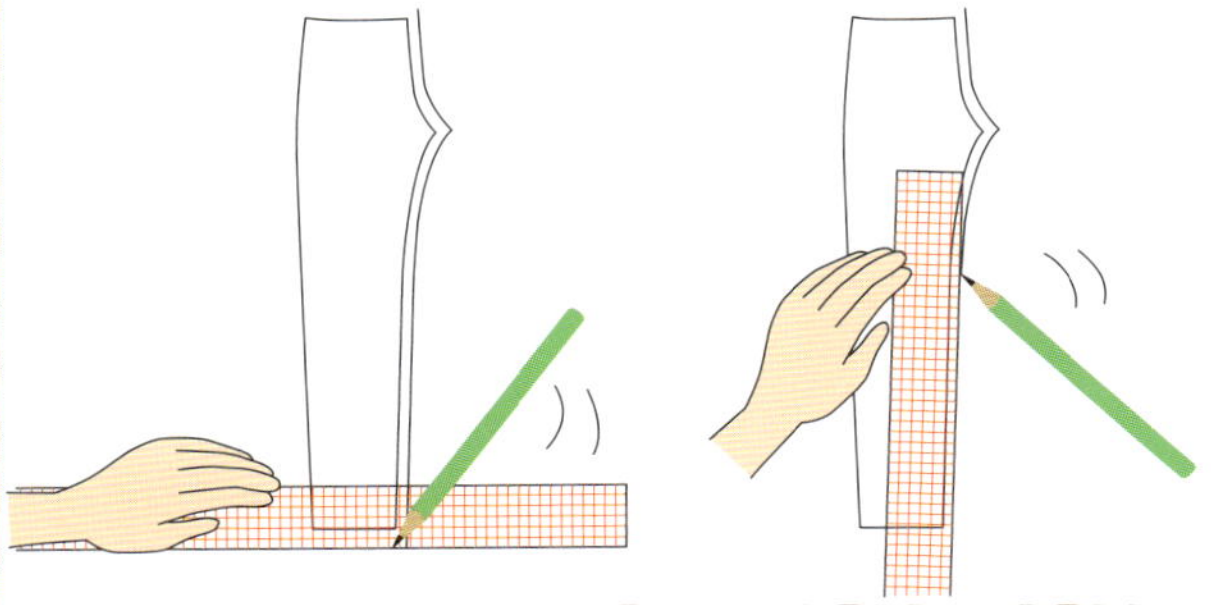

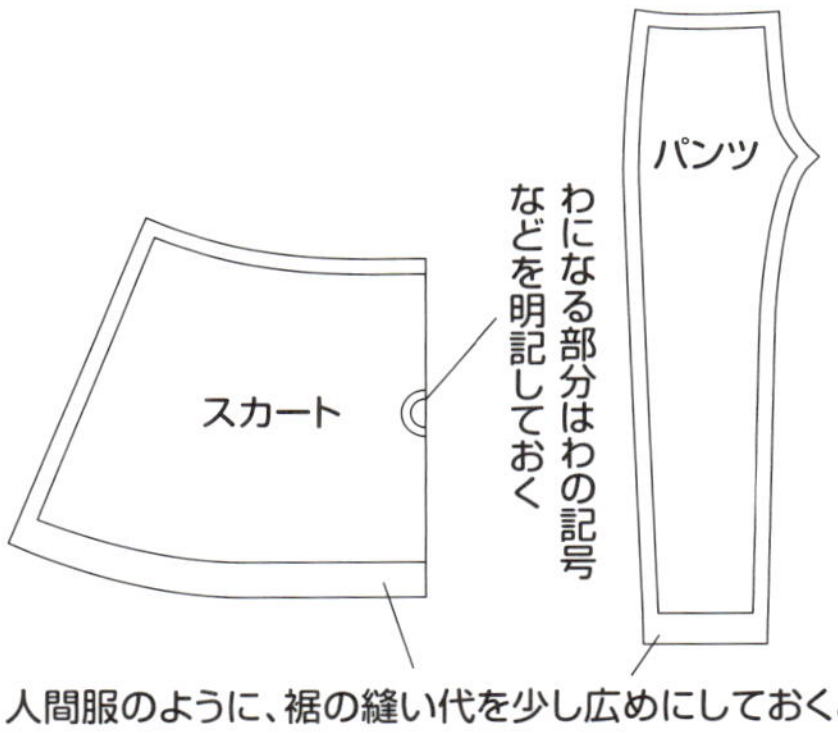

わになる部分はわの記号
などを明記しておく

人間服のように、裾の縫い代を少し広めにしておくとよい

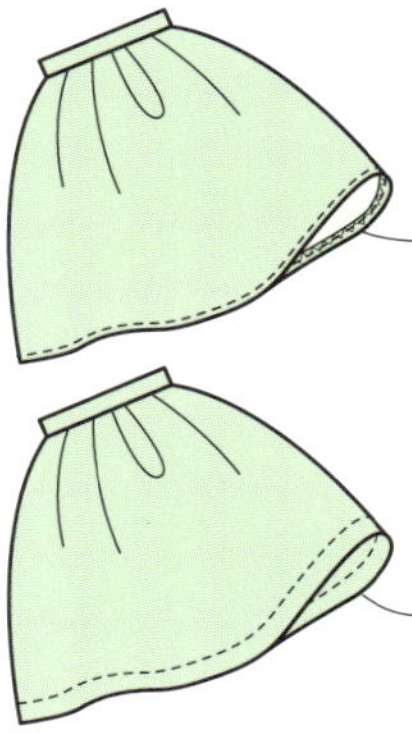

縫い代がせまいと
折り返し部分が
見えやすい

縫い代が広いと
折り返しが見えにくく
見た目が綺麗

ただしサーキュラースカートなど、
カーブがきつい場合は、縫い代が
広すぎるとこうなるので注意！

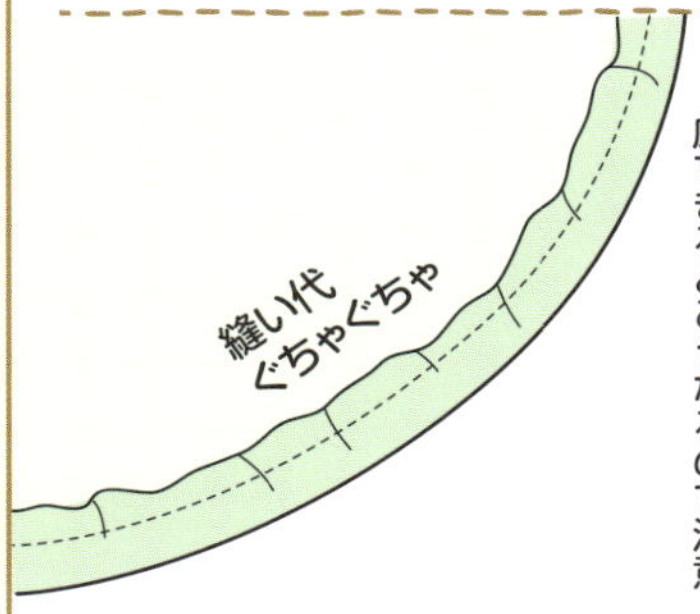

カーブがほとんどない裾

小さなドール0.7cm～1cm
大きなドール1cm～1.5cm

少しカーブしている裾

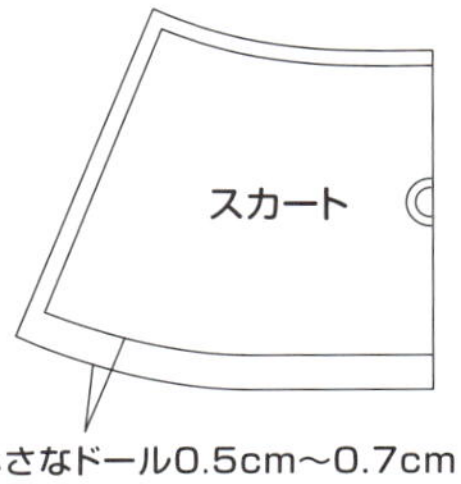

小さなドール0.5cm～0.7cm
大きなドール1cm～1.5cm

カーブがきつい裾

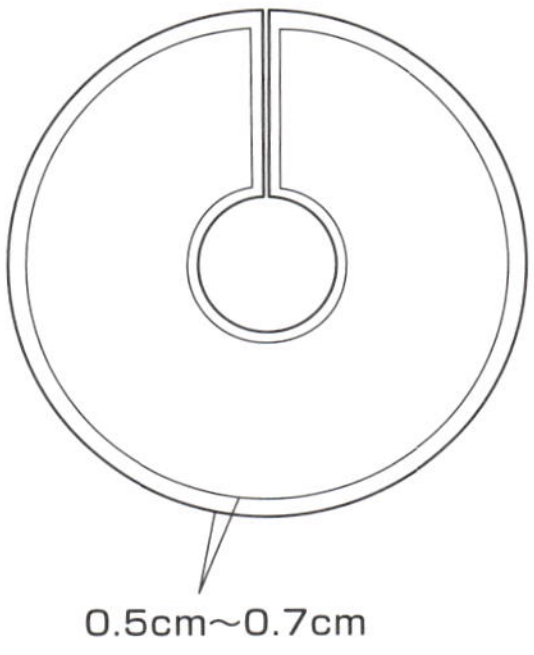

0.5cm～0.7cm

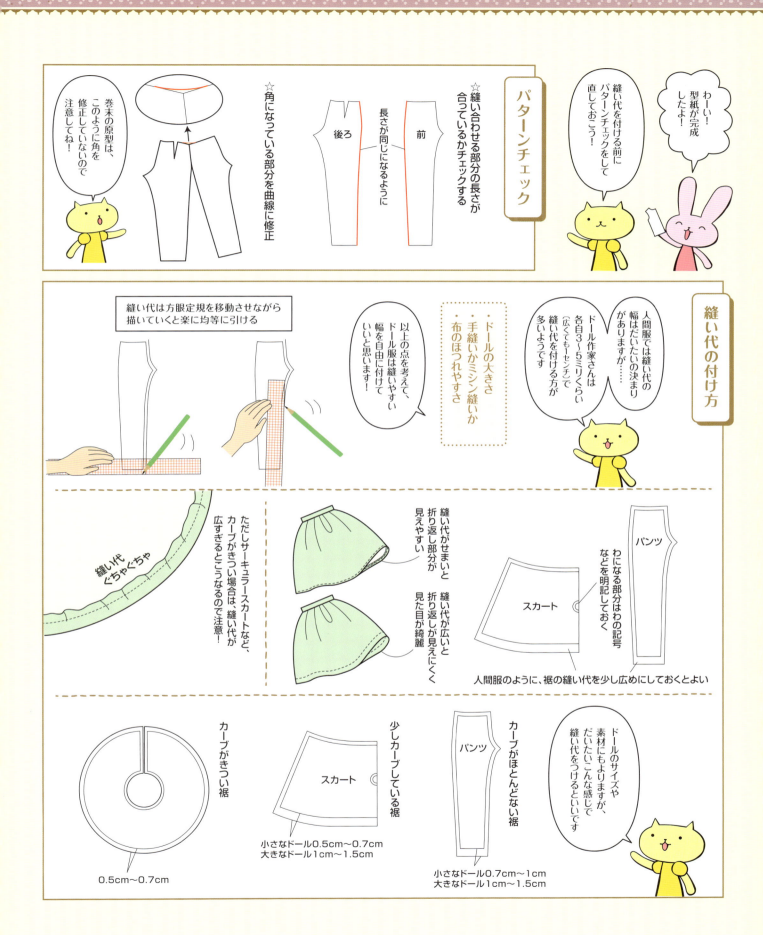

Chapter 9.

パンツ原型30種

—PANTS PATTERNS—

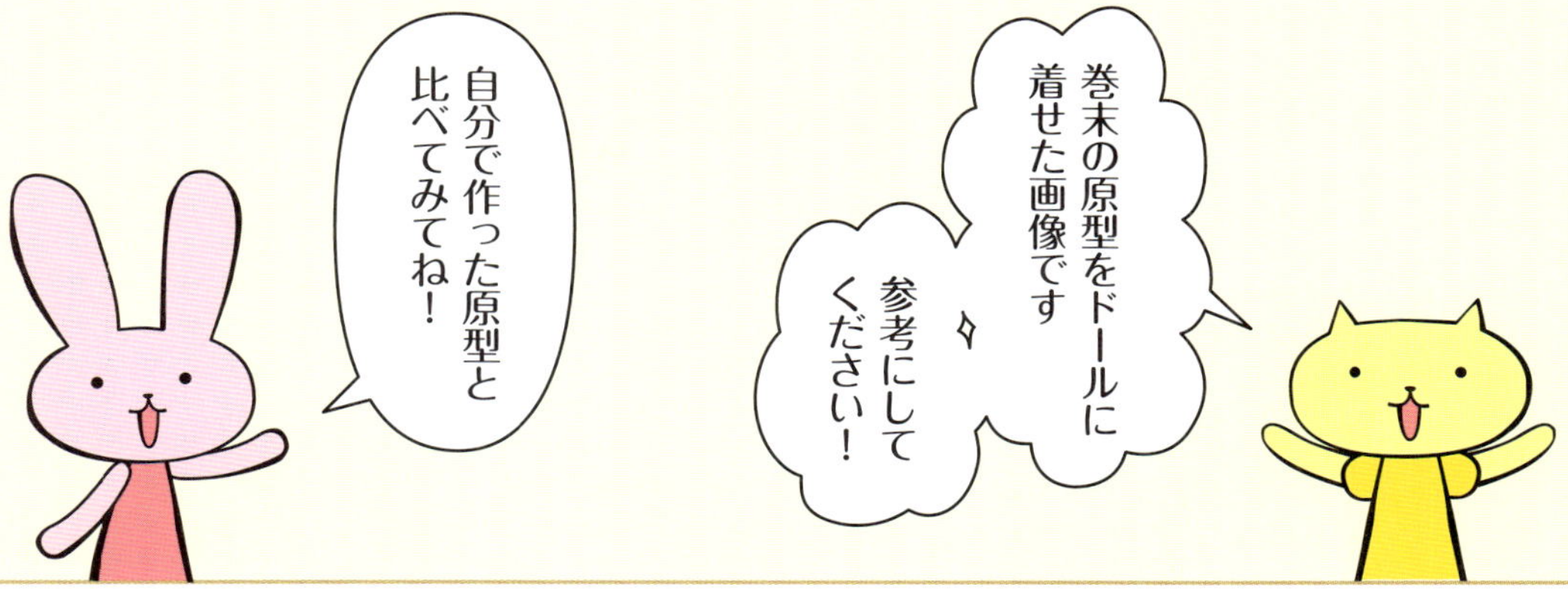

・掲載されている原型はすべて右半身です
・型紙製作の解説も右半身を基準に解説しています

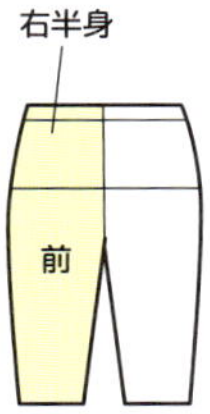

原型のウエストは水平のため、縫い合わせると中心、脇、ダーツが角になっています

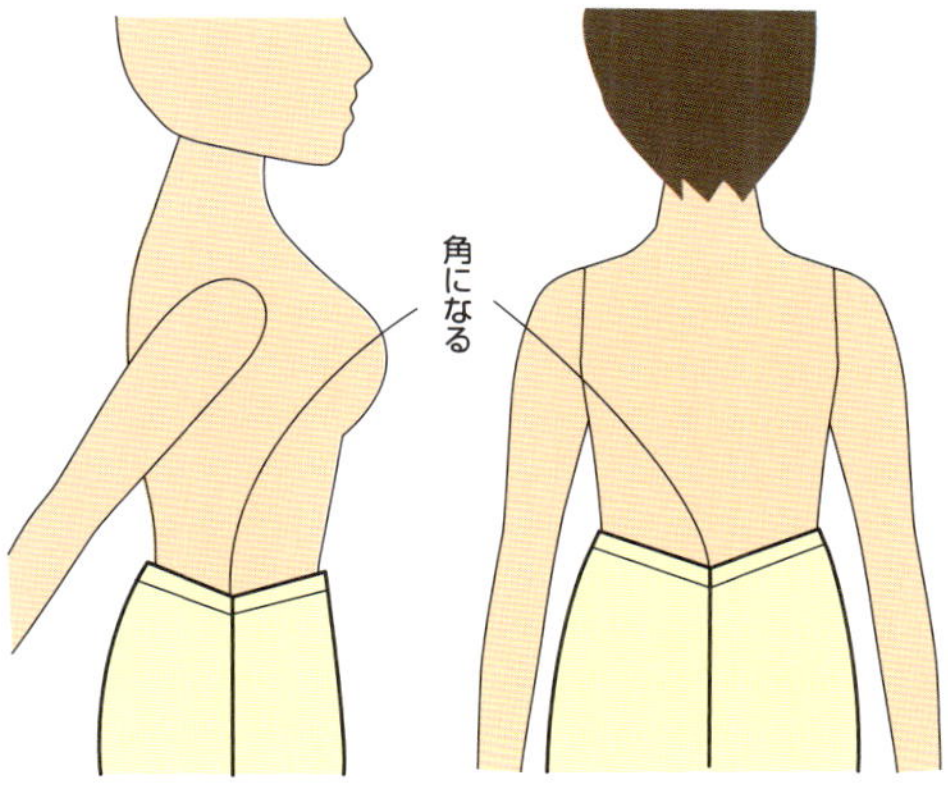

好みのウエスト位置を決めた後、綺麗につながるように線を描き直してください

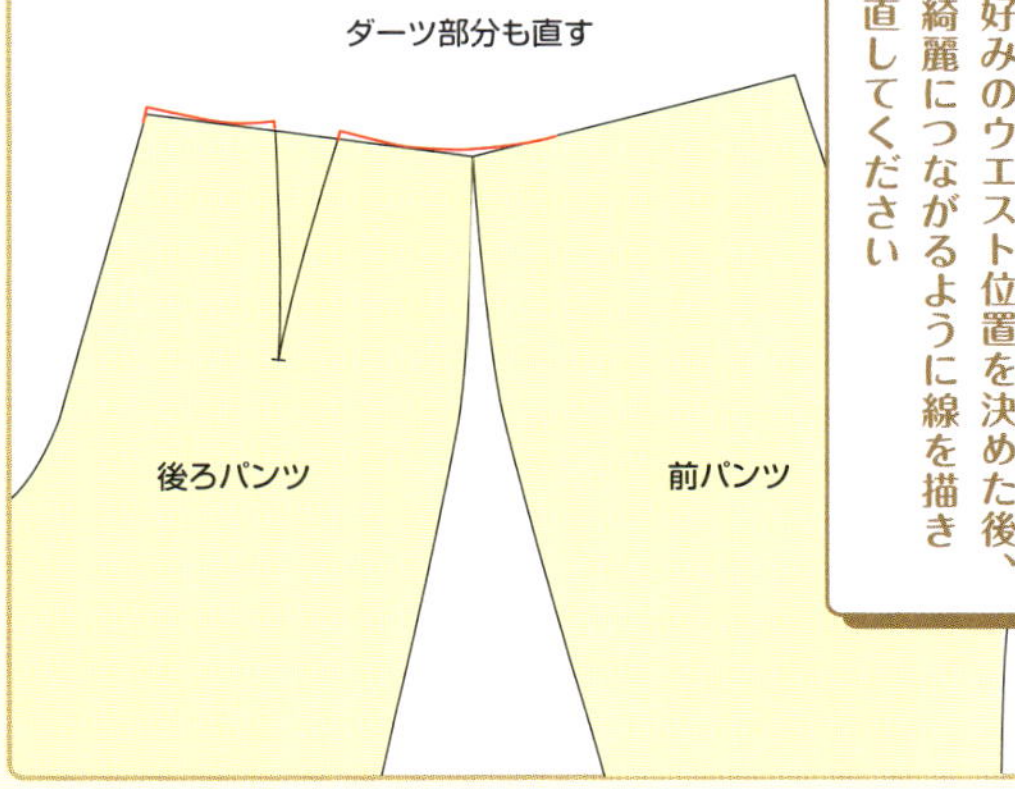

name: Super Dollfie® 17（SD17）男の子

maker: VOLKS INC.

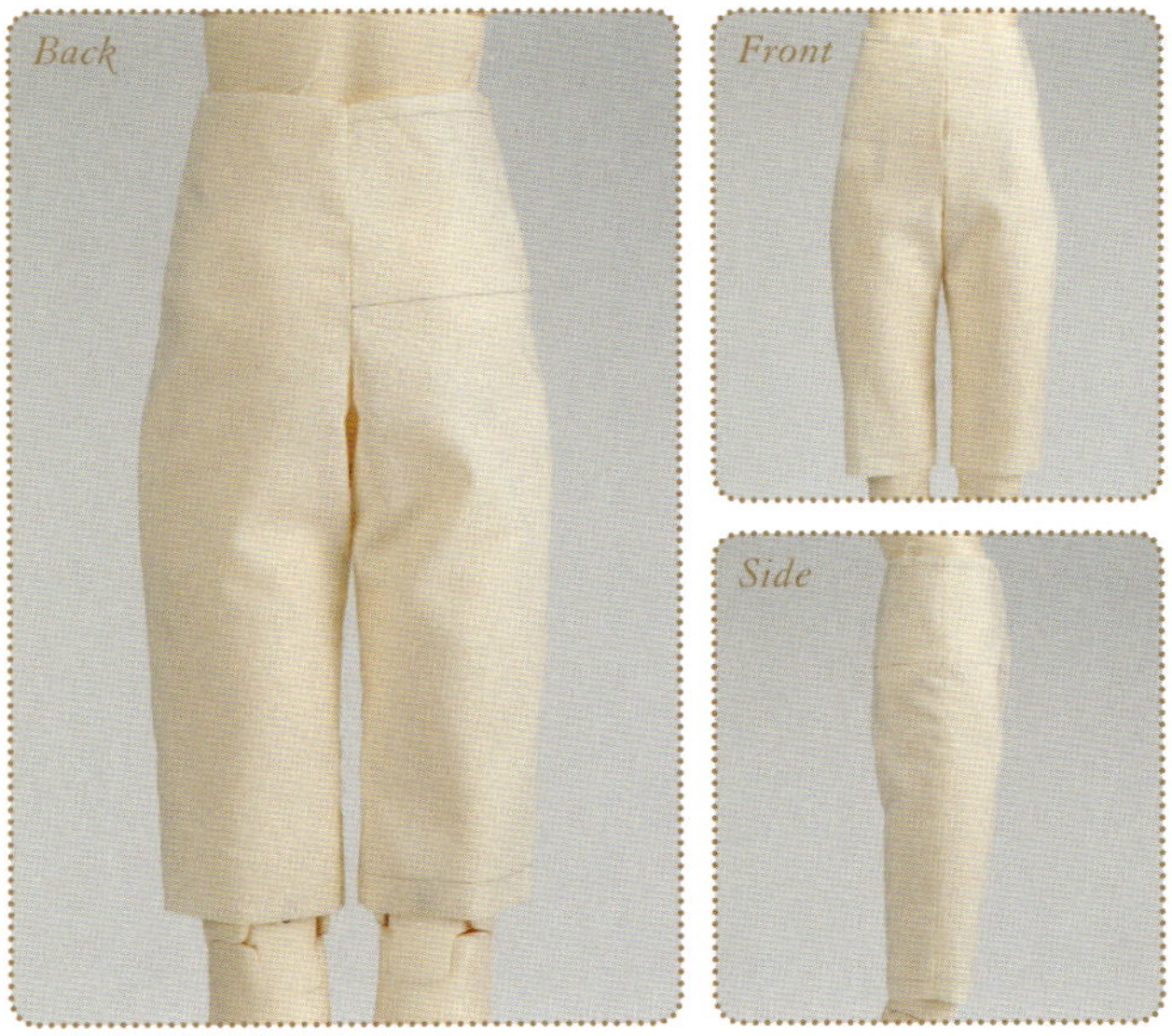

ウエストとヒップの差が少ないため後ろダーツなし。ももが他の男子ドールよりも張っているので、きつい場合は太もも付近のサイドを追加してください。

name: 人形名（略称など）

maker: メーカー名

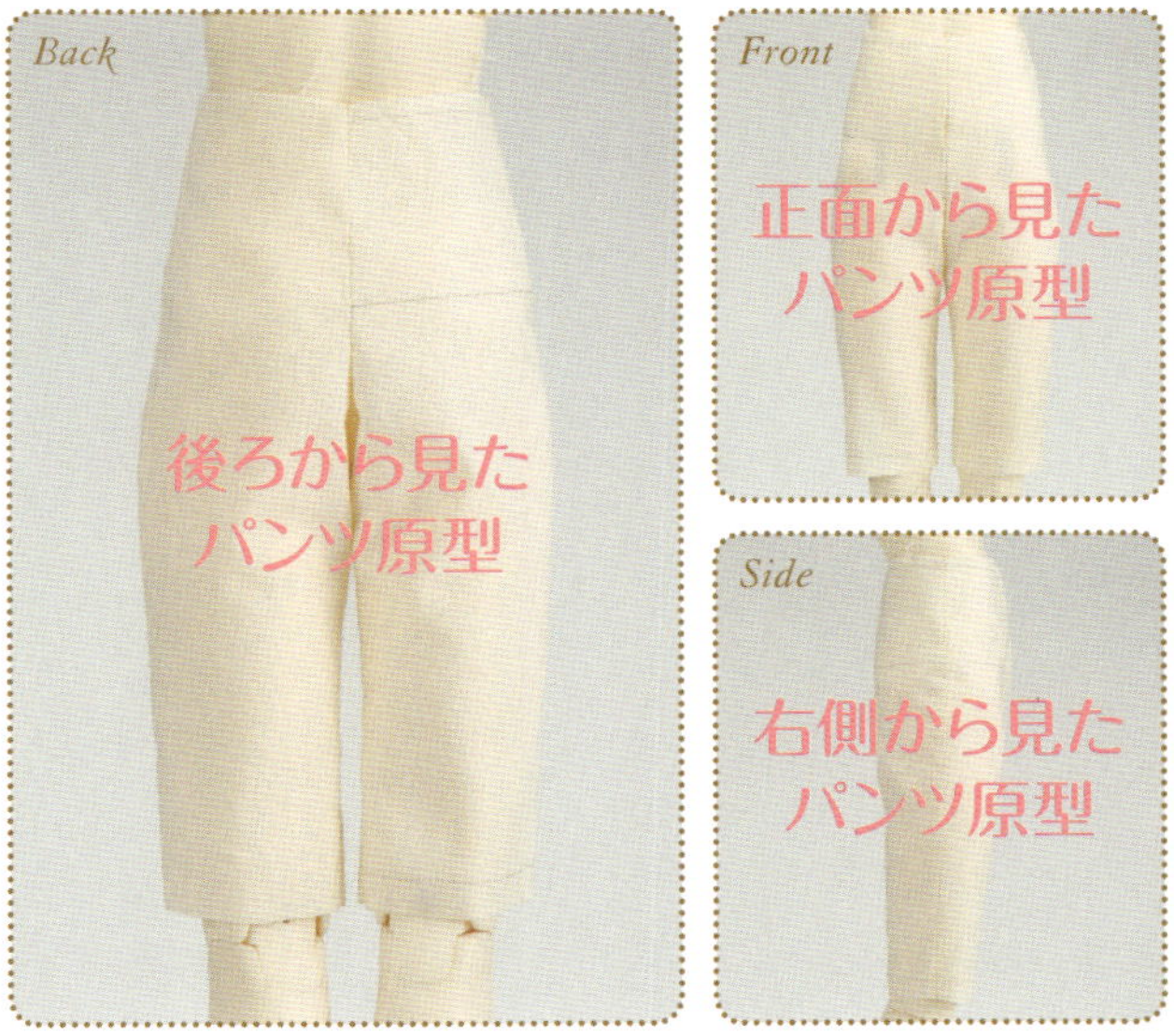

ボディの特徴と、パンツ原型の取り方のコツなどを解説しています。

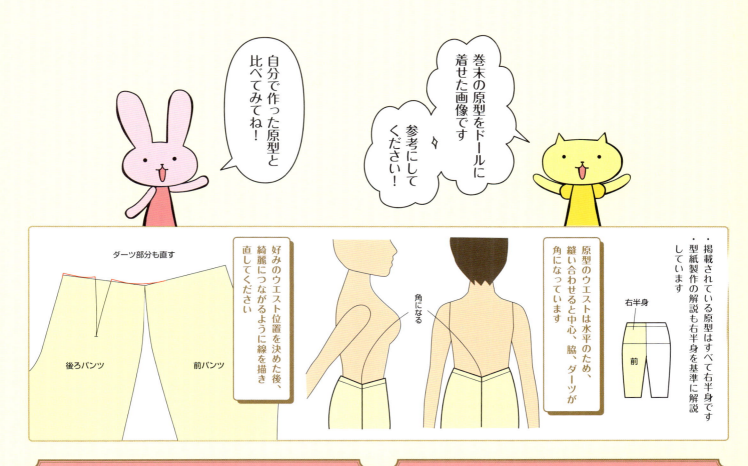

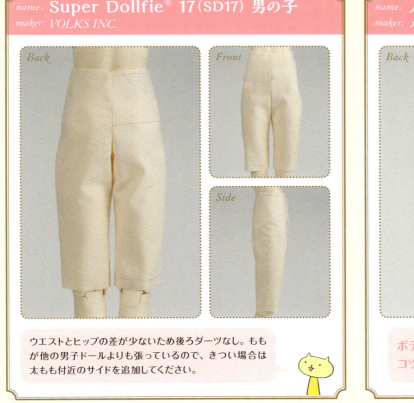

name: Super Dollfie® 16 (SD16) 女の子

maker: VOLKS INC.

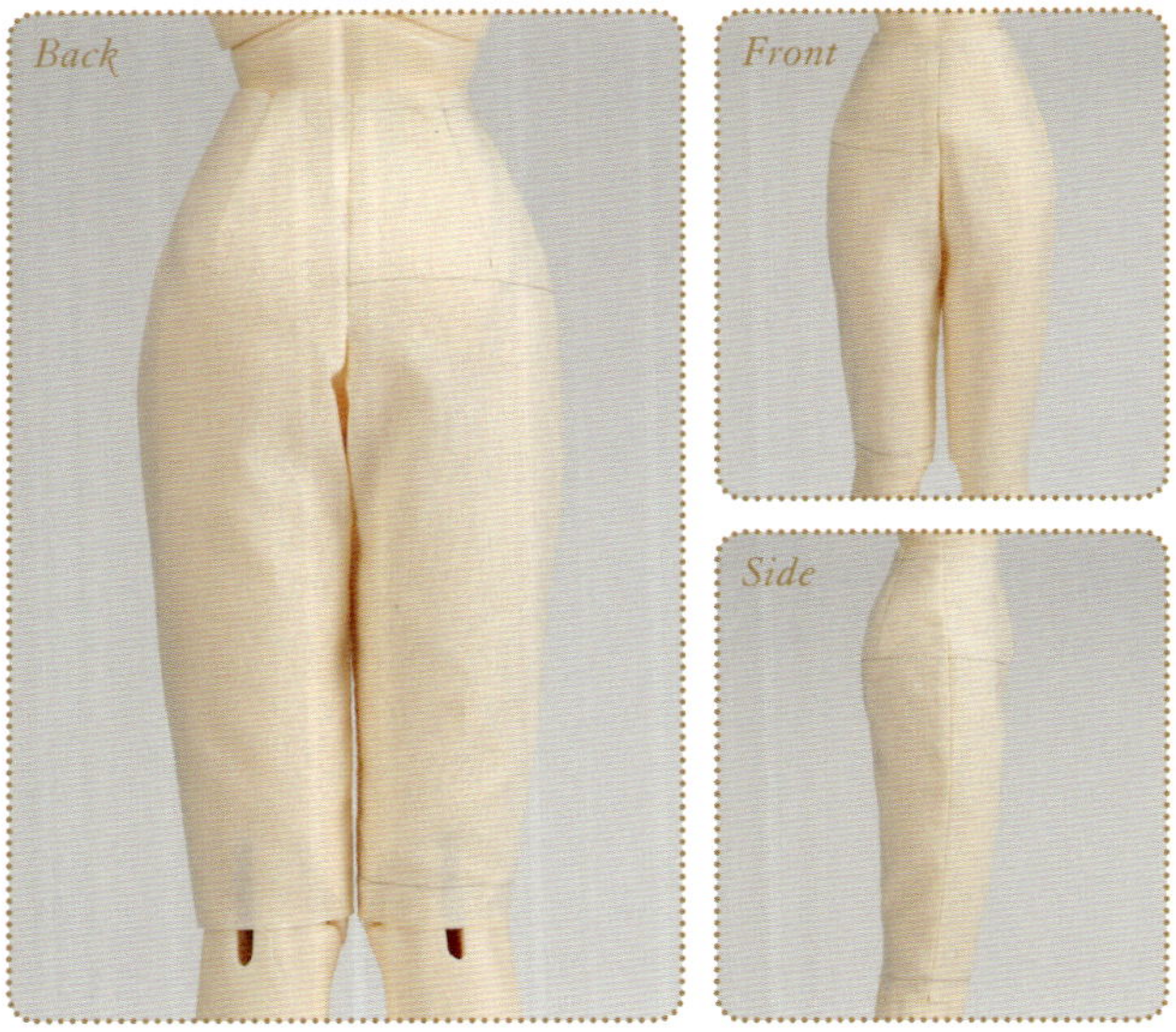

後ろダーツは曲線のV字にすると綺麗にヒップラインが出る。お腹から太ももへのライン上で脚の根元にへこみがあり、シワがよりやすくなるので、張りのある布を使用するなど工夫を。

name: Super Dollfie® Graffiti (SDGr) 男の子

maker: VOLKS INC.

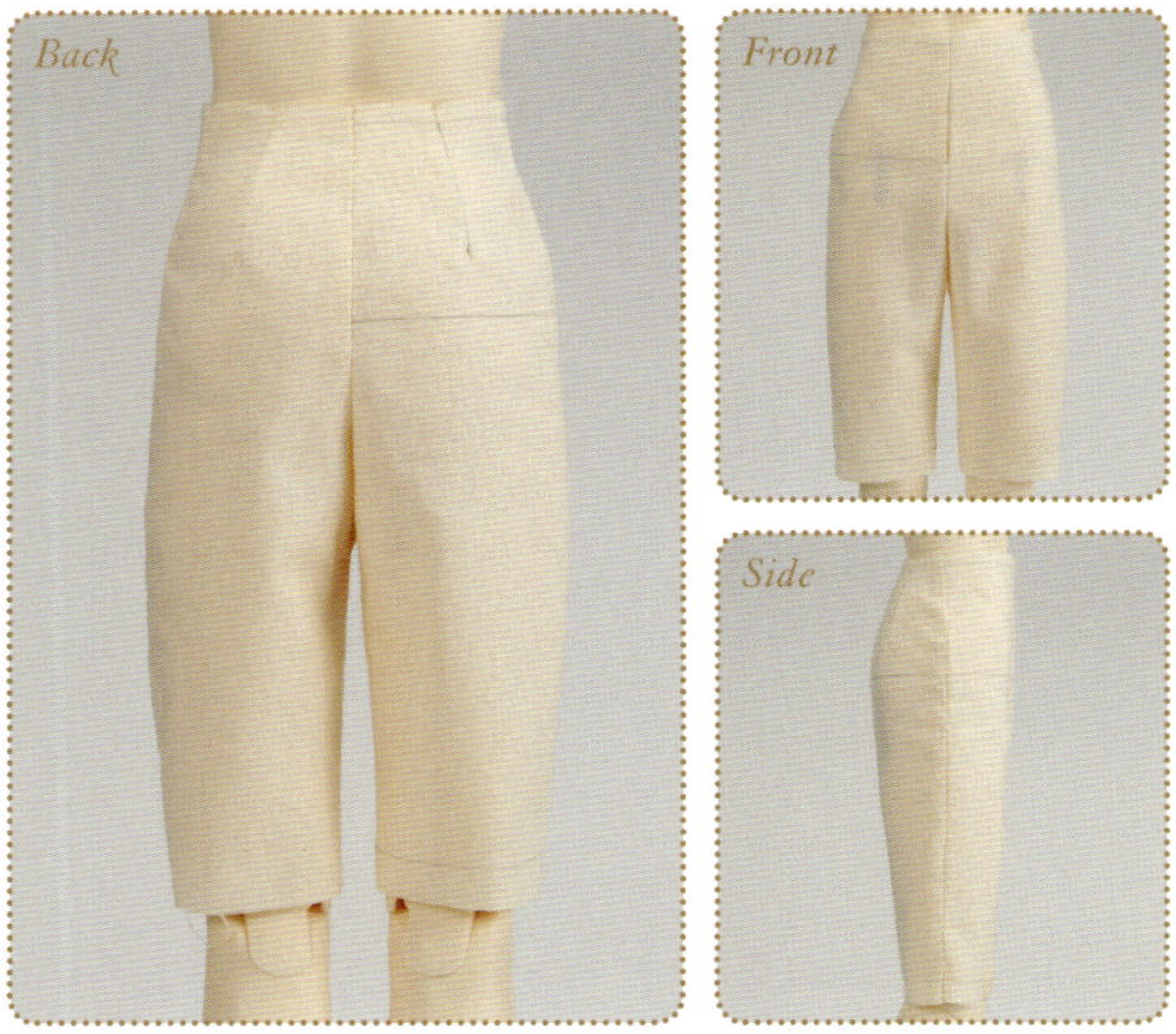

脇と後ろ中心をつまんでもさらにゆとりがあったため後ろダーツを作りました。ウエストラインが高めになっているので、好みの位置に下げて調節してください。

name: Super Dollfie® (SD) 女の子

maker: VOLKS INC.

大きな女の子ドールのパンツ原型を作るとき、まず練習として使いやすいボディ。脇とダーツと後ろ中心をだいたい同じくらいつまむとよいです。

name: Super Dollfie® Graffiti (SDGr) 女の子

maker: VOLKS INC.

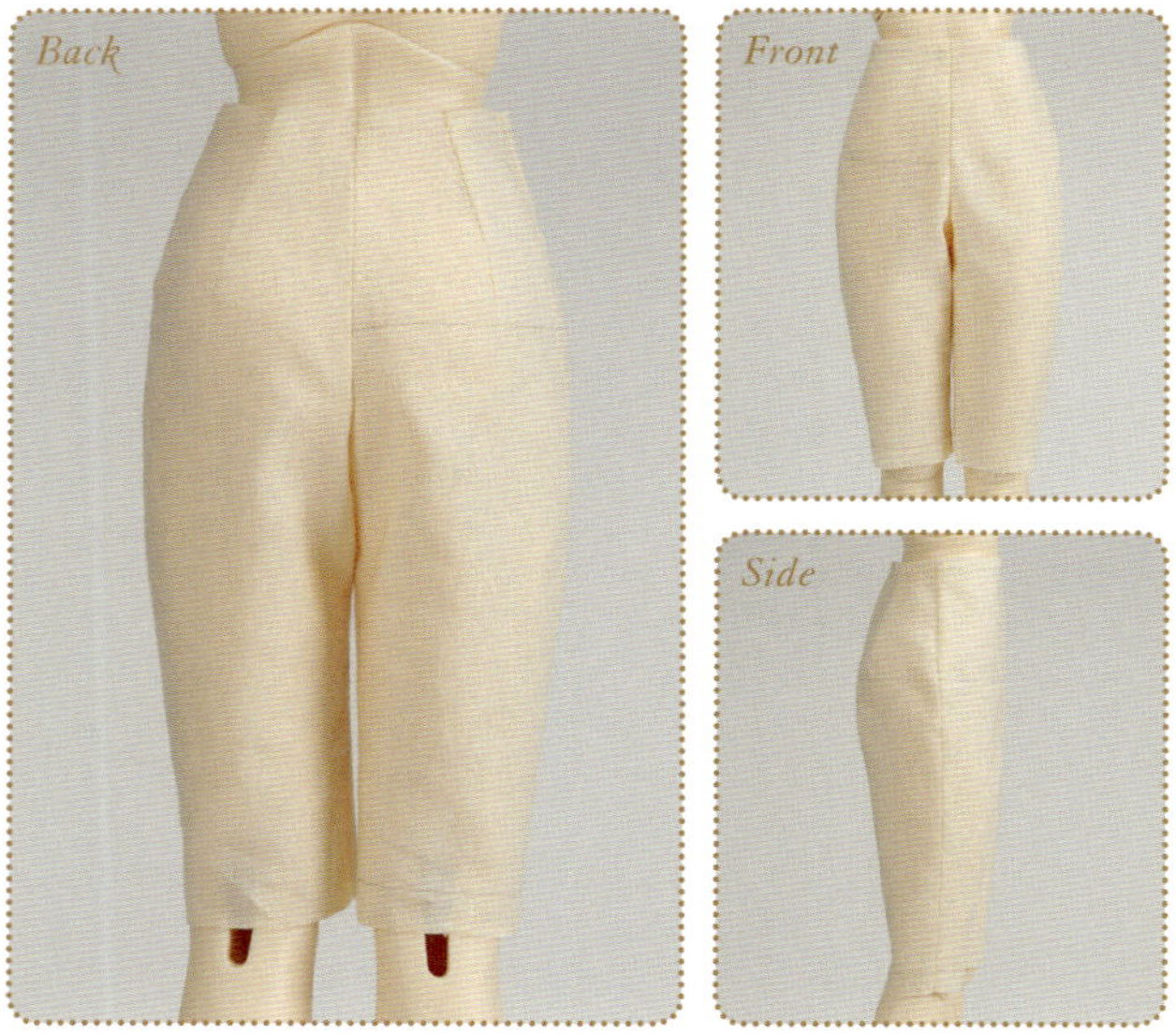

スタンダードボディと比べてウエストも細く太ももが張っているボディ。後ろダーツは直線のV字ではなく曲線のV字にすると綺麗にヒップのラインに合います。

name: Mini Dollfie Dream® (MDD)

maker: VOLKS INC.

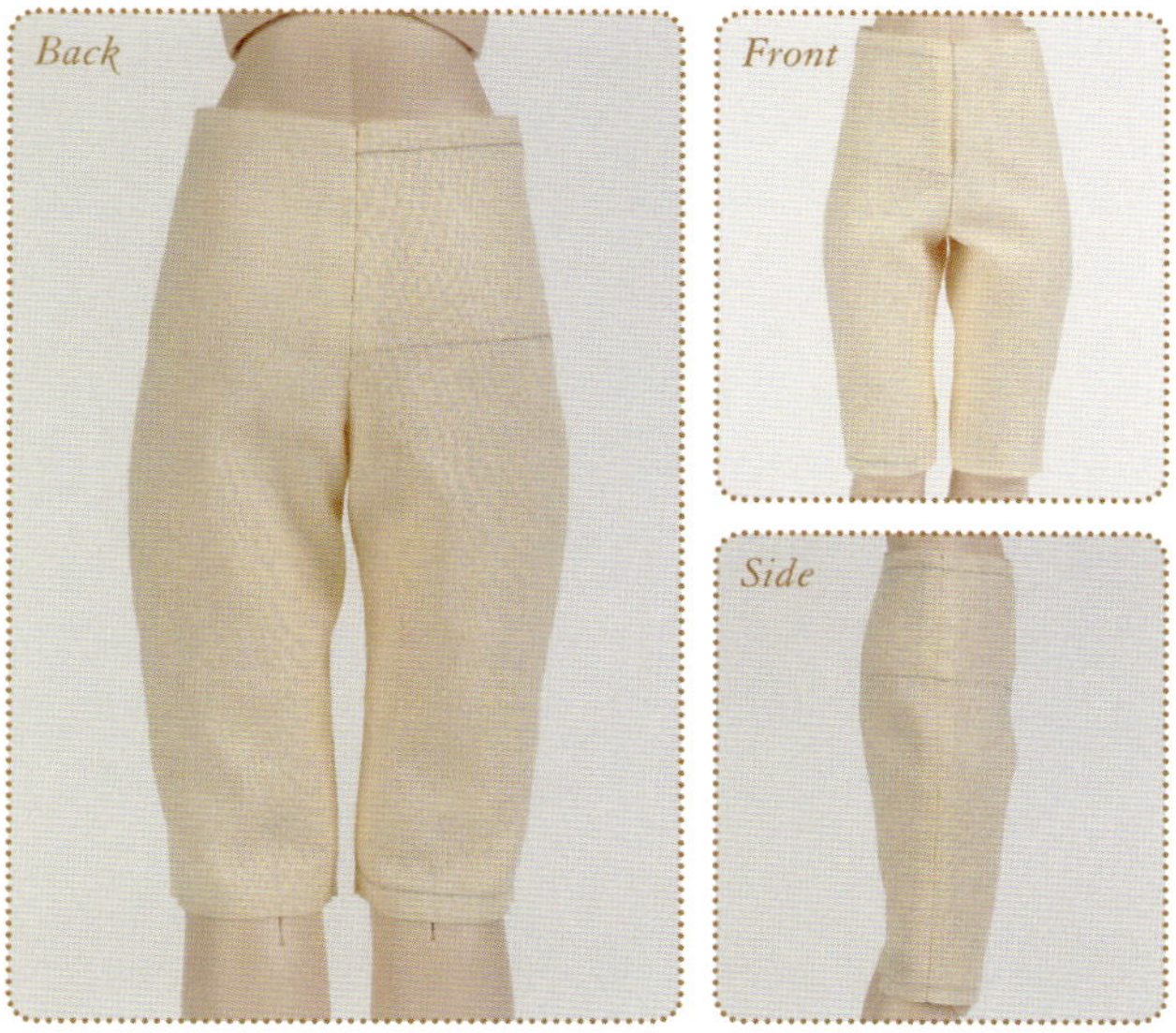

前後の足の付け根に少し空間があるので、薄い布だとこの部分がへこんでシワがよりやすくなるので注意。張りのある布を使うなどしてシワが出来にくくするとよいです。

name: Dollfie Dream® (DD)

maker: VOLKS INC.

ウエストとヒップに差があるボディのため後ろにダーツ有り。太ももが張っていてはかせる時につかえやすいので、あきを長めにするか、ウエストを少しゆるめにするとよいです。

name: Yo-Super Dollfie® (幼SD) 女の子/男の子

maker: VOLKS INC.

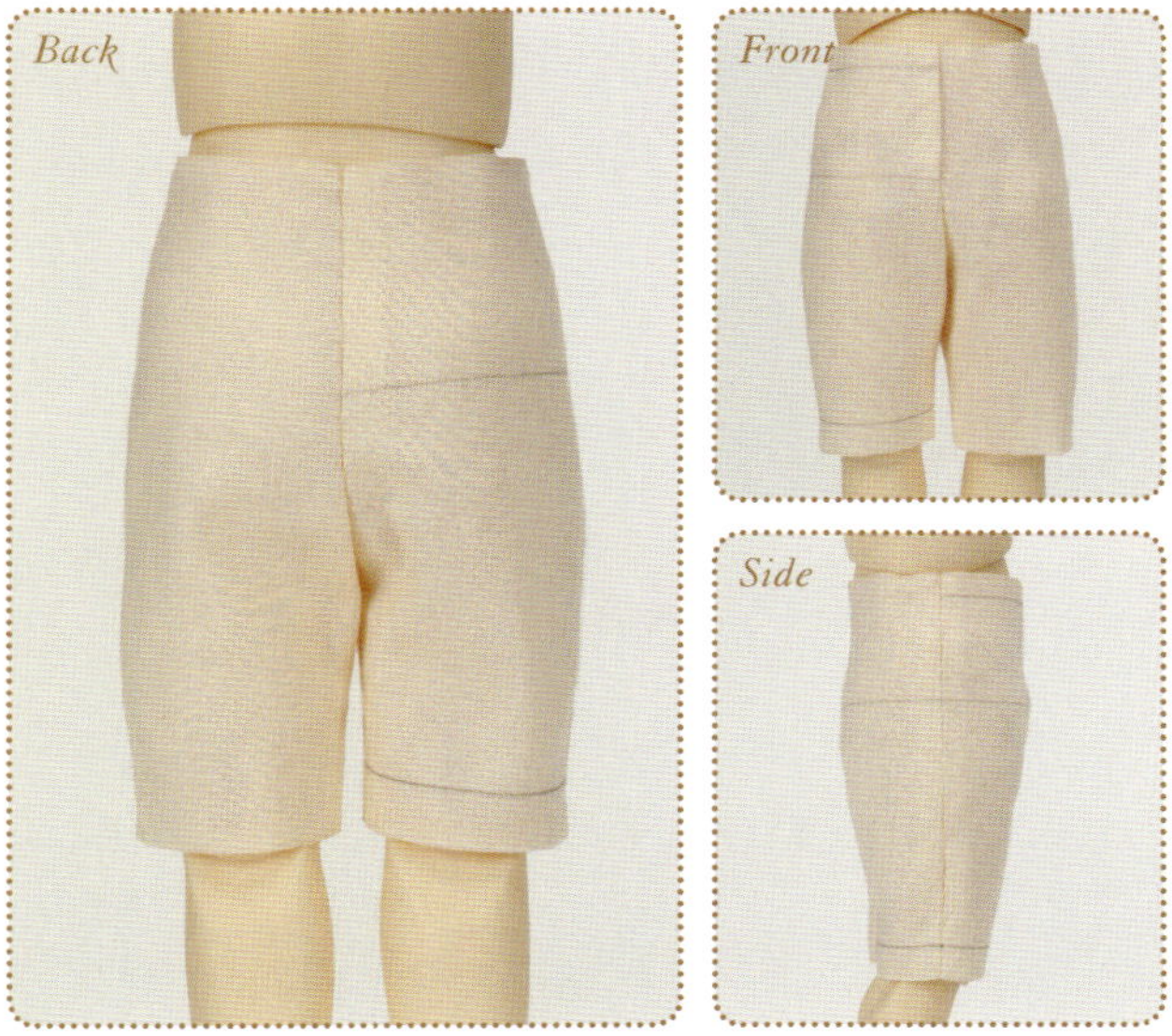

後ろの足の付け根付近に少し空間があるので、この部分に多少シワがよりやすくなります。張りのある布を使うなどしてシワが出来にくくするとよいです。

name: Super Dollfie® Midi (SDM) 女の子

maker: VOLKS INC.

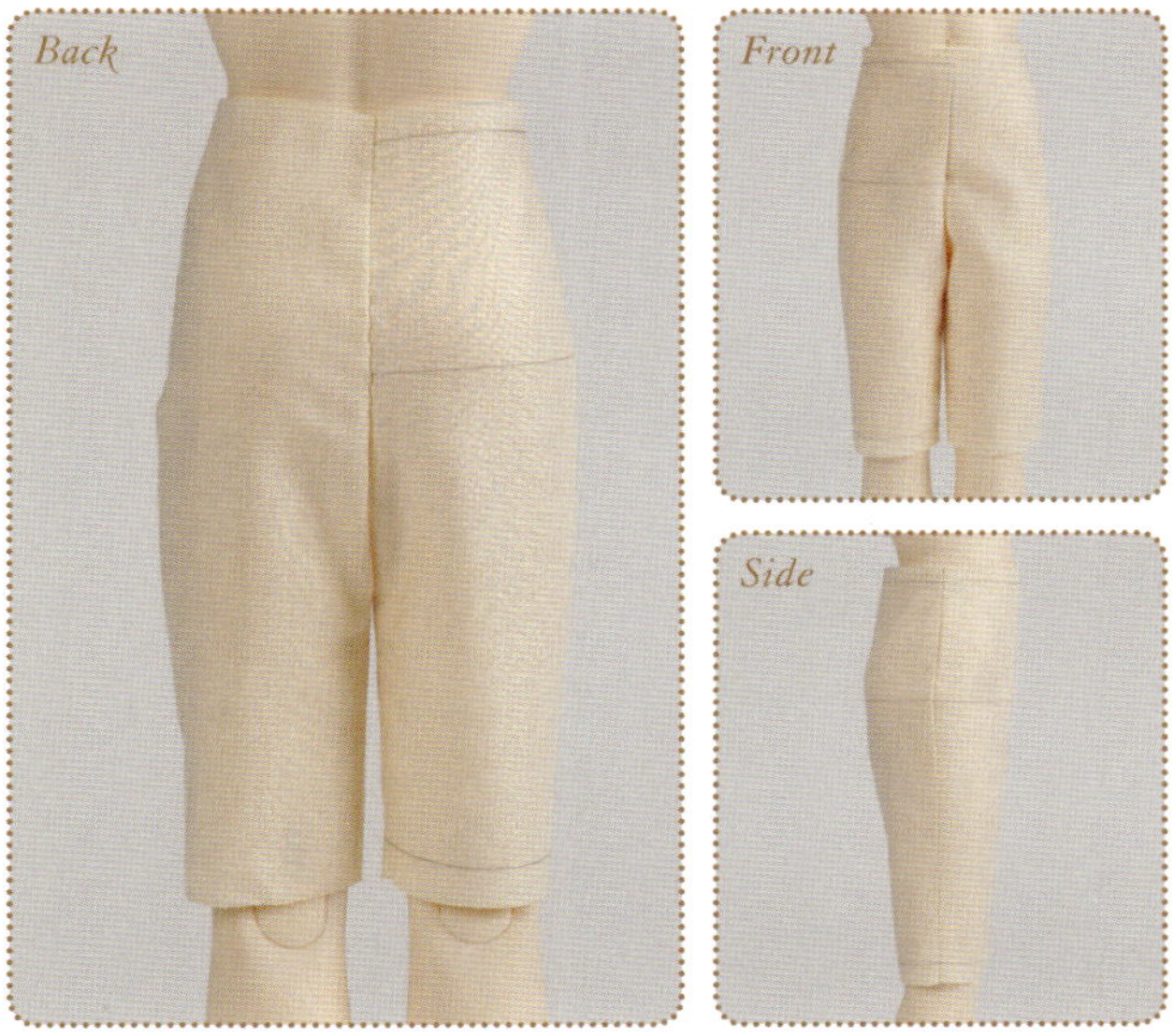

腰の分割が動いて作業しづらい場合は、太めのマスキングテープを巻いて固定しておくとよい。脇と後ろ中心をつまんでボディラインに合わせれば、後ろダーツをとらなくてもよいです。

name: ユノアクルス 兄
maker: 錬金術工房

股ぐりのUの字のカーブが前と後ろでかなり違うので注意が必要。原型はへそ上のハイウエストなので、美しい腹筋ラインを見せたい方はウエスト位置を低めにするとよいです。

name: ユノアクルス 姉
maker: 錬金術工房

ヒップとウエストの差がかなりありますが、後ろ中心と脇を少し多めにつまんで、ギリギリダーツをとらなくても良い原型になっています。

name: ユノアクルス 少年
maker: 錬金術工房

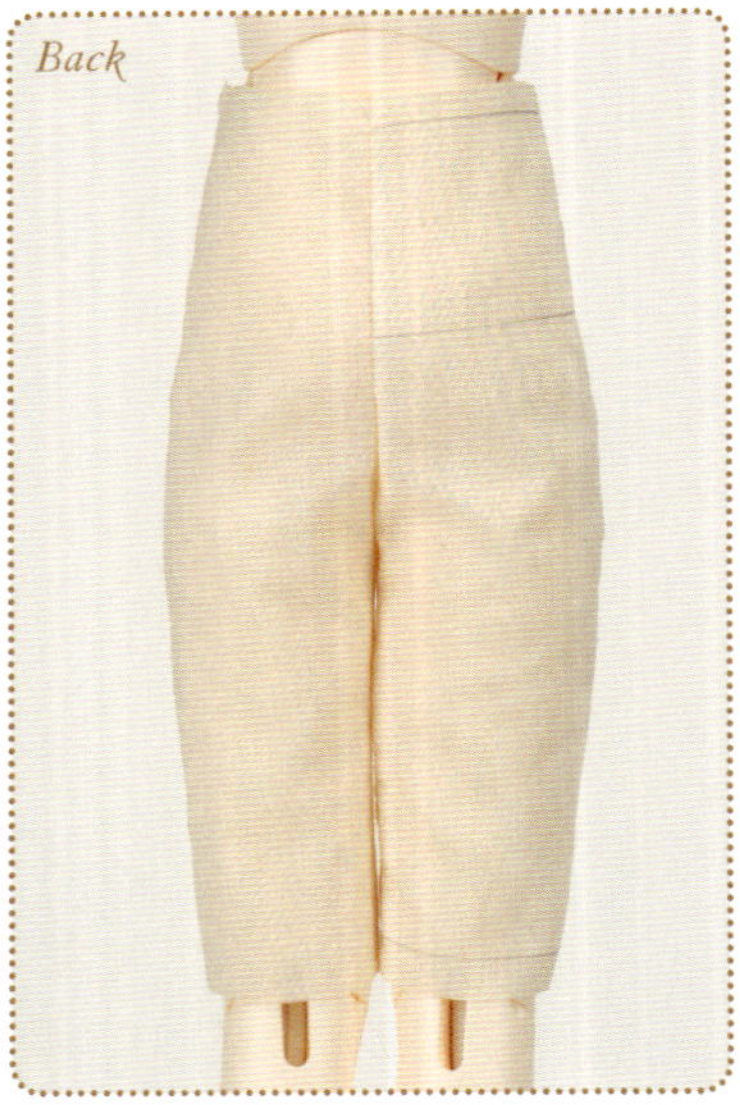

原型は付属パーツ無しで製作しています。股ぐりのカーブが綺麗なUの字にならないので多少カーブの微調整が必要です。

name: ユノアクルス 少女
maker: 錬金術工房

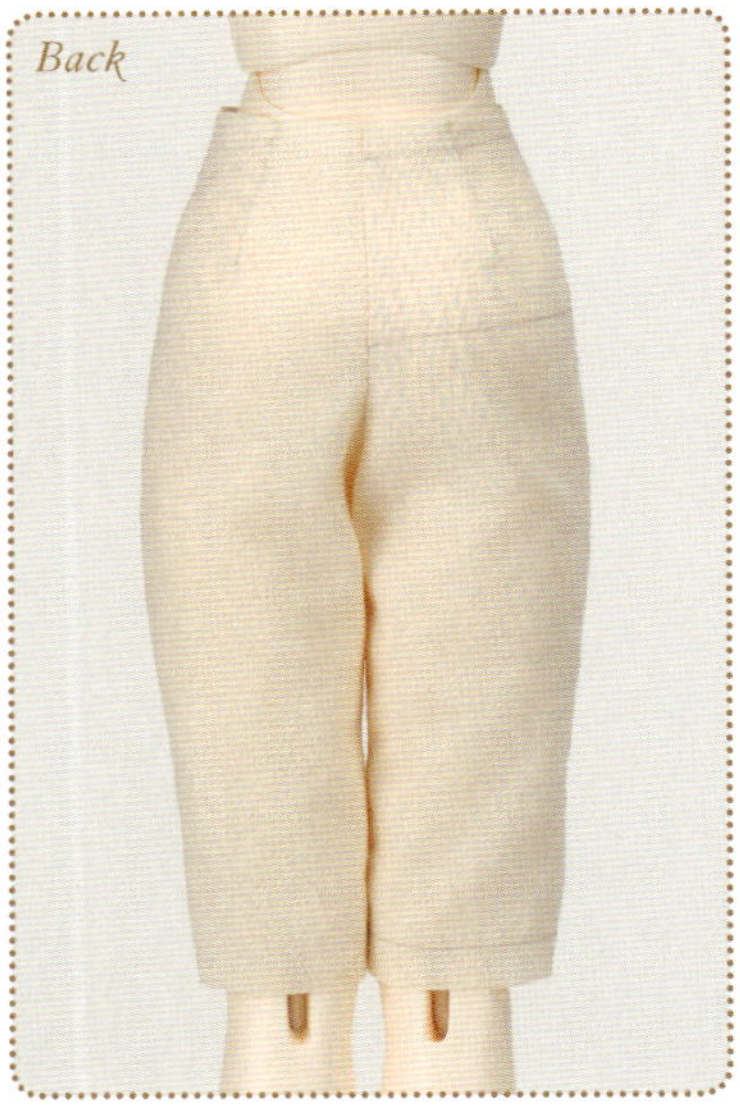

ウエストとヒップに差があるので、綺麗なヒップラインになるように後ろにダーツを作っています。ハイウエストにする際は太ももに引っかからないようあきやウエスト幅で調整を。

name: **ユノアクルス　ちび**

maker: 錬金術工房

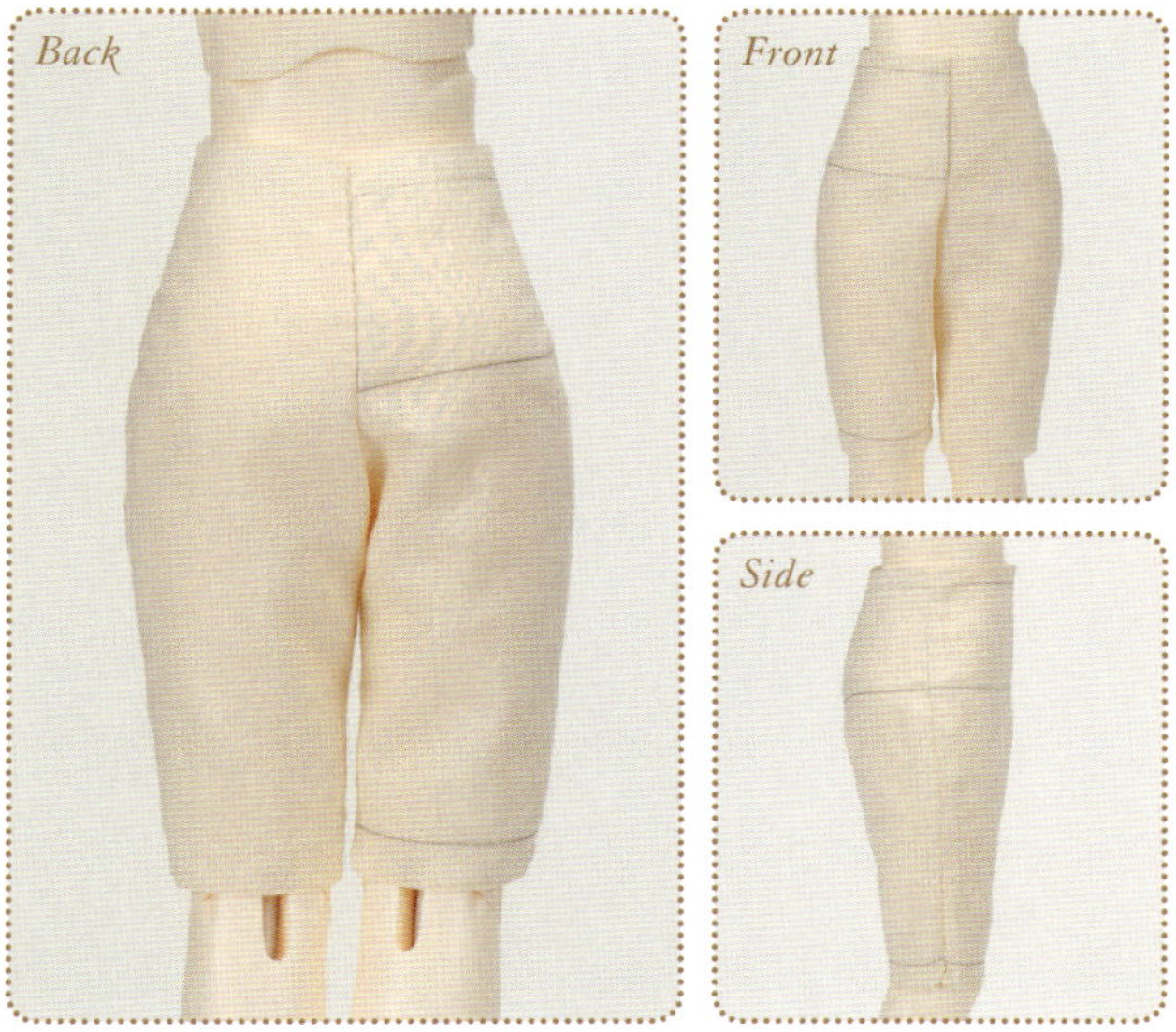

後ろ中心と脇のつまみ具合で後ろにダーツを入れなくても綺麗なラインになります。ハイウエストにする際は太ももに引っかからないようあきやウエスト幅で調整を。

name: **ユノアクルス　ゼロ**

maker: HOBBY JAPAN

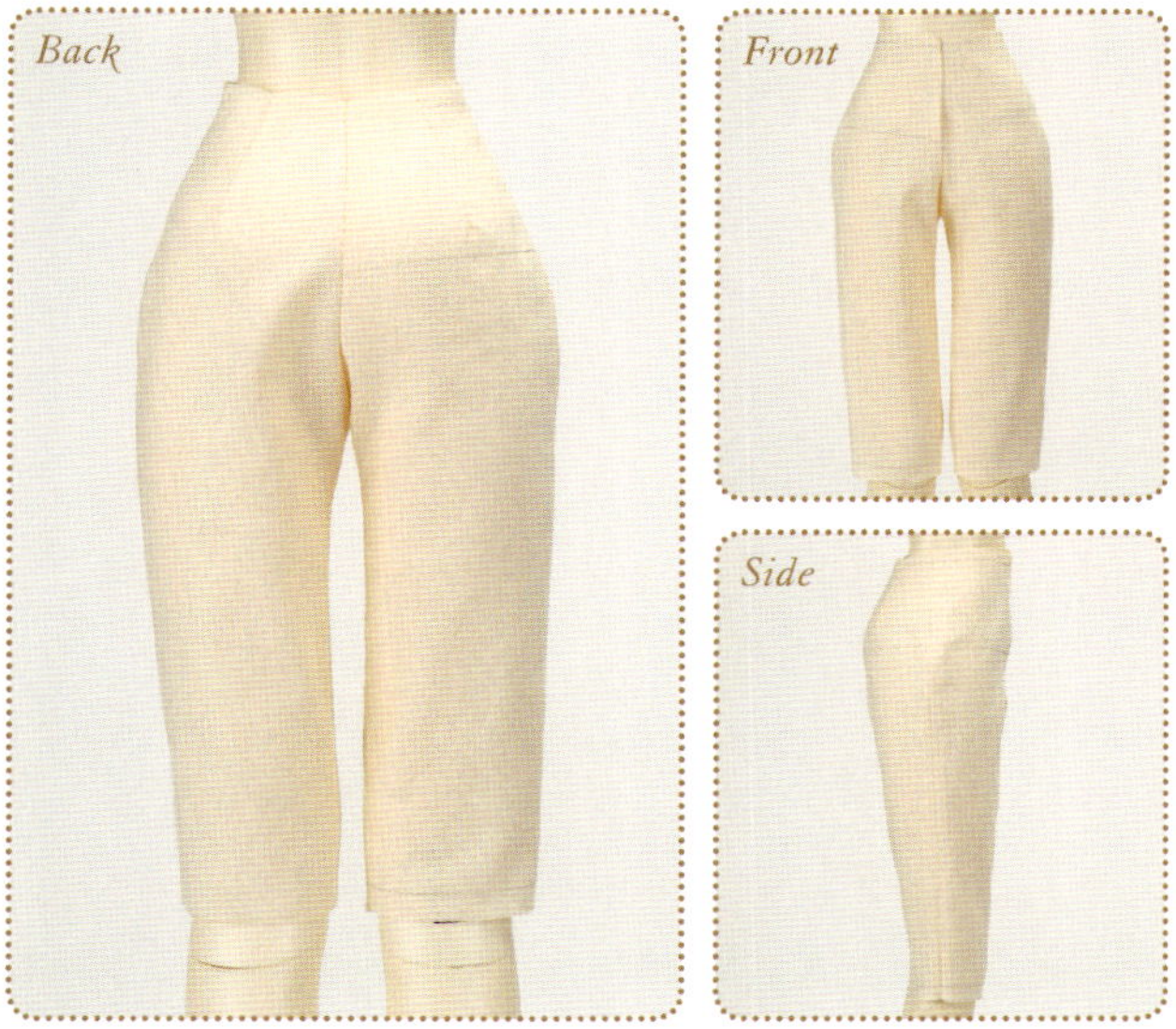

ウエストとヒップに差があるボディのため後ろダーツあり。太ももが張っているのでハイウエストなパンツを作る際は太ももでひっかからないようにあきかウエスト幅を大きめに。

name: **オビツ55**

maker: OBITSU

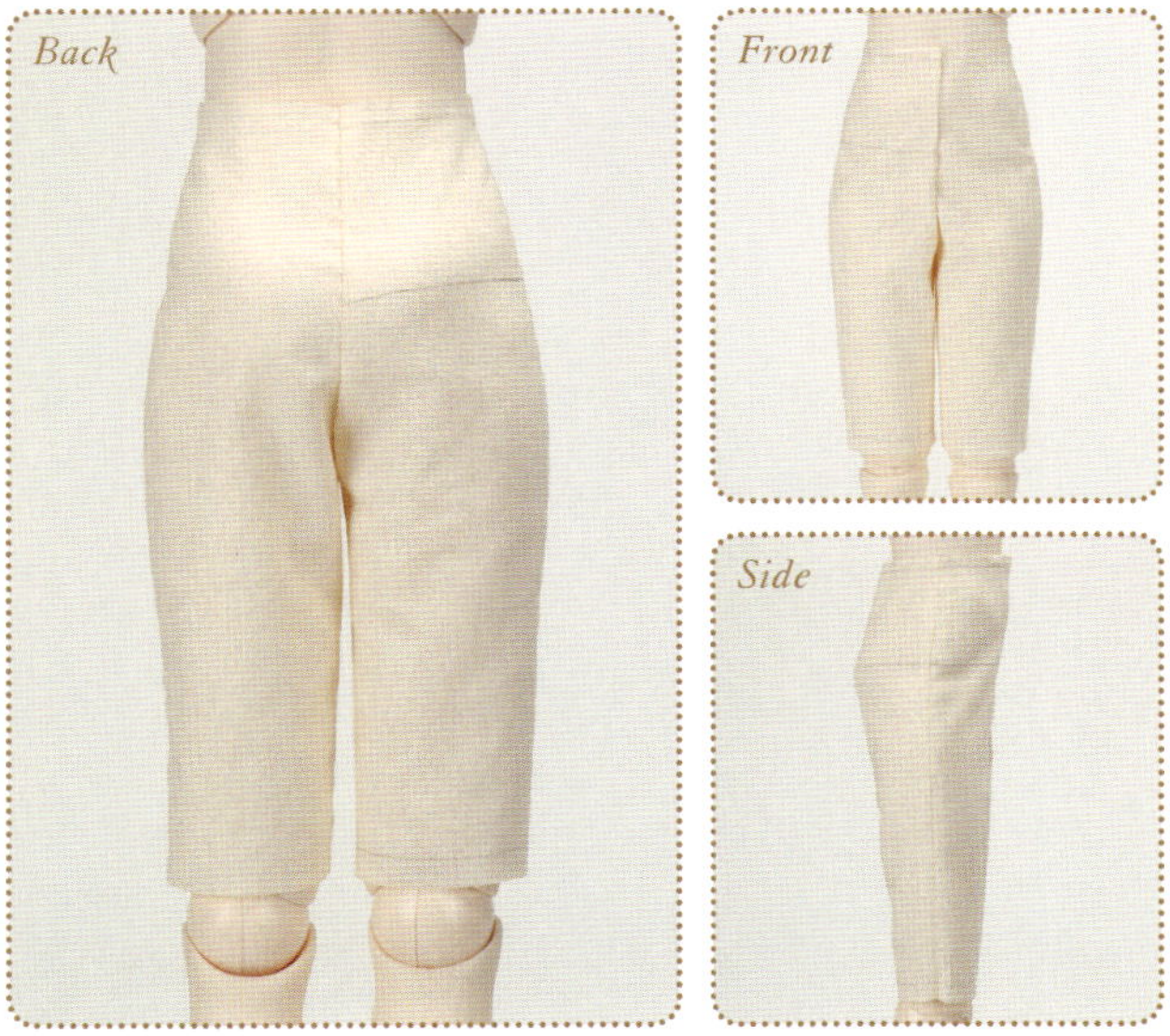

ウエストのくびれがあまりないボディですが、ヒップが少し大きいので脇と後ろ中心を少し多めにつまんでボディラインに合わせるとよいです。

name: **オビツ48/50**

maker: OBITSU

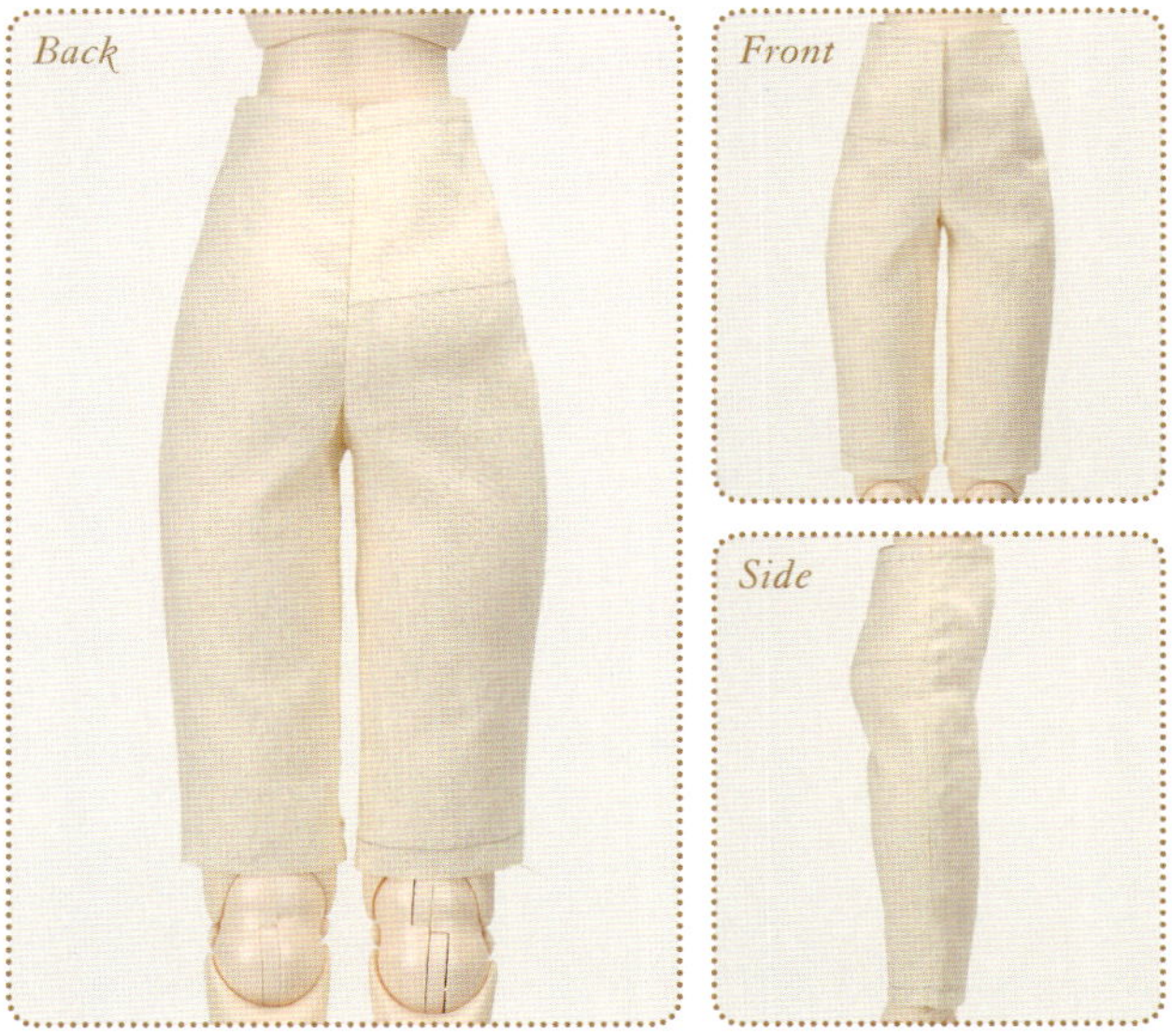

太ももが張っているボディなので、股上の深いパンツをはかせる時に太ももでつかえやすい。ウエスト位置を下げてあきを広めにするか、ウエストを少しゆるめにしておきましょう。

name: ピュアニーモ フレクション S 女の子
maker: AZONE INTERNATIONAL

お尻が大きいので後ろにダーツの有無に迷うボディ。小さいドールはダーツを入れるとの厚みが増えてしまうため、この原型では脇と後ろ中心を多くつまんでダーツ無しにしています。

name: momoko DOLL
maker: SEKIGUCHI/PetWORKs

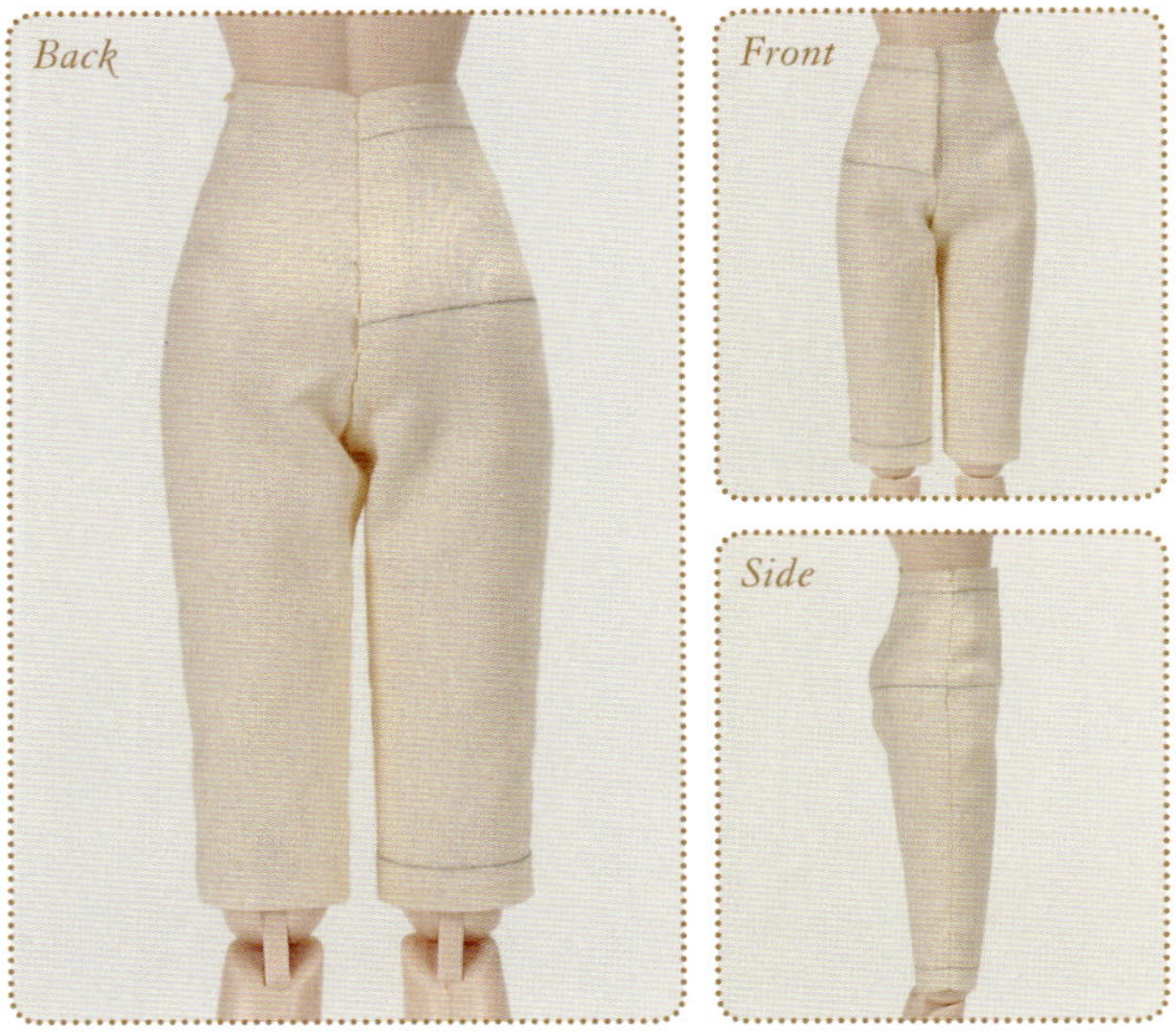

ウエストとヒップに差がありますが、後ろ中心と脇のつまむ量を少し多めにすれば後ろダーツを作らなくても綺麗なヒップラインになります。

name: KIKIPOP！
maker: AZONE INTERNATIONAL

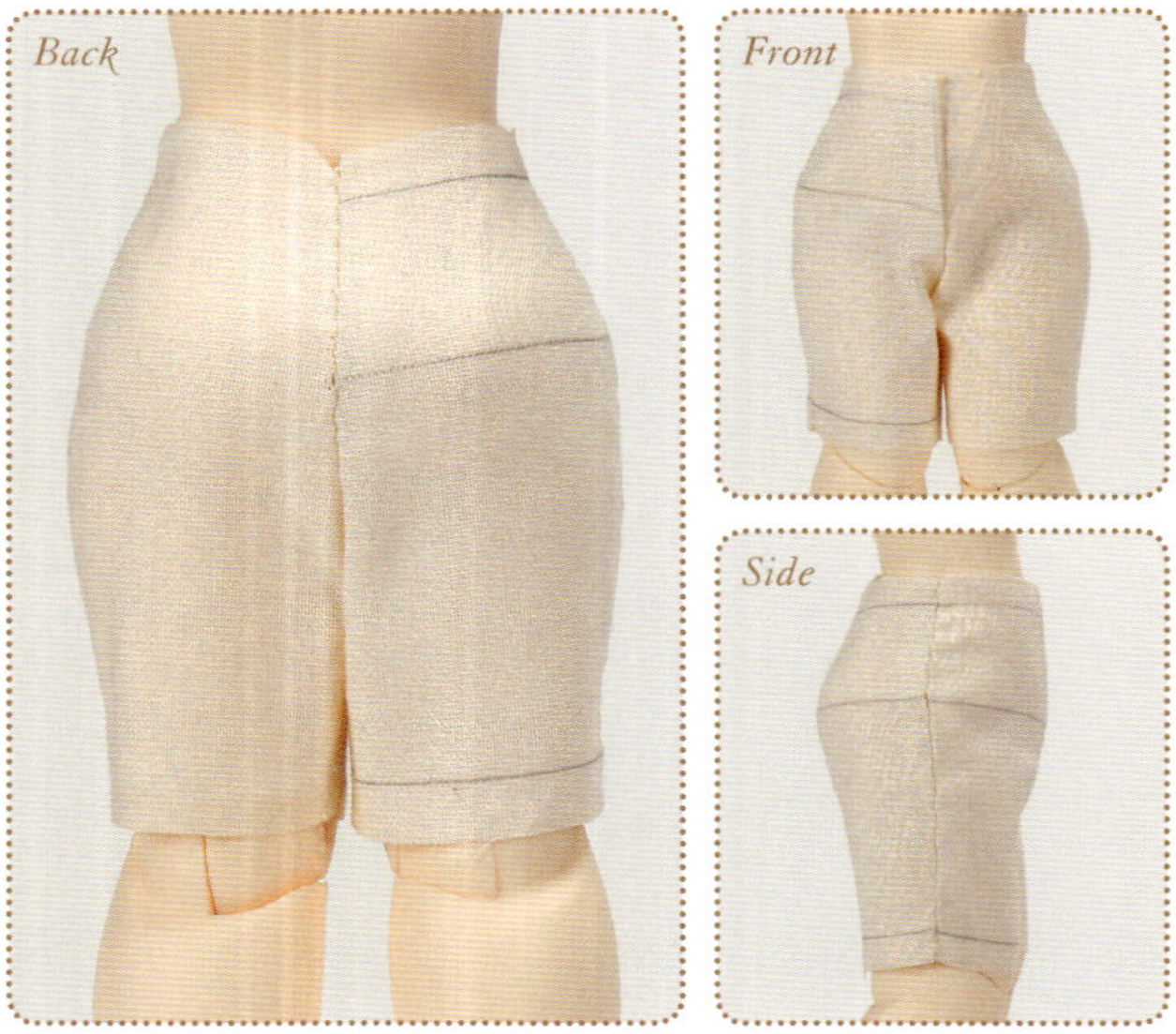

お尻の大きい洋ナシのような体型。中心と脇をかなり多くつまんでいるため原型ではウエストとヒップラインがかなりVの字になっています。型紙を作る際は曲線に直してください。

name: ピュアニーモ フレクション XS 女の子
maker: AZONE INTERNATIONAL

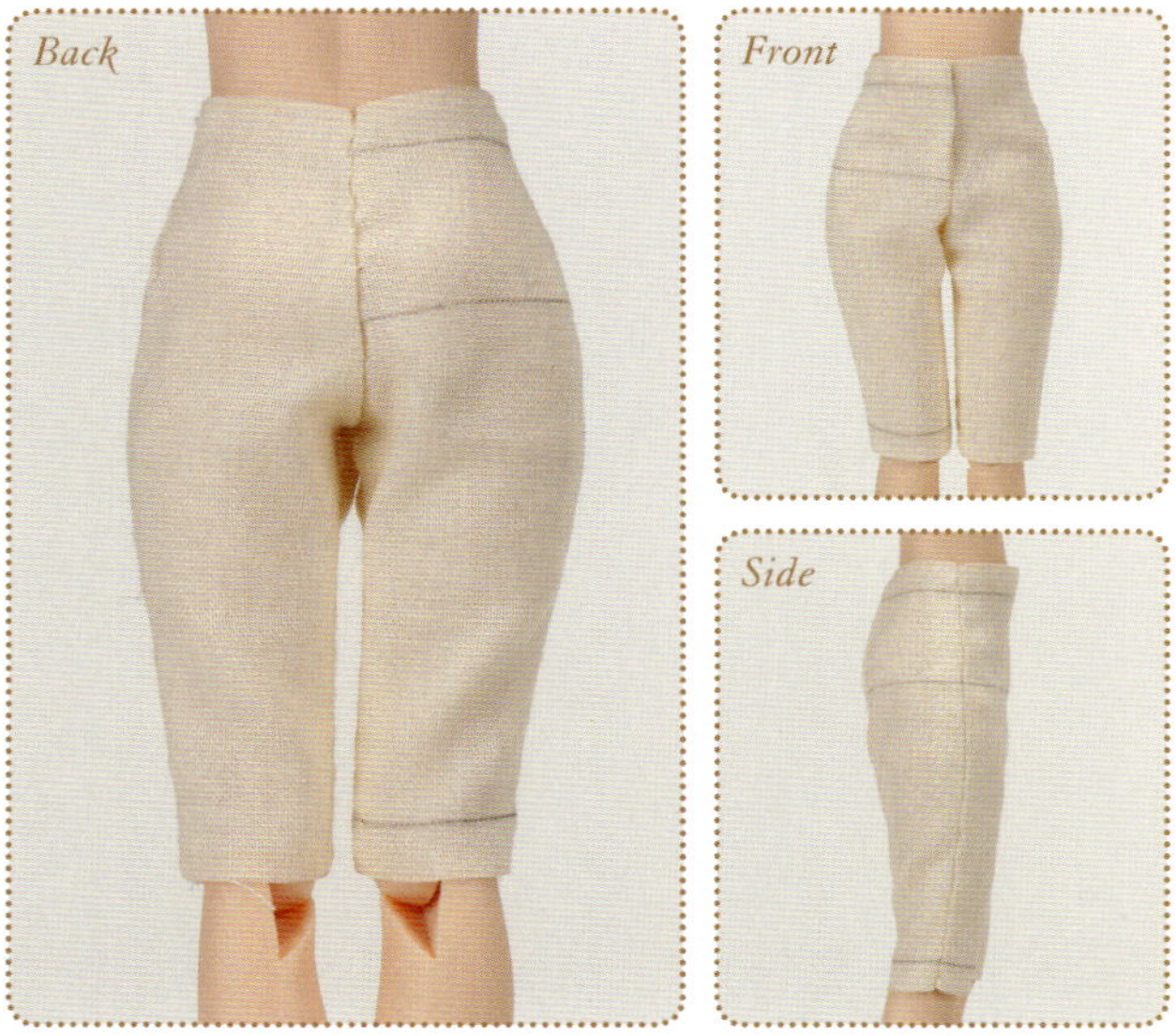

腰が反っているので、横から見ると股ぐりがまっすぐなＵの字ではなく少し斜めに傾いています。そのため前の足の付け根辺りにシワがよりやすいので、ハリのある素材等でカバーを。

name: **ジェニー**
maker: *TAKARATOMY*

股ぐりがほぼ U の字で、ヒップもそれほど出ていないので、1/6 サイズのパンツ原型の練習としてお勧めのボディ。リカちゃんよりも少しだけ大きいので多少作業がしやすいかも。

name: **リカちゃん**
maker: *TAKARATOMY*

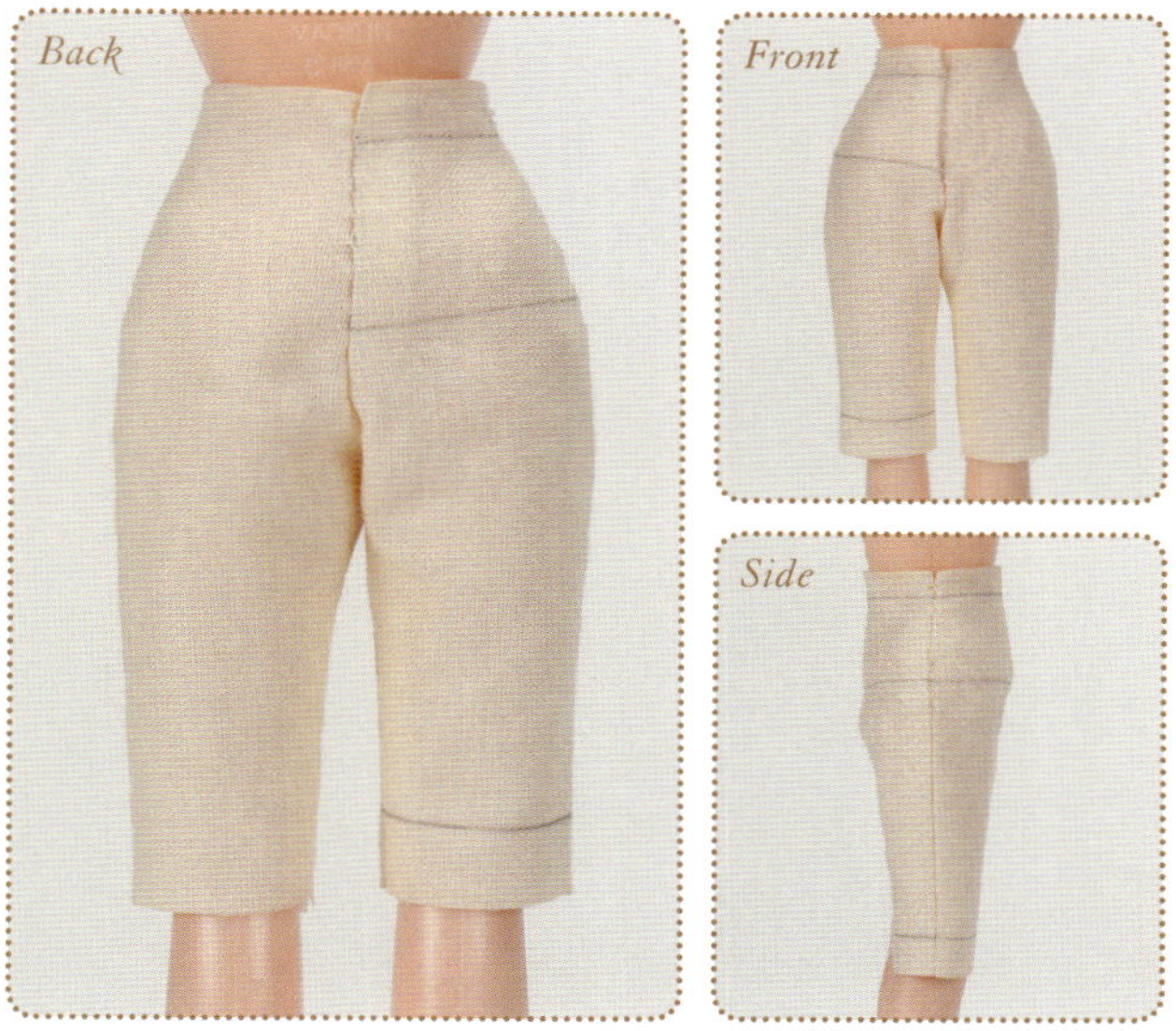

股ぐりがほぼ U の字で、ヒップもそれほど出ていないので作りやすい。1/6 サイズのパンツ原型を作りたい方は、まず練習として作ってみるとよい、お勧めのボディです。

name: **ミディブライス**
maker: *TAKARATOMY*

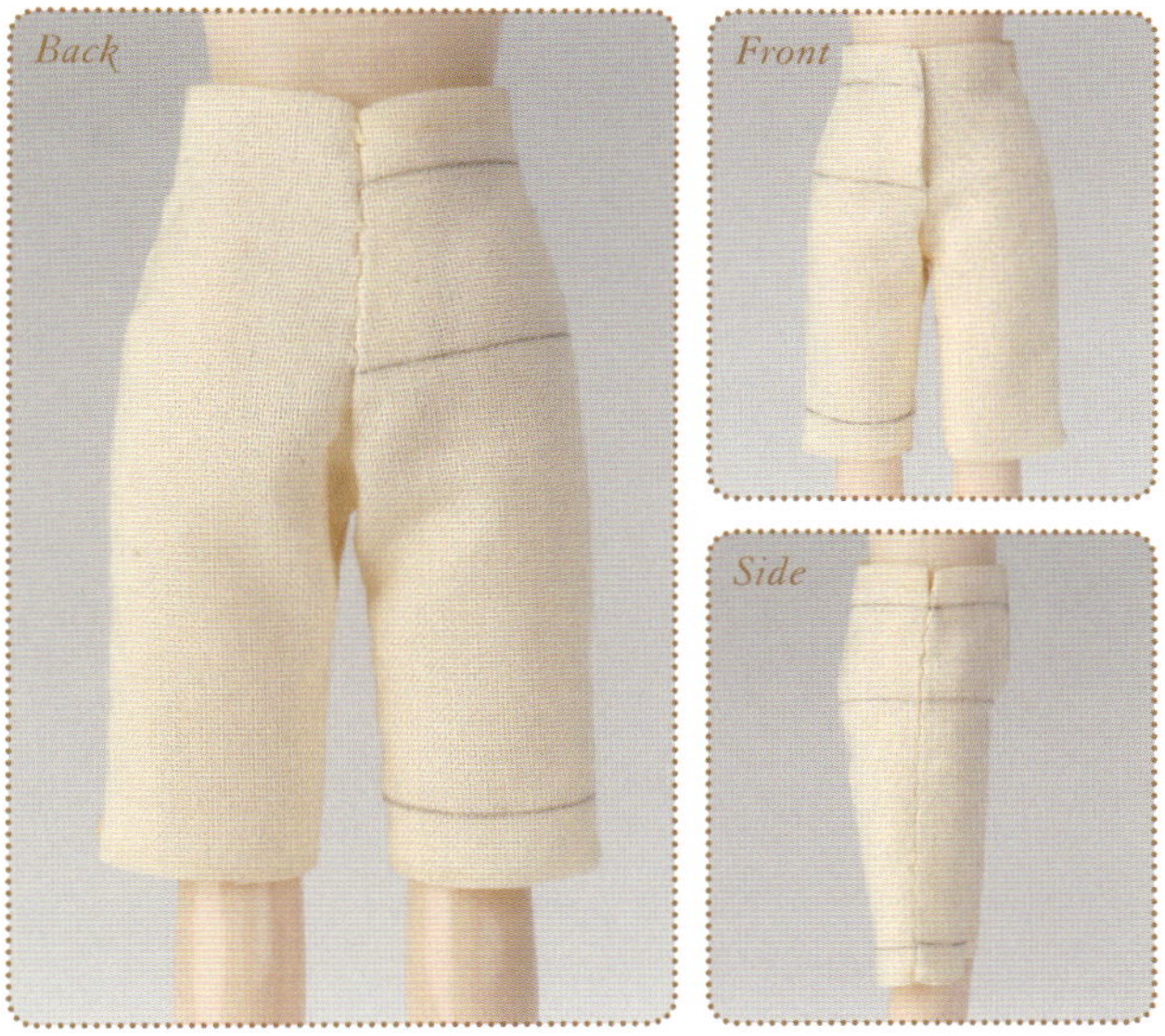

小さいので作業が少しだけ大変になりますが、ネオブライス同様、股ぐりがほぼ Uの字で、ヒップもそれほど出ていないので作りやすいボディです。

name: **ネオブライス**
maker: *TAKARATOMY*

股ぐりがほぼ U の字で、ヒップもそれほど出ていないので作りやすい。ボディが滑りにくい素材なので、伸びにくい生地を使う際はあきに少しゆとりを持たせると良いです。

name: **Pullip**
maker: *Groove*

ウエストとヒップにかなり差がありますが、後ろ中心と脇のつまむ量を少し多めにすれば後ろにダーツを作らなくても綺麗なヒップラインが作れます。

name: **Tiny Betsy McCall**
maker: *TONNER*

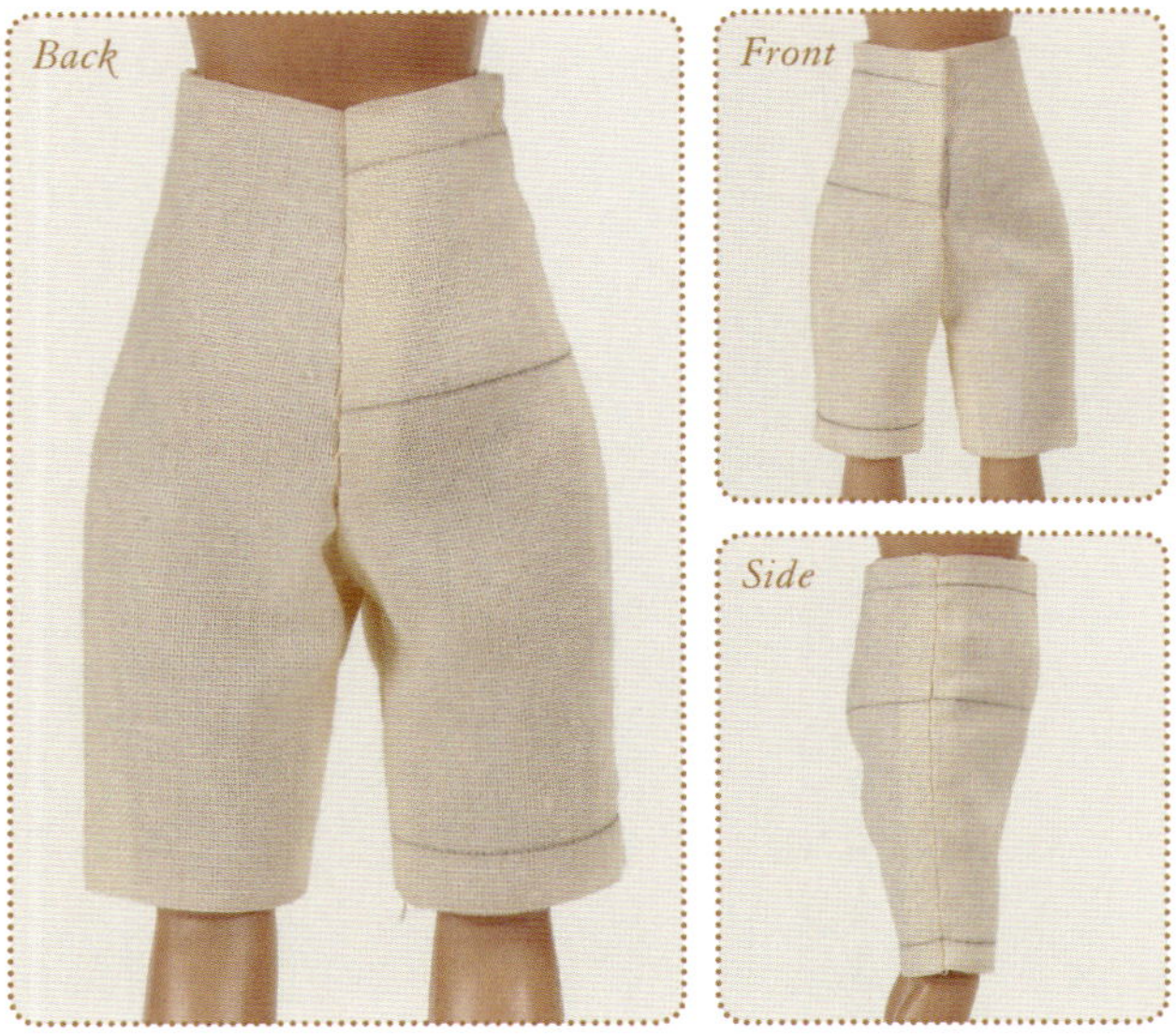

股ぐりがUの字よりも半円に近く、左右の足の付け根が離れているので作りやすい。太ももに比べすねが細いので、ピッタリに作っても膝ではゆるめに見える。足首が曲がらないので注意。

name: **ワンダーフロッグ**
maker: スタジオウー

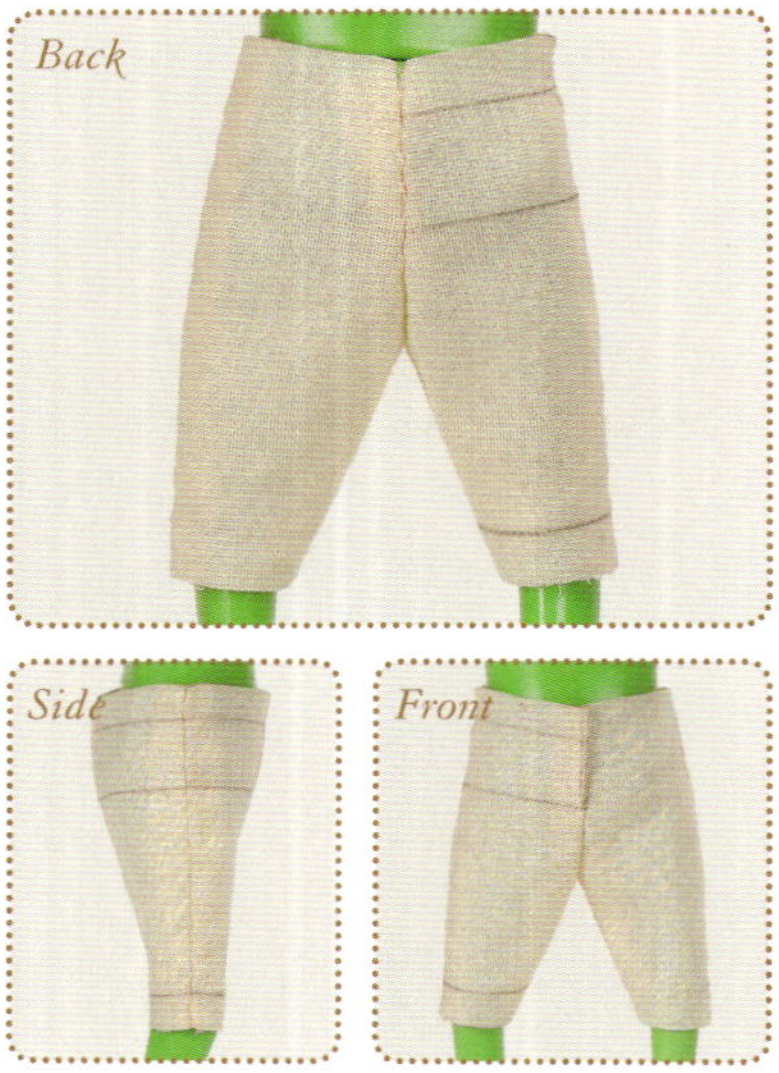

股ぐりがＵ字でヒップとウエストの差が無く、左右の足の付け根が離れている。原型を細く作ると着せにくくなるので注意。

name: **ピコニーモS**
maker: *AZONE INTERNATIONAL*

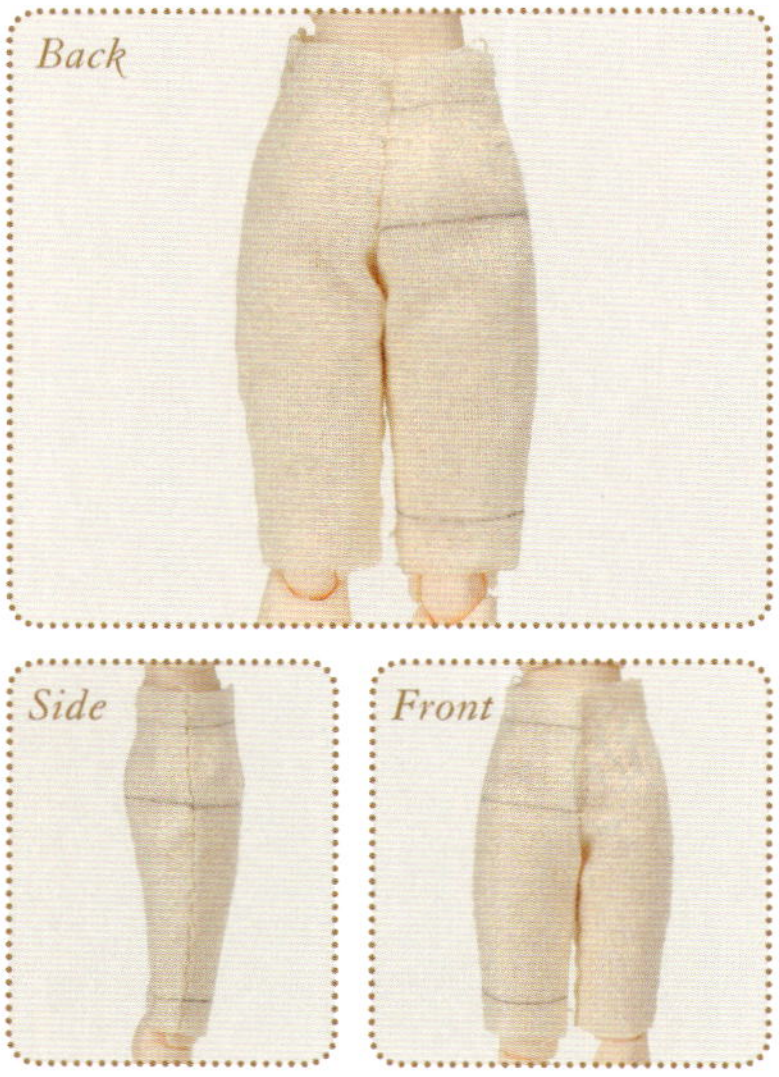

小さく細身のボディなので要注意。初めは少し太めに作っておき、布の厚さによって脇をつまんで太さを微調整しよう。

name: **オビツ11**
maker: *OBITSU*

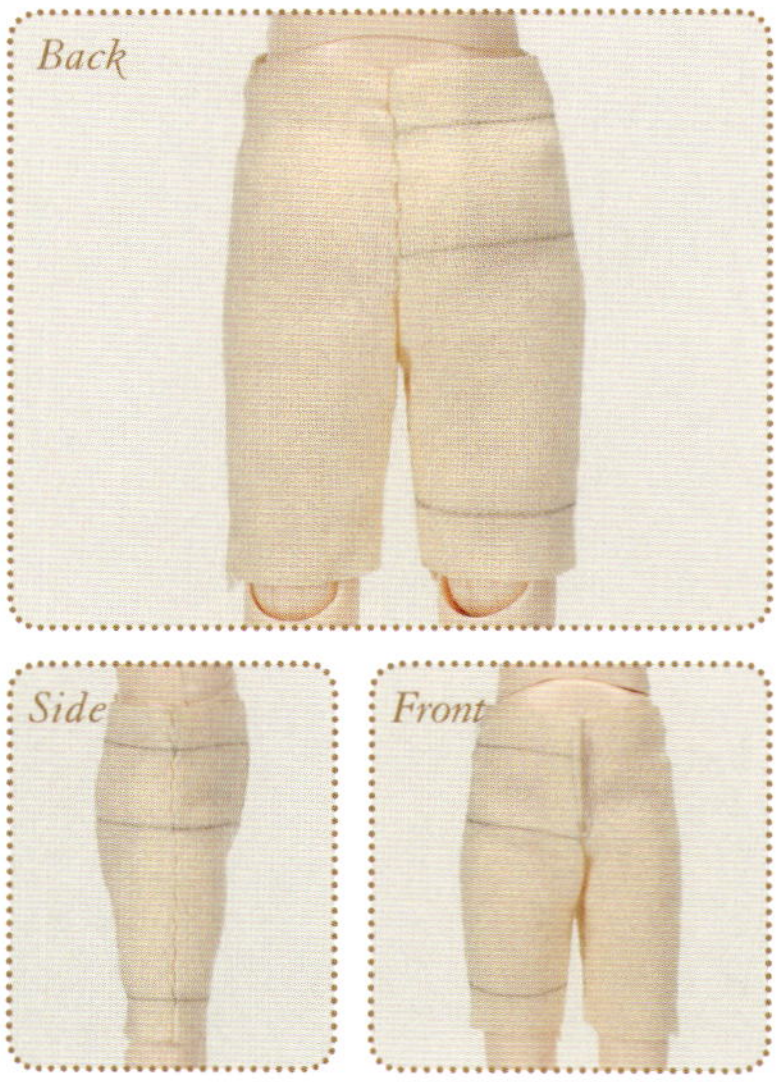

大変小さいボディで縫い代の幅や布の厚みによってパンツの太さが微妙に変わってしまう。着せてから脇を詰めるとよい。

ドールソーイングBOOK

型紙の教科書

― スカート・パンツ ―

荒木 さわ子 著